江苏省“十四五”时期重点出版物出版专项规划项目

煤炭循环经济

——中国煤炭企业煤基循环经济高质量发展研究

田靖安　编著

中国矿业大学出版社
·徐州·

图书在版编目(CIP)数据

煤炭循环经济 ：中国煤炭企业煤基循环经济高质量发展研究 / 田靖安编著. —徐州 ：中国矿业大学出版社，2023.6

ISBN 978－7－5646－4906－7

Ⅰ. ①煤… Ⅱ. ①田… Ⅲ. ①煤炭企业－循环经济－研究－中国 Ⅳ. ①F426.21

中国版本图书馆 CIP 数据核字(2020)第 272937 号

书　　名　煤炭循环经济——中国煤炭企业煤基循环经济高质量发展研究
编　　著　田靖安
责任编辑　李士峰　章　毅　徐　玮
出版发行　中国矿业大学出版社有限责任公司
（江苏省徐州市解放南路　邮编 221008）
营销热线　(0516)83885370　83884103
出版服务　(0516)83995789　83884920
网　　址　http://www.cumtp.com　**E-mail**:cumtpvip@cumtp.com
印　　刷　苏州市古得堡数码印刷有限公司
开　　本　787 mm×1092 mm　1/16　**印张** 18.25　**字数** 467 千字
版次印次　2023 年 6 月第 1 版　2023 年 6 月第 1 次印刷
定　　价　108.00 元

序（一）

煤炭是我国国民经济和社会发展的最大能源支撑，关乎国家能源安全战略保障，关乎环境治理、生态保护。煤炭工业作为国家重要的基础性产业，为新中国经济社会70多年的壮丽发展作出了突出贡献，尤其改革开放40多年来，我国煤炭产业快速发展，并创造出多个奇迹。党的十八大以来，全面贯彻新发展理念，煤炭行业实现历史性跨越：结构性改革纵深推进，煤炭行业化解过剩产能攻坚取得突破性进展；煤炭供给体系质量显著提升，保障国家能源安全的基础愈加牢固；科技兴煤战略持续推进，科技创新引领能力大幅提升；现代产业体系加快构建，煤炭行业发展动力活力不断增强；市场化改革持续深化，煤炭市场体系建设取得实质性进展；煤炭清洁高效开发利用水平持续提升，矿区生态文明建设迈出坚实步伐；文化建设成果丰硕，矿区精神文明建设跃上新台阶；管理创新扎实推进，促进煤炭行业企业治理能力加快迭代升级；"人才强企"战略深入实施，行业人才结构质量实现双提升；安全治理能力得到系统性提升，煤炭安全生产实现历史性跨越；主动融入全球能源市场网络，国际煤炭交流合作开创新局面。根据国家能源中长期发展战略（2020—2030年），煤炭在我国一次能源结构中仍处于主体地位。

进入新时期，国家实施能源生产和消费革命战略，推进煤炭行业及传统煤炭企业以煤炭供给侧结构性改革为主线，以煤炭安全高效智能化开采和煤炭清洁高效集约化利用为主攻方向，创新发展理念，依靠科技进步，加快推动产业结构调整与转型升级，加快煤炭科技创新成果推广应用，加快提升煤矿安全高效智能绿色开采水平，加快提升煤炭清洁高效集约化利用水平，加快推进煤基循环经济全产业链终端化、高端化步伐；重点推进煤炭产业发展方式由数量速度型向质量效益型转变、煤炭企业人力资源由劳动密集型向"两化融合"人才技术密集型转变、煤炭生产由机械化向现代化智能化生产转变、煤炭能源由燃料向燃料与原料并重转变，构建绿色矿山，提升发展质量，将建设资源节约型、环境友好型的现代化新型矿区和现代化新型煤炭企业作为传统煤炭企业可持续发展及高质量可持续发展的紧迫任务和长远战略目标。

老子曰："重积德则无不克。"近年来煤炭行业诸多专家、学者及企业界的有识之士，对"中国煤炭企业煤基循环经济高质量发展研究"课题进行了有益探索。甘肃窑街煤电集团公司的田靖安同志坚持学以致用、潜心研究、专注实践，撰写了《煤炭循环经济——中国煤炭企业煤基循环经济高质量发展研究》一书。该书集理论性与实践性、纪实性与论证性、专业性与系统性为一体，重点对循环经济、清洁生产、生态经济、绿色经济、低碳经济与可持续发展、高质量发展一脉相承理论体系进行了系统研学，结合实际系统提出了煤炭企业煤基循环经济高质量发展，构建循环经济体系、政府主导保障体系、企业自主创新体系和发展模式构想与设计，对煤炭产业和传统煤炭企业现状和发展方式进行了客观梳理；重点从理论上表述了我国传统煤炭企业必须走煤基循环经济可持续发展之路的依据、条件、意义和必然趋势，从实践上侧重甄选和推介改革开放进入21世纪20多年来中国煤炭行业创建创立创新的煤炭循环经济型企业发展模式及典型经验；提出了煤炭行业及传统煤炭企业煤基循环经济可持续发展及高质量发展的总体战略构想，并提出对策建议和保障措施，以推进传统煤炭企业焕发青春、基业长青。该书提出对“十四五”时期中国传统煤炭企业发展煤基循环经济，推进结构调整，转型升级和可持续发展、高质量发展不仅具有积极的引导和促进作用，而且对企业研究和优化五年规划及中长期发展规划，具有一定的参考和借鉴价值。特向煤炭企业、行业院校、行业相关部门、研究机构和同仁推介，相互交流，以抛砖引玉、奉献智慧，促进传统煤炭企业真正走出一条资源利用高、安全有保障、科技有创新、经济效益好、排放污染小、生态环境优的现代化发展之路，共同为推动我国煤炭事业可持续发展及高质量发展，为建设社会主义现代化国家作出新的贡献。

全国政协第十二届委员会委员
中国煤炭工业协会党委书记、会长
中国文联第十届委员会委员
中国煤矿文联原主席

2022年1月

序 （二）

进入21世纪,“可持续发展”成为世界各国确立经济社会发展战略的首要选择和最佳目标。在“可持续发展理论”的指导下,自20世纪80年代以来,世界发达国家和迈向发达的发展中国家在“可持续发展”的道路上进行了不懈地探索和创新实践,取得了显著成就。与此同时,中国从本国国情出发,提出了促进经济、社会、资源、环境及人口、教育相互协调的“可持续发展总体战略”,率先编制和发布了标志“可持续发展”的《中国21世纪议程》,并同样取得具有中国特色的“可持续发展”历史性成就。

在推进“可持续发展”的进程中,理论界的研究也不断取得新进展。国内外专家学者的理论研究领域更加广泛,创新发展的理念逐步延伸,“循环经济发展理论”“清洁生产发展理论”“生态经济发展理论”“绿色经济发展理论”“低碳经济发展理论”等与“可持续发展理论”一脉相承的理论研究成果更具前瞻性、目标化,倍受全球关注,中国倡导的“构建人类命运共同体”理念和行动尤其受到大多数国家的赞许和响应。

古人云:“智者尽其谋,勇者竭其力,仁者播其惠”。心有远方,必有光芒。田靖安同志一生从事煤炭企业工作,从重要基础能源煤炭行业的普通一员,成长为大型煤企的掌舵人。他踏实工作,勤于学习,刻苦钻研,在工作中善于思考、深入探索。曾于2000年在甘肃省委党校攻读“战略管理与应用哲学”专业在职研究生时,并在导师的指导下,以“可持续发展与代价”为选题,以辩证思维重点研究“可持续发展”与“代价”的关系,对这一重大问题进行了深入的哲学思考,揭示了可持续发展正代价与负代价的关系,从中寻找出可持续发展付出合理代价并摒弃不合理代价的规律,寻求可持续发展代价的最小、最优、最佳化的遵循原则和实现途径,提出着重解决好经济结构性改革、产业转型优化升级,资源配置合理开发、循环经济高效利用和依靠科技进步、产学研深度融合、创新经济发展三个观点。在此研究基础上,结合实际,对传统煤炭企业发展战略及核心竞争力和煤基循环经济可持续发展及模式进行了系统研究,撰写发表了《依托煤电延伸产业链》《循环经济拓宽发展之路》等多篇论文。20多年中,田靖安同志注重在可持续发展理论指导下,深化思考循环经济、清洁生产、生态经济、绿色经济、低碳经济与可持续发展理论一脉相承的理论体系,尤其从2008—2018年10年间,重点关注煤炭产业发展态势,执着探索传统煤炭企业煤基循环经济可持续发展以及高质量可持续发展之路，并坚持理论和实践相结合，在所在企业积极倡导，讲解辅导和倾力推进发展循环经济产业。经过10年的不懈努力，“中华老字号”企业窑街煤电集团公司成功创建“窑街模式”——“煤炭资源综合利用循环经济发展模式”，被“国家级循环经济示范省区”甘肃省甄选为“全省循环经济十大模式”之一。企业因此由劣势资源型企业转变为优势企业，由亏损大户转变为盈利大户，整个企业焕发了生机与活力，相应也体现了田靖安同志的战略管理专业学术研究水平和应用哲学的实践价值。该书理论依据系统充分，论点论据论证可靠翔实，框架结构清晰合理，构想对策可鉴可行，图文并茂，通俗易懂。这项成果既不同于一般的学术理论探索，又有别于简单的实践经验总结，真正是“实践出真知，理论作指南”结出的硕果，对于我国传统煤炭企业转型升级具体指导作用弥足珍贵，对其他企业转型发展也有一定参考价值。

时逢中国共产党建党100周年和新中国成立72周年，田靖安同志倾心将20多年中的专题研究汇集编著成《煤炭循环经济——中国煤炭企业煤基循环经济高质量发展研究》一书。该书将会对煤炭行业和传统煤炭企业坚定走循环经济可持续发展以及高质量发展之路具有参考与借鉴价值，亦是一个“老煤人”对煤炭事业作出的一份贡献。

希望靖安同志继续深入探索，对煤炭行业和煤炭企业绿色低碳循环高质量发展提出新的见解。

作为曾经的老师，看到这份沉甸甸的成果十分欣慰，谨写下几句推荐性的话作为序言，供读者参考。

甘肃省委宣传部原副部长
甘肃省委党校原常务副校长、教授、博士生导师
甘肃省社科院原院长
甘肃省人大常委会教科文卫工作委员会主任

2022年1月16日

序（三）

推进能源生产和消费革命，给能源生产企业带来了新的机遇和挑战。以可持续发展与循环经济、清洁生产、生态经济、绿色经济、低碳经济等一脉相承的科学理论确定企业发展战略，调整结构、转型升级、技术创新、转变发展方式，提高发展质量，提升核心竞争力，对煤炭能源企业的生存和发展至关重要。

孔子曰：君子谋道。田靖安同志在国有大型煤炭企业高管层近20年的工作实践中，重点关注和研究传统煤炭企业煤基循环经济可持续发展，尤其是2007—2009年在攻读西安理工大学工商管理硕士研究生期间，以国内外相关公司发展战略、核心竞争力和循环经济等理论为指导，注重理论与实践相结合，通过对传统煤炭企业和自己所在企业内外部环境的深刻剖析，得出传统煤炭企业在发展进程中存在的机会与威胁、优势与劣势，然后分别用IFE矩阵及EFE矩阵对传统煤炭企业的内外部环境关键要素进行评价。在此基础上，制定企业发展战略目标及战略定位，再结合SWOT分析法和QSPM分析法，提出可供企业选择的发展战略方案，并通过定性和定量双重评价，最终择优选择和精准确定企业发展战略及发展模式。《煤炭循环经济——中国煤炭企业煤基循环经济高质量发展研究》一书，是在田靖安同志多年管理实践和理论研究基础上形成的。该书理论依据充分，研究内容充实，框架清晰，推理可靠，图文并茂，通俗易懂，尤其提出的发展模式值得借鉴推广。

老子曰：道生之，德畜之。学习研究的目的在于实践应用。值得肯定的是田靖安同志在边学习边研究的同时，注重与企业深化改革、技术创新、转型升级、提升质效的实践有机结合，通过务实深入的调研分析、讲堂推介，用心探索和倾力推进所在传统煤炭企业走煤基循环经济可持续发展之路。所在企业——甘肃窑街煤电集团公司"煤炭资源综合利用循环经济发展窑街模式"被列为甘肃省循环经济十大模式之一，体现了学术研究应用的真正意义和价值。尤其值得肯定的是，在经济危机中的甘肃窑街煤电集团公司坚持推进发展煤基循环经济，不断延长加粗产业链，经凤凰涅槃、化茧为蝶，而起死回生、焕发生机，并预示着未来走向成功！在企业中，田靖安同志既是倡导者、讲解者，又是推动者、领军者。他本人也由此获得"甘肃省领军人才"殊荣。

"中国煤炭企业煤基循环经济高质量发展研究"是一项系统工程，也是一个大课题。该书的研究价值在于：一是对循环经济高质量发展相关理论体系研究，二是对构建煤炭循环经济体系研究，三是对构建企业自主创新体系研究，四是对构建煤基循环经济高质量发展模式探析构想。该书的研究成果对同类煤炭企业具有参考和借鉴意义。但由于不同企业在基础、环境、现状等方面存在差异，还须结合各企业实际进行深入研究与实践。也希望作者在该书研究成果的基础上，紧密结合中国传统煤炭企业发展现状，进一步对煤基循环经济理论与实践开展系统深入的研究，进一步对全国煤炭企业煤基循环经济可持续发展模式系统深入调研，为推进中国煤炭行业和煤炭企业坚定地走煤基循环经济高质量发展之路，作出新的努力。

西安理工大学经济与管理学院原院长、教授、博士生导师
西安理工大学学术委员会主任
中国企业管理研究会副理事长

党兴华

2022 年 1 月

序（四）

发展循环经济是我国的一项重大战略决策，是推进生态文明建设战略部署的重大举措，是加快转变经济发展方式，建设资源节约型、环境友好型社会，实现可持续发展的必然选择。

随着我国工业现代化、农业现代化、国防现代化、科学技术现代化持续推进，新型城镇化建设加快和全面建成小康社会实现，我国能源资源需求仍将呈高位运行态势，其废弃物产生及综合利用仍是一个大课题，经济增长与资源环境之间的矛盾依然突出，大力推进循环经济发展更为迫切。尤其是作为能源基础产业主体的煤炭企业，发展煤基循环经济显得极为重要和紧迫。

作为一名国有大型煤炭企业的高级管理工作者，田靖安同志长期关注中国煤炭企业循环经济发展，在理论与实践的结合上，颇有研究，多有见地。特别是自 2007 年以来，在攻读南京师范大学工商管理硕士研究生和博士研究生的过程中，田靖安同志始终专注循环经济、清洁生产、可持续发展和绿色经济、低碳经济理论研究，注重孜孜学习、深入思考；始终紧盯煤炭企业煤基循环经济发展模式的实践创新，注意收集信息、提炼案例，在不断获取新知识、应用新理论、归纳新经验中，对中国传统煤炭企业煤基循环经济发展战略的研究，不论从深度上还是高度上均达到了一定水平。

《煤炭循环经济——中国煤炭企业煤基循环经济高质量发展研究》一书采用实证研究方法，结合国内外有关循环经济等一脉相承的理论及公司发展战略理论、企业核心竞争力理论，在系统调研、掌握第一手资料的基础上，通过对中国传统煤炭企业现状和内外部环境分析，重点对中国传统煤炭企业改革发展尤其是煤基循环经济发展进程中的成功经验和存在弊端进行深入剖析，着重论证煤炭企业加强自主创新，依靠科技进步，发展绿色煤业，着力延长加粗煤基循环产业链条，走新型工业化和循环经济道路的发展战略思路；创新性地提出了传统煤炭企业煤基循环经济产业链体系构建高质量发展总体战略构想，即构建以传统煤炭企业内部煤基循环经济产业体系为小循环，以煤炭能源生态工业园区循环经济产业体系为中循环，以煤炭能源城市循环经济产业体系为大循环，以煤炭能源基地、区域循环经济产业体系为更大循环，实现由小循环到大循环延伸、由内循环到外循环扩展、由低级循环向高级循环递进，最终实现煤炭能源循环经济产业体系。作者提出煤炭企业煤基循环经济高质量发展“五个必须”：必须坚持创新、协调、绿色、开放、共享的新发展理念;必须构建科学完善的煤基循环经济产业绿色低碳发展体系;必须推动煤炭企业绿色低碳转型升级实现全新转变;必须创建煤基循环经济重点示范工程;必须提升煤炭企业的核心竞争力。同时,作者提出充分发挥企业主体作用,构建科学完整的企业创新体系,从理念创新、制度创新、环境创新、规划创新、产业创新、产品创新、科技创新、人才创新、管理创新、质效创新、市场创新、文化创新等方面不断提升企业的创新动力和创新能力。以上成果具有一定的学术研究价值。作者提出的有益的保障措施,具有一定的实践价值。全书立论正确,论据可靠,论证充分;结构严谨合理,分析推理正确;论述简练完整,有见解建树;文理通顺,技术用语准确,数据文献引用可信;图表设计准确,应用得当,充分反映了作者具有扎实的理论基础和相关专业知识功底,具备较强的创新意识和良好的独立学术研究能力。

客观地看,这一研究的系统性和深入性还存在不足:一是对传统煤炭企业的体制、机制等深层次矛盾还需深入研究;二是对传统煤炭企业煤基循环经济发展模式运行中暴露出的新问题和保障措施还需进一步探索;三是对传统煤炭产业与密切相关的电力、化工、冶炼、建材等下游产业以及新能源的发展关系研究还不够透彻,需跟进研判煤炭相关产业的发展趋势。希望作者有机结合理论与实践,在今后的学习和工作中,潜心考量、深入创新、汲取经验,进一步深化“中国煤炭企业煤基循环经济高质量发展研究”课题的研究,以期达到理论创新和转化应用的目的。

南京师范大学商学院原院长、教授、博士生导师
南通理工学院党委副书记、副校长
中国国情研究会和市场营销学会常务理事
李晏墅

2022年1月

前　言

“能源是人类生存和社会发展的重要物质基础。”能源安全成为一个国家的重中之重。能源包括化石能源(煤炭、石油、天然气、煤层气、页岩气、可燃冰、干热岩、砂岩型铀矿等)、可再生能源[风能、水能、太阳能、地热能、海洋能(潮汐能、波浪能)、生物质能等]和新能源(核能、氢能等)。数据显示,中国化石能源的人均资源量仅为世界人均水平的56%。

煤炭是中国重要的主体能源和基础型产业,其占能源结构的绝对比重决定了中国传统煤炭产业和企业的重要位置。中国传统煤炭企业为新中国经济社会70多年的壮丽发展,特别是改革开放40多年的快速发展提供了重要的能源基础和可靠保障。未来中国能源结构“以煤为主”的特点在短期内仍难以改变。

新中国成立后,传统煤炭企业前后经历了三个阶段的发展历程。

1949—1978年的近30年,为煤炭工业起步和打基础阶段。在国家主导能源和统一布局下,从煤炭资源勘探、煤炭工业规划、煤炭开发投资、煤炭矿区(矿井)建设到原煤生产总量等均实行国家统一计划经济管理,为单一产业、单一经营。这期间煤矿建井标准低、煤炭开采技术水平低、原煤产量单产水平低,基本为传统的开采方法。生产出的煤炭较好地保障了国家经济建设和人民生活对煤炭的需求。

1978—2008年的30年,为煤炭工业调整产业和产品结构,逐渐由计划经济向市场经济的转变阶段。伴随着国家改革开放和经济建设高速发展对煤炭能源的大量需求,1982年煤炭部提出“一靠改革、二靠政策、三靠科学,推动煤炭工业现代化”的发展煤炭工业新路子。国有重点煤矿实行投入产出总承包,收到了煤炭产量增长、劳动生产率提高、生产装备状况好转、煤矿技术面貌改善的效果。1992年煤炭行业提出了“实现思想观念、经营机制、发展战略、政府职能四个根本性转变”的工作思路,确立了“以经济效益为中心、以扭亏为盈为目标”的工作方针,煤炭企业大力减人提效,转换经营机制,进行公司制改造。为了实现政企分开,1998年将原煤炭部管理的94户国有重点煤矿及为其服务的175个企事业单位下放地方管理。

值得回顾总结的是:1985—1995年的10年间,煤炭产业在“有水快流,多方开矿”的方针导向下,推动和鼓励社会资本投资,全国凡有煤炭资源的地区大面积大规模开办煤矿进入高潮期,允许不同所有制(国有、地方、非煤行业、乡镇、民营及“大中小”一起上),采用不同采煤方法(机械化开采,传统炮采、原始手工挖采等),没有考虑资源禀赋条件和生态环境承载力,而盲目、低水平,甚至“遍地开花”开发小煤矿,为此付出了资源、环境以及生命等难以弥补的代价。在这30年煤炭工业发展中,在煤炭需求侧指导下,煤炭产业快速发展,煤炭产量大幅增长,为国家经济建设快速发展提供了重要的能源支撑。这期间煤炭行业实现两个转变:一是由单一产业逐渐转变为多种经营综合发展,推进煤炭产业链条向煤—电力、煤—化工、煤—建材等产业延伸,形成新的煤炭经济增长点。二是由单一国有制逐渐转变为多种经济成分并存，由多、小、散、乱转变为大集团、大煤矿，产业集中度逐步提高，并形成了比较完整的煤炭工业体系。

从可持续发展与代价的角度总结：前两个阶段近60年中，大多数煤矿基本经历了“快速建矿（井）—强力开采—废弃物排放—环境污染”的传统单向直线式粗放发展模式。尤其小煤矿所付出的资源损失代价、环境污染代价、生态损坏代价、生命伤亡代价以及部分个体矿主为获取利益而道德缺失的代价都是非常昂贵和难以弥补的。一方面，原始传统的巷采式、高落式低水平采煤方法，挑肥弃瘦短平快的攫取开采和高耗低效的原煤利用，不仅使大量的煤炭资源丢失和浪费，而且使部分国有煤矿煤田可采煤炭资源总量逐年减少，部分矿井地质储量枯竭或接近枯竭；另一方面，大量可以再利用的资源成为废弃物就地排放，带来的矿山生态环境问题日益突出。这种传统粗放的产业结构和发展模式，使传统煤炭矿区和煤炭资源型城市面临“煤枯矿关、煤竭城衰”不可持续的严重现实。

2008—2021年为煤炭工业调整结构、转型升级，逐步走向安全高效智能化开采、清洁高效集约化利用的发展阶段。这是对传统发展方式进行了可持续发展的深刻反思。煤炭行业先后实施“整顿提高”“关井压产”“关闭破产”“安全整治”“安全高效矿井建设”“兼并重组”“去产能”“产能置换”“智能矿山”“绿色矿山”等建设举措，大部分传统煤炭企业尝试走循环经济可持续发展之路。尤其在2012—2021年近10年间，中国煤炭产业和部分煤炭企业顺应国家经济进入新常态及煤炭供给侧结构性改革，贯彻新发展理念，提升发展质量，“坚持走高端化、多元化、绿色化、服务化发展道路，通过兼并重组、参股控股、战略合作、资产联营等多种形式，推动煤炭企业与下游产业、新业态融合发展，从传统的煤炭开采业向现代产业体系嬗变，初步形成了煤炭、电力、煤化工、建材、新能源、现代物流、电子商务、金融投资、现代服务等多元化产业协调发展的格局”。该期间重点贯彻落实《国务院关于煤炭行业化解过剩产能实现脱困发展的意见》（国发〔2016〕7号），持续不断加大淘汰落后产能、发展先进生产力的力度，有力地促进了煤炭产业结构不断优化，逐渐走上清洁生产、高效利用、循环经济，绿色低碳可持续发展之路，进行了有效探索，并取得显著成效，实现历史性跨越。中国煤炭产业尤其是代表中国煤炭产业水平的百强煤炭企业如何实现可持续发展和高质量发展仍然是煤炭企业必须深入研究和解决的事关兴衰的重大战略课题。

本书上篇为国内外循环经济发展相关理论研究综述篇。着重对国内外循环经济发展理论与生态经济发展理论、清洁生产发展理论、绿色经济发展理论、低碳经济发展理论、高质量发展理论与可持续发展理论一脉相承的理论提出的背景及时间、研究成果及理论体系的建立进行了系统梳理。侧重对可持续发展与代价进行哲学思考，论述了可持续发展必然付出合理代价并摒弃不合理代价的规律，并对这一特殊规律的正确性和科学性从开辟发展道路、实现发展价值和人类社会历史发展过程、中国历史发展过程四个方面加以验证，并以对立统一规律、否定之否定规律和量变质变规律在事物发展过程中的具体表现加以论证，论述了可持续发展与代价规律的理论和实践意义，论述了正确处理可持续发展与代价关系的对策及原则；侧重对循环发展层次和体系探析，系统论述了循环经济发展体系从资源、能源、梯级流动的组织层次划分为五个层次和体系构建：即循环经济型企业为核心的小循环，循环经济型产业生态工业园区为平台的中循环，循环经济型城市为中心的大循环，循环经济型城市群区域为扩展的更大循环，最终上升至循环经济型社会，循环经济型国家为最终全循环，形成整个社会更大更全更完善的循环经济体系，即国家绿色低碳循环现代化。整体概括了整个循环经济层次和体系：是由单项资源向多项资源叠加的，由小循环向大循环依次延伸的，由内部循环向外部循环相关联扩展的，由低级循环向高级循环递进的，横向到边、纵向到底，前端是后端的基础及原料，后端是前端的平台及产品，变终端治理为源头控制，变分散治理为集中控制，最大限度减少资源能源浪费和废弃物排放污染，变废为宝、化害为利，实现物质与能量的高效梯级循环，最终构建最前端以清洁生产循环为基础，终端以绿色低碳循环为目标的循环经济高质量可持续发展模式，形成一个有机完整的、清洁高效的、绿色低碳的大而全循环经济体系；侧重对循环发展与生态发展、清洁发展、绿色发展、低碳发展、高质量发展和可持续发展的关系进行了论述，提出了推进生态文明建设和实现可持续发展、高质量发展必须借助清洁发展、循环发展、低碳发展和生态发展、绿色发展融合的基本途径，提出了清洁循环经济发展模式为可持续发展的初级阶段，生态绿色低碳循环经济发展模式为可持续发展的高级阶段，即高质量发展的观点，并通过对中国工业企业循环经济发展探索与实践进行印证。

本书中篇为煤基循环经济高质量发展探析篇。以循环经济与生态经济、清洁生产、绿色经济、低碳经济与可持续发展、高质量发展等一脉相承的理论为指导，结合中国传统煤炭企业的发展实际，系统梳理了传统煤炭企业 70 多年来，特别是改革开放 40 多年来取得的辉煌成就和成功经验。同时对传统煤炭企业高质量发展面临的多种不平衡矛盾和问题进行了梳理和分析，对影响煤炭企业煤基循环经济高质量发展的原因及症结进行了梳理和分析，以寻找和遵循煤炭企业可持续战略发展和高质量发展的正确模式和客观规律。分析研究煤炭企业发展煤基循环经济的必要性和战略性，明确提出煤炭企业发展煤基循环经济高质量发展战略行动的社会使命、指导思想、基本原则、总体目标、现代化科学体系、基本任务和基本要求的基础上，提出了中国煤炭企业煤基循环经济高质量发展的总体战略构想：必须坚持创新、协调、绿色、开放、共享的新发展理念；必须构建科学完善的煤基循环经济产业绿色低碳发展体系，必须推动煤炭企业绿色低碳转型升级实现全新转变，必须创建煤基循环经济重点示范工程，必须提升煤炭企业的核心竞争力；坚定不移地走绿色低碳循环发展之路，构建以传统煤炭企业内部煤基循环经济产业体系为小循环，以煤炭能源生态工业园区循环经济产业体系为中循环，以煤炭能源城市循环经济产业体系为大循环，以煤炭能源基地、区域循环经济产业体系为更大循环；构建前端以清洁生产循环为基础，终端以绿色低碳循环为目标的煤基循环经济高质量可持续发展模式；实现由单项资源循环向多项资源循环叠加，由小循环向大循环延伸，由内部循环向外部循环扩展，由低级循环向高级循环递进，最终形成一个纵向延伸横向拓展的有机完整的、清洁高效的、绿色低碳的现代化煤炭能源循环经济产业体系。并在保障体系的基础上，形成煤基循环经济相关产业链条“环环相扣，相互依存”“你中有我、我中有你”“高效洁净、吃干榨尽、绿色低碳”的相关产业循环整体格局。并充分发挥政府主导作用，全面创造宽松环境，构建系统完善的政府主导保障体系——组织保障、法律保障、政策保障、制度保障、科技保障、人才保障、资源保障、宣传保障、信息保障等，积极扶持高质量发展。同时充分发挥企业主体作用，全力推进创新发展，构建科学完整的企业主体创新体系：以理念创新为先导，以制度创新为保障，以环境创新为前提，以规划创新为引领，以产业创新为方向，以产品创新为根本，以科技创新为出路，以人才创新为支撑，以管理创新为基础，以质效创新为目的，以市场创新为导向，以文化创新为灵魂，不断提升企业的创新动力和创新能力，确保煤炭行业和煤炭企业按现代化工业标准又好又快、高质量发展，最终确保国家资源节约、环境友好、能源安全和经济社会的高质量发展。

本书下篇为煤炭企业煤基循环经济高质量发展模式实践篇。以企业发展战略理论、企业核心竞争力理论和循环经济发展相关理论为指导，以"中华老字号"传统煤炭企业为代表的窑街煤电集团有限公司煤炭资源综合利用，循环经济煤、电、化、冶、材、运多元产业融合发展模式为案例，论述了中国传统煤炭企业煤基循环经济高质量发展战略及发展模式选择，须对企业自身发展现状进行系统、科学、准确的客观分析，须对企业内部条件及环境关键要素通过 IFE 矩阵对其优势与劣势综合分析战略评价，须对企业外部环境关键要素通过 EFE 矩阵对其机会与威胁综合分析战略评价。在此基础上对企业发展战略定位和企业发展目标确定，再通过企业发展战略管理（SWOT）矩阵模型再分析，再通过企业发展战略选择及定性定量（QSPM）矩阵再评价，最终择优选择和精准确定发展战略及发展模式，并组织实施。通过调研择优、甄选、推介出煤炭行业：以"塔山模式"为代表的传统煤炭企业煤基循环经济发展模式，以"黄陵模式"为代表的现代煤炭企业煤基循环经济发展模式，以"伊泰模式"为代表的地方非国有新型煤炭企业煤基循环经济发展模式，以"宁东模式"为代表的大型煤炭基地煤基循环经济发展模式等 13 个煤基循环经济发展模式，并对其每个模式的基本特征、典型经验、借鉴意义、企业概况、循环经济产业链主要项目、培育相关关键（核心）技术、主要成效等 7 个方面梳理总结，以利推介学习、借鉴，以期总体推进中国煤炭产业及煤炭企业煤基循环经济绿色低碳循环高质量发展，为社会主义现代化国家建设作出贡献。

由于作者能力所限，本书编写过程中难免存在疏漏和不足之处，诚请专家和读者批评指正。

作　者

2022 年 1 月

目　录

上　篇
循环经济发展相关理论研究

第一章　导　论

一、理论意义和实践价值

人与自然的关系是人类社会最基本的关系。自然界是人类社会产生、存在和发展的基础和前提，人类则可以通过社会实践活动有目的地利用自然、改造自然，但人类归根到底是自然的一部分，人类不能盲目地凌驾于自然之上，人类的行为方式必须符合自然规律。综观人类文明史，生态兴则文明兴，生态衰则文明衰。人与自然是生命共同体，人类必须尊重自然、顺应自然、保护自然。保护自然环境就是保护人类，建设生态文明就是造福人类。

全球生态环境恶化和气候变化已危及人类生存和地球安全。而人类的命运掌握在人类自己的手中，地球的命运把握在全球各个国家的手中，全球各国都须树立正确的人类生存观、价值观、生态观、全球观及"天人合一"的宇宙观，共同构建人类命运共同体。

地球的资源是有限的，不可再生资源是宝贵的。能源是人类生存和社会发展的重要物质基础，是现代社会发展不可或缺的基本条件，攸关国计民生和国家安全。当今世界经济的高速发展是建立在过去一百多年来工业革命对资源的粗放开采及过度依赖，尤其是对化石能源的畸增超量消耗。这种粗放发展方式已走到了尽头。在超量代价的基础上，人与自然的关系日趋紧张，已引起全球各国的高度关注和危机警觉。促进世界能源可持续发展，维护国际能源安全和全球生态环境，是人类共同的责任和义务。

纵观人类经济社会发展历程和未来发展趋势，从 20 世纪 60 年代提出生态经济发展理念和循环经济发展理念，到 80 年代提出可持续发展理念，再到清洁生产发展、绿色经济发展、低碳经济发展、高质量发展等一脉相承的理论研究和实践探索，形成的绿色、低碳、循环可持续发展，不仅是当今时代科技革命和产业变革的发展方向，也是实现经济社会与生态和谐可持续发展以至高质量发展模式的必然选择。

能源问题事关国家安全、经济发展全局，也关乎生态环境保护与大气环境质量改善，影响重大。推动能源生产和消费革命，构建清洁低碳、安全高效的能源体系，加快推动能源结构调整，是促进绿色发展的重点领域。

煤炭是中国的基础能源和重要原料。煤炭是稳定、经济、自主保障程度最高的能源。煤炭工业是关系国家经济命脉和能源安全的重要产业基础。煤炭作为中国一次能源的主体，在能源供给结构中处于重要战略地位，在能源消费结构中也处于主导地位。据不完全统计，煤炭储量占中国化石能源探明储量的 94%左右（石油占 5.4%、天然气占 0.6%）；新中国成立以来，煤炭占一次能源生产和消费总量的 70%左右。中国"富煤、缺油、少气"的能源结构特点和煤炭资源的可靠性、供给的稳定性以及与石油相比价格的低廉性，决定了中国以煤炭为主体能源的生产和消费格局，将不可避免地长期存在；决定了煤炭工业在中国国民经济和社会发展中的重要地位与突出作用。

回顾中国煤炭工业发展史，煤炭工业发展始终贯彻“以煤为主、多元发展”的能源方针。先后经历了“快速建矿（井）、简易生产、强力开采、废物排放”的传统单向直线式粗放发展模式，煤炭企业普遍应对着四大突出矛盾：一是可采煤炭资源总量逐年减少，部分老矿井储量枯竭或接近枯竭。尤其是20世纪80年代中后期，在“有水快流”的方针引导下，以牺牲资源、环境和生命为代价的小煤矿“遍地开花”和超强度无序开采，破坏了煤炭资源的整体可采性。二是大多数矿井安全投入不足，低水平开采，并随着开采延伸，地质灾害加重，水、火、瓦斯、煤尘、顶板事故频发，尤其地方乡镇小煤矿一段时期快速发展，造成事故起数、死亡人数倍增，百万吨死亡率居高不下。据《中国煤炭工业统计资料汇编（1949—2009）》显示，1970—2008年39年间，每年死亡人数均超过3 000人。三是大多数煤炭企业产业、产品单一，这是发展理念滞后造成的，经济总量上升主要依靠增加煤炭产能再造一个煤企来实现，仍属于低效率、低质量、低水平发展。四是长年积累的采空区沉陷、尾矿矸石煤泥灰渣堆积占用土地、矿井疏矸水污染土地河流等问题，加重了区域生态环境的承载力，也加重了矿区生态环境治理的成本负担。

中国煤炭能源贡献大、代价高，需要客观总结、深刻反思。中国煤炭产业是中国能源产业的重要基础，煤炭占能源结构的绝对比重决定了煤炭的重要战略位置，煤炭能源为新中国70多年的经济社会发展，特别是为改革开放40多年的持续高速发展，提供了重要的能源基础和可靠保障。但煤炭开发相当长的一个特殊时期所付出的资源损失代价、环境污染代价、生态破坏代价、生命伤亡代价等都是非常昂贵和难以弥补的，尤其是煤炭的超强度、低标准无序开采和煤炭资源高耗低效利用，加重了环境治理的负担，并直接影响到当期能源效益和未来能源安全战略。以前传统粗放的煤炭工业发展方式同世界百年工业革命发展方式雷同，同样是建立在以牺牲资源、环境以及生命为代价的基础上，也同样不同程度地违背可持续发展的客观规律，其教训值得深刻反思。

中国煤炭企业所占有的资源是有限的，过去传统粗放的发展方式是不可持续的，煤炭资源的科学开发、精准开采、清洁加工、高效利用、循环经济、绿色发展，已是每个煤炭资源型企业战略研究和可持续发展的一个不可回避的现实问题，必须从根本上进行科学研究，解决好走煤基循环经济高质量发展之路的战略发展问题。

中国煤炭行业和煤炭企业积极探索煤基循环经济高质量发展之路。进入新时期以来，中国煤炭工业发展环境发生了深刻变化，坚持以提升煤炭工业发展的科学化水平为主攻方向，围绕煤炭安全高效绿色智能化开采和清洁高效低碳集约化利用，依靠科技进步促进产业转型升级，取得了长足进步。但煤炭行业结构性矛盾和发展不平衡的问题仍然突出，资源、环境约束不断强化以及煤炭供给侧结构性改革逐步深化等对现代煤炭产业体系建设和高质量可持续发展带来新的挑战。煤炭行业的战略是深入实施创新驱动发展，着力推动煤炭行业发展动力转换、方式转变、结构调整，提升煤炭安全高效智能化开采和清洁高效集约化利用水平，推动煤炭行业发展由数量、速度粗放型向质量、效益集约型增长转变，由煤炭生产向生产服务型转变，提升煤炭工业的可持续发展能力。

国家将煤炭资源清洁高效开发利用作为能源型发展的立足点和首要任务，为煤炭行业转变发展方式、实现清洁高效发展创造了有利条件。并且，现代信息技术与传统产业深度融合发展，为煤炭行业转换发展动力，提升竞争力带来了新的机遇。煤炭行业必须切实转变发展方式，加快推动煤炭领域供给侧结构性改革，着力优化结构、增强动力，提高发展的质量和效益，破除体制机制障碍，不断拓展煤炭工业发展新境界。

中国煤炭行业和煤炭企业必须顺应能源生产和消费革命战略发展态势，牢固树立绿色发展理念，推行煤炭绿色开采，发展煤炭洗选加工，发展矿区循环经济，加强矿区生态环境治理，推动煤炭供给侧革命。结合实际，坚定走以煤基循环经济为主的绿色低碳循环可持续发展之路。以推进传统煤炭能源向煤基清洁能源的战略转型为主攻方向，推进煤炭结构调整与产业转型升级。坚持绿色开发与清洁利用相结合，推进绿色发展，从煤炭开发、转化、利用各环节着手，强化全产业链统筹衔接。推进煤炭安全绿色开发，促进资源清洁高效利用，加快煤炭由单一燃料向原料和燃料并重转变，推动高碳能源低碳发展，最大限度减轻煤炭开发利用对生态环境影响，实现与生态环境和谐发展，最终实现中国传统煤炭企业的可持续发展和高质量发展目标。

二、创新与不足

本书以循环经济、清洁生产、生态经济、绿色经济、低碳经济理论等与可持续发展理论、高质量发展理论、一脉相承理论为指导，结合中国煤炭企业实际，一是总结和揭示传统煤炭企业发展中存在的突出矛盾及制约发展的主要因素，提出发展战略及对策措施；二是寻找和遵循煤炭企业战略发展的客观规律和正确模式；三是从理论意义和实践意义上指导煤炭企业，坚持走煤基循环经济高质量发展之路，从实际意义上推广和吸收研究实践成果，使传统煤炭企业焕发青春，基业长青。

本书理论研究的系统性和深度不够。一是对传统煤炭企业现状调研不系统，只限于中西部几个传统煤炭企业，特别是对存在的体制、机制等深层次矛盾揭示得不透，需要继续挖掘。二是对传统煤炭企业煤基循环经济可持续发展模式存在的不足和对策措施还需进一步研究。三是传统煤炭工业是我国能源工业的前端产业，而与之密切相关的电力、钢铁、建材、化工四大下游产业的发展直接影响着煤炭行业的煤基循环经济可持续发展，需正确分析其发展趋势，以准确把握煤炭行业和企业绿色低碳循环高质量发展趋势。

总之，对中国煤炭企业煤基循环经济高质量发展课题还需要继续深入研究，进一步探索，以期达到研究与实践的目的。

第二章　国内外循环经济发展相关理论综述

循环经济发展理论是以生态经济理论和系统理论为基础，以生态系统与经济系统协调发展为核心，运用生态学规律来指导人类社会的经济活动，是同生态经济发展理论、清洁生产发展理论、绿色经济发展理论、低碳经济发展理论、可持续发展理论、高质量发展理论一脉相承的理论体系，都是为了解决环境危机、能源危机相继出现的经济形态，是对人与自然和谐关系深刻认识和总结的结果，旨在解决人类经济社会可持续发展的问题。

一、国内外可持续发展理论研究成果

（一）国外可持续发展理论的研究与发展

人类与自然的关系和规律是和谐共生，相辅相成。地球的承载力决定了增长的极限。资源短缺、环境污染、生态失衡的系统危机已日益严重地威胁着全球人类的生存、经济社会和生态环境的和谐发展。

传统经济模式以大量生产、大量消耗、大量废弃、大量排放和大量污染为特征，造成矿产资源过度开采，化石燃料过度消耗，温室气体过度排放。人类经济活动和工业化造成气候变化，即全球变暖，主要是由燃烧煤炭和石油等化石燃料烟尘肆虐引起的，这些燃料向大气中排放二氧化碳和甲烷等温室气体。据推算，人类活动和工业化向大气排放的二氧化碳已超过维持全球生物过程所需的10倍之多。一些大城市的颗粒物和二氧化硫浓度超过世界卫生组织的2—5倍。大多数科学家认为，2010—2019年是历史上全球气候危机最糟的10年。世界气象组织（World Meteorological Organization，WMO）发出警示：在这10年中，地球被大气中积聚的温室气体所包围。人类正经历气候危机的“至暗时刻”。全球气候变暖，加速导致高温干燥、自然生态退化、极端天气多发、资源代价逐步加重和环境代价日益突出。如森林覆盖减少、草原植被退化、水土大量流失、酸雨污染增量、地力种植衰减、土壤重金属超标、河流湖泊污染、海域赤潮频发、海水酸化升高、珊瑚礁白化、雾霾沙尘加重；总悬浮微粒超标以及生物多样性减少；再如厄尔尼诺现象、南北两极（北极格陵兰岛、南极洲）巨大冰盖加速融化、喜马拉雅山等世界高峰山脉冰川消融、太阳风暴袭击、气候极端化加剧、灾害灾难加重（如暴雨洪灾泥石流、暴雪冰雹冰冻、高温干旱热浪、沙漠蔓延扩大、湖泊缩小或消失、火山肆虐喷灰、林草火灾频发、地震塌方海啸、飓风龙卷风热带风暴、强热带气旋、强雷电雷暴、冰层融化、海洋水面升高、太平洋低海拔狭小岛国及岛屿面临生存和沉没威胁）等，各种灾难接踵而至。而人类活动加重了自然灾害发生的频率和危害程度。

2019年5月6日，联合国发布一份全面报告称，“人类影响逾百万种动植物濒临灭绝的危险”主要由人类五种活动方式所致，即超量燃烧化石燃料造成气候变暖，使地球对一些物种而言变得过于炎热、潮湿或干燥，不利于生存，全球近半数陆地哺乳动物和近1/4的鸟类栖息地受到全球气候变暖的严重影响；森林过度砍伐，草场过度放牧和区域过度开发，栖息地流失使动植物失去了家园，地球上3/4的陆地、2/3的海洋以及85%的湿地已经面目全非或不复存在，增加了物种生存的难度；全世界的海洋、河流、湖泊都存在过度捕捞，全球1/3的鱼类品种遭到过度捕捞；陆地和水体受到污染，每年被倾倒进水中、土地中的重金属、溶剂和有毒淤泥的重量高达三四亿吨；具有侵略性的物种将本地的动植物物种挤走，自1970年以来，每个国家外来入侵物种的数量增加了70%。还如，肺癌发病率升高，出现血管类疾病、新生儿缺陷等概率增加，气候变化和人为陋习等加剧疾病传播，尤其是区域爆发的非典(SARS)、疟疾、霍乱、登革热、新型冠状病毒(MERS)、塞卡、拉沙热、亨德拉尼帕、禽流感(H5N1、H1N1、H7N9)、非洲猪瘟、蝗虫灾、埃博拉、致命乙型流感等传染性疾病灾难，严重威胁着人们的生命安全。气候变化还限制了农业的发展，危及粮食安全。人类寻求永恒自然的理想破灭，不禁发出灵魂拷问。这迫使人类清醒地认识到，由于资源短缺和环境恶化的不可持续性和人为侵害引起的“涟漪效应”还会产生更深远的影响。面对人类生存和发展的矛盾，必须深刻反思，必须找到维持循环生态系统的方法，以有效控制和科学治理。

第二次世界大战结束后，在完成第三次科技革命的背景下，全球经济飞速发展。同时人口的膨胀、资源的短缺、环境的恶化等随之而来的一系列危及生态平衡发展和人类生存发展的问题凸现。1962年美国海洋生物学家蕾切尔·卡逊(Rachel Louise Garson)撰写了《寂静的春天》一书，阐述了自工业革命以来所发生的重大公共灾害事件，首次将环境污染对生态系统的影响的严肃问题公布于世，震惊了世界。1972年，罗马俱乐部发表了一份研究报告——《增长的极限》，该报告提出，要防止世界经济的崩溃，则必须放慢经济增长和停止人口膨胀。1972年联合国在斯德哥尔摩召开的人类环境会议通过了“联合国人类环境会议宣言”，是人类历史上第一个保护环境的全球宣言。该宣言指出，提出环境问题主要是发展不足的问题，不仅发达国家要对环境资源问题负责，发展中国家在发展过程中也要重视对环境的保护，因为任何国家的发展都伴随着资源的减少，尤其是工业化生产又加剧了环境的恶化程度。这是联合国组织首次把环境问题与经济发展联系起来。同时首次明确提出发展中国家也应致力于环境保护问题，标志着对发展与环境的协调一致的重要性意识增强。

随着人们对全球环境与发展问题的广泛讨论，1972年6月16日，联合国人类环境会议通过了全球性保护环境的“联合国人类环境会议宣言”，在“人类环境”概念的基础上，为解决人类持续发展提出了一个全新概念——可持续发展。这是人类对传统发展模式进行长期深刻反思的结晶。可持续发展理论的产生和发展经历了从理论到实践不断完善和创新发展的过程。1980年世界自然与自然资源保护同盟(International Union for Conservation of Nature，IUCN)发起制定了《世界自然资源保护大纲》，提出“应该把自然资源保护和人类持续发展统一起来考虑”，第一次较明确地表述了既要发展又要保护的思想。1980年3月5日，联合国向世界发出呼吁：必须研究自然的、社会的、生态的、经济的以及利用自然资源过程中的基本关系，确保全球持续发展。1981年，美国学者莱斯特·布朗(Lester Brown)撰写了《建设一个持续发展的社会》一书。1984年5月，联合国成立世界环境与发展委员会(World Commission on Environment and Development，WCED)。1987年4月，由挪威前首相布伦特兰夫人任主席、21个国家环境与发展问题专家组成的世界环境与发展委员会发表了具有轰动效应的报告——《我们共同的未来》，正式提出“可持续发展”概念：既满足当代人的需求，又不对后代人满足其需求的能力构成危害的发展(sustainable development，that meets the needs of the present without compromising the ability of future generations to meet their own needs)，即如何为社会中的人们谋取更好的生活，同时又给后代留下一个具有未来发展能力的世界。可持续发展的核心内容是，人类在努力满足当代人的需求时，应当承认环境承载能力的有限性，不能剥夺后代必需的自然资源和环境质量。

可持续发展研究大多重点围绕人类需求和价值观展开，具体来说，可持续发展就是谋求经济、社会与自然环境的协调发展，制衡出现的环境污染和生态恶化，控制重大自然灾害的发生，维持好新的平衡。《我们共同的未来》的发表标志着可持续发展理论的产生。可持续发展概念真正引起全球社会普遍关注是在20世纪90年代初。1992年6月3日至14日，世界各国在联合国环境与发展大会上对可持续发展的定义取得共识，以可持续发展为指导方针，制定并通过了《21世纪行动议程》，并在大会的最后一天通过了《里约环境与发展宣言》。1992年5月9日，联合国通过《联合国气候变化框架公约》，6月11日通过《联合国生物多样性公约》，建立了可持续发展委员会、可持续发展机构间委员会和可持续发展高级别咨询委员会机制，并把可持续发展作为人类迈向21世纪的共同发展战略，其宗旨是全球化思考和本土化行动，将可持续发展战略首次由概念正式转为全球的行动。1994年国际人口与发展会议、1995年哥本哈根世界首脑会议都提出了可持续发展构想和新意。这一理论经过不断地深化充实、完善发展，形成了独特的研究内容、研究途径和研究领域拓展。2012年2月，世界资源研究所(The World Resources Institute，WRI)启动“可持续及宜居城市”项目，以低碳发展为核心内容，在中国、印度和巴西等国选取5个城市开展研究，并联合中华人民共和国国家发展和改革委员会、国家应对气候变化战略研究和国际合作中心等机构为成都、青岛两个试点城市规划了低碳发展蓝图，于2014年11月发布了中期成果报告。2015年9月27日，联合国可持续发展峰会通过《2030年可持续发展议程》，涉及可持续发展的社会、经济和环境三个层面，涵盖了今后15年要实现的17项可持续发展目标，定于2016年1月1日正式生效。时任联合国秘书长潘基文指出，这17项可持续发展目标是人类的共同愿景，也是世界各国领导人与各国人民之间达成的社会契约。它们既是一份造福人类和地球的行动清单，也是谋求取得成功的一幅蓝图，呼吁各国现在就采取行动。为推进全球可持续发展行动，2015年12月12日《巴黎协定》在气候变化大会上通过，于2016年4月22日在纽约正式签署。该协定为2020年后全球应对气候变化行动作出安排，主要目标是将21世纪全球平均气温上升幅度控制在2 ℃以内，并将全球气温上升控制在前工业化时期水平之上1.5 ℃以内。2018年12月15日，联合国卡托维兹气候变化大会又通过《巴黎协定》实施细则，有助于全面落实《巴黎协定》的各项要求。实施细则主要包括制定自主贡献导则，设计透明度框架，报告2020年后减缓、适应、资金支持相关信息，设立2025年后气候资金新目标相关进程、评估技术开发和转让进展，实施2023年全球盘点机制等。如时任中国气候变化谈判代表团团长解振华指出，这次大会彰显了全球绿色低碳转型的大势不可逆转，提振了国际社会合作应对气候变化的信心，强化了各方推进全球气候治理的政治意愿。时任联合国秘书长古特雷斯表示：大会通过的《巴黎协定》实施细则是气候行动取得新进展的基石，下一轮气候变化大会将在此细则的基础上展现应对全球气候变化雄心。

从1987年世界环境与发展委员会首次提出可持续发展概念，到2015年联合国通过《2030年可持续发展议程》，可持续发展的理念在全世界范围内得到了认同，尤其至2019年的30多年可持续发展全球行动，已逐渐完成从以经济社会目标为中心向以生态环境为中心的转变，并取得一定实效。

各国在推进可持续发展过程中，也出现了一些矛盾和问题。斯潘根贝格(Spangenburg)指出，目前全球多数国家制定了可持续发展战略，但其重要性和意识形态互有不同。其差异，一方面源于社会经济条件和物理属性，另一方面则源于相关者的利益纠葛。影响和阻碍全球可持续发展的主要因素是：人口持续增长及高度局部化，经济的过度发展和生态环境的破坏等。

综上所述，正如《推进生态文明建设美丽中国》一书中概括的，在全球范围内，从《联合国人类环境会议宣言》《我们共同的未来》到《21世纪议程》，再到《2030年可持续发展议程》，人类对于自身与自然关系、发展与保护关系的反思不断深入，在徘徊探索中提出并逐步实施可持续发展战略，这一战略是人类社会反思与探索的重要成果。当今世界，以清洁生产、循环利用、绿色经济、低碳技术为代表的新一轮科技创新和产业变革方兴未艾，各国都在积极探索实践，保持生态环境、推行绿色发展，并日益成为国际共识。

（二）国内可持续发展理论的研究与发展

中国可持续发展理论的研究发展，也经历了从理论到实践、从完善到创新的中国特色可持续发展研究理念。

1. 中国制定可持续的三维发展观

1984年，我国生态学家马世骏教授首次提出社会—经济—自然复合生态系统的概念，这正是人类走向可持续的三维发展观的标志。之后中国学者对可持续发展的定义补充为：可持续发展既不是单指经济发展和社会发展，也不是单指生态持续，而是指以人为中心，人类能动地调控自然—经济—社会复合系统的可持续。在不超越资源与环境承载能力的条件下，促进经济发展和社会发展，保持资源永续利用和生活质量提高，并在系统观的基础上提出了可持续发展的世代观、全球观、人口观、效益观、平等观等。为深入研究和推进可持续发展，中国多位学者著书立论，进一步完善了可持续发展理论。1996年赵士洞在《可持续发展的概念和内涵》一文中对可持续发展的定义从生态、经济、技术、社会、世代伦理、空间、自然资源等方面进行阐述；刘传祥在《可持续发展的基本理论分析》一文中提到可持续发展要以保护自然资源和环境为前提，把资源与环境的承载力协调一致，在此基础上进行人类的可持续发展。1998年范柏乃在《可持续发展理论综述》中提出，可持续发展的目标是发展，保证人类生存，本质是寻求经济与环境生态之间的动态平衡，核心在于公平性，维持多代人的经济福利。可持续发展是非经济概念，既促进人类之间以及人类与自然之间的和谐，又寻求构建有利于持续发展的社会、政治、经济、生产、技术、管理及国际关系的新体系，即全球目标。2000年何中华在《可持续发展面临的几个难题》一文中详细阐述了可持续发展面临的问题，主要是实践上的难题、本体论上的难题、认识上的难题和伦理上的难题。2002年罗守贵、徐玉高在《可持续发展研究述评》一文中提到根据不同资本之间替代程度的大小，将可持续性分为弱可持续性、中等可持续性、强可持续性、绝对可持续性。2004年罗慧在《可持续发展理论综述》一文中提出了生态环境可持续发展的理论基础，即环境稀缺论、环境价值论、“时空公平”的区域层次性可持续发展观和可持续利用的资源观等，总结了国内外可持续发展定义共同的基本要素。2005年李龙熙在《对可持续发展理论的诠释和解析》一文中提到可持续发展的基本理论包括基础理论与核心理论，并把可持续发展的内涵概括为共同发展、持续发展、协调发展、公平发展、高效发展及多维发展。2008年牛文元在《可持续发展理论的基本认知》一文中指出，要衡量一个国家或地区的发展度，即发展水平，还必须衡量发展的协调度，即效率与公正的平衡，政府调控与市场发育的平衡，发展与环境的平衡，当代与后代利益分配的平衡。并认为可持续发展反映动力、质量、公平的有机统一。其中动力表征为发展潜力、发展速度、发展能力；质量表征为自然进化、文明程度、生活质量及理性需求（物质和精神的）；公平表征为共同富裕程度及城乡贫富差距。提出可持续发展的理论主线，努力寻求人与自然的平衡，必须把人的发展、资源的消耗、环境的退化和生态的协调紧密联系在一起，体现人和自然必须走和谐与协同进化的道路。提出通过制度保证、舆论导向、伦理规范、道德感召、法治约束、社会公正、文化熏陶等，促进人类活动的有效组织，以基本达到人和人之间关系的和谐与公平，提出可持续发展的七大战略：① 全球经济的理性增长。② 提高经济增长的质量。③ 满足"以人为本"的基本需求。④ 调控人口数量增长，提高人口素质。⑤ 维护、扩大和保护自然的资源基础。⑥ 集中关注科技进步对发展瓶颈的突破。⑦ 始终调控发展与环境的平衡。提出全球可持续发展的根本目标是实现人与自然环境、人与人之间的协调发展。齐晔与蔡琴在《可持续发展理论的三项进展》一文中（2010）提出地球系统观、生态文明思想和低碳经济三大进展。

2. 可持续发展观符合中华传统和谐文化观的古训

可持续发展观分别为宇宙观：天人合一，万物并育，世界大同，天下大同、万国咸宁，以和为贵、协和万邦，达则兼济天下，道法自然。发展观：和谐普惠、知行合一。继世观：以民为本，前人种树、后人乘凉。经营观：君子爱财、取之有道。合作观：志同道合、和而不同。生存观：量力而行、量入为出。民生观：乐民之乐者，民亦乐其乐，忧民之忧者，民亦忧其忧。

3. 中国制定可持续发展战略

走可持续发展道路是中国的必然选择，也成为国家战略。1994 年 3 月 25 日，《中国 21 世纪议程》经国务院第十六次常务会议审议通过。该议程从我国国情出发，提出了促进经济、社会、资源、环境及人口、教育相互协调的、可持续发展的总体战略，认为可持续发展主要是在保持经济快速增长的同时，依靠科技进步和提高劳动者素质，不断改善发展质量，提倡适度消费和清洁生产，控制环境污染，改善生态环境，保持可持续发展的资源基础，建立"低消耗、高收益、低污染、高效益"的良性循环发展模式。1994 年 7 月 4 日，国务院批准了我国的第一个国家级可持续发展战略——《中国 21 世纪人口、环境与发展白皮书》。国家从制定"九五"计划开始到后期远景规划都把可持续发展战略思想纳入其中，尤其是提出了以人为本，全面、协调、可持续的发展观，把可持续发展提到一个非常高的战略地位。2007 年 12 月 18 日，国务院印发的《关于促进资源型城市可持续发展的若干意见》（国发〔2007〕38 号）通过，我国开始深入推进可持续发展。2013 年 11 月 12 日，国务院印发《全国资源型城市可持续发展规划（2013—2020 年）》（国发〔2013〕45 号），该文件成为国家全面部署资源型城市可持续发展工作的行动纲领，标志着资源型城市可持续发展工作进入了新的阶段，明确了 262 个资源型城市，其中煤炭资源型城市 73 个，约占资源型城市的 28%。2021 年 10 月 25 日，中科院科技战略咨询研究院发布了《2020 中国可持续发展报告：探索迈向碳中和之路》，聚焦全面绿色低碳转型及碳中和路线图，研判我国面临的内外部机遇和挑战，提出中长期碳中和的总体思路、基本路径和主要措施。

4. 中国引领可持续发展

2007 年，中国编制出版《中国可持续发展总纲》，站在全球的高度，以人类文明进展的轨迹为时间坐标，以中国 21 世纪发展的图景为空间坐标，系统地阐述了中国可持续发展的战略背景、战略形成、战略目标、战略要点和战略行动，汲取了可持续发展前沿研究的国内外精华，编织出了具有鲜明中国特色的可持续发展理论体系、方法体系和实证体系，总结了中国可持续发展战略和基本内容。至此，中国由响应、参与逐渐到引领可持续发展。

2013 年，中国国家主席习近平从着眼人类生存发展和世界前途命运的战略高度，提出“构建人类命运共同体”新概念和推进“一带一路”建设系统工程倡议，并于 2015 年 9 月在第七十届联合国大会上发表了构建人类命运共同体的治国理政方针理论，升华了人类可持续发展愿景目标，得到了世界绝大多数国家和国际组织的响应与合作。

2015 年，在联合国发展峰会上，中国国家主席习近平又提出构建全球能源互联网重大倡议，为推动世界能源转型，应对气候变化，实现可持续发展提供了系统解决方案。

2015 年 12 月，中国有力推动了联合国气候变化框架公约近 200 个缔约方一致通过《巴黎协定》。

2016 年 9 月 19 日，中国在全球率先发布了《中国落实 2030 年可持续发展议程国别方案》，并由国务院总理李克强在纽约联合国总部主持“可持续发展目标：共同努力改造我们的世界——中国主张”座谈会并发表重要讲话。面向未来，中国将以该方案为指导，深入贯彻创新、协调、绿色、开放、共享的新发展理念，加快推进可持续发展议程落实工作，并继续为全球发展事业作出力所能及的贡献。

2016 年 12 月，国务院印发《中国落实 2030 年可持续发展议程创新示范区建设方案》，提出在“十三五”期间，拟创建约 10 个国家可持续议程创新示范区，实现区域科技创新对社会事业发展的支撑引领作用不断增强，经济与社会协调发展程度明显提升，并形成若干可持续发展创新示范的现实样板和典型模式。至 2019 年 5 月，已有山西太原市、广西桂林市、广东深圳市、河北承德市等多个国家可持续发展议程创新示范区。

2017 年 2 月 10 日，联合国将“构建人类命运共同体”写入联合国决议；同年 3 月 17 日，又将“构建人类命运共同体”载入安理会决议；同年 3 月 23 日，再将“构建人类命运共同体”载入联合国人权理事会决议，呼吁构建新型国际关系，构建人类命运共同体。这标志着“构建人类命运共同体”在国际社会迅速取得广泛共识。

2017 年 8 月 21 日，中国发布了《中国落实 2030 年可持续发展议程进展报告》。这是全球首个落实 2030 年可持续发展议程的报告，从注重组织协调、注重规划引导，将 2030 年可持续发展议程与中国中长期发展规划相结合，在全面落实的基础上，从突出一些重点和优先领域的推进等方面总结了中国在国家层面的主要做法和成功经验，展示了中国重要的早期收获。

2018 年，在联合国卡托维兹气候变化大会前，在二十国集团领导人布宜诺斯艾利斯峰会上，中国国家主席习近平又号召各方继续本着构建人类命运共同体的责任感，为应对气候变化国际合作提供政治推动力。在卡托维兹气候变化大会期间，以中国为主导的全球能源互联网发展合作组织主办多场系列活动，发布了《全球能源互联网促进〈巴黎协定〉实施行动计划》，有力推动全球新能源互联网创意落实。

2019 年 10 月 24 日，联合国首届“可持续发展论坛”在北京举行，中国国家主席习近平特致贺信并指出，中国秉持创新、协调、绿色、开放、共享的发展理念，推动中国经济高质量发展，全面落实《2030 年可持续发展议程》，为全球实现可持续发展目标作出积极贡献，并促进共同发展、携手构建人类命运共同体。

2020 年 7 月，联合国可持续发展高级别政治论坛生物多样性边会主题为：实现可持续发展生物多样性行动刻不容缓。中国切实履行《生物多样性公约》，遵循习近平生态文明思想，坚持绿水青山就是金山银山的发展理念，坚持生态优先、绿色发展，生物多样性保护取得显著成效。

2021 年 9 月 21 日，中国国家主席习近平在北京以视频方式出席第 76 届联合国大会一般性辩论并发表题为《坚定信心 共克时艰 共建更加美好的世界》的重要讲话，提出全球发展倡议：坚持发展优先。坚持以人民为中心。坚持普惠包容。坚持创新驱动。坚持人与自然和谐共生。坚持行动导向。呼吁国际社会加快落实 2030 年可持续发展议程，推动实现更加强劲、绿色、健康的全球发展。这一重大倡议，为回应世界变局描绘了蓝图，为全球共同发展指明了方向。

5. 中国可持续发展成为全球范例

中国目前在人均产出仅占所谓发达经济体三分之一的情况下，把重点放在了可持续发展上，一个相对贫穷的国家已经有意识地选择把重点从经济增长的数量转向质量上。通过转变经济模式，改变燃料来源，发展新的交通系统和以环保的方式进行城市化，中国的可持续发展战略成为发挥全球领导作用的一个范例。中国一直在积极地将燃料消费从碳密集型的煤炭转向石油、天然气、水电和可再生资源。中国正在引领世界发展非碳可再生能源，如风能、太阳能和地热能等，可再生能源占中国能源消费总量的比重逐年增加，这将是中国迈向更清洁、碳密集程度更低的经济道路上的重大突破。中国拥有世界上最庞大的高速铁路网和发展最快的地铁系统，并且正在全力以赴发展电动汽车。中国目前计划建设 250 多个生态城市，有机会利用工业世界的先行者所没有的城市规划和能源效率新模式。

中国强力推进绿色低碳发展，将污染防治作为攻坚战，强力推进、全面治理。据联合国 2019 年年初报告，全球森林绿地增加面积，中国占了 1/4，自主贡献比例居全球首位，对森林碳汇作用显著，为全球生态环境治理作出突出贡献。截至 2022 年，中国是全球森林资源增长最多和人工造林面积最大的国家，是全球增绿的主力军。

中国是拥有近 14 亿人口的大国和全球第二大经济体，在可持续发展理论研究和全力推进可持续发展上做出了贡献，并积极深入探索实践走适合中国特色社会主义的可持续发展战略道路，维护好中国在国际上的正当发展权益。

（三）可持续发展的定义、核心、实质、意义和标志

可持续发展是指既满足当代人的需求，又不对后代人满足其需求的能力构成危害的发展。

可持续发展的核心是人口、社会、经济、科技、环境与资源的相互协调。

可持续发展实质是“对环境无害或少害的发展”，是环境保护与经济社会的协调发展，是人与自然的和谐发展。可持续发展必须以经济系统与社会系统、生态系统的和谐发展为前提。可持续发展是通过绿色设计、先进技术工艺、清洁生产、节约资源能源、高效循环利用、减少排放污染等实现经济合理增长、社会和谐进步、生态环境友好的可持续发展。

可持续发展的重要意义体现在能够从根本上缓解长期以来经济发展与资源、环境之间的尖锐矛盾，达到经济效益、社会效益和生态效益的和谐共赢，实现经济发展可持续与人类社会发展可持续、自然生态可持续的有机统一。只有坚持经济、社会与环境的协调发展，才能实现经济、社会和环境的可持续发展。

可持续发展战略的提出，标志着自工业革命以来人类社会发展观念的重大革命和里程碑，标志着一个有利于人类健康、社会和谐地走向21世纪的新的发展理念和行动纲领的形成，可持续的生态文明必将成为21世纪人类社会发展的主旋律。

可持续发展概念提出后，世界大多数国家广泛将其应用于包括资源开发领域和环境保护领域在内的许多领域中，其内涵和外延亦得到不断的完善充实和丰富发展，派生出生产可持续发展、经济可持续发展、区域可持续发展、生态可持续发展、社会可持续发展等。

（四）可持续发展与代价

人类社会进入21世纪，可持续发展已成为世界各国确立经济社会发展战略的首要和最佳目标选择。然而，任何事物的存在和发展无不遵循着对立统一这一宇宙的根本规律，如果对这一已成世界潮流的可持续发展“热”作“冷”思考，就不难发现，人们在对这一发展新模式的正面效应倾注过多的赞誉和投入空前热情的同时，却忽略了其反面效应——代价问题。任何事物的发展无不以代价为前提。发展的实质是新事物的产生和旧事物的死亡，所以作为发展标志的新事物的产生是以旧事物的灭亡为代价的。从代价的角度来界定发展，可得出一个基本认识：发展是通过付出代价和扬弃代价以寻求再生之路的努力过程。从已经看到的事实和迹象分析，代价问题日益凸现，并在相当程度上制约着可持续发展战略的实践进程。由此正印证着“任何发展都要以代价为前提”这一论断的真理性，进而证明可持续发展也必须付出必要的正代价，并在发展中摒弃负代价。

20世纪50—70年代，世界经济增长和科学技术进步取得了举世瞩目的伟大成就，特别是现代科学技术的进步显示了人类的智慧和力量。人类不断揭示微观世界和宏观世界的奥秘，释放了原子能，破译了遗传密码，发射了人造地球卫星和宇宙飞船，发明了运算和记忆力超过人脑的电子计算机等。这一时期，有学者对全球经济问题曾提出两种相反的观点：一种是对人类的未来持盲目乐观的态度。一些人认为经济可以无限制地增长，消费水平可以毫无节制地提高，形成无代价的“乐观论”，代表作是以卡恩（Herman Kahn）为首的美国赫德森研究所的《今后二百年——美国和世界的一幅远景》和西蒙（Julian L. Simon）的《没有极限的增长》。另一种是对人类目前的处境和未来的预测持悲观失望甚至绝望的态度。另一些人认为人口增长、农业生产、工业生产、自然资源消耗和环境污染是最终威胁人类生存和限制全球发展的五个基本变量，最终要达到地球极限。因此要停止增长或实现“零增长”，以避免灾难性后果，达到全球均衡。这种高代价的“悲观论”，其代表作是罗马俱乐部（The Club of Rome）发布的《增长的极限》。在这种背景下，反思过去、面对现实、展望未来，人类向何处去，对未来应做出什么样的正确选择？经济学者开始探索一条既认可发展代价又不可超越代价，既不乐观也不悲观，既吸取“乐观论”的乐观精神和“悲观论”的忧患意识又超越两者的人类生存和发展战略的新的发展模式，这就是“可持续发展”之路。

可持续发展成为人类社会以及世界各国发展战略的必然选择，是因为可持续发展观立足现实，系统地、历史地协调经济、环境、社会和人诸方面的关系，在扬弃旧事物、产生新事物的基础上，推进经济社会进步及资源节约、环境友好全面协调发展。这也是可持续发展的本质所在。

1. 可持续发展与代价的哲学思考

（1）代价意识的产生。

对于人类活动和经济发展导致自然资源紧缺和生态环境退化的认识和担忧由来已久，

人类对资源短缺将会最终导致经济增长和人类发展被限制早有预见。英国学者马尔萨斯(Thomas Robert Malthus,1766—1834)认为,土地是一种绝对资源,随着人口增长,人均粮食生产量将会下降;当人类的物质生活条件降低到仅能维持一般生存时,人口或将停止增长。同时英国学者大卫·李嘉图(David Ricardo,1772—1823)认为,如果自然资源开始变得稀缺,经济增速将会放缓。据世界能源理事会数据显示:20 世纪全球经济发展以巨大的资源消耗和严重的环境污染问题为代价。在整个 20 世纪,人类消耗了 1 420 多亿吨石油、2 650 多亿吨煤炭、380 多亿吨钢铁、7.6 亿吨铝、4.8 亿吨铜。由此消耗所排放的温室气体造成了全球气候变暖的危险,整个地球的大气、海洋和陆地都受到了严重的污染和破坏。美国学者威廉·恩道尔(F. William Engdahl)所著《粮食危机》《石油战争》在揭示 20 世纪全球区域发生的"粮食危机"和"石油战争"地缘霸权政治斗争的同时,也说明了环境限制和代价结果。之后的发展被充分证实,正如自工业革命后,英、美、法、德等国家经济飞速发展,并创造了历史发展奇迹,成功跻身于世界发达国家的行列,但其以资源和环境为代价的发展观念和发展模式结果导致严重问题。如 20 世纪多个国家先后发生了严重的环境污染公害问题:马斯河谷烟雾事件、洛杉矶光化学烟雾事件、多诺拉烟雾事件、1952 年伦敦烟雾事件、日本水俣病事件、印度博帕尔事件、切尔诺贝利核电站事故等,都是由工业发展而排放的废水、废气和有毒物质所导致,不仅危害当时人们的身体和生命安全,造成大量的人口死亡,也影响了以后几代人的身体健康,并且破坏了当地的生态环境,使良好的自然生态环境一去不复返。这些重大污染事件在人类社会发展史上留下了极其深刻而惨痛的教训。但不可思议的是,进入 20 世纪以欧美国家为代表的,以巨大资源消耗和加速环境污染为代价的经济发展模式成为世界上多数国家争相效仿的榜样。各国为追求发展各自的经济,加重了人类社会发展所面临的资源和环境压力。在追求物质增长的发展中随之出现的资源代价问题、环境代价问题、人口代价问题、社会代价问题为人类多次敲响警钟,亦强化了代价意识。

代价意识是人们对代价问题所形成的自觉的理性思考。它通常出现在人类社会发展的较高阶段,它的形成为人类确立了一种理想目标,即减轻必要代价,避免无谓代价。因为,人类在不断地创造中,也不断地为此付出代价。要想最大限度达到理想目标,就必然会产生强烈的代价意识。可以说,代价意识的产生,使人类对自身命运与价值的认识达到了更深的程度;而代价意识的形成,也为人类实践活动注入了一种新的文化精神和目标追求,它将人的价值和全面发展提到核心位置,从而使人类积极地预测和解决代价问题,而达到理想目标。在世界各国走向现代化的进程中,确立正确的代价意识,都将直接关系到各项发展目标的确定和实现。

总之,人类应该减少对自然资源的索取,鼓励在满足生存需求的基础上,建立更为适度的发展方式和简单的生活方式。

(2) 代价问题的提出。

代价问题的提出可追溯到包括马克思主义创始人在内的有识者。马克思和恩格斯在《共产党宣言》中讲道,资产阶级在它不到一百年的阶级统治中所创造的生产力,比过去一切世代创造的全部生产力还要多还要大。人类社会进入文明时代,尤其是进入资本主义工业文明时代后,伴随着生产力和社会财富的巨大增长,也出现了前所未有的阶级分化,劳动者贫困化,人的异化,落后国家的殖民化,以及暴力、腐败、道德沦丧等现象。恩格斯认为,我们不要过分陶醉于我们人类对自然界的胜利。人类对自然斗争的每一次胜利,都遭到了自然界的报复。每一次胜利,起初确实取得了我们预期的结果,但是往后和再往后却发生完全不同的出乎意料的影响，常常把最初的结果又消除了。马克思和恩格斯的精辟论述都深刻地触及了代价问题。1981 年意大利工业家奥雷利奥·佩西著《未来的一百页——罗马俱乐部总裁的报告》，就人类未来和自然环境状况做出全面评估，指出其中焦点问题就是经济发展与代价问题。报告特别强调，如果继续按照 20 世纪 60 至 70 年代的经济增速发展，大部分工业社会将会在未来几十年内超越生态界限。报告中提出“要向经济增长所付出的代价开战”，同时提出“零增长理论”，即把代价限制在一定范围的增长。这里所谓“零增长”不是指不增长，而是就代价而言，让增长和代价成反比，即代价越少，增长越高。当然这只是一种理想化状态。罗马俱乐部对传统的社会发展观（即发展＝经济增长）提出批评的同时，还提出了新发展观（即发展＝经济增长＋社会变革），即后来被全世界都认可的可持续发展观。

1972 年，在斯德哥尔摩举行的联合国人类环境会议深入探讨了环境管理的重要问题。会后，美国保护基金会出版《精心的技术：生态与国际发展》一书，展示了一系列工业化发展对环境造成严重损害的案例及付出的沉重代价，明确提出工业化发展应当优先和充分考虑其对环境的影响。自这次会议后，学者很少再将“环境”与“发展”定义为独立的个体概念。术语定义从“无破坏环境的发展”演变为“无害环境的发展”，最终促使“生态发展”于 1978 年在联合国环境规划署审查报告中首次出现。环境代价、生态发展为推动可持续发展概念化产生了重要作用。

代价问题的提出，是人们对高速发展的经济既给人类带来福音又给人类造成灾难的理性审视和哲学思考。

人类社会几千年的文明发展历史表明，社会文明的整体发展是以无数个体的巨大牺牲为代价的。因为人类社会历史发展不是无须代价直线前进的，而是在不断付出代价而又扬弃代价的起伏曲折中前进的。代价作为历史发展中不可避免的链环和付出，实际上是以否定的形式来肯定着社会的进步，以付出代价换取发展，但代价又是对发展的某种否定，肯定中包含着否定，获取中包含着损失。

人类社会在发展中，曾一度在世界主要经济体范围内，在片面经济发展观的引导下，以经济增长为社会发展的唯一或主导尺度，加重了代价的付出。正是传统的、粗放的经济增长方式，所付出的自然资源超限消耗，生态环境极限污染的代价是最为沉重的代价，导致发展和代价矛盾凸显，往往为片面追求某一特定的或短期的发展目标，使局部发展同整体发展之间出现断裂和脱节而付出不必要的代价。

因为人类社会发展是一个系统工程，要求政治、经济、环境、社会、文化等系统同步协调发展，即应追求全面协调的目标，否则必然出现混乱、摩擦和冲突，不可避免地付出更多的代价。研究发现，在世界各国的发展中，实现现代化是共同的追求目标。然而，无论是发达国家，还是发展中国家，在向现代化迈进的过程中，都不可避免地伴随着尖锐的社会冲突、严重的贫富分化、普遍的心灵危机、大量的社会犯罪以及生态环境恶化等代价。

人类社会的发展必然打破旧的平衡而出现新的不平衡并付出代价。因为发展既是对原有社会关系的协调与整合，又会带来新的矛盾和冲突，从而使社会关系产生新的不平衡。发展，就是这样一个不断打破平衡，出现新的不平衡，又进一步求得平衡的无限往复过程，而在每一次出现不平衡时，代价都是不可避免的。

(3) 代价的含义及本质。

“代价”一词在《现代汉语词典》中的解释包括：① 获得某种东西所付出的钱；② 泛指为

达到某种目的所耗费的物质或精力。简单讲，代价是人类在实践活动中为实现某一理想目标而作出的牺牲。换言之，代价就是以牺牲一个价值目标换取另一个价值目标的实现，这也是代价的本质。

代价是一种普遍现象，其主要表现：① 一切事物的存在和发展必然伴随着代价的付出，没有代价就没有事物的存在和发展。② 一般来讲，代价与事物发展成正比关系，实现的价值目标越大，所付出的代价也就越大。③ 代价与目标不完全同步，存在两种情况：一种付出了很大代价，但并没有实现相应的价值目标；另一种是付出了很小代价，而实现了很大的价值目标。

代价的概念也具有多义性，从不同层面分析则有不同含义。从社会哲学的角度分析，社会代价是指人类社会在追求历史进步特定价值目标的过程中作出的付出，以及必须承担的消极后果。它包括三个方面：其一，代价是指在面对多项价值目标选择中，为换取主导性价值目标而付出的代价。其二，代价是指所追求的主导性价值目标在发展过程中，基于其内在矛盾和客观因素制约而付出的代价。其三，代价是指由人为的错误、失误所造成的背离自身价值取向所产生的消极结果或超出客观必须付出的代价以外的人为因素代价。代价与价值密切相关，即没有主观能动的价值追求和价值实践活动，就无谓代价的付出。

任何一个事物的发展都必然包含着利弊共存的两个方面。由此，历史才为主体自身的能动性和选择性提供了广阔的空间，而人类活动的历史性和受客观制约的特性决定了它自身不可能是尽善尽美的，从这个意义上说，代价的付出就是合理的、必需的、必然的和不可避免的；但同时，由于主体自身能动性和选择性的特点，主体又意味着所有代价的付出都不是不可避免的、全部合理的和必需的。

(4) 代价是人类历史发展的重要原因。

人类社会发展的过程是以代价换取进步的过程，无论选择什么样的发展道路，发展模式、发展目标，取得什么样的发展成果、发展成就，都得付出一定的代价。即创造了发展“奇迹”的背后亦有代价，没有代价的改革和发展是不存在的。既然对社会发展的任何一种选择和实践都要伴随代价，任何一项发展过程和发展成果都要以代价去换取，那么代价反过来可约束选择，同时又指点正确的选择。人类社会历史的每一个进步、每一步发展总是伴随着一定的代价。这主要表现在，作为人类历史进程中的一种必须付出和牺牲——代价，同时推动着人类社会的进步。因为代价在人类社会发展的实践过程中，是一种具有反省、刺激和推动作用的因素，它以各种现存事物的逐渐废弃，即对某种实践目标的否定和牺牲，通过新的实践形式而追求新的事物和新的实践目标。因此，代价直接关系到人类社会发展的命运、方向和目标。这表明，人类社会在发展的历史进程中，对代价的扬弃恰是获得新进程、新目标的一个必备环节。同时，客观上也要求人类重视代价，并谨慎地选择发展目标，力求以较小的代价取得最佳的效益，求得最优的发展，取得最大的价值目标。

(5) 从代价的角度理解可持续发展。

从代价的角度理解发展，发展可以看作是通过付出代价和摒弃不合理代价寻求再生之路的努力过程。原因有以下四点：第一，发展必须引起新旧秩序的冲突；由于旧秩序的固守性，新秩序暂不被人们所理解，或一时难以建立起来，由此必然引起人们思想意识上的矛盾和混乱。在这种情况下，发展必须通过付出一定的代价来为自己开辟道路。第二，代价是发展的重要契机和特殊状态，发展既指事物发展的活动过程，又包含着结果状态。发展的结果状态既有正面的，即进步；又有反面的，即付出的代价。这里代价是发展的一个内在环节和特殊状态。第三，探索发展的实质就是扬弃因发展和不发达所带来的代价。西方学者认为，发达社会所付出的代价太大了，大到几乎不可能再行发展；而不发达国家所付出的代价业已严重阻碍现代化进程。因此，在全球发展过程中，所有国家都面临着克服和超越代价以寻求再生之路这一根本问题，以真正体现发展的科学含义。用公式表达：发展＝经济增长＋社会进步。第四，发展经济学的兴起也推动了发展哲学的兴起，而发展哲学的主题之一，就是分析和解决西方工业化社会或科技社会所付出的人的代价和社会代价。

从代价的角度理解可持续发展，可持续发展可看作是通过付出合理代价和摒弃不合理代价寻求可持续发展之路的战略思考和发展过程，即可持续发展是经济增长、资源环境保护和社会全面进步协调发展（包括人口、经济、社会、资源、环境的协调发展），用公式表达：可持续发展＝经济增长＋资源环境保护＋社会全面进步协调发展。其中包括：在经济发展中不能只讲资源配置的优化，还应当注重制度的创新；在政治经济学中不能只注重传统政治经济学研究的内容，也应把保护生态环境作为人类政治经济行为的一个重要目标；在社会学和人权理论中，对经济发展之外的社会全面进步问题的关注包括对第三世界各国及不发达国家的发展权和生存权的维护，对人口急剧增长的强力抑制和对失业现象的控制，对特殊人类群体权益的重视，对科教文化事业的关怀等。

（6）从可持续发展的角度理解代价。

发展是人类追求的永恒主题，而可持续发展则是当代人类社会发展进步的永恒主题和最佳实现形式。一般讲，人们赋予发展以进步的意义，认为发展必然带来社会进步、经济繁荣、社会文明和生活改善。理论和实践表明，任何事物的发展都是以消耗一定“成本”为代价的，有得必有失，社会发展既可获得某种历史进步，但也必然造成某种历史“缺失”。有得无失、有进步无代价的完美无缺的发展从来就不存在。

可持续发展必然要付出代价。人类社会的任何发展都是要付出代价的，经济增长、社会进步、环境友好的可持续发展作为当今人类发展追求的主题，也必然要付出代价。这个代价不是一般意义上的代价或超常代价，而是可持续发展的合理代价或最佳代价，见图 2-1。

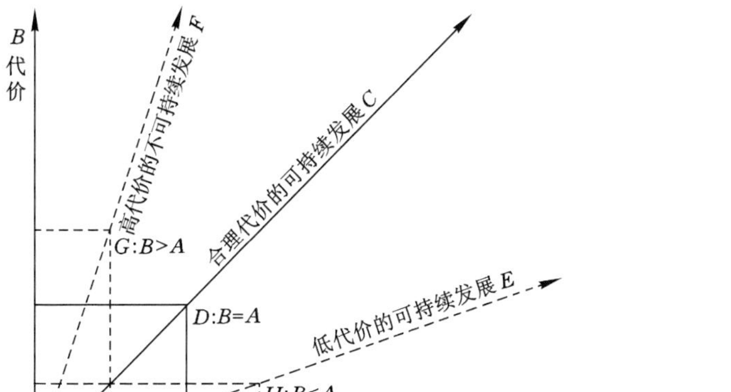

图 2-1　可持续发展与代价付出关系图

如图 2-1 可知，横轴 A 代表发展。竖轴 B 代表代价。纵轴 C 代表合理代价的可持续发展，标志可持续发展与合理代价付出保持平衡，是可持续发展的既定方向和目标。当纵轴 C 上移(以虚线纵轴 F 表示)，标志可持续发展付出超常代价，或高代价、最大代价，属高代价的不可持续发展，是不可取的。当纵轴 C 下移(以虚线纵轴 E 表示)，标志可持续发展付出低代价，或最小代价、最佳代价，属低代价的可持续发展，是始终追求的理想目标，即以低代价或最小代价、最佳代价实现可持续发展，以及实现高质量可持续发展目标。可持续发展与代价付出分析表见表 2-1。

表 2-1　可持续发展与代价付出分析表

类型	定义	定性	选择
$B<A$	可持续发展付出最小(最佳)代价	为高质量可持续发展	追求目标
$B=A$	可持续发展与付出代价平衡	为可持续发展	可取
$B>A$	可持续发展付出超常(最大)代价	为高代价不可持续发展	不可取

以资源型煤炭行业、煤炭产业、煤炭企业及煤炭矿山可持续发展为例，通过理念创新、科技进步、转型升级、绿色开采、清洁生产、循环经济、洁净转化、节能减排、环境治理、质效优先和科学管理等举措，就能以最小最佳代价实现绿色低碳循环经济高质量可持续发展的目标。

通过图式、列表分析：可持续发展是不合理代价的摒弃，并追求以付出最小最佳代价实现高质量可持续发展为最高目标。

可持续发展是付出代价和扬弃代价的辩证统一。可持续发展是一个系统，它不仅利用全面的手段，而且追求全面的目标。但在人类社会的发展历史进程中，可持续发展只能利用某种特定的手段去追求特定的目标，而不能利用其他手段实现目标，说明可持续发展的手段和目标同样具有历史的局限性和发展的有限性，导致可持续发展的系统结构失去平衡。利用特殊手段实现特定目标必然会使可持续发展以付出合理代价和扬弃代价的方式来实现。

可持续发展只有在既符合规律性，又符合目的性的情况下才是合理的和理想的。但在人类社会的现实发展中，其规律性和目的性难以统一起来。一方面，因兼顾了符合人的目的性，却存在违背外部世界客观规律的行为。这种情况下，可持续发展总要通过付出合理代价来实现。因为客观世界是按照自己的规律运行，不只为主体发展而存在，当主体违背外部世界的客观规律而执意按自己主观意志行事时，必须产生代价。另一方面，主体又有自己的目的和意志，它不仅仅要按照客观规律行事，还要按其目的行事，当可持续发展不符合人性发展的要求和人的目的要求时，主体的行为也可能因违背客观规律而必然付出代价。

可持续发展需要有充裕的资源作后盾，有良好的环境做保证。其实质是合理使用有限的自然资源和有效保护自然生态环境基础上实现人类进步和经济社会进步的协调发展；其核心是保证有限资源和良好环境对人类生存和发展提供可持续支持。自然资源包括土地资源、水资源、海洋资源、矿产资源及能源资源等。自然生态环境包括大气环境(空气质量、气候变化等)、水质环境、植被森林环境、动植物环境、海洋河流湖泊生物环境等。

可持续发展代价在实践上的难题表现为发展中国家在推进现代化建设的进程中，前期高需求、高耗能、高排放、高污染的工业化与市场化的发展必然会危及资源与环境的平衡而付出沉重的代价。市场化诱发了人们贪婪的动机，从而导致可持续发展实践中的难题。在本体论上可持续发展意味着没有代价的发展,即当代人的发展至少不能危害后代的福利。但现实这样的发展对于发展中国家难以做到。任何发展都会付出不同程度的资源减少和环境破坏的代价。人们只能够尽可能地减少这种破坏和代价。在认识论中,人们必须能充分预见现在的发展对未来的影响和后果。现实中自然资源和发展机会的有限性与发展需要的无限性的矛盾,表现为"一部人对稀缺资源和发展机会的占用,就意味着对另一部分人占有机会的剥夺"。

总之,可持续发展是一个不断打破平衡—出现不平衡—进一步求得平衡的无限往复过程。在可持续发展出现不平衡的过程中,以付出一定代价的方式求得可持续发展是不可避免的,而要进一步求得可持续发展,就必须以摒弃不合理代价的方式,克服这种不平衡而求得新的平衡,以至无穷。因此,可持续发展是付出代价、摒弃不合理代价的辩证统一。

(7)可持续发展尺度与代价。

可持续发展尺度和代价关系到一个国家、一个地区的可持续发展的战略和定位。社会发展中的尺度和代价相互联系、相互作用。人类社会发展观先后经历经济发展、社会发展和以人为中心发展的三种形态、三种尺度。经济发展观,即以经济增长为社会发展的唯一或主导尺度,亦即国民生产总值和人均国民收入的增长。这种以经济增长为核心、为尺度的发展观或经济实力观,单纯追求经济增长,必然造成资源能源的掠夺性开采和生态环境的急剧恶化,甚至造成尖锐的社会矛盾。单纯的经济发展观最终付出了额外的沉重代价。这说明经济增长不仅是速度问题,而且还应有质量问题;不仅是单纯的经济效益问题,而且还应有社会效益、环境效益问题;不仅是眼前利益问题,而且还应有长远利益问题。社会发展观,即以社会综合指标作为社会发展的尺度。衡量社会发展的指标除了经济增长外,需综合考量社会进步和生态保护,包括人口增长、就业状况、保健能力、住房条件、社会福利、分配制度、教育水平、科技力量、经济结构、社会转型、资源节约、环境友好、政治体制、政治民主、法制建设、文化价值、道德观念等多方面的指标,还包括人与环境、人与组织、人与人、组织与组织之间的和谐等各类问题。社会发展观符合人类社会发展的客观规律,也符合可持续发展的基本要求。以人为中心发展观,即把人的发展作为社会发展的主导性制度。其基本特征是以人的素质提升,人的价值体现,人的幸福感获得,人的潜力挖掘,人的精神追求为中心,对社会发展观加以综合和提升,明确人的发展是人类的最终目标。而社会发展的代价是人类社会发展所消耗的所有成本,包括资源能源的消耗、生态环境的破坏、社会关系摩擦的消耗、人的体力精力的磨损消耗,甚至生命的付出等。社会发展根本上是人类的实践活动所构成的,是人类实践活动的发展,也就是人类活动的代价。

综上所述,可持续发展的尺度和代价应准确把握高标准规划,高技术支撑,高效率利用,高效益获取,高质量发展。可持续发展的尺度和代价衡量应以资源能源消耗量多少,技术水平高低,经济规模大小,发展速度快慢、经济效益好差和生态环境优劣、付出代价高低、社会发展进退、人的素质升降等综合考量,包括物质文明、精神文明、政治文明和生态文明,而生态文明是最重要的文明,是最高境界的文明。因此,在选择可持续发展道路、发展模式和发展目标时,必须重视从准确尺度和合理代价的角度予以审视比较、精准把握、择优选定、科学处理好可持续发展尺度与代价的辩证关系。

2. 可持续发展必然付出合理代价并摒弃不合理代价的规律

对可持续发展必然付出代价这一本质的进一步揭示和分析,就可发现社会发展的一条特殊规律，即可持续发展总是要通过付出合理代价和摒弃不合理代价来开辟发展道路、实现发展价值的规律。

对这一特殊规律的正确性和科学性可从以下四点论述得到验证。

（1）可持续发展必然通过付出必要代价和摒弃不合理代价的方式来实现其发展价值。可持续发展是一个必须通过选择特定的手段来实现特定目标的过程。当然这种特定手段必然有助于实现特定目标，从而促进可持续发展。其特性表现为：一是具有排他性。为了实现某种特定目标，必须选择某种特定的、最优的手段。这种选择性必然使可持续发展的其他目标和手段不能实现并发挥作用，从而使可持续发展的某些方面失去机会和条件，即付出一定代价。二是具有割裂性。可持续发展本应追求全面的发展，但在一定的社会历史发展时期，在特殊的情况下，却只能实现某一主导方面的发展或预期发展目标。为实现这一特殊方面的发展目标，只能利用特定手段，这种发展方式必然把这一特殊方面的发展同整体发展割裂开来，使这一特殊方面的发展孤立化，并使人们把主要精力、时间、条件、资源、力量和能量集中投入或耗费在这一特殊方面的发展上，而忽视整体发展，从而付出代价。三是具有异化性。在一定的社会历史发展时期，特定目标只能利用特定手段来实现，这样人们会把这种特定手段当作特定目标来崇拜。这种状况一方面会使其他手段和目标得不到利用和实现。另一方面又可能使人们对这种手段的使用超过一定的度，从而付出一定的代价。四是具有历史局限性。在社会历史发展过程中，发展的任何手段都具有历史局限性。这种历史局限性使它不可能对可持续发展完全有利，从而给可持续发展带来完全的正效益，这也会使可持续发展付出历史局限性的代价。由于这种特定目标和特定手段具有以上性质，从而必然使可持续发展以付出一定代价和扬弃代价的方式来实现。总之，每一种发展都是代价换来的，而每一种代价都是因发展而付出的。既然付出代价是可持续发展本身内在固有的一种特殊方式，那么，可持续发展必然遵循通过付出必要代价并摒弃不合理代价来寻求实现其发展价值这一规律。

（2）可持续发展必然通过付出合理代价和摒弃不合理代价来开辟发展道路，实现发展价值这一规律，是对立统一规律、否定之否定规律和量变质变规律在事物发展过程中的具体表现。对立统一是事物发展的动力，当然也是人类社会、经济、环境、文化可持续发展的动力。否定之否定是揭示事物发展的前进性与曲折性的统一，表明事物的发展不是直线性前进，而是螺旋形上升的。对立统一表现在发展、可持续发展过程中的两个方面：进步与代价。一方面，二者具有对立性，即代价是对进步的某种否定，反过来进步也是对代价的否定。另一方面，二者又具有统一性，即付出代价是为了换取进步，扬弃代价必将推动进步。进步必然通过付出代价来实现，并且也为进一步扬弃代价提供条件。而量变质变规律揭示事物发展的形式和形态，即任何事物的变化都是由量变到质变的辩证统一过程，量变到一定程度引起质变，质变是量变的必然结果。进步中付出不合理代价，甚至超常代价，必然引起进步的发展质量，需要摒弃不合理代价。正是进步与代价这种既对立又统一的倾向，推动着人类社会、经济、环境和文化的可持续发展。

马克思、恩格斯对代价和发展的辩证关系有着精辟的论述。首先，马克思从方法论上指出，他的批判哲学的纲领是在批判旧世界中发展新世界，这里的“旧世界”是指使人畸形发展的资本主义社会。即社会物质财富和经济增长是以牺牲人的全面发展为代价的。马克思认为只有分析批判这个使人付出代价的旧世界，才能发现未来新世界，即共产主义社会发展的动力、方式、纲领、方向、目标和条件。因为在马克思看来，以代价形式出现的东西对发展来说，是一种根本性的东西，它的存在虽为发展所必需，但从长远和整体来看又都阻碍着发展，因而，代价是对发展具有反省、刺激和启动作用的因素。马克思的方法论表明，要从对发展所付出的代价的分析、批判和扬弃中去寻找发展的方式和规律。其次，马克思从对社会历史发展的考察分析中得出这样一个结论：在社会历史发展过程中，人类才能的发展必然以牺牲多数的个人甚至牺牲整个阶级为代价。马克思在这里明确揭示和表述了人类社会发展以牺牲个人发展为代价的规律。再次，恩格斯在谈到文明的发展时指出，数千年文明制度的建立，是以原始平等的丧失和淳朴道德的失落为代价的。文明每前进一步，不平等也同时前进一步。恩格斯还曾指出，庸俗的贪婪、粗暴的情欲、卑下的物欲、自私自利的掠夺、偷盗、暴力、欺诈、背信等，揭开了新的文明的阶级社会，导致资本主义付出沉重的代价。这里恩格斯实际上指出了人类社会文明发展及工业文明的崛起，创造了前所未有的繁荣，但也使它在道义上必然通过付出代价来实现自身价值的规律。这充分体现了对立统一、否定之否定和量变质变的基本客观规律。

（3）可持续发展必然通过付出合理代价和摒弃不合理代价来开辟发展道路、实现发展价值这一规律，也可以从人类社会的历史发展过程中得到证明。综观整个人类社会发展历史过程可以看出：① 原始社会向奴隶社会过渡以暴力和私有制作为代价，具有它的历史必然性。在当时的环境和条件下，采用奴隶制是一个极大的进步。然而它却是以原始平等的丧失和淳朴道德的失落以及私有制的出现为代价的，虽然这些代价给社会大部分成员带来痛苦和灾难。② 早期资本主义社会发展也是通过付出种种代价来实现的。英国为了工业革命和资本主义发展，以圈地运动形式，牺牲农民为代价；以手工工场形式，牺牲个人全面发展为代价；以开发殖民地形式，残酷掠夺海外资源为代价。美国早期资本主义的发展是以中部美洲和亚洲一些领土和资源被掠夺为代价的。美国资产阶级力图追求效率利润效益，并把这种追求引入社会生产活动中，最终，创造了一个高效率的经济。但是，它对效率的追求不可避免地让劳动者付出了不平等的代价。综上所述，整个资本主义社会是通过付出代价来为自己的发展开辟道路实现价值的。这集中表现在，资本主义的发展以产生殖民主义和殖民地为代价，殖民地国家在劳动力、资金、资源和市场销路等方面为资本主义的发展做出了巨大牺牲；资本主义生产所利用的分工和机器，必然使人类生产力的发展以牺牲个人的全面发展为代价；资本主义社会的物质财富的发展产生资本主义的资本积累和资本家发财，是以牺牲工人的利益为代价；资本主义商品经济的发展是以产生异化劳动为代价；商品拜物教、货币拜物教以人对物的依赖为代价；资本主义工业化大生产或生产社会化以生态环境破坏为代价等。人类文明就是这样在无数悲哀中展示着辉煌，在无数对抗中实现着进步，在无数代价中换取着发展。

（4）可持续发展必然通过付出合理代价和摒弃不合理代价来开辟发展道路、实现发展价值这一规律，还可以在我国历史发展过程中得以证明。我国社会主义制度建立初期，由于经济基础薄弱等多种原因，必然采取权力高度集中的计划经济体制而求得发展，但这种发展却以限制了一定的人的主动创造性及人的独立自主性而忽视人的价值规律和市场供求规律为代价。随着经济社会的进步和生产力的发展，这些代价对发展的影响逐渐暴露出来，因此，逐步提出了抛弃消极、发展积极的要求。尤其改革开放后，中国特色社会主义市场经济体制的提出和建立，对调动人的积极性、开发人的潜能起到了积极的促进作用，从而更加有利于中国特色社会主义的建设和发展。当然，中国特色社会主义市场经济的建设和发展也必须通过付出一定的代价和摒弃不合理代价来实现。中国特色社会主义市场经济需要通过制度、技术、产业、政策、市场、环境等要素进行创新驱动，并通过激励约束机制、市场规范竞争和资源优化配置来加快建设和发展，其直接目的是增加社会物质财富、提高经济效率，推进经济、社会、环境协调发展以及人与自然和谐发展，实现人民富裕、民族振兴、国家强盛。需要认识和吸取的，是在一个时期的经济高速发展中也不同程度付出了一定的不必要代价，尤其突出的是资源高消耗、环境高污染的代价。但从辩证的可持续发展的角度来思考，在可持续发展中完全可以通过扬弃代价以规避不合理不必要的代价，必将进一步推动中国特色社会主义市场经济的健康有序高质量可持续发展。

3. 可持续发展与代价规律的理论和实践意义

可持续发展以付出合理代价、摒弃不合理代价的方式开辟发展道路、实现发展价值。这一发展规律具有重大的意义。

(1) 在理论上，它丰富和拓宽了经济社会历史发展规律的内容，为推动经济社会可持续发展提供了一条新的思路。即主要着眼于经济社会可持续发展的具体方式、运动状态和最终结果，这有助于从“代价”的角度对经济社会整体可持续发展做出新的解释。

(2) 在方法论上，首先，有助于正确把握国内外可持续发展理论的基本线索和研究成果。即从正面着重探讨可持续发展的目标、动力、道路、方式和条件，探讨经济、社会、环境、文化和人与自然协调发展的进步程度；从反面分析可持续发展付出的代价以及摒弃代价的途径和方式。而从反面分析代价问题恰是当前我国可持续发展理论研究的薄弱点。其主要表现是只注重经济增长和社会进步，而忽略了可持续发展就意味着付出代价这一问题。特别是在如何减少代价同时又促进可持续发展的问题上高度重视不够、深度研究不够。其次，有助于辩证地分析我国可持续发展过程中所付出的代价及可持续发展与代价的辩证关系这一深层次的问题。把代价问题放在国家可持续发展战略的高度和实践中来考量，能够为科学正确理解高质量可持续发展提供一条新的思路。即一方面使我们正确认识到可持续发展必然要与代价相伴，发展总是要付出代价的，对可持续发展不能理想化，并且明确可持续发展必然付出代价是客观存在的现实，应科学慎重选择正确的可持续发展目标；另一方面，应正确对待代价的消极作用，把扬弃代价看作推动可持续发展的重要契机和特殊状态，从对代价的分析中寻找高质量可持续发展的再生之路，而不能对代价及代价的消极作用漠然视之。

(3) 在认识和实践上，有助于在关注可持续发展的同时，正确认识代价的客观存在，避免把可持续发展理想化，因而在制定发展目标和发展政策时，既要谨慎选择正确的发展目标，做出正确决策，又要树立正确的代价观，自觉客观考虑限制代价、补偿代价以避免代价扩大化，把代价降低到最低限度，警惕出现不合理或过高的代价。这有助于增强人们对代价的责任感和主体意识，以期取得对代价的主动权；有助于区分可持续发展所必然付出的代价和由主观失误造成的人为代价，树立对可持续发展和代价的正确意识。总之，将有助于澄清在可持续发展和代价问题上的模糊认识，科学处理可持续发展和代价的辩证关系，最终达到高质量可持续发展的最佳价值和最高目标。

4. 正确处理可持续发展与代价关系的对策及原则

可持续发展一方面是从代价角度和发展目标提出的，另一方面发展目标又和代价的付出存在着对立统一的辩证关系。当代价以肯定的形式表现出来时，就蕴含着进一步发展的目标；当代价以否定的形式表现出来时，就要求在可持续发展的实践中，调整和完善发展目标以减少代价的付出。可持续发展过程必然付出一定代价，但这种代价对可持续发展来说具有重要意义，直接关系到可持续发展的命运、方向和目标。因为在一定意义上，超常规代价实际上是对可持续发展的某种目标的否定。不扬弃这种代价，可持续发展就难以进一步进行。这样，扬弃代价就成为进一步发展的目标。

（1）可持续发展系统的基本要素及内在关系。

人口、资源和环境是人类社会赖以生存和发展的基础，是构造可持续发展系统的基本要素。因此，当今人类社会实现可持续发展的关键问题仍然是正确处理好人口、资源、环境和可持续发展之间的良性循环与协调发展的关系，这恰是因为人类社会在发展过程中出现的不平衡不可持续和为此所付出的人口增长膨胀、自然资源匮乏、生态环境恶化等沉重代价后提出的亟待解决的问题。人口、资源、环境作为可持续发展系统的基本要素是有机地联系在一起的，三者之间存在着一种复杂且相辅相成的动态关系，其中某一方面既受其他两方面的影响，反之又影响其他两方面。只有三者科学结合并整体优化才能形成可持续发展能力，如果割裂三者之间的联系，就人口论人口，就资源论资源，就环境论环境，必然导致不可持续发展。

人口在可持续发展系统中是一个非常积极活跃的要素。当今世界出现的资源紧缺、环境污染和生态破坏归根结底都与人口增长过快有关，特别是第三世界人口增长过快的国家表现更加突出。人口膨胀大大超过了全球环境的容纳量，必将导致自然生态系统的崩溃和不可持续发展，必将给世界经济发展和社会稳定带来无法估量的严重后果。因此，人口增长过快必然增加对自然资源和环境的压力，而自然资源和环境的有限承载能力又反过来限制世界人口增长的数量。人口问题的本质是发展的问题，是可持续发展的问题，也是高质量可持续发展的问题，必须认真解决好。

资源在可持续发展系统中是经济社会发展战略的物质基础。资源是在一定技术条件下能为人类利用的一切物质能量和信息。由于人口数量的增长、生活消费水平的提高和经济的高速发展，对资源的需求和消耗日益增大。目前世界上几乎所有的已探明和发现的自然资源都被纳入开发和利用范围，而且某些已探明的重要的矿物储量，将在一定的时间内开采耗尽。现实经济和社会实践代价表现为：一方面人为损害资源、破坏环境而付出代价；另一方面为治理整顿资源秩序，改善环境，又花多倍资金，付出了更为沉重的代价。特别是曾经以“五小”（小煤矿、小水泥、小造纸、小玻璃、小化肥）产业为主的开发，虽然在一段时间内促进了某一地方经济的增长，但都付出了极大的代价。在一定意义上，可以说是以牺牲资源、环境、生命财产以及道德为代价而取得的发展，这从根本上违背了可持续发展规律。为了保证资源的可持续而实现可持续发展，一是必须根据资源的特点、地区乃至国家的发展水平，制定正确的资源开发战略，最大限度地节约能源，更有效地利用能源；二是应重视促进可持续发展领域的技术创新，以改善人类生存发展环境为目标，合理开发和综合利用重要的矿产资源；三是强化资源可持续观教育，牢固树立人均资源有限观念和资源属于国家、属于当代人和后代人所有的意识；四是加大立法、执法力度，确保各类资源依法保护、合法开采；五是把生态环境资源作为稀缺资源要素，予以高标准保护、大力度修复，坚决扭转粗放型发展的惯性思维。要在着眼于经济可持续发展的同时，更要着眼于实现现代化必然把经济发展同合理开发利用资源、保护生态环境结合起来，以保护和改进人类可持续发展条件。

环境在可持续发展系统中是人类社会生存与发展的基本条件。环境是人类周围一切物质、能量和信息的总和。而环境污染是由人类活动和经济建设引起的物质和能量的增加而造成的。生态环境发生不良变化，与自工业革命以来，长期“高消耗、高消费、高污染、高排放”的不可持续发展模式和人口过快增长有直接关系，它是以牺牲当期和未来为代价的。进入 20 世纪后，随着科学技术突飞猛进的发展，人类利用自己能够开发和改造自然的能力，大规模开发和索取宝贵资源以改变世界，推动经济社会快速发展，改善了生活条件，但对大自然的敬畏渐渐消失，乃至形成“人类至上”的观念。于是短期行为、各自为政、掠夺资源、破坏自然，从高山峻岭到原始森林、从江河湖泊到远海海洋、从良田草原到大漠荒原、从生物到动物，凡是人类所到之处皆被污染，尤其生态环境脆弱的地区，从水源、土壤污染到大气污染形成生态立体污染。环境恶化的严酷现实已给人类敲响警钟：人类在自掘坟墓，谁违背大自然规律谁就必然受到惩罚。改善环境修复生态是一项系统工程。必须大力发展环保技术及环保产业，科学治理并有效保护生态环境。

通过对可持续发展系统基本要素及内在关系与现实境况的分析得出：人类社会发展进程中，一方面现代人类的生活方式、价值观念、社会制度和经济社会发展模式在很多方面还不符合可持续发展的要求；另一方面不尊重自然、不珍惜资源、不保护环境的短期行为表现突出，导致人类社会的发展已严重影响和破坏了可持续发展系统及基本要素。尤其为了满足人口日益增长的需要，不得不过度滥垦荒地坡地、过度砍伐森林树木、过度开采资源能源、过度排放污染，从而导致“人口增长—资源压力—经济压力—社会压力—生态压力”的恶性循环。这种恶性循环已对人类社会发展构成严重威胁。人类要摆脱这种困境，必须严格控制人口数量，提高人口素质；必须科学合理开发利用和依法保护有限资源；必须采用低消耗、低排放、低污染、适度消费保护生态环境的可持续的发展模式，这是人类社会可持续发展及高质量可持续发展的唯一选择。

（2）可持续发展对代价的客观要求。

可持续发展对代价的要求，从客观规律上讲，应是最优、最少、最佳的原则。

最优原则是指制定可持续发展的可行性优选方案。现代工业、农业、旅游业、环保业、信息业等产业发展的前景，现代科学技术的研发创新与现代人类文明社会变革的趋势，是关系每个国家发展前途，乃至整个人类命运共同体的全新课题。作为发展中国家，在研究制定可持续发展战略时，不仅要研究发达工业国家的历史经验或现代化模式以及付出的代价、教训和当前面临的种种发展问题，而且还必须研究当今世界现代经济可能发生的变化以及现代工业社会、现代科学技术的发展趋势，做出科学的研究预测，使可持续发展的可行性方案、战略目标达到最优。

最少原则是指在实施可持续发展优选方案和实现可持续发展战略目标的实践中，要求所付出的各类代价应是最少的。在具体实践中，一方面不完全照搬西方国家的发展模式，不重复走工业化国家发展的老路；另一方面结合国情，自力更生寻求新的发展途径，努力实现既借鉴先进发展模式又寻求自主创新发展途径，使可持续发展付出的各类代价最少。

最佳原则是指可持续发展战略目标实现后的经济增长和社会、环境协调全面进步，总体效应、效率、效益和效果应是最佳的。任何局部的发展都必须从人类社会整体发展角度去认识。因为人类社会的发展是一个由人口、资源、环境、经济、政治、文化和科学技术等要素或系统构成的有机整体的协调运行过程，并最终求得总体的最佳效应和效益。

综上所述，代价与发展、对可持续发展、对高质量可持续发展的相关问题已经成为当今人类社会和世界各国必须研究的一个重要的现实课题及全球问题。全球范围内人类社会与自然界长期相互制约和相互矛盾的问题越来越突出，各种生态、环境危机、资源能源危机和人口社会危机，尤其气候变化危机等不断激化。面对严酷的现实及严峻的未来，人类不得不重新审视人类文明、工业社会所走过的发展道路。从中可以发现，过去那种以过度消耗自然资源、过度损害环境为代价，单纯追求经济数量增长的传统发展模式是产生今日资源、环境及社会严重问题的主要根源，也从中深刻认识到代价对可持续发展的重要性。

其一，没有代价就不可能有可持续发展。人类社会的任何发展模式都须付出代价，同样可持续发展离不开代价，要可持续发展就必须付出代价。反之没有代价就谈不上发展，也就不可能有可持续发展。每一个国家、每一个地区的可持续发展都要以一定的资源、环境、信息为代价，包括经济、社会、技术、生态、文化和健康等各个方面。

其二，超常代价不是可持续发展。综观人类社会发展进程中，凡是超常付出不必要的代价，其发展必然是不正常的或畸形的，甚至是缩短发展生命的发展。不言而喻，超常代价是一种不可持续发展模式。总结世界各国的发展模式，从不发达到发达需要一个过程，在这一转变过程中，客观上存在着合理代价和超常代价的矛盾。当某一国家处于不发达时期，为了加快赶上发达国家水平，跨越劣势经济基础，通过发展付出必要代价或超常代价是应当允许的，但在具体实践中，应通过清洁生产、循环经济尽可能减少不必要的代价。当有了一定经济实力、一定的技术进步并达到一定发达水平，就必须考虑绿色低碳循环高质量可持续发展的战略问题。

其三，科学合理的代价才可以保证和促进可持续发展。人类社会的经济增长和社会、环境协调全面进步的可持续发展是建立在科学合理性代价基础上的正发展，而不是以停滞为标志的零发展或以超常代价为代价的负发展。一方面要总结人类社会历史发展中的成功经验和沉痛教训，以科学合理的代价来确定可持续发展战略目标；另一方面在探索可持续发展的实践中，坚持"摸着石头过河"的原则，要承受着"摸着石头过河"过程中必须和必然付出的代价。反对"摸不着石头也过河"的冒进做法，减少不必要付出的代价或超常付出的代价。最终达到所付的代价是科学合理的代价，即最优、最小、最佳的代价。

总结人类社会发展的历史经验和深刻教训，要求我们必须积极探索和准确掌握可持续发展与代价的规律，摈弃旧的发展模式，以最优、最少、最佳的代价走可持续发展道路，这必然是当代人类社会可持续发展及高质量可持续发展唯一正确的选择。

二、国内外生态经济发展理论研究成果

（一）国外生态经济发展理论的研究与发展

20世纪60年代开始表现出的森林破坏、水土流失、土地沙化和工业污染等问题日益突出，随之而来的人口、粮食、自然资源的压力，直接冲击了社会经济发展和人类的生存。因此，如何有效地解决经济发展、资源利用与环境保护相互作用所构成的矛盾，成为当代科学家研究面临的主要挑战。

1966年，美国经济学家肯尼斯·鲍尔丁（Kenneth Boulding）在《一门科学·生态经济学》一文中，开创性地提出生态经济的概念和生态经济协调发展的理论。他认为，不断增长的经济系统对自然资源需求的无止境性，与相对稳定的生态系统对资源供给的局限性之间

必然构成一个贯穿始终的矛盾，而解决这个矛盾的有效办法，就是生态经济发展模式。此后，人们逐渐认识到，在生态经济系统中，增长型的经济系统对自然资源需求的无止境性，与稳定性的生态系统对资源供给的局限性之间就必然构成一个贯穿始终的矛盾。在“生态经济”概念提出的基础上，西方生态经济学在发展的过程中逐渐形成了生态经济学科的基本范畴和基本理论，其中包括可持续性范畴、经济为地球生态系统的子系统理论、自然资本理论、生态服务理论。西方生态经济学在本质内涵、研究对象、研究主题、核心问题、研究范围等方面的研究取得发展。尤其20世纪90年代初，西方学者开始在可持续发展的理论平台上探索自然资本的相关问题，并把它纳入生态经济学的理论框架，促进了西方生态经济学理论的新发展。

20世纪90年代初，在一些学术论文和会议报告中开始出现“生态工业园”的概念。1993年起，美国已经有了生态工业园的实验基地，随后，美国可持续发展总统委员会主办了专题讨论会。近年来，生态工业园的研究和实践不仅在发达国家蓬勃发展，许多发展中国家也根据自己的国情建立了不同类型的生态工业园。

生态经济通过研究自然生态和经济活动的相互作用，探索生态经济社会复合系统协调和可持续发展的规律性，并为资源保护，环境管理和经济发展提供理论依据和分析方法。作为一种理论体系，生态经济开始朝着人类社会中一种新的经济形态方向发展，并逐渐成为全人类的共识。

环境与发展成为世界普遍关注的重大问题。1992年，联合国环境与发展大会在巴西里约热内卢召开，大会提出可持续发展应作为全球共同发展战略，得到了世界各国的积极响应。

（二）国内生态经济发展理论的研究与发展

中国的生态经济学研究始于1980年。中国生态经济学的倡导者、奠基者，经济学家许涤新提出，在生态平衡与经济平衡之间，主导的一面，一般说应该是前者，因为生态平衡如果受到破坏，这种破坏的损失就要落在经济的身上。这实际上指出了自然规律和经济规律之间的关系，认为人类为了生存，为了发展，是不可能离开一定的自然条件，是不可能离开一定的环境体系的。1980年8月，许涤新首次提出，要研究我国生态经济问题，逐步建立我国生态经济学的目标，并于同年9月编写了中国第一部生态经济学论文集——《论生态平衡》，1987年9月《生态经济学》一书的出版，标志着以生态经济协调发展理论为核心的生态经济学初步形成。

中国生态经济学的研究先后以维护生态平衡为核心、以生态经济协调发展为核心、以生态环境与经济社会可持续发展为核心。联合国环境与发展大会通过了《21世纪议程》，在此基础上，1994年，中国提出了《中国21世纪议程——中国21世纪人口、环境与发展白皮书》，明确提出，走可持续发展之路，是中国在未来和下一世纪发展的自身需要和必然选择。只有将经济社会的发展与自然环境相协调，走可持续发展之路，才是中国发展的前途所在。

20世纪90年代中期以来，中国生态经济协调发展理论与实践，向深度和广度扩展的最重要、最显著的特点就是向可持续发展领域渗透与融合，逐步形成了一种将引起现代经济社会巨大变革的可持续发展经济理论。我国生态经济学家王松霈主编的《走向21世纪的生态经济管理》和刘思华主编的《可持续发展经济学》可谓这一时期的代表作。在生态经济发展理论研究的基础上，国家和地方逐步加大生态经济的宣传和实践力度、有序有效推进生态理念提升、生态环境保护、生态工程建设和生态价值实现。

要推动现代文明进程，就必然要走经济系统与生态系统相互适应、相互促进、相互协调的生态经济发展道路。把经济、社会和自然环境作为一个系统工程，实现经济发展、资源节约、环境保护、人与自然和谐共生的相互协调和有机统一。

（三）生态经济的定义、本质、核心

生态经济是指在生态系统承载能力范围内，运用生态经济学原理和系统工程方法改变生产和消费方式，挖掘一切可以利用的资源潜力，发展一些经济发达、生态高效的产业，建设体制合理、社会和谐的文化以及生态健康、景观适宜的环境。生态经济是实现经济腾飞与环境保护、物质文明与精神文明、自然生态与人类生态的高度统一和可持续发展的经济。生态经济即社会—经济—自然复合生态系统，既包括物质代谢关系、能量转换关系及信息反馈关系，又包括结构、功能和过程的关系，具有生产、生活、供给、接纳、控制和缓冲功能。生态经济的发展主要体现在小层面和中观、宏观三个层面互动。小层面即单个企业层面的生态经济，简称单一型生态经济；中观层面即企业之间的生态经济链，简称结合型生态经济；宏观层面即社会层面的生态经济层，简称复合型生态经济。

生态经济的本质就是把经济发展建立在生态环境可承受的基础之上，实现经济发展和生态保护的双赢，建立经济、社会、自然良性循环的复合型生态系统。

生态经济的核心是强调经济系统与生态系统有机结合和协调发展，并强调宏观经济发展模式的转变。

三、国内外循环经济发展理论研究成果

（一）国外循环经济发展理论的研究与发展

国外循环经济思想起源于20世纪60年代。发生在发达国家的“世界八大环境公害事件”对生态环境和公众生活造成巨大影响。如洛杉矶光化学烟雾事件，先后导致近千人死亡，75%以上市民患上红眼病。伦敦烟雾事件：1952年12月首次爆发的短短几天内，致死人数高达4 000多人，随后两个月内有8 000多人死于呼吸系统疾病；此后1956年、1957年、1962年又连续发生多达12次严重的烟雾事件。日本水俣病事件：因工厂把工业废水直接排放到水俣湾中，人食用被污染的鱼虾类后患上极为痛苦的汞中毒病。1962年，美国女海洋生物学家卡逊(Carson)在《寂静的春天》一书中描述杀虫剂污染使鸟类大批死亡和物种消失的严重生态灾难景象，指出生物界以及人类所面临的危险。她认为人类的贪婪是造成大面积环境破坏的主要原因。人类不能将自己视为地球的主人，而应该将自己视为地球系统的一部分。这对正确理解极端污染并不是增长的必然均衡产生了深远影响。

循环经济发端于生态经济。“循环经济”一词，首先由美国经济学家肯尼斯·鲍尔丁于20世纪60年代提出，主要指在人、自然资源和科学技术的大系统内，在资源投入、企业生产、产品消费及其废弃的全过程中，把传统的依赖资源消耗的线性增长经济，转变为依靠生态型资源循环来发展的经济。“循环经济”一词也是由肯尼斯·鲍尔丁于20世纪60年代在其宇宙飞船经济理论的基础上提出的。他指出地球就像在太空中飞行的宇宙飞船，要靠不断消耗自身有限的资源和能量而生存。如果不合理开发资源，就会像宇宙飞船那样最终因资源和能量耗尽而走向毁灭。要想延长飞船寿命，唯一方法就是实现飞船内的资源和能量循环利用。“循环经济”是通过资源循环利用，使社会生产投入自然资源最少、向环境中排放

的废弃物最少、对环境的危害或破坏最小的经济发展模式。20 世纪 70 年代，两次世界性能源危机造成的经济增长与资源短缺之间的突出矛盾，进一步引发了人们对经济增长方式的深刻反思。1972 年，罗马俱乐部发表研究报告《增长的极限》，系统地考察经济增长与人口、自然资源、生态环境和科学技术进步等基本因素之间的关系，向全世界发出了在 21 世纪某个时段全球经济增长将会因资源短缺和环境污染而停滞的警告。20 世纪七八十年代，以德国为代表的发达工业国家，在为解决环保问题而对废弃物处理的过程中，逐步由单纯的末端治理，发展到从源头预防、减少废弃物的产生并对废弃物进行资源化处理后再生循环利用，而且确立了废弃物处置的顺序：尽量抑制废弃物产生—再使用—再生利用—热回收—无害化处置。至此，强调资源的高效循环利用和污染的源头防控的循环经济模式呼之欲出。1990 年，英国环境经济学家皮尔斯(Pearce)和特纳(Turner)在《自然资源和环境经济学》一书中首次正式使用了"循环经济"一词。20 世纪 90 年代之后，发展知识经济和循环经济成为国际社会的两大趋势。1996 年，德国颁布《循环经济与废弃物管理法》，首次在国家法律文本中使用循环经济概念。1996 年以后，可持续发展战略成为世界各国的共识，而循环经济模式兼顾了经济社会发展与资源节约、环境保护的目标，为正确处理可持续发展的三大支柱——经济发展、社会进步和环境保护之间的关系指明了方向。

由于国情不同，发展阶段不同，产业结构、经济基础和经济规模不同，科技文化发展水平和传统发展方式不同，制度、体制、机制不同，所以各国对循环经济的认知与实践、路径和成效存在较大差异。如发达国家后工业化或消费型社会结构引起的大量废弃物逐渐成为其环境保护和可持续发展的重要问题。并在这一背景下，产生了以提高生产效率和废弃物的减量化、再利用及再循环为核心的循环经济理念与实践。发达国家发展循环经济首先是从解决消费领域的废弃物问题入手，向生产领域反向延伸，最终旨在改变大量生产、大量消费、大量废弃、大量污染的社会经济发展模式。德国是世界上最早实施循环经济的国家之一，其循环经济法制建设一直处于世界前列。德国循环经济起源于"垃圾经济"，并向生产领域的资源循环利用延伸，形成废弃物资源化回收再利用体系。以德国北莱茵-威斯特法伦州吕嫩(Lünen)的工业园为例，它是目前欧洲规模最大、处理品类最多的工业废弃物回收处理中心，每年把附近方圆 200 千米的超过 160 万吨各类废弃物及垃圾加工处理成 100 万吨原材料或产品后，重新投入工业、农业生产，创造了将废弃物变废为宝、化害为利的可观经济、社会和环境效益及成功经验。再如，日本以建设循环型社会为主旨，其循环经济也起源于废弃物问题，加之自然资源的短缺，即从资源减量化入手，推进环境保护技术和产业循环经济，皆在改变社会经济发展模式。发达国家纷纷把大力发展循环经济作为实现可持续发展战略的具体途径。

而发展中国家大多处于工业化的中期或初期阶段，还需要经历一个主要依靠资源消耗的阶段，其表现为投资率高，原材料工业增长速度快，特别是粗放型经济增长发展方式没有从根本上改变，尤其资源浪费大，单位产值的污染物排放量高。发展中国家在经济社会发展进程中必须注重两端，一端是从资源开采，生产消费环节，注重提高资源利用效率，另一端是在减少资源消耗的同时，相应地削减废弃物的生产量。由于发展中国家在较低水平发展阶段，在迈向发达和现代化的过程中，需要吸取发达国家工业化进程中的教训，同时更重要的是吸收循环经济发展理念，借鉴发达国家成功经验，结合本国国情和实际，寻求综合性和根本性的方略和举措，来解决复合型生态环境污染问题。切实改变高消耗、高排放、高污染、低效率、低效益的传统增长发展模式，走出新型工业化道路。

循环经济的根本目的是在经济发展流程中尽可能减少资源投入，并且系统地避免和减少废弃物，而废弃物的再利用是为了减少废弃物的最终处理量。发展循环经济，达到环境与发展协调的最高目标是实现从末端治理到源头控制，从利用废弃物到减少废弃物的质的飞跃，从根本上减少自然资源的消耗，从而也就减少环境负载的污染，以实现可持续发展。循环经济始于人类活动对生态环境污染的关注，源于对人与自然关系的处理和遵循人与自然的和谐共生规律，它是人类社会发展到一定阶段的必然选择，是加深审视人类生存发展和生态环境和谐关系的必然结果。

（二）国内循环经济发展理论的研究与发展

国内循环经济理论是在清洁生产和资源综合利用的基础上发展起来的。我国从20世纪90年代中期引入循环经济理念，此后对于循环经济的理论研究和实践不断深入。

1. 中国学者对循环经济发展理论的界定

1998年，中国引入循环经济概念后，学术界在研究过程中，多位学者从资源综合利用、环境保护、技术范式、经济形态和增长方式、狭义和广义等不同角度对循环经济作了多种界定。

如从狭义的角度，诸大建指出，循环经济是针对工业化运动以来，高消耗、高排放、高污染的线性经济而言的，是一种善待地球的经济发展模式。它要求把经济活动组织成为自然资源—产品和用品—再生资源的闭环式流程，所有的原料和能源在不断进行的经济循环中得到合理利用，从而把经济活动对自然环境的影响控制在尽可能小的程度。毛如柏认为，循环经济是与传统经济活动的资源消费—产品—废物排放的开放（或单程）物质流动模式相对应的资源消费—产品—再生资源闭环型物质流动模式。解振华认为，循环经济是在生态环境成为经济增长制约要素，良好的生态环境成为公共财富阶段的一种新的技术经济范式，是建立在人类生存条件和福利平等基础上的，以全体社会成员生活福利最大化为目标的一种新的经济形态，其本质是对人类生产关系进行调整。马凯认为，循环经济是一种以资源的高级利用和循环利用为核心的经济发展模式。任勇认为，循环经济是对社会生产和再生产活动中的资源流动方式实施减量化、再利用、再循环和无害化管理调控的，是有较高生态效率的、新的经济发展模式。

再如，从广义的角度，范跃进、吴宗杰、李建民认为，循环经济涵盖经济发展、社会进步、生态环境三个方面，追求这三个系统之间达到理想的组合状态。马世骏认为，可持续发展问题的实质是以人为主体的生命与其栖息劳作环境、物质生产环境及社会文化环境间的协调发展。循环经济体现了可持续发展的实质。吴绍忠认为，循环经济就是在人类的生产活动中控制废弃物的产生，建立起反复利用自然的循环机制，把人类的生产活动纳入自然循环中，维护自然生态平衡。冯之浚认为，发展循环经济是一次深刻的范式革命，这种全新的范式与生产过程末端治理模式有着本质区别，从强调人力生产率提高转向重视自然资本，强调提高资源生产率，实现财富翻一番、资源使用少一半，即所谓“四倍跃进”。吴秀松认为，循环经济是在人、自然资源和科学技术的大系统内，在资源投入、企业生产、产品消费及其废弃的全过程中不断提高资源利用效率，把传统的依靠资源消耗增加发展转变为依靠生态型资源循环发展的经济。张录强、张连国认为，把循环经济作为一个由经济系统、社会系统、自然系统复合构成的社会—经济—自然的复杂的系统进行研究，并指出这个系统不是纯粹自发地演化出来的，而是在把握自然生态系统、经济循环系统和社会系统的组织规律后，人为建构起来的人工生态系统。

总之，国内研究者从多角度对循环经济发展理论进行了深入研究和有效探索，对推动循环经济发展起到了重要的指导意义。

2. 中国循环经济发展进程

1998 年，中国从德国引入循环经济概念，确立了循环经济“3R”原则的中心地位，并在循环经济理论指导下推进实践，不断完善，创新模式，取得了一定成果。

“3R”原则（the rules of “3R”）是指减量（reducing）、再利用（reusing）和再循环（recyling）三种原则的简称。“3R”原则中各原则在循环经济中的重要性并不是并列的，是相互承接，有先后顺序的。“3R”原则有助于企业改变环境形象，由被动转化为主动。

在中国循环经济发展前期（1999—2004 年），结合中国国情实际寻找发展途径。

1999 年，从可持续生产的角度对循环经济发展模式进行整合。

2002 年，从新兴工业化的角度认识循环经济的发展意义。

2003 年，提出以人为本，全面、协调、可持续发展的科学发展观，将循环经济纳入可持续科学发展，确立物质减量化的发展战略。

2004 年，提出从不同的空间规模——企业、行业、城市、区域、国家层面大力发展循环经济。2004 年年底中央经济工作会议指出，必须坚决扭转高消耗、高污染、低产出的状况，必须全面转变经济增长方式。并提出要坚持开发与节约并举，把节约放在首位，大力发展循环经济，逐步构建节约型的产业结构和消费结构，实现全面、协调、可持续的发展，走出一条具有中国特色的节约型发展道路。为普及循环经济基本理论，有效推进循环经济发展，2005 年 2 月，由学者冯之浚、郭强、张伟编著，中共党史出版社出版发行了《循环经济干部读本》，从理论和实践两个层面，比较全面地介绍了循环经济基本理论和实践经验。

根据可持续发展理念和清洁生产理念，“循环经济模式分析与对策研究”列入 2005 年国家发改委重点课题，在总结国内外理论和实践的基础上，深入探讨适合中国国情的循环经济理论，着重研究不同行业、不同地区如何走循环经济之路，并提出相应对策建议。

（1）重点示范推进循环经济发展。

全国各层级、各领域、各行业、各产业循环经济试点示范建设取得成效，一大批循环经济试点示范典型和经验，引领中国循环经济科学、有序、健康发展。2009 年 12 月 24 日，国务院批复了《甘肃省循环经济总体规划》（国函〔2009〕150 号），这是我国第一个由国家批复的区域循环经济发展规划，实现了循环经济由理论到实践的重大突破。2010 年 12 月，甘肃省循环经济示范区被列为首个国家级循环经济示范区，国家在循环经济重大项目布局上对甘肃省优先安排，给予支持发展循环经济十大政策。甘肃省历经 5 年，于 2015 年建成国家级循环经济示范区，形成了覆盖全省七个循环经济产业基地和十大循环经济产业发展模式，主要以污染预防为出发点，以物质循环流动为特征，以社会、经济、环境可持续发展为最终目标。

2010 年 3 月，国家批复了《青海柴达木循环经济试验区总体规划》（国函〔2010〕26 号），柴达木成为世界上最大的循环经济试验区。

2011 年，河北省衡水市启动了循环经济产业示范村项目建设，旨在通过循环经济模式，促进农村经济、社会、生态三个效能的有机结合。

2011 年 10 月，国家发改委公布了 60 个循环经济典型模式案例，全国众多企业通过了 ISO 14000 环境技术论证体系、ISO 9001 质量保证体系、ISO 9000 质量管理体系认证，并获得相关标志；众多行业和企业广泛开展了资源综合利用和“三废”综合利用等，皆为循环经济型企业的绿色、低碳、循环发展奠定了良好基础。

在总结经验、提高科技含量的基础上，中国将生态工业理念引入工业门类齐全、经济综合性强的各类经济开发区、高新区。如广西贵港经济技术开发区、内蒙古包头经济技术开发区、新疆石河子经济技术开发区和天津经济技术开发区、苏州高新区、甘肃金昌循环经济工业园区等生态工业（示范）园区，我国工业园区的建设进入环境和经济双赢的新阶段。

（2）国家总体部署推动循环经济发展。

为总体推动全国循环经济发展，国务院从 2005 年下半年开始对循环经济发展工作进行总体部署。2005 年 9 月，《国务院关于加快发展循环经济的若干意见》（国发〔2005〕22 号）的颁布，标志着我国循环经济工作全面启动。2005 年 6 月，《国务院关于做好建设节约型社会近期重点工作的通知》（国发〔2005〕21 号）要求抓好节能降耗、清洁生产、资源综合利用、环保产业四项重点工作和资源开采、资源消耗、废物产生、再生资源产生、消费五个重点环节。2005 年 12 月，《国务院关于发布实施〈促进产业结构调整暂行规定〉的决定》（国发〔2005〕40 号）明确大力发展循环经济，建设资源节约和环境友好型社会，实现经济增长与人口资源环境相协调。进入“十一五”后，国家把大力发展循环经济、建设资源节约和环境友好型社会列为基本方略，并总体有序推进。2006 年 1 月发布的《国务院关于同意建立发展循环经济工作部际联席会议制度的批复》（国函〔2007〕15 号），2007 年 5 月发布的《国务院关于印发节能减排综合性工作方案的通知》（国发〔2006〕5 号），重点明确“推进共伴生矿产资源综合开发利用和煤层气、煤矸石、大宗工业废弃物等综合利用”。从 2006 年开始，国务院定期召开“发展循环经济”“节能减排”专题会议，安排落实重点工作，同时国务院办公厅每年度对节能减排工作及目标具体安排，有力有序有效推动循环经济发展。2011 年 12 月，国务院印发《工业转型升级规划（2011—2015 年）》（国发〔2011〕47 号）；2012 年 2 月，国务院印发《质量发展纲要（2011—2020 年）》（国发〔2012〕9 号）；2012 年 12 月 12 日，国务院常务会议专题研究部署发展循环经济，明确提出发展循环经济是国家经济社会发展的重大战略任务，是推进生态文明建设、实现可持续发展的重点途径和基本方式。要围绕提高资源产出率，健全激励约束机制，积极构建循环型产业体系，推动再生资源利用产业化，推动绿色消费，加快形成覆盖全社会的资源循环利用体系。2013 年 1 月，国务院印发《循环经济发展战略及近期行动计划》（国发〔2013〕5 号），标志着中国制定的第一部循环经济发展战略规划和行动纲领，成为编制循环经济各领域专项规划和地方循环经济发展规划的重要依据。该计划重点提出构建覆盖全社会的资源循环利用体系，推行绿色消费，实施大循环战略为重点，树立新的资源观、消费观，加快建设循环型社会。提出了“强化理念、减量优先；完善机制、创新驱动；改造存量、优化增量；示范引领、全面推进；因地制宜、突出特色；高效循环、安全循环”的原则。明确了“循环型生产方式广泛推进，绿色消费模式普及推广，覆盖全社会的资源循环利用体系初步建立，资源产出率大幅提高，可持续发展能力显著增强”的循环经济发展中长期目标。

2017 年 9 月，国务院印发《关于支持山西省进一步深化改革促进资源型经济转型发展的意见》（国发〔2017〕42 号），强调要将山西建成资源型经济发展示范区，打造能源革命排头兵。2019 年 5 月 29 日，中央全面深化改革委员会第八次会议审议通过了《关于在山西开展能源革命综合改革试点的意见》，推动能源生产和消费革命，将山西列为第一个国家能源革命综合改革试点示范省，构建资源综合利用和能源梯级利用的现代化循环经济产业体系。

(3) 政府部门重点安排推动循环经济发展。

为贯彻落实中央、国务院总体部署和《国民经济和社会发展规划纲要》，“十一五”前至“十三五”期间，国家发改委、国家标准委、工业和信息化部、国土资源部、环境保护部、科技部、财政部、水利部、商务部、住房城乡建设部、国家能源局、国家税务总局、国家统计局等部委(局)先后制定印发了相关循环经济和环境保护的规划、标准规范、技术目录和下发了相关循环经济的办法、意见、通知。

印发的相关规划有:《2005—2007年资源节约与综合利用标准发展规划》(标委办工交函〔2006〕82号)、《2008—2010年资源节约与综合利用标准发展规划》(国标委工〔2007〕54号)、《矿井水利用发展规划》(发改环资〔2013〕118号)、《全国矿产资源规划(2008—2015)》(国土资发〔2008〕309号)、《国家环境保护“十二五”科技发展规划》(环发函〔2011〕63号)、《国家“十二五”科学和技术发展规划》(国科发计〔2011〕270号)、《大宗工业固体废物综合利用“十二五”规划》(工信部规〔2011〕600号)、《废物资源化科技工程“十二五”专项规划》(国科发计〔2012〕115号)等。

印发的相关标准规范有:《行业类生态工业园区标准(试行)等三项国家环境保护行业标准的公告》(国家环保总局公告〔2006〕25号)、《循环经济评价指标体系》(发改环资〔2007〕1815号)、《循环经济发展评价指标体系(2017年版)》(发改环资〔2016〕2749号)、《综合类生态工业园区标准》(环境保护部公告〔2009〕34号)等。

印发的相关技术目录有:《国家鼓励发展的资源节约综合利用和环境保护技术》(国家发改委科技部、环保总局公告〔2005〕65号)、《国家重点行业清洁生产技术导向目录(第三批)》(国家发改委公告〔2006〕86号)、《重点行业循环经济支撑技术选编》(国家发改委环资司〔2013〕版)、《国家先进污染防治技术示范名录》和《国家鼓励发展的环境保护技术目录》[环发〔2008〕91号(2009年度)环发〔2009〕146号(2010年度]中环协〔2011〕23号(2012年)公告〔2012〕第39号、(2013年)公告〔2013〕第83号环发〔2013〕83号)、《中国资源综合利用技术政策大纲》(国家发改委公告〔2010〕14号)、《国家鼓励的循环经济技术、工艺和设备名录(第一批)》(国家发改委、环境保护部、科技部、工信部公告〔2012〕13号)、《工业固体废物综合利用先进适用技术目录(第一批)》(工信部公告〔2013〕18号)等。

印发的相关办法、意见、通知有:《关于推进循环经济发展的指导意见的通知》(环发〔2005〕114号)、《关于组织开展循环经济试点(第一批)工作的通知》(发改环资〔2005〕2199号)、《关于组织开展循环经济试点(第二批)工作的通知》(发改环资〔2007〕3420号)、《国家鼓励的资源综合利用认定管理办法》(发改环资〔2006〕1864号)、《“十一五”资源综合利用指导意见》(发改环资〔2006〕2913号)和《“十二五”资源综合利用指导意见和大宗固体废物综合利用实施方案的通知》(发改环资〔2011〕2919号)和《国家生态工业示范园区管理办法》(发改环资〔2011〕2919号)、《国家生态工业示范园区管理办法(试行)》[环发〔2007〕188号(试行)〔2015〕167号]、《关于煤矸石综合利用电厂项目核准有关事项的通知》(发改办能源〔2008〕101号)、《关于资源综合利用及其他产品增值税政策的通知》(财税〔2008〕156号)、《循环经济标准化试点工作指导意见》(国标委工一联〔2009〕48号)、《2010年工业节能与综合利用工作要点》(工信厅节函〔2010〕188号)和《2012年工业节能与综合利用工作要点》(工信厅节函〔2012〕56号)、《关于支持循环经济发展的投融资政策措施意见的通知》(发改环资〔2010〕801号)、《矿产资源节约与综合利用专项资金管理办法》(财建〔2013〕81号)、《关于开展工业固体废物综合利用基地建设试点工作的通知》(工信厅节〔2011〕32号)、《国家循环经济标准化试点考核评估方案(试行)》(国标委工一联〔2011〕12号)、《关于组织开展国家循环经济教育示范基地建设的通知》(发改办环资〔2011〕1552号)、《关于开展矿产资源综合利用示范基地建设工作的通知》及《关于矿山资源综合利用示范基地名单的公告》(国土资发〔2011〕88号)、《关于印发循环经济典型模式案例(简本)的通知》(发改环资〔2011〕2232号)、《"十二五"资源综合利用指导意见和大宗固体废物综合利用实施方案的通知》(发改环资〔2011〕2919号)、《关于同意资源节约型环境友好型企业创建试点实施方案的批复》(工信部联节〔2012〕78号)、《关于推进园区循环化改造的意见》(发改环资〔2012〕765号)、《工业循环经济重大示范工程(第一批)的通知》(工信厅节〔2012〕62号)、《关于开展资源综合利用"双百工程"建设的通知》(发改办环资〔2012〕726号)和《资源综合利用"双百工程"示范基地和骨干企业名单(第二批)及有关事项的通知》(发改办环资〔2014〕2387号)、《循环经济发展专项资金管理暂行办法》(建材〔2012〕616号)、《关于表彰全国循环经济工作先进单位的通报》(发改环资〔2012〕3125号)、《粉煤灰综合利用管理办法》(国家发改等十部门2013年第19号令)、《矿产资源节约与综合利用专项资金管理办法》(财建〔2013〕81号)、《循环经济发展专项资金支持国家循环经济教育示范基地建设实施意见》(发改办环资〔2013〕816号)、《关于组织开展国家循环经济示范试点单位验收工作的通知》(发改环资〔2013〕1471号)、《关于组织开展循环经济示范城市(县)创建工作的通知》(发改环资〔2015〕2154号)、《关于组织开展工业产品生态设计示范企业创建工作的通知》(工信部节函〔2014〕308号)、《关于印发〈2015年循环经济推进计划〉的通知》(发改环资〔2015〕769号)、《关于印发国家循环经济试点示范典型经验的通知》(发改环资〔2016〕965号)及附件《国家循环经济试点示范典型经验及推广指南》、《关于印发〈循环发展引领行动〉的通知》(发改环资〔2017〕751号)等。

国家发改委会同相关部门及组织,从2006年开始,先后组织召开煤炭行业发展循环经济现场交流会、全国循环经济试点交流会、国家城市矿产示范基地建设现场会等,有力推进循环经济发展。

"十一五"至"十三五"期间,国家把发展循环经济作为一项重大任务纳入国民经济和社会发展规划,要求按照"减量化,再利用,资源化"和"减量化优先"的原则,推进生产、流通、消费各环节循环经济发展。在法规标准体系初步建立、政策机制逐渐完善、技术支撑不断增强和产业体系日趋完善等方面取得成效。

"十一五"期间,国家发改委等6部委开展了两批国家循环经济试点示范工作,在重点行业(企业)、产业园区、重点领域及省市层面,共计178家单位进行广泛试点,探索符合中国国情的循环经济发展道路,推进循环经济发展,在调整产业结构、转变发展方式、建设生态文明、促进可持续发展中发挥了重要作用。尤其在循环经济发展指数提高、资源产出率提高、单位GDP能耗下降、单位工业增加值用水量下降、资源循环利用产业产值增加、从业人员增加、回收和循环利用各种废弃物和再生资源比重上升,以及节能标准煤、废水排放和固体废弃物排放等方面,取得显著成效。与此同时,循环经济技术创新取得多项突破,在清洁生产、矿产资源综合利用、固体废物综合利用、资源再生利用与再制造、垃圾资源化、农林废弃物资源化利用等领域,开发了一大批具有自主知识产权的先进技术,一些技术填补了国内空白,并迅速实现产业化。

国家"十二五"规划明确了发展循环经济的主要目标、重点任务和保障措施:① 构建循环型工业体系。在工业领域全面推行循环型生产方式,促进清洁生产、源头减量,实现能源梯级利用,水资源循环利用,废物交换利用,土地节约集约利用。② 构建循环型农业体系。在农业领域推动资源利用节约化,生产过程清洁化,生产链接循环化,废物处理资源化,形成农林牧渔多业共生的循环型农业生产方式,改善农村生态环境,提高农业综合效益。③ 构建循环型服务业体系。推进社会层面循环经济发展,完善再生资源和垃圾分类回收体系,推行绿色建筑和绿色交通行动。充分发挥服务业在引导树立绿色低碳循环消费理念,转变消费模式方面的作用。④ 开展循环经济示范行动,实施示范工程,创建示范城市,培育示范企业和园区。并要求完善财税、金融、产业、投资、价格和收费政策,健全法规标准,建立统计评价制度,加强监督管理,积极开展国际交流与合作,全面推进循环经济发展。依据国家发改委印发的《2015 年循环经济推进计划》,从加快构建循环型产业体系、大力推进园区和区域循环发展、推动社会层面循环经济发展、推行绿色生活方式等方面提出具体实施措施。特别在深化循环型工业体系建设方面重点提出,推行绿色开采,推动资源集约利用,推进资源综合利用和开展园区循环化改造示范试点。

"十二五"期间,国家选择循环经济发展薄弱环节开展专项试点示范工作,完成包括 100 个园区循环化改造示范试点,100 个餐厨废弃物资源化利用和无害化处理试点,49 个国家"城市矿产"示范基地,42 个再制造试点,28 个循环经济教育示范基地和 101 个循环经济示范城市(县)建设地区等。

"十三五"期间,国家重点实施循环发展引领行动,推广循环经济试点示范典型经验,推动调整经济结构形成绿色发展模式,提高生态文明建设水平。将循环发展确定为中国经济社会发展的一项重大战略和建设生态文明、推动绿色发展的重要途径,推动发展方式转变,提升发展质量和效益,引领形成绿色生产方式和生活方式,促进经济绿色转型,实现绿色低碳循环发展。明确了"十三五"时期循环发展的指导思想、四项基本原则、三大主要目标及主要指标,确立了构建循环型产业体系,完善城市循环发展体系。壮大资源循环利用产业,强化制度供给,激发循环发展新动能,实施十项重大专项行动等重点任务。着重推动能源生产和社会革命,提高能源供给体系质量效益,构建清洁低碳用能模式,推进能源科技创新,深化能源体制改革。2017 年 4 月,国家制定和实施《循环发展引领行动》,全面落实创新、协调、绿色、开放、共享的发展理念。

"十一五"至"十三五"期间,全国各省(市、区)结合实际贯彻落实中央、国家总体部署和重点安排,具体推进循环经济发展并取得实效。各行业、产业协会充分发挥协调推进的重要作用。如中国矿业联合会从 2008 年开始,定期举办中国矿业循环经济论坛,推动矿业循环经济有序健康发展;中国煤炭工业协会与中国煤炭加工利用协会为推进煤炭行业循环经济发展,于 2012 年 6 月,在北京举办了煤炭工业节能减排与循环经济发展论坛,提出科学发展煤炭循环经济,探索煤炭工业低碳循环运行模式,构建资源节约和环境友好的新型煤炭工业体系;2017 年 9 月,中国煤炭工业协会在宁夏银川召开了全国煤炭清洁高效利用与产业结构调整现场推进会,20 家煤炭企业进行了经验交流。至 2018 年,全国煤炭行业共有 13 家煤炭企业入围国家循环经济试点企业名单。

国家"十四五"规划进一步明确发展循环经济是国家经济社会发展的一项重大战略。

"十四五"时期，我国进入新发展阶段，开启全面建设社会主义现代化国家新征程。大力发展循环经济，推进资源节约集约利用，构建资源循环型产业体系和废旧物资循环利用体系，对保障国家资源安全，推动实现碳达峰、碳中和，促进生态文明建设具有重大意义。

（4）依法促进循环经济发展。

2008 年 8 月 29 日，第十一届全国人大常委会第四次会议通过《中华人民共和国循环经济促进法》（以下简称《循环经济促进法》），自 2009 年 1 月 1 日起正式实施。《循环经济促进法》包括总则、基本管理制度、原则、激励措施、法律责任和附则共七章五十八条，标志着中国依法促进循环经济。这是继德国、日本之后，世界上第三个国家专门制定并实施循环经济法律。《循环经济促进法》明确提出，发展循环经济是国家经济社会发展的一项重大战略，应当遵循统筹规划、合理布局、因地制宜、注重实效、政府推动、市场引导、企业实施、公众参与的方针，提出减量化优先的原则，对主要工业行业和重点企业明确提出节能减排的约束性要求；明确了建立循环经济规划制度，建立抑制资源浪费和污染物排放的总量调控制度，建立以生产者为主的责任延伸制度；指出发展循环经济应当在技术可行、经济合理和有利于节约资源、保护环境的前提下，按照减量化优先的原则实施，并在废物再利用和资源化过程中，应当保障生产安全，保证产品质量符合国家规定的标准，防止产生再次污染；指出企业、事业单位应当建立健全管理制度，采取措施，降低资源消耗，减少废物的产生量和排放量，提高废物的再利用和资源化水平。

（5）中国循环经济协会推进循环经济发展。

中国循环经济协会承担为政府制定战略规划、健全法规标准、完善政策机制、推进技术进步、开展示范试点、强化宣传培训、加强监督管理、推动循环经济发展、建设生态文明提供技术支持；为行业、企业和会员单位制定发展规划、编制实施方案、开展项目论证、推广先进技术和运营模式，以及对政策、管理、技术、市场需求等信息提供咨询服务；反映企业和社会诉求及政策建议，发挥政府和企业桥梁纽带作用，推进循环经济健康发展的主要职责。

（6）组织开展重大活动促进循环经济发展。

2004—2021 年，中国循环经济协会连续举办年度中国循环经济发展论坛及分论坛。尤其，2020 中国循环经济发展论坛以"展望'十四五'循环发展新方略"为题，群策群力推动中国"十四五"循环经济事业高质量发展；2021 中国循环经济发展论坛以"碳中和——循环经济在行动"为主题，共同探讨循环经济助力碳达峰、碳中和的重点领域实施路径和具体措施。2008—2014 年，连续在青岛举办了 3 届中国国际循环经济成果交易博览会。2009 年，在人民大会堂举行学习《循环经济促进法》电视大赛颁奖仪式。2009—2011 年，先后在北京、山东、天津、山西、贵州、甘肃、浙江等组织开展了"循环经济专家行"活动。2010—2012 年，举办了"两届循环经济十大新闻"活动、中国绿色工业论坛、中国绿色产业和绿色经济高科技国际博览会，先后举办 12 届"中日节能环保综合论坛"和 8 届中德循环经济论坛等。这些重大活动，有效推进绿色低碳循环可持续发展取得成效。

（三）循环经济的定义、实质、核心、基本特征、基本原则

1. 循环经济的定义

《循环经济促进法》将循环经济定义为在生产、流通和消费等过程中进行的减量化、再利用、资源化活动的总称，即循环经济是一种以资源的高效利用和循环利用为核心，以"减量化、再利用、资源化"为原则，以低消耗、低排放、高效率为基本特征，符合可持续发展理念的

经济增长模式，是对“大量生产、大量消费、大量废弃”的传统增长模式的根本变革。这一定义不仅指出了循环经济的核心、原则、特征，同时也指出了循环经济是符合可持续发展理念的经济增长模式，抓住了当前中国资源相对短缺而又大量消耗的症结，对解决中国资源和经济发展的瓶颈制约具有迫切的现实意义。

循环经济(cyclic economy)即物质闭环流动型经济，是指在人、自然资源和科学技术的大系统内，在资源投入、企业生产、产品消费及其废弃的全过程中，把传统的依赖资源消耗的线性增长的经济，转变为依靠生态型资源循环来发展的经济。循环经济是针对自工业化以来高消耗、高排放、高污染的线性经济和传统粗放发展模式而提出的一种以资源循环利用，保护生态环境，善待地球的新的经济发展模式；是将传统经济活动的资源消费—产品—废弃物排放的单项线式物质流动模式转化为新的资源消费—产品—再生资源循环利用的循环式物质流动模式。循环经济作为一个由经济系统、社会系统和自然系统复合构成的生态系统，按照自然生态系统物质循环和能量流动规律重构经济系统，使经济系统、社会系统和谐地纳入到自然生态系统的物质循环的过程中，建立起一种新形态的经济。循环经济是把清洁生产、高效利用和废弃物综合利用融为一体的经济，从长远看循环经济在本质上就是一种生态经济，是可持续发展理念的具体体现和实现途径。它要求运用生态学规律来指导人类社会的经济活动。按照生态学规律和经济规律，合理利用自然资源和环境容量。按照自然生态系统物质循环和能量流动规律重构经济系统，使经济系统和谐地纳入自然生态系统的物质循环过程之中，实现经济活动的生态化，以期建立与生态环境系统结构和功能相协调的生态型社会经济系统。其目的是通过资源高效利用和循环利用，达到“吃干榨净”，实现低排放低污染甚至零排放零污染，保护生态环境，最终实现社会、经济和生态环境的可持续发展，是符合可持续发展理念的经济增长模式。即在可持续发展的思想指导下，按照清洁生产的方式，资源高效利用的技术，对能源及其废弃物实行综合利用，减少排放的生产活动过程。它要求把经济活动组成一个资源—产品—再生资源的反馈式流程；其特征是清洁开采，高效利用，低限排放。其核心是以资源的高效利用和循环利用，实现废弃物的减量化、资源化和无害化，使经济系统和自然生态系统的物质梯级和谐循环，最终维护自然生态平衡。

2. 循环经济的实质

循环经济的实质是以生态学系统论原理为指导，从整体上研究生态系统同生产力系统、社会系统的相互关系和作用，揭示自然生态和经济社会发展之间的本质联系和基本规律，从而把遵循经济规律与遵循自然规律有机结合起来，最终有效解决人类经济社会可持续发展的问题。人类经济社会发展选择循环经济发展模式，主要针对传统线性经济发展方式造成的忽视经济增长的质量、效率和效益，忽视经济增长导致的生态环境损害代价，忽视人的健康安全与社会福祉的保障提升的经济社会发展不可持续的现实突出矛盾，从根本上化解传统经济粗放发展所带来的日益严重的环境污染、生态破坏、资源浪费乃至枯竭的问题，保障人类经济、社会、生态的可持续发展。

3. 循环经济的核心

循环经济是以资源的高效利用和循环利用为核心的，通过科技创新、先进技术和循环经济，实现资源能源的洁净高效利用、循环利用、梯级利用，包括产品的延伸精深加工再利用和废弃物资源化的综合利用，实现资源能源价值的最大化。

4. 循环经济的基本特征

循环经济的基本特征表现为“低消耗、低排放、高效率”。注重各个环节，即在资源开采环节，要大力提高资源综合开发和回收利用率。在资源消耗环节，要大力提高资源利用效率。在废弃物产生环节，要大力开展资源综合高效利用。在再生资源产生环节，要大力回收和循环利用各种废旧资源。在社会消费环节，要大力提倡绿色低碳消费。实施循环经济必须得到国家相关政策和法律法规支撑，先进技术的支撑，资金保障的支撑，科学管理和严格监督的支撑，循环经济产业链条中企业良好的经济效益的支撑。

循环经济同传统经济有本质的区别。传统工业经济的生产观念是最大限度地开发利用自然资源，最大限度地创造财富，最大限度地获取利润，导致许多自然资源短缺或枯竭，并酿成灾难性污染后果。循环经济的生产理念是要兼顾自然生态系统的承载能力，尽可能地合理开发利用自然资源，不断提高自然资源的利用效率，综合利用、循环使用资源，不仅创造良性的经济和社会财富，还维护良性的生态环境。

传统经济是由资源—产品—废弃物排放污染所构成的物质单向直线流动式过程的经济，创造的财富越多，消耗的资源、产生的废弃物和造成的排放污染就越多，对环境资源的负面影响也就越大。循环经济则是资源—产品—再生资源的物质反复循环流动过程的经济，通过“3R”原则，使一个系统产出的污染物能够成为本系统或者另一个系统的生产原料，从而实现废弃物的资源化，以尽可能小的资源消耗和环境成本，获得尽可能大的经济效益、社会效益和环境效益，从而使经济系统与自然生态系统的物质循环过程相互和谐，促进资源永续利用。循环经济在物质的循环与再生利用的基础上发展经济，是一种建立在资源回收和循环再利用基础上的经济发展模式。它以资源的循环利用和高效利用为目标。因此，循环经济是对大量生产、大量消费、大量废弃、大量排放、大量污染的传统经济增长模式的根本变革。

循环经济体系是以产品清洁生产、资源高效利用、废弃物高效回收循环利用为特征的生态经济体系。循环经济体系体现了最小限度地开发资源，最大效率地利用资源，最低程度地降低对生态环境的破坏，最佳幅度地降低经济发展的社会成本，有利于经济、社会、环境的可持续发展。

循环经济作为一种科学的发展理念，一种全新的经济发展模式，具有自身的独立特征。其特征主要体现在：一是新的系统观。循环是指在一定系统内的运动过程，循环经济的系统是由人、自然、资源和科学技术等要素构成的大系统。二是新的经济观。循环经济观要求运用生态学规律，不仅要考虑资源承载能力，还要考虑生态承载能力。只有在资源承载能力之内的良性循环，才能使生态系统平衡地发展。三是新的价值观。循环经济观在考虑自然生态时，将其作为人类赖以生存的基础，是需要维持良性循环的生态系统；在考虑科学技术时，不仅要考虑其对自然的开发能力，而且要充分考虑到它对生态系统的修复能力，使之成为有益于环境的技术；在考虑人自身的发展时，不仅考虑人对自然的征服能力，而且更重视人与自然和谐相处的能力，促进人的全面发展。四是新的生产观。循环经济的生产观念是要充分考虑自然生态系统的承载能力，尽可能地节约自然资源，不断提高自然资源的利用效率，循环使用资源，创造良性的社会财富。五是新的消费观。循环经济观提倡物质的适度消费、层次消费，在消费的同时就考虑到废弃物的资源化，建立循环的生产和消费观念。

循环经济为工业化以来的传统经济转向可持续发展经济提供了战略性的理论范式，为优化人类经济系统各个组织部分之间关系提供整体性的思路，可以从根本上清除长期以来生态环境与经济社会发展之间的尖锐矛盾，实现社会、经济和环境的协调统一，最终促进人类与自然的和谐发展。

5. 循环经济的基本原则

循环经济的基本原则是减量化（reducing）、再利用（reusing）、资源化（resourcing）。《循环经济促进法》对循环经济三大基本原则做了准确定义。

（1）减量化原则是指在生产、流通和消费等过程中减少资源消耗和废物产生。即要求用较少的原料和能源投入来达到既定的生产目的或消费目的。减量化为输入端，旨在减少进入生产和消费过程中的物质和能源流量，并提高单位生产产品对资源的利用效率，严防和减少废弃物的产生。

（2）再利用原则是指将废弃物直接作为产品或者经修复、翻新、再制造后继续作为产品使用，或者将废弃物的全部或部分作为其他产品的部件予以使用，即要求产品在完成其使用功能后尽可能重新变成可以重复利用的资源，而不是有害的垃圾。再利用属于过程，旨在延长产品和服务的时间，提升资源再利用的质效和价值。

（3）资源化原则是指将废弃物直接作为原料进行利用或者对废弃物进行再生利用，即要求制造产品和包装容器能够以初始的形式被多次和反复使用。再循环为末端，旨在将废弃物再次资源化，按清洁生产—循环利用—最终处理的优先顺序，以减少最终处理量，达到废弃物最低排放，低污染甚至零排放、零污染的目标。

三大原则中，只有减量化原则才具有循环经济第一法则的意义。

循环经济三大基本原则概括为“3R”原则，并要求在各环节、各层次必须遵循。

在科学的绿色设计环节中，始终贯穿“3R”原则，体现科学的绿色设计，包含各种设计工作领域。凡是建立在对地球自然生态与人类生存环境高度认知和重视的基础上，一切有利于经济社会可持续发展，有利于人类乃至自然生物、植物生存环境健康发展的设计，都属于科学的绿色设计范畴。科学的绿色设计，包括产品的整个生命周期的设计，具体包含产品从创意、构思、原材料与工艺的无污染、无毒害选择到制造使用、废弃物的综合利用、再生利用、循环利用等各个环节的设计。设计前和设计中须预先考虑防止产品及工艺对环境的负面影响和造成的代价。

在资源合理开发利用环节中，始终贯穿“3R”原则于整个生命周期内。即在资源开发阶段，须考虑合理开发和资源的梯级循环高级利用；在产品设计阶段，须体现产品的再利用和废弃物的再循环利用；在生产工艺优化体系设计阶段，须考虑资源的多级利用和生产工艺的集成化、标准化；在产品生产、销售、运输阶段，须考虑过程集成化和废弃物的回收复用；在流通和消费阶段，须考虑延长产品的使用寿命和实现资源的综合利用；在整个生命周期末端阶段，须考虑资源的重复利用和废弃物的循环利用。

在可再生资源循环利用环节中，始终重视可再生资源的再生产和再利用，保障空间环境资源的再修复再利用和循环利用。

在维护生态环境平衡整个环节中，始终贯穿“3R”原则，从科学的绿色设计到自然资源的合理开发、高效利用、循环利用的整个生命周期都必须建立在维护自然生态环境平衡和人类可持续生存发展的基础上。

（四）循环经济的基本观点

（1）循环经济理论与清洁生产理论、生态经济理论、绿色经济理论、低碳经济理论和可持续发展理论一脉相承。强调社会经济系统与自然生态系统和谐共生，是集经济、技术和生态、社会于一体的系统工程，是以追求经济发展，社会进步和生态环境和谐为目标，是体现以人为主体的生命与其栖息劳作环境、物质生产环境、社会文化环境和生态自然环境协调可持续发展的实质。

（2）循环经济发展模式是以生态学系统论为理论基础，以减量化、再利用、资源化为原则，构建经济—社会—生态的和谐发展，是在资源投入、企业生产、产品消费及废弃物排放的全过程中，由末端治理转向源头防治，把传统线性发展转化为循环利用的环路发展，是建设生态文明、推动绿色发展的重要途径，为实现绿色低碳循环可持续发展及高质量可持续发展提供了战略性发展模式。

（3）循环经济是符合可持续发展观念的经济增长模式，既是以清洁生产为基础，又是发展绿色经济、低碳经济的基础。对化解传统经济粗放发展所带来的资源能源相对短缺而又大量消耗浪费的矛盾，和解决生态环境容量相对有限而又严重污染破坏的问题，即解决资源能源对经济社会发展和生态环境保护不可持续的瓶颈制约具有现实和深远意义。

（4）循环经济不单纯是经济或技术问题，而是由经济、技术、社会、环境等因素构成的紧密关联的复合系统工程。

（5）循环经济发展应根据不同的国情和各地区、各行业、产业、企业实际，形成具有不同特色的循环经济发展模式。尤其中国正处于工业化的中期阶段，还需要经历一个资源能源高量消耗阶段。

（6）循环经济发展要注重不同层次、不同层面的协调发展。以优化资源高效循环利用为核心，以技术创新为动力和制度创新为保障，形成政府主导、企业主体、公众参与、法律规范、政策引导、科技支撑、市场运作的运行机制，推进高质量可持续发展。

（五）循环经济体系和层次

循环经济的提出，是人类对难以为继的传统发展模式反思后的创新发展理念和创新发展模式，是对于人与自然关系在认识上不断升华的结果。循环经济是要借助于对生态系统和生物圈的认识，特别是通过对产业代谢的研究，找到能使经济体系与生物生态系统"正常"运行相匹配的可能的革新途径，最终建立理想的经济生态系统，包括资源开采者、处理者、消费者和废料处理者四类行为者。由于集约再循环，各系统内不同行为者之间的物质流远远大于出入生态系统的物质流。

循环经济思想的主旨是促使现代经济体系向生态系统的转化，这种转化表现在：① 将废弃物作资源重新利用；② 封闭物质循环系统和尽量减少消耗性材料的使用；③ 工业产品与经济活动的非物质化；④ 能源的降碳脱碳。循环经济已经在发达国家和中国发达地区与先进企业得到实践，取得成功，包括企业内部污染最小化，企业间废弃物的交换和传递，产品生产过程和消费过程中物质和能量的循环。

1. 循环经济体系

发展循环经济按资源能源梯级流动的组织层次划分为五个层次和体系。

（1）循环经济型企业为核心的小循环，是低级循环体系，企业内部可分为小循环、中循环、大循环。

(2) 循环经济型产业生态工业园区为平台的中循环，是中级循环体系，包括生态工业园区中企业间循环、产业间循环。

(3) 循环经济型城市为中心的大循环，是高级循环体系，包括城市中生态工业园区内部循环，生态工业园区与另一个生态工业园区之间循环。

(4) 循环经济型城市群区域为扩展的更大循环，是更高级循环体系，包括城市与城市生态产业园区间，省(市、区)与省(市、区)生态产业园区间跨界、跨区域形成循环体系。

(5) 各层级循环体系由低级向高级扩展，最终上升至循环经济型社会、循环型国家为最终全循环，形成整个社会更大更全的循环体系，即国家绿色低碳循环现代化。

整个循环经济层次和体系，是由单项资源循环向多项资源循环叠加的，由小循环向大循环依次延伸的，由内部循环向外部循环相关联扩展的，由低级循环向高级循环递进的，纵向到底、横向到边，前端是后端的基础及原料，后端是前端的平台及产品，变终端治理为源头控制，变分散治理为集中控制，减少资源能源浪费和降低废弃物排放污染，以至达标排放、零排放、零污染，变废为宝，化害为利。实现物质与能量的高效梯级循环，最终构建前端以清洁生产循环为基础，终端以绿色低碳循环为目标的循环经济高质量可持续发展模式，最终形成一个有机完整的、清洁高效的、绿色低碳的大而全循环经济体系，见图 2-2。

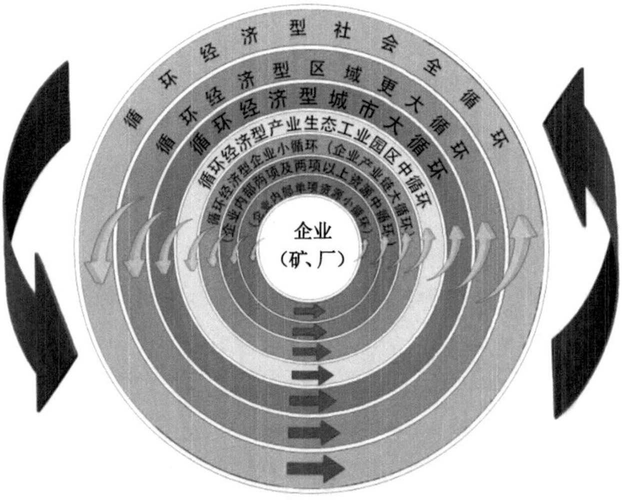

图 2-2　循环经济型社会大而全循环经济体系

在循环经济型企业、循环经济型产业生态工业园区、循环经济型城市、循环经济型城市群区域以至循环经济型社会的构建中，循环经济体系的建立和完善由一个点面向多个点面，以至向整个面延伸，由低层次循环向高层次循环扩展，由低质量发展方式向高质量发展方式转变。全产业链实现清洁化、节能化、循环化、高效化、精准化、精细化、自动化、数字化、信息化、智能化、高端化、终端化、绿色化、低碳化、高质量可持续发展。

在循环经济体系中，形成小循环、中循环、大循环、更大循环或低级循环、中级循环、高级循环、更高级循环，而在每个循环经济型层次中，又可分为小循环、中循环、大循环或低级循环、中级循环、高级循环，构建成从企业内部间[矿(厂)生产工作面、生产车间]—企业间—产业间—城市间—区域间—全社会循环经济体系发展模式，见图 2-3。

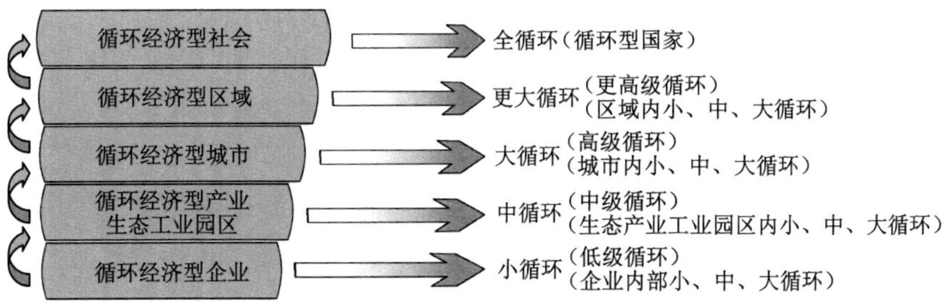

图 2-3　循环经济层次（由小到大、由低级到高级）

发展循环经济从资源能源利用的技术层面，主要通过资源能源的高效利用，资源能源的洁净利用、资源能源的循环利用、资源能源的梯级利用和最终废弃物的无害化处理三个技术路径实现。资源能源的高效利用，主要依靠制度创新和科技进步，提高资源能源高效利用水平和单位要素的产出率。资源能源的洁净利用，主要通过清洁生产、清洁加工过程，生产洁净的材料、燃料、原料和产品。资源能源的循环利用，主要通过构建资源能源循环利用产业链，建立起生产和生活中可再利用资源的循环利用通道，达到资源能源的有效利用，或通过延伸产业链，使资源充分利用，以减少向自然资源的超限索取，达到与自然和谐循环中促进经济社会的可持续发展。资源能源的梯级利用，主要通过循环技术路线对资源能源按其品位、能量逐级利用，达到资源能源利用率的最大化。废弃物的无害化处理，主要通过新技术研发和科技创新，对废弃物无害化处理，减少生产和生活活动对生态环境的影响，达到无害化排放甚至零排放、零污染。

2. 循环经济层次

（1）循环经济型企业层次。

循环经济型企业以企业内部的清洁生产为核心和物质循环为基础，构建企业内部的小循环、中循环、大循环，以企业为主体，充分发挥企业的能动性和创造性，依靠科学进步，技术创新，以提高资源和能源的利用效率、减少废弃物排放、防止环境污染为目的。循环经济型企业与传统企业生产工艺陈旧、资源消耗超高、环境污染严重，通过以增加产量和开发新矿扩能增长获得企业效益的模式不同。循环经济型企业是指：① 对设计规划，积极推广绿色设计，运用绿色技术工艺，从绿色生产到绿色营销全过程体现绿色产品价值和生态环境理念。② 对生产过程，要求清洁生产，节约原材料和能源，淘汰有毒、有害原材料，削减所有废弃物的数量和有毒危害性，建立循环链条，使物质、能量、信息、价值流动遵循生态经济规律，某一生产环节排放的废弃物成为另一生产环节的资源，污染趋零，使产品生产过程循环化、绿色化，形成完整科学的企业循环体系。③ 对产品，全面推行清洁生产，要求减少从原料、原材料加工提炼到产品及废弃物最终处置的全生命周期的不利影响。④ 对服务，主动实施环保绿色营销，要求将保护环境因素纳入设计理念和所提供的服务中。因此，循环经济型企业是通过在企业内部交换物质流和能量流，建立生态工业产业链，使得企业内部生产运行通过资源利用最大化、环境污染最小化的集约性经营和内涵性循环增长获得企业效益。循环经济型企业通过内部循环，即在生产或加工中，对产出的各废弃物在通过再利用达到自身循环综合利用的基础上，并通过延伸产业链或不断延长加粗或通过工艺技术升级，达到企业内部整体循环。循环经济型企业为经济生态系统的小循环。

循环经济型企业在资源能源利用方面要重点解决好资源能源高效利用、资源能源循环利用和无害化排放三大关键技术。在资源能源高效利用上，主要依靠技术进步和制度创新，提高资源能源的利用水平和单位要素的产出率；在资源能源循环利用上，主要构筑资源能源循环利用产业链技术体系，建立起生产和生活中可再生利用资源的循环利用通道，达到资源能源的有效利用，减少向自然资源的索取，在与自然和谐循环中促进经济社会的可持续发展；在废弃物及废气的无害化排放上，主要是通过对废弃物及废气的无害化技术处置，最大限度和最小程度地减少生产和生活活动对生态环境的影响。

在循环经济型企业层面，企业遵循物质、能量、信息、价值流动、生态经济规律和质效优先的原则，通过产品科学的绿色设计、清洁生产、清洁加工、高效利用等措施，将上一生产环节排放的废弃物变成下一个循环生产环节的资源，进行企业内部资源能源的循环、绿色工业流程，减少产品和服务中物料和能源的使用量，实现废弃物、污染物排放的最小化或趋于零。构建企业内部循环经济体系，实现产品生产过程的清洁化、循环化、高效化、生态化、绿色化。

在循环经济型企业小循环中，企业内部可分为小循环、中循环、大循环，亦可分为低级循环、中级循环、高级循环。

小循环指单项资源直线式循环，包括清洁生产、资源节约、节能减排降碳、伴生资源和固体废弃物、废水、废气、废热资源化综合利用，生态影响区域综合治理和生态恢复建设。小循环属企业内部低级或初级循环。

中循环指产业链纵向式一体化循环，是在单项资源直线式循环的基础上，构建和延伸企业内部上下游相关联的两个产业及两个以上产业纵向一体化的循环模式。中循环属企业内部中级循环。

大循环指企业工业园耦合式循环，是在单项资源直线式循环和产业链纵向一体化循环基础上，科学论证、合理布局，不断进行技术优化、产业升级，构建和扩延各产业链耦合一体化的企业内部工业园循环体系，以达到提高产品质量附加值、减少产品生产和消费服务中能源和物料的消耗量，减少废弃物排放对生态环境污染的影响。大循环属企业内部高级循环，标志着高科技装备、高管理水平、高质效生产，并达到最佳的经济效益、社会效益和环境效益。

（2）循环经济型产业生态工业园区层次。

循环经济型产业生态工业园区是一种新型工业组织形态，按照工业生态学原理，通过模拟自然生态系统来设计规划建设工业园区内企业间、产业间的横向和纵向的物质流、能量流、信息流的集成和资源的高效利用、循环利用，重点在不同企业间、产业间进行废弃物交换、资源综合利用、充分利用，形成共生关系，以实现产业生态工业园区内生产过程低排放、低污染甚至零排放、零污染。以生态工业园区内的物质循环为载体，构建园区内企业之间、产业之间以及生产区域之间的中循环。

在循环经济型产业生态工业园区层面，按照工业生态学原理和循环经济“3R”原则，构建以科技为支撑的绿色低碳循环产业体系，通过园区内企业间、产业间的物质集成、能量集成、信息集成，以提高资源利用率和生态效率，降低单位产值能耗、物耗为目标，以研发应用源头减量、高效利用、循环利用、梯级利用、末端减排等产业链关键新技术，形成共享互换、共生共赢的经济体系。园区内在各循环经济型企业小循环及内部小、中、大循环的基础上，通过采用清洁生产、废物交换等手段，把一个企业产生的副产品或废弃物（包括废料、废水、废气、废热、废渣、废灰等)作为另一个企业的投入或原材料,实现物质闭路循环和能量多级利用,形成相互依存、优势互补、类似自然生态系统食物链的工业生态系统,达到物质能量利用最大化、废物排放最小化和产业链价值最佳化的目的。循环经济型生态工业园区具有横向耦合性、纵向闭合性、区域整合性和柔性结构性等特点,它与传统工业园区的主要差别是园区内各循环经济型企业之间进行副产物和废弃物的交换,能量、废弃物和废水得到梯级利用,共享基础设施,并且设计和建有完善的信息交换系统。循环经济型产业生态工业园区之所以不同于传统的工业园区废料交换项目,在于它不仅解决一来一往的资源、能源循环,更重要的是在循环经济工业园区建立总体完善的资源、能源增值系统。园区企业之间形成互为协调的关系,使循环经济型企业获得丰厚的经济、环境和社会效益。循环经济型产业生态工业园区是循环经济的一个重要发展形态。循环经济型产业生态工业园区的核心是构建以高科技为支撑的绿色低碳循环体系,强化企业间产生关联度,推进生产、流通、消费各环节循环经济连通,研发应用从源头减量循环利用,再制造、少排放、零污染的产业链接技术,以提高资源产出效率和生态效率,降低单位产值物耗、能耗为目标。循环经济型产业生态工业园为经济生态系统的中循环。循环经济型产业生态工业园区在各循环经济型企业的基础上,按技术水平、延伸程度和规模能力、效益贡献等也分为小循环、中循环、大循环或低级循环、中级循环、高级循环。

小循环指循环经济型企业内部产业链纵向式循环,为循环经济型生态工业园区的小循环或初级循环。

中循环指循环经济型企业间两个或两个以上企业间建立横向式循环关系,为循环经济型生态工业园区的中循环或中级循环。

大循环指循环经济型产业生态工业园区产业和企业间通过科学论证、合理布局、技术优化、产业升级等建立耦合式绿色低碳循环体系,为循环经济型产业生态工业园区的大循环或高级循环。

循环经济型产业生态工业园区模式特点包括以下六点:

① 产业生态工业园区是我国继经济技术开发区、高新技术开发区后的第三代新型工业园区。产业生态工业园区与传统工业园区比较,其优势在:园区内各企业之间共享基础设施,进行副产品和废物的交换,能量和废水得到梯级利用,并且有完善的信息交换系统。产业生态工业园区优于传统的简单的一来一往的废料交换和资源、能源循环,更体现在系统地使一个园区总体的资源、能源实现附加增值。园区企业间互利共生,使得企业获得丰厚的生产效率和经济、环境、社会综合效益。

② 产业生态工业园区是在多个产业和企业的基础上建立的。整个产业生态工业园区要真正实现园区工业体系环境清洁化和生态化,每个产业和企业必须首先满足清洁生产的基本要求,即产业生态工业园区内的企业必须是循环经济型企业。单个的传统产业和企业的清洁生产和内部循环具有一定的局限性,内部肯定有无法消耗和转化的部分副产品和废料;与循环经济型产业和企业注重内部的物质流、能量流不同。产业生态工业园区更注重循环经济型企业间的相互作用及企业与自然环境间的作用。

③ 产业生态工业园区可按定性划分为现有改造型、全新规划型和虚拟型三种园区类型。

现有改造型园区:是通过对现有循环经济型企业生产工艺进行进一步技术改造和创造

完善的循环条件，在区域内企业或车间成员间建立安全保障、技术可靠、运行高效的物质和能量的交换关系。

全新规划型园区：在科学规划和总体设计的基础上，从无到有、从小到大、从低级到高级，即从单项资源直线式循环、产业链纵向式一体化循环、企业内部工业园耦合式循环到产业生态工业园区整体循环，进行开发建设。主要吸引那些具有上下游产业一体化、低碳循环技术、“绿色”制造技术的企业入园，并创建完备的管道运输等基础设施，使得入园企业间进行废水、废热等交换。

虚拟型园区：不严格要求循环经济型企业成员在同一地区，主要利用现代信息技术，通过工业园区信息化系统，建立成员间的物质、能量交换联系，并在实际运营中实施。园区内企业可与园区外企业或相关园区发生供需联系。虚拟型园区可以节省建园所需的配套基础设施费用，优化减少高投入，建立园区系统或进行工厂迁址。虚拟型园区具有较好的灵活性和互补性，其缺点是远距离条件下可能要承担较昂贵的运输成本。

④ 产业生态工业园区可因势利导采用不同的企业共生模式。根据产业生态工业园区共生单元之间的所有权关系，共生机制类型可划分为复合共生和自主共生，按共生单元之间的利益关系，可划分为互利共生和单利共生。

复合共生指产业生态工业园区所有参与共生的企业同隶属一家大型集团公司，或是该公司的子公司、分公司，或是一个生产车间。集团内共生企业间的整合重组完全取决于集团总公司的规划布局和发展需要。循环经济型企业一般属于复合共生机制。

自主共生指产业生态工业园区共生的企业具有独立的法人资格和完备的生产运营组织，企业间没有所有权上的隶属关系。在其共生系统中，企业间的合作完全受经济利益驱动和供需优势互补，或者是为了共享基础设施，或者是为了降低生产运营成本。

互利共生指产业生态工业园区共生的企业都能在与对方企业的物质流、能量流交换中获得利益。在产业生态工业系统中企业之间相互依赖、互为利益、优势互补、优缺互补；在生产运营过程中彼此之间通过物质流、能量流的集成和梯级综合利用形成互利的共生关系。

单利共生指产业生态工业园区共生企业循环体系中对一方有利，而对另一方没有直接获利或获利很少。

⑤ 产业生态工业园区按特点具有横向耦合性、纵向闭合性、区域整合性和柔性结构。产业生态工业园区的建设需考虑生态产业不同于传统产业所具有的特点：

生态产业的横向耦合性使不同工艺流程的横向联系实现资源共享，变废弃物污染负效益为资源再利用正效益。

生态产业的纵向闭合性，是指必须集生产、加工、转化、流通、消费、回收、环保及综合能力建设为一体，使第一、二、三产业和信息产业在园区内部形成完善配套的功能组合。园区内生产区环境与区外相关的自然环境及人文环境构成产业复合生态系统。其系统越完善越稳定，则生态效益就会越明显，逐步实现有害污染在系统内的全部回收和对外系统的闭合零排放。

生态产业区域整合性，是指园区对整个区域社会的服务功能。除企业以生产产品或获取利润为经营目标外，整个园区需协调好直接产业经济利益与间接社会经济效益之间的关系。

生态产业柔性结构，是指园区中实行灵活多样的、适合环境和市场需求条件的产业、产品结构与体制、机制与组织架构，保障其根据环境和市场的变化，及时调整产品结构，使产业结构趋于合理化。

⑥ 产业生态工业园区通过现代化管理手段、政策手段、新技术的采用以及工业化、信息化融合，保障园区的稳定、提升和可持续发展。从产业生态工业园区的内设结构和功能上看，园区建设可分为三大类型：围绕核心企业建立起来的园区，围绕主导产业建立起来的园区，围绕主导产业和核心企业建立起来的综合性园区。三大类型生态工业园区在发展循环经济的实践上有不同的经验和模式，需要决策前的可行性研究和专家科学论证而择优选定。

每个产业生态工业园区循环经济体系都必须以能源为基础。传统煤炭企业内部煤基循环经济体系的建立和深化发展为能源生态工业园区循环经济体系的构建和发展搭建了平台，奠定了基础。

(3) 循环经济型城市层次。

循环经济型城市是围绕一个城市的各产业和相关企业之间的循环经济模式。循环经济型城市是统筹考虑人口规模与比例、功能定位与产业布局、技术特点，全面推进企业循环、产业循环、区域循环和社会循环的大循环经济体系和系统工程。循环经济型城市是建设绿色低碳城市的重要支撑和基础，需要实施体制创新、机制创新、科技创新、人才创新、企业创新、产业创新、区域创新、文化创新等系统创新工程，大力催生创新发展动力，推进循环经济型城市绿色低碳循环发展，实现人与自然、经济与社会、城市与城镇、城市与环境和谐可持续发展。

循环经济型城市通常以预防环境污染为出发点，以物质循环流动为特征，以社会、经济、环境可持续发展为最终目标，从而最大限度地高效利用资源、能源和废弃物，减少污染物排放。循环经济型城市具有四大要素：产业体系、城市基础设施、人文生态和社会消费。首先，循环经济型城市必须构建以工业共生和物质循环为特征的循环经济产业体系。其次，循环经济型城市必须建设包括水循环利用保护体系、清洁能源低碳排放体系、清洁公共交通运营体系等在内的基础设施。再次，循环经济型城市必须致力于规划绿化、净化、硬化、亮化、美化及景观绿色化和建筑绿色化的人文生态建设。最后，循环经济型城市必须努力倡导和实施低碳循环、低碳利用和绿色销售、绿色消费。循环经济型城市是经济生态系统的大循环，涵盖生产、流通、消费各领域的循环经济发展。

循环经济型城市在各循环经济产业生态工业园区的基础上，按循环经济体系化、规模化、科技化、信息化和经济效益、环境效益、社会效益等可分为小循环、中循环、大循环或初级循环、中级循环、高级循环。

小循环指循环经济型生态工业园区两个或两个以上循环经济型企业横向式循环，为循环经济型城市小循环或低级循环。

中循环指循环经济型城市两个或两个以上循环经济生态工业园区横向耦合式循环，为循环经济型城市或区域的中循环或中级循环。

大循环指循环经济型城市两个或两个以上循环经济生态工业园区按产业布局，以纵向一体化或横向一体化循环，为循环经济型城市的大循环或高级循环。

能源循环经济型城市发展的基本特点如下：

① 能源循环经济型城市以循环经济理论和绿色经济理论、低碳经济理论为指导。与普通城市相比，能源循环经济型城市以循环经济理论和绿色经济理论、低碳经济理论为指导，

发展生态工业、生态农业和生态服务业，并建立物质循环体系和绿色消费体系，充分综合利用资源、能源和废弃物，城市产业布局科学合理，建立可持续发展模式，实现经济效益、环境效益和社会效益协调统一。

如果沿袭传统线性经济发展的模式，能源城市在获得快速经济发展的同时无疑需要付出较高的环境代价。在加快能源城市现代化建设过程中必须处理好环境保护与经济发展的关系，必须坚持走循环经济和绿色经济、低碳经济的发展道路。一是源头上解决减量化，引导和鼓励或者依法推行企业清洁生产、居民清洁消费，最大限度做到增产不增耗、增效不增污；二是废弃物综合利用资源化，使废弃物尽可能转入新的经济循环流程。通过源头和末端两头有效控制和突破，既降低日益增长的治理费用，又产生有利于可持续发展的环境效益，也为解决城市就业问题开辟新的途径。

发展循环经济和绿色经济、低碳经济是 21 世纪环境保护的保障举措和战略选择，是大中型城市特别是能源资源型城市实施可持续发展战略的重要载体。循环经济和绿色经济、低碳经济本质上是一种生态经济，它要求运用生态学规律来指导人类社会的经济活动，倡导的是一种与环境和谐的经济发展方式，为实施可持续发展战略指明了新的发展方向和重点。

② 能源循环经济型城市的建设涵盖生产、消费和循环三个领域，涉及国民经济的三个产业。

在生产领域，科学发展生态工业和生态农业。建立和完善行业内部及行业间的产业链，实施清洁生产和资源、能源、废弃物的减量化，注重产品的研究开发与质量品质，注重节能降耗和简化包装、回收复用，注重减少排放污染，大力发展生态工业；加大农业产业结构调整力度，充分发挥地方资源优势，大力发展生态农业。

在消费领域，努力倡导和实施可持续绿色低碳消费。根据城市环境特点和实际情况，对消费后的产品废弃物资源化回收利用，对有毒有害的废弃物及时专项回收，进行环境无害化处理，对可燃生产、生活废弃物集中回收焚烧发电等，注重发展特色产业如生态旅游，推行绿色采购，建筑生态住宅，创建生态社区，在公众、政府和企业等各个层面推行绿色消费，实现消费领域的循环经济发展。

在循环领域，在企业、社区实施清洁生产和循环利用，提高生态效率和生态质量，实现资源利用和废弃物产生最小化的基础上，促进城市的物质循环。如热电联供、可燃垃圾发电厂、太阳能城市照明、洁净能源（电能、氢能、太阳能）交通等。

通过生产领域、消费领域和循环领域的诸多措施，形成城市规模化、集约化的资源—产品—消费—再生资源的整体城市社会循环经济体系。

③ 能源循环经济型城市具有行政职能。与能源生态工业园区不同，能源循环经济型城市是具有行政职能的。政府加强宏观调控作用，直接参与能源循环经济型城市的规划、建设和调节、运行，包括从科学组织、协调管理、配套政策等方面建立健全其保障体系，并建立完善的基础设施支撑系统等。

（4）循环经济型城市群区域层次。

循环经济型城市群区域是围绕跨市区，跨省（市、区）地界，相邻的两个及两个以上循环经济型产业园区之间或两个及两个以上循环经济型城市之间形成纵向和横向大耦合式的循环经济模式。循环经济型城市群区域要通过建立可靠的物质链、能量链、供应链、产业链、价值链、信息链、区块链、营销链和市场网络以及生态链，形成在区域内循环经济型城市间及循环经济型产业生态园区间的空间高级大循环体系，实现资源、产业在空间优化配置格局和高效利用、循环利用的有效运行。循环经济型城市群区域在循环经济体系中为更大循环、更高级循环。

循环经济型城市群区域在各循环经济型产业生态工业园区，或在循环经济城市的基础上，按产业布局、生产规模、循环产业链关联度等可分为小循环、中循环、大循环、更大循环。

小循环指跨地界两个循环经济型生态工业园区横向式循环，为循环经济型城市群区域小循环。

中循环指跨地界两个循环经济型城市横向或纵向耦合式循环，为循环经济型城市群区域中循环。

大循环指跨地界两个以上循环经济型城市形成横向或纵向大耦合式循环，为循环经济型城市群区域大循环。

更大循环指跨地界循环经济型城市群区域多个产业生态园区和多个循环经济型城市群形成纵横交叉一体化、多元化循环经济网络体系，为循环经济型城市群区域更大循环、更高级循环。

发展城市群区域循环经济的必要性如下所列：

① 城市群区域内废弃物再资源化的需要。

发展循环经济是实现城市群区域可持续发展的重要途径。要实现经济、社会和环境的可持续发展，必须自觉地将环境资源因素纳入经济增长体系之中，走经济发展与资源环境相互协调、经济效益和环境效益同步提高的生态型、环保型经济增长之路；城市群区域循环经济发展同样以资源利用最大化、废弃物排放最小化和经济活动环保生态化为根本目标，强调在物质循环综合利用的基础上发展经济社会，促进自然资源的循环使用和循环替代。现实中常有某一企业、园区、城市的废弃物在异地可成为被再度利用的资源。如煤矿的煤矸石、煤泥，发电厂的粉煤灰、炉渣，可以在原地或异地成为复合水泥的配比原料，使这些废弃物在区域层面再资源化。如果不有效利用，甚至花高额成本治理这些废弃物，就会造成环境污染和极大浪费，违背循环经济的基本要求。同样现实中由于信息不对称，不能循环利用资源和综合利用废弃物的情况经常发生。因此，加强城市群区域间的信息发布、联络合作，对促进和保障循环经济在区域层面的协调发展具有可行性和必要性。通过废弃物的有效综合利用，能够达到少排放甚至零排放的目的，对推动经济的低代价增长，实现经济与资源、社会、环境的协调发展具有重要意义。

② 循环经济规模综合效益发展的需要。

集约型增长方式以更高的效率促进经济规模效益增长。同样，对废弃物的再资源化也需要以集约型增长的方式加以综合利用、循环处理，以较低的成本达到高效利用的目的。现实中有些问题在企业、园区、城市层面受局限性影响难以解决，需要在城市群区域层次上解决才更有效率和效益。如生活垃圾的处理和电子废弃物的回收，每个中小城市都建垃圾发电厂和电子废弃物处理厂是不经济的，只有在整个城市群区域进行统一规划，集中处理才能因规模经济而获得相应的效益。在某些领域，只有在整个城市群区域范围发展区域循环经济，才具有经济、社会和环境的意义与推动项目实施的可行性、经济上的合理性和区域环保性。

③ 推行落实重大循环经济措施的需要。

随着经济高速发展的需要，资源过度开采、能源超限浪费、环境严重污染等一系列严重的社会经济问题不断凸现。中国不仅是资源消费大国，曾经更是资源浪费大国，资源的使用效率比世界发达国家低很多。某些资源的循环利用问题、环境保护问题，在单个城市局部解决效果并不理想，需要整个城市群区域乃至全社会达成共识，形成整体推力，才能取得实效、达到目的。如塑料袋垃圾污染问题、过度包装浪费问题、快递包装物回收问题、一次性产品消耗等问题，只在某个城市解决是不彻底的。只有整个城市群区域乃至全社会长期的共同行动，采取和推行行之有效的循环经济理念和重大措施，才能取得区域内乃至全社会的实际成效。

④ 解决区域性环境治理项目的需要。

有些循环经济的项目本身是跨区域的，单一城市难以解决，必须从区域层面进行统筹协调处理。例如为治理沙漠化的“三北”防护林带，长江、黄河、淮河、珠江等主要流域治理，沿海生态保护、污染治理，国家自然保护区的保护等，需要区域内各地政府和企业的共同行动，才能取得完胜。

⑤ 区域内综合平衡协调发展的需要。

从区域内宏观层面看，经济、社会、环境发展肯定存在不平衡，各城市、工业园、产业和企业推进循环经济的能力有差异，尤其在经济相对落后的地区，受就业、地方财政收入、群众生活需求等因素的制约，资源无序过度开采，污染难以有效治理。对于这些现实问题，落后地区自身难以解决，需要通过整个区域的统筹协调才能获得较好的综合效果。尤其是发达的大城市发挥优势，有责任帮助落后地区发展循环经济，促进整个区域循环经济的综合平衡协调发展。发达的大城市通过加强生态保护、开发旅游资源、调整产业结构、培训专业人才、对口就业安置等方式帮助落后地区发展循环经济，同时对大城市的产业结构调整也能起到积极的调节作用，可保持和增强整个区域自然环境和资源优势，实现多赢。

循环经济型区域是循环经济发展的方向点，只有最终在区域层次上建立起循环经济发展模式，才能更好实现经济、社会、环境的和谐共存，才能建立和巩固具有普遍意义的循环经济社会。

(5) 循环经济型社会层次。

循环经济型社会是以整个社会的物质循环为着眼点和落脚点，构筑包括生产领域、生活领域的整个社会领域的大全循环，即构建经济循环型国家。循环经济型社会注重统筹城乡发展、统筹工业、农业、服务业、环保业及第一、二、三次产业；统筹生产、生活领域，着重在生产领域发展近零排放的循环经济、生态经济、绿色经济、低碳经济，着重在消费领域推行节约资源、简化包装、废弃物分类回收再利用。通过建立区域城乡、城镇、社区之间，以及人们同社会与自然环境之间纵横耦合的循环经济圈，在整个社会内部建立生产与消费的物质、能量大全循环，达到前端利用尽可能少的资源，末端最小限量排放废弃物。一是包括绿色低碳生产、绿色低碳消费及高效利用、综合利用、循环利用、梯级利用和绿色利用、低碳利用；二是包括全面实行垃圾分类及垃圾资源化循环利用，无害化处理的循环经济型社会系统工程；三是包括生产者、消费者在内的全民、全社会生产、生活领域。最终构筑符合绿色低碳循环经济发展的社会体系，建设资源节约型、环境友好型的社会，最终实现经济效益、社会效益和生态效益的最大化和高质量发展目标。

循环经济型社会及循环经济体系是立足于循环经济型企业、循环经济型生态工业园区、循环型经济城市和循环经济型区域，通过立法、教育、科技、文化建设以及宏观调控，在全社会范围内树立保护生态、珍惜资源、反对浪费、崇尚节俭、天人合一、协调和谐的理念，构建循环经济型社会，最终实现真正意义上的高质量可持续发展。

循环经济型社会、循环经济型国家将是一个国家追求的发展模式和发展目标。

四、国内外清洁生产发展理论研究成果

（一）国外清洁生产发展理论的研究与发展

清洁生产的概念大约可追溯到1976年。当年，欧洲共同体（European Community，简称欧共体）在巴黎举行了“无废工艺和无废生产国际研讨会”，会上提出“消除造成污染的根源”思想。1979年4月，欧共体理事会宣布推行清洁生产政策。1984—1987年，欧共体环境事务委员会三次拨款支持建立清洁生产示范工程。1989年5月，联合国环境规划署工业与环境规划活动中心（UNEP IE/PAC）根据UNEP理事会会议的决议，制定了《清洁生产计划》，首次正式提出清洁生产的概念，在全球范围内推进清洁生产。1992年，联合国环境与发展大会（UNCED）第一次将环境与经济、社会的发展有机地结合在一起，提出走可持续发展道路，并发表了《21世纪行动议程》和《里约环境与发展宣言》，并将清洁生产作为21世纪行动议程优先发展的领域。1998年9月，联合国环境规划署在韩国汉城召开的第五届国际清洁生产高级研讨会上，发展了《国际清洁生产宣言》。这是签署国清洁生产环境管理战略的公开承诺。2002年，世界环境与发展大会决定在世界范围内推行清洁生产并制订了行动计划。

（二）国内清洁生产发展理论的研究与发展

自1992年联合国环境与发展大会正式提出优先发展清洁生产后，中国政府就积极响应，引入清洁生产发展的理念，并开展宣贯、培训和标准、对策、法律、法规制定，示范推广等工作。国家政府部门制定规章、规范和对策，推进相关工作。1992年，我国就制定了《中国环境与发展十大对策》，明确提出新建、扩建、改建项目，技术起点要高，尽量采用能耗物耗少、污染物排放量少的清洁生产工艺。1993年，第二次全国工业污染防治工作会议，明确提出工业污染防治必须从单纯的末端治理向生产全过程控制转变，要积极推行清洁生产，走可持续发展道路，从而确立了清洁生产在中国工业污染防治中的重要地位。1994年中国政府制定并发布了《中国21世纪议程》，将实施清洁生产作为优先发展领域，“开展清洁生产和生产绿色产品”。1996年《国务院关于环境保护若干问题的决定》（国发〔1996〕31号），进一步提出要推行清洁生产。1997年国家环保总局制定并发布了《关于推行清洁生产的若干意见》（环控〔1997〕0232号），要求地方环境保护主管部门将清洁生产纳入已有的环境管理政策中，以便更深入地促进清洁生产。为指导企业开展清洁生产工作，国家环保总局还会同有关工业部门编制了《企业清洁生产审计手册》以及啤酒、造纸、有机化工、电镀、纺织等行业的清洁生产审计指南。1999年国家经贸委发布了《关于实施清洁生产示范试点计划的通知》（国经贸资源〔1999〕402号），把北京、上海、天津、重庆、沈阳、太原、济南、昆明、兰州和阜阳等10个城市作为清洁生产试点城市，把石化、冶金、化工、轻工、船舶等5个行业确定为全国清洁生产试点行业。为依法促进清洁生产，提高资源利用效率，减少和避免污染物的产生，保护和改善环境，保障人体健康，促进经济与社会可持续发展开展试点示范。2003年12月，《国务院办公厅转发发展改革委等部门关于加快推行清洁生产意见的通知》（国办发〔2003〕100号），明确了通过加快推行清洁生产，提高资源利用效率，减少污染物的产生和排

放，保护环境，增强企业竞争力，促进经济社会可持续发展。2004 年 4 月，《国务院办公厅关于开展资源节约活动的通知》(国办发〔2004〕30 号)发布。在 2000 年公布第一批和 2003 年公布第二批的基础上，2006 年 11 月，国家发改委、国家环保总局公布《国家重点行业清洁生产技术导向目录》(国家发改委公告 2006 年第 86 号)(第三批)。2006 年 12 月，国家发改委发布《煤炭行业清洁生产评价指标体系(试行)》。2008 年 4 月，环境保护部发布《清洁生产标准 制订技术导则》(HJT 425—2008)，11 月印发《清洁生产标准煤炭采选业》(HJ 446—2008)。2010 年 4 月，环境保护部印发《关于深入推进重点企业清洁生产的通知》(环发〔2010〕54 号)。2010 年 11 月，国家发改委、环境保护部在北京联合召开全国清洁生产工作会议，重点安排部署和有力推进清洁生产工作。2012 年 1 月，工业和信息化部、科技部、财政部印发《工业清洁生产推行"十二五"规划》(工信部联规〔2012〕29 号)，提出开展工业产品生态设计，提高生产过程清洁生产技术水平，开展有毒有害原料(产品)替代三大主要任务，并开展试点示范。2013 年 9 月，工业和信息化部印发《关于公布清洁生产示范企业名单的通知》(工信部节〔2013〕333 号)，确定 28 个重点行业、43 家企业为清洁生产示范企业。

国家制定和完善相关法律。2002 年 6 月 29 日，第九届全国人大常务委员会第二十八次会议通过了《中华人民共和国清洁生产促进法》(以下简称《清洁生产促进法》)，并于 2003 年 1 月 1 日起施行。2004 年 12 月 29 日公布《中华人民共和国固体废物污染环境防治法》(以下简称《固体废物污染环境防治法》)，2007 年 10 月 28 日公布《中华人民共和国节约能源法》，2008 年 2 月 28 日公布《中华人民共和国水污染防治法》。为进一步完善《清洁生产促进法》，2012 年 2 月 29 日，第十一届全国人大常务委员会第二十五次会议通过了《全国人民代表大会常务委员会关于修改〈中华人民共和国清洁生产促进法〉的决定》，自 2012 年 7 月 1 日起施行。新修订的《清洁生产促进法》包括总则、清洁生产的推行、清洁生产的实施、鼓励措施、法律责任和附则共六章四十条，为清洁生产的推行提供了法律依据，标志着我国新的污染预防和控制战略走上了法治化的轨道，使各级政府、有关部门、生产和服务企业能够积极推行和实施清洁生产。《清洁生产促进法》规定，国家鼓励和促进清洁生产。编制国家清洁生产推行规划，包括推行清洁生产的目标，主要任务和保障措施，按照资源能源消耗，污染物排放水平确定开展清洁生产的重点领域、重点行业和重点工程。国家对浪费资源和严重污染环境的落后生产技术、工艺、设备和产品实施限制淘汰制度。企业在进行技术改造过程中，应当采取清洁生产措施：① 采用无毒、无害或者低毒、低害的原料，替代毒性大，危害严重的原料；② 采用资源利用率高，污染物生产量少的工艺和设备，替代资源利用率低，污染物生产量多的工艺和设备；③ 对生产过程中产生的废物、废水和余热等，进行综合利用或者循环利用；④ 采用能够达到国家或者地方规定的污染物排放标准和污染物排放总量控制指标的污染防治技术。同时明确矿产资源的勘查、开采，应当采用有利于合理利用资源，保护资源和防止污染的勘查、开采方法和工艺技术，提高资源利用水平。企业应当在经济技术可行的条件下，对生产和服务过程产生的废弃物、余热等自行回收利用或者转让给有条件的其他企业和个人利用。企业应当对生产和服务过程中资源消耗以及废弃物的产生情况进行监测，并根据需要对生产和服务实施清洁生产审核。《清洁生产促进法》对鉴定协议、公布成果、机构认证、示范培训、资金支持、税收优惠、责令整改、罚款处分、追究责任等作出法律规定。

为促进清洁生产，规范清洁生产审核行为，2004 年 8 月国家发改委、国家环保总局颁布

《清洁生产审核暂行办法》(第16号令);为落实《清洁生产促进法》进一步规范清洁生产审核程序,更好地指导地方和企业开展清洁生产审核,经修订,2016年5月国家发改委和环境保护部颁发实施《清洁生产审核办法》(第38号令)于7月实施。清洁生产审核,是指按照一定程序,对生产和服务过程进行调查和诊断,找出能耗高、物耗高、污染重的原因,提出降低能耗、物耗、废弃物产生以及减少有毒、有害物料的使用、产生和废弃物资源化利用的方案,进而选定并实施技术经济及环境可行的清洁生产方案的过程。《清洁生产审核办法》规定,清洁生产审核应当以企业为主体,遵循企业自愿审核与国家强制审核相结合,企业自主审核与外部协助审核相结合的原则,因地制宜,有序开展,注重实效;为加快建立企业环保守信激励、失信惩戒机制,强化企业主体责任,2013年12月环境保护部、国家发改委印发《企业环境信用评价办法(试行)》(环发〔2013〕150号),2015年11月,环境保护部、国家发改委印发《关于加强企业环境信用体系建设的指导意见》(环发〔2015〕161号),2016年11月,国务院办公厅印发《控制污染物排放许可制实施方案》。国家发改委、环境保护部会同相关部门建立国家级清洁生产专家库,发布行业清洁生产评价指标体系,重点行业清洁生产审核指南,组织开展清洁生产培训,为企业开展清洁生产审核提供信息和技术支持。各级清洁生产综合协调部门会同环保主管部门、节能主管部门可以根据本地实际情况,组织开展清洁生产培训,建立地方清洁生产专家库。2017年8月29日,中央全面深化改革领导小组审议通过《生态环境损害赔偿制度改革方案》,加快推进生态文明建设。2021年2月24日,生态环境部办公厅、国家发改委办公厅印发《关于报送2020年全国清洁生产审核工作总结的通知》(环办科财函〔2021〕84号),准确掌握全国清洁生产审核工作情况,规范清洁生产审核行为,创新清洁生产审核模式,培育壮大清洁生产企业。

除了制度建设之外,1993年,在世界银行技术援助下,我国实施了"推进中国清洁生产"合作项目,拉开了国内开展清洁生产的序幕。随后,许多国际组织及有关国家政府都在清洁生产方面与中国进行了广泛的合作。在政府有关部门、产业界、经济界和社团组织以及社会中介服务机构的努力和积极配合下,我国在推进清洁生产方面取得了一定的成绩,获得了联合国环境规划署的高度评价,认为中国是发展中国家开展清洁生产获得成果较大的国家之一。之后,我国在企业示范、人员培训、机构建设和政策研究等方面取得了明显的进展。例如:传统煤炭企业推行清洁生产及清洁开采,立足矿井自然禀赋及地质条件,依靠技术进步,改进开拓方式、采煤方法和工艺等,重点攻关研究顶板岩层控制、地表沉陷控制、复杂煤层开采、无煤柱开采、充填开采、离层区注浆开采、三下开采、保水开采、丢弃煤气化开采、煤层气(瓦斯)抽采和机械化、自动化、信息化、智能化一系列相关新技术,有效改变传统开采工艺造成的浪费资源、污染环境以及事故损失等。例如:提高煤炭资源回收率,提高原煤入选率,减少煤矸石堆积,控制水资源破坏,减少矿井有害气体排放,减轻采空区地表沉陷,降低物耗、能耗,降低井下粉尘、噪声,减轻职工劳动强度和研究开发清洁煤炭产品和煤基产品等。

(三)清洁生产的定义、内容

《清洁生产促进法》将清洁生产定义为:清洁生产是指不断采取改进设计、使用清洁的能源和原料、采用先进的工艺技术与设备、改善管理、综合利用等措施,从源头削减污染,提高资源利用效率,减少或者避免生产、服务和产品使用过程中污染物的产生和排放,以减轻或者消除对人类健康和环境的危害。

《国际清洁生产宣言》在综合各国概念的基础上将清洁生产定义为:清洁生产是将综合

预防的环境战略，持续应用于生产过程和产品中，以便减少对人类和环境的风险。

联合国环境规划署认为，清洁生产是对工艺和产品不断运用一种综合性的预防性环境战略，包括三部分内容：① 清洁的能源——对常规的能源采取清洁利用的方法，新能源的开发以及各种节能技术的开发利用。② 清洁的生产过程——尽量少用和不用有毒有害的原料；选用无毒、无害的中间产品；选用少废、无废工艺和高效设备；尽量减少生产过程中的各种危险性因素；采用可靠和简单的生产操作和控制方法；对物料进行内部循环利用；完善生产管理，不断提高科学管理水平。③ 清洁的产品——产品设计应考虑节约原材料和能源，少用昂贵和稀缺的原料；产品在使用过程中以及使用后不含危害人体健康和破坏生态环境的因素；产品的包装合理；产品使用后易于回收、重复使用和再生；使用寿命和使用功能合理。

五、国内外绿色经济发展理论研究成果

（一）国外绿色经济发展理论研究与发展

绿色经济(Green Economy)一词源自英国环境经济学家大卫·皮尔斯(David Pierce)于 1997 年出版的《绿色经济的蓝图——获得全球环境价值》一书。绿色经济指能够遵循开发需求、降低成本、加大动力、协调一致、宏观有控等五项原则，并且得以可持续发展的经济。绿色经济既指具体的一个微观单位经济，又指一个国家的国民经济，甚至是全球范围的经济。绿色经济是人类社会出于对社会经济与生态环境协同发展的思考，探索出的一种更加高效、和谐、可持续的新经济形式。绿色经济是以传统产业经济为基础，以经济增长与生态保护、社会公平相互协调为目标的一种新型经济结构、增长方式和社会形态。环境经济学家研究认为经济发展必须以自然环境和人类生存可承受的，不以盲目追求生产增长而造成生态危机和社会分裂，不以自然资源耗竭而致使经济无法持续发展，主张从生态条件和社会健康发展出发，建立一种"可承受的"经济。即在绿色经济模式下，清洁生产工艺、环境保护技术被充分转化，通过有益于环境、与环境无对抗的经济行为和绿色发展模式实现经济的可持续增长。

早在 19 世纪，以英美为代表的西方国家就提出了"绿色矿山"这一概念。绿色矿山(Green Mines)是指矿产资源开发全过程，既要严格实施科学有序的开采，又要将矿区及周边环境的扰动控制在环境可控制的范围内。绿色矿山概念逐渐由环境要素即环境保护延伸至资源综合利用、节能减排、人权保护和科技创新等要素和领域。

绿色经济的本质是以生态，经济、社会协调发展为核心的可持续发展经济，是以维护和保障人类生存环境，合理开发和保护资源、能源以及有益于人体健康为特征的经济发展方式。

绿色经济理论促使世界发达国家及迈向发达的发展中国家政府都力图通过推行"绿色新政"增加就业来摆脱金融危机的影响，在传统经济向绿色经济转变中实现结构增长。如欧盟早在 2009 年就启动了整体绿色经济发展计划，并在 2013 年之前投资 1 050 亿欧元支持欧盟地区的绿色经济发展；美国提出在未来 10 年间，投资 1 500 亿美元促进清洁能源经济的发展；日本政府实施了名为"经济危机对策"的新经济刺激计划，主打绿色牌；韩国政府制订绿色增长国家战略及五年计划，争取在 2020 年前跻身全球七大"绿色大国"之列。不丹政府实施环保优先的绿色发展道路，在发展经济的同时，同步发展环境。绿色发展成为世界各

国共同追求的目标和全球治理的重要内容。

气候变化是事关人类生存和前途命运的一个重大挑战。当期，全球各类明显的气候变化迹象仍在不时地显现，自然危害和极端天气在地球所有大陆都留下了破坏和痕迹。为了有效控制全球气温持续上升，加大气候变化行动力度，需要全球大联合、大协作，共同行动推进绿色经济发展，共同守护人类的地球家园。

人类社会先后走过农业文明、工业文明，正在迈向生态文明时代。历史和实践表明，绿色经济是人类社会继农业经济社会、工业经济社会、服务经济社会之后全新的经济结构和人类文明最高社会形态。发展绿色经济是对自工业革命以来的传统经济发展模式的根本否定，更是21世纪全球经济可持续发展的必然趋势。绿色经济、绿色新政、绿色社会已是21世纪人类文明的全球共识和发展方向。

（二）国内绿色经济发展理论的研究与发展

1. 加强绿色经济发展理论研究和实践创新

《中国21世纪议程》提出“可持续发展的前提是发展”，既能满足当代人的需求，又不对满足后代人的需求的能力构成危害。中国在循环、清洁发展的基础上加强绿色经济发展理论研究，积极探索发展绿色经济的有效模式，在培育绿色新兴产业，加强绿色技术研发，开发绿色金融，制定绿色产业产品政策，建立绿色考核机制和相关法律法规进行了有益探索。

中国绿色经济理论研究和实践创新并进。早在2003年7月28日，我国就提出坚持以人为本、树立全面、协调、可持续的发展观、促进经济社会和人的全面发展，按照统筹城乡发展、统筹区域发展、统筹经济社会发展、统筹人与自然和谐发展、统筹国内发展和对外开放的要求，推进各项事业的改革和发展，提出了转变发展观念、转变经济增长方式、转变经济体制、转变政府职能和转变工作作风要求，为绿色经济发展铺垫。中国在推进绿色经济研究的同时，适时公布绿色经济理论研究成果，定期发布《中国绿色发展指数年度报告》。2005年，鲁明中等主编的《中国绿色经济研究》一书，提出了绿色经济与高质量发展的观点。

2010年，中国绿色经济研究以理论指导实践。学者季铸在四川遂宁按照“结构增长＋绿色经济”理论，指导和帮助遂宁市政府完成了传统经济向绿色经济发展的历史转变，取得实效。2010年11月20日，联合国工业发展组织国际环境资源管理监督机构授予中国四川遂宁全球首个“绿色经济示范城市”称号，标志中国绿色经济发展走在世界前列。为深入研究、监督和管理地方绿色经济发展，季铸教授每年组织编制发布《中国300个省市绿色经济与绿色GDP指数》。之后亿欧智库编撰发表了《2018中国绿色经济发展之路——理论到实践》。

2. 重点推进绿色矿业、绿色矿山建设

(1) 国家部委侧重部署。2009年1月国家发改委、国土资源部联合发布《全国矿产资源规划(2008—2015)》(国土资发〔2008〕309号)，提出了“发展绿色矿业”的明确要求，并确定了2020基本建立绿色矿山格局的战略目标。2010年8月，国土资源部发布《关于贯彻落实全国矿产资源规划发展绿色产业、建设绿色矿山工作的指导意见》(国土资发〔2010〕119号)及《国家级绿色矿山基本条件》，成为建设“绿色矿山”的指导性文件，从“依法办矿、规范管理、综合利用、技术创新、节能减排、环境保护、土地复耕、社区和谐、企业文化”9个方面对绿色矿山的基本条件进行规定。2011年，国土资源部分三批公布462家国家级“绿色矿山”试点单位名单，并分批向“绿色矿山”试点企业授牌。同煤大唐塔山煤矿为首批国家级“绿色矿山”试点单位，成为全国绿色矿山建设的一面旗帜，受到国内外高度评价。2012 年 6 月，国土资源部发出通知，到 2015 年，全国建设 600 个以上试点绿色矿山，形成标准体系及配套支持政策措施，2015—2020 年，全面推广试点经验，实现大中型矿山基本达到绿色矿山标准，小型矿山企业按照绿色矿山条件规范管理，基本形成全国绿色矿山格局的总体目标。绿色矿业、绿色矿山成为矿山企业可持续发展的必然选择和必由之路。2017 年 5 月，国土资源部等 6 部门联合发布《关于加快建设绿色矿山的实施意见》(国土资规〔2017〕4 号)，明确绿色矿山建设三大建设目标：一是基本形成绿色矿山建设新格局；二是构建矿山发展方式转变新途径；三是建立绿色矿业发展工作新机制。对煤炭等 8 个行业绿色矿山建设提出新要求，初步形成符合生态文明建设要求的矿业发展新模式，基本形成绿色矿山建设新格局。树立千家科技引领、创新驱动型绿色矿山典范，实施百个绿色勘查项目示范，建设 50 个以上绿色矿业发展示范区，形成一批可复制、能推广的新模式、新机制、新制度。

(2) 矿业联合会有效推动。2007 年，中国国际矿业大会提出“发展绿色矿业”的倡议。2008 年 11 月，中国矿业联合会与 11 家大型矿山企业倡导发起签订《绿色矿山公约》。2009 年 1 月，中国矿业联合会四届五次常务理事会议通过《中国矿业联合会绿色矿山公约》。2010 年起，中国矿业联合会发布每年度中国矿山企业《社会责任报告》。2008—2021 年，中国矿业联合会连续举办了 14 届“中国矿业循环经济论坛”，以“发展绿色矿业、建设绿色矿山”和“生态优先、创新驱动、融合发展”为主题，践行“绿水青山就是金山银山”理念有力有效推动矿业转型升级，矿山重塑形象。

3. 依法推进绿色经济发展

《中华人民共和国宪法》总纲规定，国家保障自然资源的合理利用，保护珍贵的动物和植物。国家保护和改善生活环境和生态环境，防治污染和其他公害。为保障和推进绿色发展，修订《环境保护法》，推动制定《绿色经济促进法》《能源法》等，统筹考虑清洁生产、节能减排、循环经济、低碳经济等与绿色经济相关的范畴，综合处理好《资源利用法》《自然资源保护法》《节约能源法》《可再生能源法》《煤炭法》《循环经济促进法》《清洁生产促进法》《森林法》《草原法》与《污染防治法》《环境保护税法》等法律之间的关系，逐步构建起系统、高级的绿色经济法律体系。

4. 健全和完善绿色发展制度安排

大力推进绿色经济，生态文明建设。绿色经济、生态文明是人类社会进步的重要标志，人类经历了原始文明、农业文明、工业文明，而生态文明是工业文明发展到一定阶段的产物，是要以资源环境承载能力为基础，以自然规律为准则，以高质量可持续再发展、人与自然和谐为目标。2015 年 9 月，中共中央、国务院印发《生态文明体制改革总体方案》(中发〔2015〕25 号)，加快建立系统完整的生态文明制度体系，加快推进生态文明建设，增强生态文明体制改革的系统性、整体性、协同性。2016 年 8 月，中国人民银行、财政部、国家发改委等七部委印发《关于构建绿色金融体系的指导意见》(银发〔2016〕228 号)。明确绿色金融是支持环境改善，应对气候变化和资源节约高效利用的经济活动，对环保、节能、清洁能源、绿色交通、绿色建筑等领域的项目投融资、项目运营、风险管理等提供金融服务。2017 年，中共中央办公厅、国务院办公厅印发了《关于划定并严守生态保护红线的若干意见》(厅字〔2017〕2 号)，对“在生态空间范围内具有特殊重要生态功能、必须强制性严格保护的区域是保障和维护国家生态安全的底线和生命线”作了定义和界定，以实现最大限度保护重要生态空间，遏制生态系统退化，改善生态环境质量，维护国家和地区的基本生态安全。2018 年 6 月 24 日，公布《中共中央国务院关于全面加强生态环境保护坚决打好污染防治攻坚战的意见》（中发〔2018〕17 号），确定到 2020 年生态环境质量总体改善，主要污染物排放总量大幅度减少，环境风险得到有效管控，生态环境保护水平同全面建成小康社会目标相适应。

5. 制定规划引领能源绿色发展

进入 21 世纪后，面对资源制约日益加剧，生态环境约束凸显的突出问题，我国始终坚持节约资源和保护环境的基本国策，积极转变经济发展方式，不断加大节能力度，将单位 GDP 能耗指标作为约束性的指标连续写入国家“十一五”“十二五”“十三五”“十四五”国民经济和社会发展 5 年规划纲要，相继出台了国家环境保护“十一五”“十二五”“十三五”“十四五”规划，国家能源发展“十一五”“十二五”“十三五”“十四五”规划和《能源发展战略行动计划（2014—2020）》（国办发〔2014〕31 号）、《能源生产和消费革命战略（2016—2030）》（发改基础〔2016〕2795 号）等纲领性文件，以及《能源技术革命创新行动计划（2016—2030）》（发改能源〔2016〕513 号）、《节能减排“十二五”规划》（国发〔2012〕40 号）、《“十三五”节能减排综合工作方案》（国发〔2016〕74 号）、《“十四五”节能减排综合工作方案》（国发〔2021〕33 号）、《可再生能源发展“十三五”规划》（发改能源〔2016〕2619 号）、《“十四五”可再生能源发展规划》（发改能源〔2021〕1445 号）、《“十三五”生态环境保护规划》（国发〔2016〕65 号）、《“十四五”生态保护监管规划》（环生态〔2022〕15 号）等专项文件。尤其，“十三五”规划提出要坚持创新、协调、绿色、开放、共享五大新发展理念，第一次将绿色发展提升到一个新的高度，将绿色经济上升到国家战略层面。“绿色发展”作为单独章节写进了国民经济和社会发展规划，坚持节约资源和保护环境的基本国策，坚持节约优先，保护优先，自然恢复为主的方针，一系列支持节能减排、绿色发展的政策措施陆续出台，体制机制也在不断完善，对助推经济产业转型，加快生态文明建设起到了积极的重要作用。中国面对国际能源发展新趋势、能源供需格局的新变化，始终坚持绿色发展理念，大力推进生态文明建设，提出“能源革命”的战略思想，进一步明确了国家能源发展方向与目标，推动能源事业取得新进展。

6. 中国经济已由高速增长阶段转向高质量发展阶段

布局生产空间、生活空间、生态空间，把推进供给侧结构性改革作为经济工作的主线，建设现代化经济体系，坚持质量第一，效率优先，推动经济发展质量变革、效率变革、动力变革。产业结构、能源结构不断优化。第十三届全国人民代表大会第一次会议《政府工作报告》指出，扎实推进“三去一降一补”。5 年来，在淘汰水泥、平板玻璃等落后产能基础上，以钢铁、煤炭等行业为重点加大去产能力度，退出钢铁产能 1.7 亿吨以上，煤炭产能 8 亿吨。

7. 中国正在引领绿色发展和人类文明进步方向

2010 年 4 月 10 日，习近平出席博鳌亚洲论坛 2010 年年会开幕式发表题为《携手推进亚洲绿色发展和可持续发展》的主旨演讲，总结提出了在 20 世纪 90 年代中期特别是进入 21 世纪以来，中国绿色发展和可持续发展 10 个方面的发展理念和取得的成就。特别是 2012 年以来，中国已将绿色经济发展纳入五大发展模式之一，成为全球首个明确政策支持“绿色金融体系建设”的国家。中国现已成为生态自然资源增长速度最快的国家，荒原变林海、沙漠变绿洲，每年完成人工造林 1 亿多亩（据卫星扫描监测，全球新增绿色面积中，中国占比 1/4，成为全球森林资源增长最多的国家，且主要是人工造林面积的增加。人工林保存面积达 10.4 亿亩，居世界第一位）。曾经植被光秃、森林资源枯竭，现在生机盎然，一个又一个绿色奇迹在中国诞生。中国着力改善生态环境质量的有力举措和取得的成果、典范获得国际社会认可。2013 年 2 月，联合国环境规划署第 27 次理事会通过了推广中国生态文明理念的决定草案。2016 年，第二届联合国环境大会上，联合国环境规划署专门发布《绿水青山就是金山银山：中国生态文明战略与行动》报告。2017 年 5 月和 2019 年 4 月，连续举办两届“一带一路”国际合作高峰论坛，在全球层面推动“一带一路”倡议同《联合国 2030 年可持续发展议程》有效对接，形成了促进全球互联互通共同发展的政策合力。2017 年，同联合国环境规划署等国际机构共同发起建立“一带一路”绿色发展国际联盟。2017 年，联合国环境规划署发布了《中国库布齐生态财富评估报告》，库布齐沙漠生态治理区被确立为“全球沙漠生态经济示范区”，并将其作为全球首个荒漠化地区生态系统的研究对象，探索生态脆弱地区生态保护建设与区域经济发展有机融合的模式。2017 年，《联合国防治荒漠化公约》第十三次缔约方大会上，库布齐作为中国防沙治沙的成功实践被写入 190 多个国家代表共同起草的联合国宣言，成为全球防治荒漠化的典范。2017 年 12 月 5 日，在肯尼亚内罗毕举行的第三届联合国环境大会上，中国塞罕坝林场建设者荣获联合国环保最高荣誉——“地球卫士奖”。1962—2017 年的 55 年间，塞罕坝林场建成面积 112 万亩的全球最大人工林，将昔日沙尘漫天变成今朝绿树遍植、花开草长。同样，在腾格里沙漠南缘，在“决不能让民勤成为第二个罗布泊”及“人定胜沙” 精神的感召下，同地标的古浪八步沙林场“六老汉”三代人治沙造林的“时代楷模”都成为成功样板。联合国副秘书长兼环境规划署执行主任埃里克·索尔海姆表示，中国的生态文明建设理念和经验，为全世界可持续发展提供重要借鉴，贡献了中国的解决方案。2019 年 3 月，国家发改委、工信部等七部委发布了《绿色产业指导目录 2019 年版》(发改环资〔2019〕293 号)，明确了包括节能环保产业、清洁生产产业，清洁能源产业、生态环境产业、基础设施绿色升级和绿色服务六大类二百多项绿色产业内容，这是中国第一次对绿色产业做出较为明确的界定。

8. 中国倡议构建全球能源互联网

中国领导人创新理念强力推动中国同全球融合绿色低碳发展。2013 年 5 月，国家主席习近平就明确提出，要正确处理好经济发展同生态环境保护的关系，牢固树立保护生态环境就是保护生产力，改善生态环境就是发展生产力的理念，更加自觉地推动绿色发展、循环发展、低碳发展，绝不以牺牲生态环境为代价去换取一时的经济增长。2015 年 9 月，国家主席习近平代表中国政府在联合国发展峰会上提出“构建全球能源互联网”的倡议，推动以清洁和绿色方式满足全球电力需求，为推动世界能源转型，应对气候变化，实现可持续发展，提供了系统解决方案。对保护生态环境务必坚定信念，坚决摒弃损害甚至破坏生态环境的发展模式和做法，决不能再以牺牲生态环境为代价换取一时一地的经济增长，要坚定推进绿色发展。

2016 年 3 月，由中国发起成立的全球能源互联网发展合作组织，成为中国首个能源领域国际组织，并又先后发起成立全球绿色能源理事会、全球太阳能理事会、全球能源互联网大学联盟和全球能源互联网战略技术研究院等。

2017 年，国家主席习近平在“一带一路”国际合作高峰论坛会上再次强调，要构建全球能源互联网，实现绿色低碳发展。全球能源互联网是清洁主导、电为中心、互联互通、共建共享的现代能源体系，是清洁能源在全球范围大规模开发、输送使用的重要平台。其实质是智能电网＋特高压电网＋清洁能源。统筹加快能源开发实施清洁替代、能源消费实施电能替代，提高能效和电气化水平，促进化石能源回归其基本属性。其中清洁能源发展是核心目标;特高压技术的发展为构建全球清洁能源互联网的平台提供了可能,只有通过发挥特高压电网输电技术优势,才能实现大规模、远距离的清洁能源输送及大范围配置;而智慧电网可以有效地解决清洁能源的消纳问题。全球能源互联网旨在构建和加快全球能源互联网,有利于实现清洁能源的高效开发、配置和利用。打造“一带一路”世纪工程,建设能源、可再生能源、绿色能源和智慧能源命运共同体,最终建成人类命运共同体。

2018 年 2 月,多数据源全球能源电力一体化图式建模及基础数据平台开发与应用项目通过科技成果评审。

2019 年 3 月 9 日,联合国环境规划署在肯尼亚首都内罗毕举办第二届全球环境问题科学、政策和商业论坛。全球能源互联网发展合作组织发布了《全球能源互联网促进全球环境治理行动计划》,力图从能源可持续发展的角度为全球环境和生态文明建设探索开辟一条新路。这是继落实《联合国 2030 年可持续发展议程行动计划》和促进《巴黎协定》实施行动计划后,第 3 个纳入联合国重点工作框架的全球能源互联网行动计划。该计划分析了人类生存发展可能面临的环境问题,介绍了以全球能源互联网为载体破解全球环境问题的解决方案,阐述了全球能源互联网对保护地球生态环境的价值和作用,制定了全球能源互联网促进全球环境治理八大行动,即理念传播行动、机制建设行动、清洁开发行动、电网互联行动、电力普及行动、电能替代行动、效能提升行动、生态修复行动。这为加速低碳清洁能源应用,解决全球资源环境问题贡献了中国方案。

2020 年 11 月 2 日,全球能源互联网(亚洲)大会在北京召开,主题为“绿色低碳可持续发展”,聚焦亚洲能源电力发展与亚洲能源互联网建设,明确亚洲能源互联网是全球能源互联网的重要组成,是推动亚洲能源转型的必由之路。

构建全球能源互联网是可持续发展道路的择优选择。能源资源大规模开发利用方式不科学、不合理是造成全球资源环境问题的关键因素和根本原因。全球能源互联网是保障能源安全供应,破解生态环境难题,付出最小资源环境代价的最佳统筹优化方案,是一条资源节约、环境友好、经济发展的高质量可持续发展道路。可持续发展的核心和最高目标是在清洁、循环、低碳发展基础上的绿色发展。从能源生产侧、需求侧逐步实施清洁能源替代,即以风能、水能、太阳能、核能等清洁能源逐步替代化石能源。从能源消费侧、供给侧逐步实施清洁电能替代,即以清洁发电。据设计,未来全球能源互联网将形成九纵九横的输电能源大通道及广泛互联清洁能源基地(包括全球相关国家的大型风电基地、水电地基、太阳能基地与负荷中心)实现清洁能源全球配置,跨时区、跨季节大规模互济。

“中国倡议”构建全球能源互联网已经纳入“联合国 2030 年可持续发展议程”。联合国秘书长古特雷斯表示,全球能源互联网是实现人类可持续发展核心和全球包容性增长的关键,将推动各国参与建设。《联合国气候变化框架公约》秘书处执行秘书帕特里西亚·埃斯皮诺萨指出,中国提出全球能源互联网倡议,提倡开发和使用绿色能源、可再生能源和清洁能源,它能够将清洁能源集中送往需要用电的地方,这是一个极大的贡献。

9. 中国全力积极推进全球气候环境治理

在中国的倡议下,有力有效地推动了全球气候治理行动。2015 年 12 月,《联合国气候变化框架公约》近 200 个缔约方在巴黎气候变化大会上一致通过《巴黎协定》。

为推动形成绿色发展方式和生活方式,2018 年 6 月,中国对“全面加强生态环境保护,坚决打好污染防治攻坚战”及蓝天、碧水、净水三大保卫战全面部署,确定了总体目标和基本原则。其中以"蓝天保卫战"为重中之重。中国开展了力度空前"污染防治攻坚战""蓝天保卫战""绿色行动",在全球各国起到了示范作用。正如《联合国气候变化框架公约》秘书处执行秘书帕特里亚·埃斯皮诺萨赞扬说:"中国在应对气候变化领域的成就让人印象深刻,也说明了气候变化并非不可逆转,中国的创新和实践对世界很多国家来讲都有启发意义。"

2018年12月,波兰卡托维兹第24届联合国气候变化大会上,指出中国发挥了重要的建设性作用。大会期间,中国政府代表团在会场内设立"中国角",举行了25场边会,主题涉及"绿色能源——应对气候变化之路"、低碳发展、碳市场、南南合作、气候投融资等领域,全面主体地介绍了中国应对气候变化和推动绿色低碳发展的政策、行动和成就,展现了积极推进全球绿色能源事业和健康可持续发展生态文明建设,构建人类命运共同体的负责任大国形象。中国强力推进供给侧结构性改革和生态文明建设,以生态优先,绿色发展为导向,经济从高速发展转向高质量发展。中国本身节能减排、绿色发展的路径也增强了全球发展中国家减排的信心。

2019中国国际清洁能源博览会及中国智慧能源产业峰会上,中国表明未来将把发展清洁低碳能源作为调整能源结构的主攻方向,通过大力发展清洁能源,优化能源消费结构,大幅度提高风力发电、太阳能、地热能等清洁能源和核电、氢能的消费比重,电力供需多极化、结构低碳化、系统智能化以及清洁电力发展上多种能源的融合将是未来趋势。

10. 中国通过能源革命在节能减排、发展绿色能源方面成效显著,贡献突出,引领绿色发展

中国已成为世界上利用清洁能源第一大国。风电、光伏发电装机规模和核电在建规模均居世界第一;清洁能源投资连续9年位列全球第一,已成为世界上最大的可再生能源投资国,利用新能源和可再生能源第一大国;太阳能电池板出货量排名全球第一(2017年全球前十位的企业中有九家都是中国企业);电动汽车销售市场居世界第一(2017年占市场总量的50%);高铁里程及运营规模全球第一;除尘、烟气脱硫,城镇污水处理等领域已形成世界规模最大的产业供给能力;消耗臭氧层物质的淘汰量占发展中国家淘汰量的50%以上,成为对全球臭氧层保护贡献最大的国家;累计减少的二氧化碳排放也居世界第一。2017年6月,工信部印发《工业节能与绿色标准化行动计划2017—2019》(工信部节〔2017〕110号),旨在充分发挥工业节能与绿色标准的规范和引领作用,促进工业企业效能提升和绿色发展。初步扭转了过去一段时期碳排放快速增长的局面,为实现"十三五"碳强度约束性目标和落实2030年国家自主贡献目标奠定了坚实基础,也为应对全球气候变化作出重大贡献。尤其中国在能源技术创新上取得突破。如燃煤发电大多已达到超低排放标准;再如2017年起,青海省连续三年开展全清洁能源供电实践,所有用电均来自水电、风电及太阳能产生的清洁能源,实现用电零排放;还如2018年12月在甘肃敦煌建成全球聚光规模最大,吸热塔最高,储热罐最大,可连续24小时发电的百兆瓦级熔盐塔式光热电站。

中国将继续着力加大生态保护与修复力度。《中国制造2025》提出的产业战略中,能源行业被列为重点领域。中国承诺,2020年非化石能源占一次能源消费比重达到15%左右,国家推动大绿化行动,森林蓄积量增加13亿立方米。

(三)绿色经济的定义、特征、实质、模式和涵盖

绿色经济是资源消耗低、环境污染少、产品附加值高、生产方式集约的一种经济形态。绿色经济是指人们在社会经济活动中,通过正确处理人与自然、人与人之间的关系,文明、高

效地实现对自然资源的永续利用，使生态环境持续改善、生活质量持续提高的一种经济发展模式，是以经济绿色化和绿色产业化为内涵包括循环经济、低碳经济和生态经济在内的高技术产业。绿色经济是以效率和谐持续为发展目标，以生态农业、循环工业和持续服务产业为基本内容的经济结构、增长方式和社会形态。绿色经济是以可持续发展为基础的绿色经济发展模式，是一种全新的三位一体思想理论和发展体系，包括目标体系（即“效率、和谐、持续”三位一体）、结构体系（即“生态农业、循环工业、持续服务产业”三位一体）、发展体系（即“绿色经济、绿色新政、绿色社会”三位一体）。

绿色经济的特征。绿色经济是一种新的发展理念、新的经济结构、新的发展方式、新的发展价值、新的发展目标。绿色经济与传统产业经济的根本区别在于：传统产业经济是以大量消耗资源与能源、导致生态失衡、损害人体健康为特征的经济。绿色经济则是以合理保护资源和能源、维护生态平衡和人类生存环境，有益于人体健康，以资源节约型和环境友好型为主要特征的经济。

绿色经济的实质。绿色经济是建立在低碳经济、循环经济基础上。低碳经济实质上是针对如何科学合理利用能源及降耗、减排，重点解决：① 如何减少化石能源的使用量，以减少温室气体二氧化碳的排放量；② 政策支持和鼓励开发使用可再生能源（如风能、太阳能、水能、生物质能源）；③ 如何有效节约能源。循环经济实质上是针对如何科学合理利用、高效利用、循环利用资源，主要解决不可再生资源的高效、循环利用（也包括可再生资源）。提出的理念是：没有废物，只有放错了位置的资源。而绿色经济结合低碳经济、循环经济概念，本质上是科学合理利用和保护所有自然资源、生态资源，推动形成绿色、低碳、循环发展新方式，达到经济、社会，环境效益的高度和谐统一，以及人与自然的高度和谐统一，符合高质量的可持续发展观。

绿色经济模式。绿色经济模式是一种融合了人类现代文明，以高新技术为支撑，使人与自然和谐共生，和谐相处，能够高质量可持续发展的经济模式，是市场化和生态化有机结合的经济模式，是充分体现自然资源价值和生态环境价值的经济模式，是经济再生产和自然再生产有机结合良性发展的经济模式，是经济、社会和环境一体化高质量发展的经济模式。绿色经济能科学、合理、公平利用自然资源，凸现自然资源和生态环境的价值，在发展绿色经济中引导传统产业结构优胜劣汰。以可持续发展观为基础的绿色经济产业模式暨绿色经济发展模式是人类社会高质量可持续发展的必然产物，成为新时期产业经济、社会发展、环境友好的必然选择。

绿色经济涵盖：生态理念、生态环境、生态价值、生态工程、生态林业、生态农业、生态工业、生态环保业、生态服务业、生态旅游业、绿色一带一路建设等，还包括**绿色发展方式**（绿色低碳发展、绿色可持续发展、绿色新航标等）、**绿色思维方式**（绿色发展理念、绿色创新思维、绿色法制思维等）、**绿色生产方式**（绿色产业指导目录、绿色低碳转型、绿色工业园区等）、**绿色教育方式**（绿色教育、绿色科技、绿色校园等）、**绿色生活方式**（绿色城市、绿色社区、绿色文明家庭等）、**绿色交通方式**（绿色物流、绿色配送、绿色通道等）、**绿色金融支持方式**（绿色金融体系、绿色发展基金、绿色投资标准等）、**绿色殡葬方式**及**绿色祭扫方式**等。

（四）绿色经济发展的目的和意义

绿色经济发展有利于从根本上转变高投入、高耗能、高物耗、高废弃物、高排放、高污染的传统粗放发展模式，有利于推动形成新的集约式经济增长和高质量可持续发展，有利于增进人民群众的“绿色福利”及生活质量和幸福指数，也有利于提升绿色经济、绿色产业、绿色技术的国际竞争力。而高质量的可持续发展，首要是发展，是持续不断的良性循环发展，需要在改善和保护发展的源头自然环境的前提和原则下，科学合理调整传统的产业发展模式和经济结构，协调经济、社会与自然环境之间的和谐。绿色发展是以人与自然和谐为目标的经济社会发展方式。绿色发展是构建高质量现代化经济体系的必然要求，是解决环境污染问题的根本之策。绿色发展首先要坚持尊重自然、顺应自然、保护自然的基本理念，以资源环境承载能力为基础，明确生态环境资源的底线，制定生态环境准入负面清单，强化生态环境空间管控和布局调整，守底线、优发展。其生态保护红线、环境质量底线、资源利用上线、生态环境准入清单是生态环境保护和空间布局的基础，也是生态环境管理的重要依据。中国发展和强化绿色经济对中国高质量可持续发展具有非常重要的现实和战略意义。

总之，绿色发展注重的是解决人与自然和谐问题。绿色低碳循环发展，是当今时代科技革命和产业变革的方向，是最有前途的发展领域，我国在这方面的潜力相当大，可以形成很多新的经济增长点。我国必须坚持节约资源和保护环境的基本国策，坚持走生产发展，生活富裕、生态良好的文明发展之路，加快建设资源节约型，环境友好型社会，推进美丽中国建设，为全球生态安全作出贡献。

（五）绿色发展体系构建及主要任务目标

资源节约、环境友好是绿色发展体系的基本内涵，以生态环保、节约、高效、清洁低碳、科学发展和安全经济为主要特征。清华大学绿色经济与可持续发展研究中心研究提出，建设资源节约、环境友好的绿色发展体系，需要从发展绿色产业为主体、建立清洁低碳循环为基础、推动绿色技术创新为源动力、完善绿色金融为推动力、鼓励绿色消费为重要途径、重视完善生态环境治理为根本保障等六个方面重点开展，并在构建六个方面体系的基础上构建科学完整的绿色发展体系。

建设资源节约、环境友好的绿色发展体系是现代化经济体系和高质量发展的重要指标，是一项长期的系统工程，需要全面科学规划，久久为功，其主要任务：一是加快推进绿色技术创新，建设绿色金融体系；二是推进能源生产和消费革命，构建清洁低碳发展模式；三是推进资源节约和循环利用，形成循环产业链接系统；四是壮大节能环保、清洁生产、清洁能源以及生态循环农业；五是着力解决突出环境问题和加大生态系统保护力度；六是大力推行绿色消费和生活方式。最终形成节约资源和保护环境的绿色空间格局，绿色产业结构、绿色生产方式和绿色生活方式，实现经济社会发展与资源环境保护的协同共进，让良好生态环境成为经济社会可持续健康发展的支撑和保障。

中国推行绿色经济的目标是21世纪将中国建设成绿色经济强国。中国加大保护生态环境力度，治理环境污染，创建生态文明的力度，正确处理好经济发展同生态环境保护的关系，全面推进落实绿色发展、循环发展、低碳发展，建设青山绿水美丽的国家，走向生态文明新时代。

六、国内外低碳经济发展理论研究成果

（一）国外低碳经济发展理论的研究与发展

气候变化已是21世纪最具影响力的关系自然生态环境和威胁人类生存基础的全球最

重大问题。因为气候变化已严重影响整个人类的基本生存环境，正危及所有的包容性和可持续发展计划，并将带来巨大的未知性，世界正处于“一个真正危急的境地”。气候变化被列为全球头等威胁，温室气体产生的根源是人类对化石能源的依赖。能源系统排放的二氧化碳占温室气体总量70%以上。由于煤炭的碳密集程度比其他化石燃料要高，以煤炭为主的能源结构必定会释放较高的二氧化碳（每燃烧一吨煤炭产生4.12吨二氧化碳气体，比同是化石能源的石油和天然气每吨多30%和70%）。据推测，到21世纪中期，如果不能有效控制住地球温度升高，那将是灾难性的。气候变化与传统的生产方式、粗放的发展模式以及人类的生活方式有着极大的关系。应对气候变化必须以更大力度加快清洁发展，实现能源系统全面脱碳。

低碳经济（Low-Carbon Economy）的概念，最早是在2003年英国能源白皮书《我们能源的未来：创建低碳经济》中提出的。低碳经济是在1992年《联合国气候变化框架公约》和1997年《京都议定书》的基础上，在全球气候变暖对人类生存和人类社会可持续发展造成严重威胁和挑战的大背景下提出的。尤其作为第一次工业革命的发源地和高碳经济模式的开创者且资源并不丰富的岛国——英国充分意识到了能源安全和气候变化的威胁。

低碳经济提出的背景：一是人类社会伴随着对生物质能、化石能源（煤炭、石油、天然气、煤层气、页岩气、可燃冰、干热岩、砂岩型铀矿等）、可再生能源（风能、水能、太阳能、地热能、海洋能｛潮汐能、波浪能｝）以及新能源（核能、氢能）等能源开发利用，逐步从原始社会的农业文明走向现代社会的工业文明；二是同时伴随着全球人口数量的急剧增长和经济规模的不断扩大；三是以化石能源等常规能源消耗造成的环境污染、全球气候变暖问题及诱因和灾害后果一次次向人类生存和发展发出严重挑战和警告，尤其是随着工业废气烟尘、光化学烟雾、河流水地下水污染和酸雨污染等危害，以及大气中二氧化碳浓度升高而造成的全球气候变化，已被公开确认为人类破坏自然生态环境，不科学的生产方式，不健康的生活方式和常规能源超限开发消耗的传统生产模式所带来的后果。因此，必须发展低碳经济。

发展低碳经济要摒弃20世纪传统经济增长的模式，通过低碳经济的生产方式和生活方式，实现人类社会、经济、环境的可持续发展，逐步迈向生态文明之路。在全球气候变化的现实背景下，以低能耗、低排放、低污染和大力发展清洁能源、可再生能源为基础的低碳经济已成为全球的热点和择优选择。欧美发达国家率先推进以高效能、低排放为核心的低碳革命，着力发展低碳技术并对产业、能源、技术、贸易等政策进行调整，以抢占先机和产业制高点。

发展低碳经济国际组织发挥了重要作用。1992年5月9日，联合国气候变化大会通过《联合国气候变化框架公约》。这是世界上第一个关于控制温室气体排放、遏制全球变暖的国际公约。大会谈论关于气候变化的全球问题，旨在减少全球温室气体排放，避免气候变化所带来的威胁。1997年《联合国气候变化框架公约》第三次缔约方会议，制定了《京都议定书》，于2005年生效。这是人类历史上首次以法规的形式限制温室气体排放，首次以法规的形式规定了发达国家控制温室气体排放的义务，应严格履行减排目标。发展中国家应该根据自身情况采取相应措施，特别是要注重引进、消化、吸收先进清洁技术，为应对气候变化做出力所能及的贡献，同时推进清洁发展机制。

2006 年 10 月，前世界银行首席经济学家尼古拉斯·斯特恩提出《斯特恩报告》，指出现在全球 GOP 以每年 1%的投入，即可以避免将来 GOP 每年 5%—20%的损失，呼呼全球向低碳经济转型。

2007 年 2—11 月，联合国政府间气候变化专门委员会陆续发布第四次气候变化评估报告的四个部分，从不同方面就全球气候变化的事实、原因、预估、影响、适应和减缓措施等方面进行了综合评估。若全球温室气体持续常态排放，必将导致 21 世纪全球气候持续恶化，从而严重威胁人类基本生活元素，如水资源、粮食、健康及环境。2007 年 12 月，联合国气候变化大会通过了名为“巴厘岛路线图”的决议，确认了“共同但有区别的责任”原则，其核心就是进一步加强《联合国气候变化公约》和《京都议定书》的全面、有效和持续实施，重点解决减缓、适应、技术、资金问题。该协议要求发达国家在 2020 年前的温室气体减排 25%—40%。“巴厘岛路线图”为全球进一步迈向低碳经济起到了积极作用。这标志着全球人类在应对和治理气候变化历史进程中的里程碑。

2008 年联合国环境规划署确定“世界环境日”(6 月 5 日)的主题为“转变传统观念，推行低碳经济”。这是继“世界地球日”(4 月 22 日)的又一个爱护地球母亲的全球性纪念日。2008 年 7 月，在日本北海道召开的 G8 峰会，寻求与《联合国气候变化框架公约》的其他签约方一道共同达成到 2050 年把全球温室气体排放量减少 50%的长期目标。

2009 年联合国哥本哈根气候变化大会，以低能耗、低污染、低排放为基础的经济模式——低碳经济的理念呈现在世界面前。发展低碳经济已成为世界各国的共识，倡导低碳消费也成为新的生活方式的选择。世界各发达经济体都把发展低碳经济、发展新能源、新的汽车动力、清洁能源、生物产业等作为走出国际金融危机新的增长点。

2012 年 2 月，世界资源研究所启动了以低碳发展为核心内容的“可持续及宜居城市”项目，在中国、印度和巴西的 5 个城市开展研究，并与中国国家发改委应对气候变化司、国家气候战略中心等机构，为中国的成都、青岛两个试点城市规划了低碳发展蓝图，于 2014 年 11 月发布了中期成果报告。

2013 年，《京都议定书》历经 8 年艰难谈判终于生效，明确规定了 2008—2012 年第一承诺期内发达国家温室气体排放控制目标。各方争相树立良好国际形象，中国、美国和欧盟“三足鼎立”的博弈局面初现端倪。

2015 年 12 月，联合国巴黎气候变化大会通过《巴黎协定》，确立了 2020 年后全球应对气候变化制度的总体框架，明确了以“国家自主贡献”为基础的减排机制。

2016 年 4 月 22 日，100 多个国家齐聚联合国，见证全球性的气候变化新协定(《巴黎协定》)的签署，这也标志着人类历史上第一个“世界地球日”的诞生。截至 2016 年 6 月，共有 197 个缔约方，各国一致同意承担责任，采取共同行动，将大气温室气体温度维护在一个稳定的水平，防止发生危及人类生存的气候变化。

2018 年 12 月，联合国气候变化卡托维兹大会又通过《巴黎协定》实施细则，确定各国共同应对气候变化的政治框架和行动举措。

以上几个重要文件是人类历史上史无前例的具有国际法律效力的共同承诺。

2019 年 9 月 23 日，在美国纽约举行的联合国气候行动峰会上，联合国秘书长古特雷斯表示，联合国希望遏制温室气体排放的增加趋势，同时显著降低排放量，以期到 2050 年实现碳中和；并提出，为实现向可再生能源转变，建立可持续发展的基础设施和弹性城市，促进农业可持续发展,合理管理并利用森林和海洋资源,适应气候影响,汇聚公共和私营部门之力实现温室气体净零排放。

2021年11月,在英国格拉斯哥召开的《联合国气候变化框架公约》第26次缔约方大会上,近200个国家共同达成了旨在加强气候行动和落实《巴黎协定》实施细则的《格拉斯哥气候公约》。

气候危机已是可持续发展面临的最大挑战,而脱碳则是未来能源行业面临的最大挑战。

发展低碳经济,发达国家向前推进。发展低碳经济,走低碳发展之路,成为各国谋求经济增长时竞相选择的策略。这一策略在世界排放规模最大的发达国家和地区推广实施,并取得实效。2003年,英国能源白皮书《我们能源的未来:创建低碳经济》标志着英国作为第一次工业革命的先驱和资源并不丰饶的岛国,充分认识到能源安全和全球气候变化的威胁,并率先在世界上举起发展低碳经济的旗帜。英国提出将实现低碳经济作为英国能源战略的首要目标,宣布到2020年减排主要温室气体二氧化碳26%—32%,到2050年减排目标为60%。至此,英国能源发展的总体目标是从根本上把英国变成一个低碳国家,并提出英国正从自给自足的能源供应走向主要依靠进口的时代,按2003年消费模式,预计2020年英国80%的能源需要进口。2008年3月,英国颁布实施《气候变化法案》,这使英国成为世界上第一个为减少温室气体排放,适应气候变化而建立具有法律约束性长期框架的国家。2009年7月,英国又发布了《英国低碳转换计划》和《英国可再生能源战略》,这标志着英国成为世界上第一个在政府预算框架内特别设立碳排放管理规定的国家(至2018年,作为曾经的煤炭生产大国,从最高时的2亿多吨降至26万吨)。之后世界发达国家和经济体按照《联合国气候变化框架公约》和《京都议定书》的不同承诺发展低碳经济。

欧盟提出在2013年前投资1 050亿欧元用于环保项目和相关就业,支持欧盟区的绿色产业,保持其在绿色技术领域的世界领先地位。欧盟确定的应对气候变化目标是到2020年减少20%的温室气体排放量,到2050年减少到60%—80%。

德国发挥其技术和产品质量位居世界领先水平的优势,在能源开发和环境保护技术领先的基础上实施了气候保护"高技术战略",先后出台了5期能源研究计划,以能源效率和可再生能源为重点,为"高技术战略"提供资金支持。将气候保护,减少温室气体排放等列入可持续发展战略。

意大利更加注重可再生能源和新能源的开发和利用,开发低碳技术。

法国大力发展以核能为主题的再生能源和清洁能源,在工业、建筑、交通领域节约能源,减少碳排放,取得显著成效。

丹麦在风力发电、秸秆发电、超临界锅炉等可再生能源和清洁高效能源技术方面创造了独特的经济发展模式,走上了一条可持续发展之路。

西班牙大力发展风能、太阳能等可再生能源。

瑞典大力推广环保型汽车,鼓励国民使用环保型清洁燃料车。

美国在1990年实施《清洁空气法》的基础上,2005年通过《能源政策法》。2007年7月提出《低碳经济法案》七条:① 改造传统高碳产业,加强低碳技术创新;② 应用市场机制与经济杠杆,促使企业减碳;③ 清洁能源与安全法案;④ 清洁能源;⑤ 能源效率;⑥ 减少温室气体排放;⑦ 迈向清洁能源型经济。这表明低碳经济的发展道路有望成为美国未来的重要战略选择。2009年6月发布《清洁能源安全法案》,并承诺在2025年之前减少2005年排放量的26%—28%。美国不仅期望将发展低碳经济作为新的经济增长点，并且谋划掌握世界低碳经济的尖端绿色科技制高点和控制权。

加拿大重点在环境科技与能源领域发挥科技优势，加大研发资金投入力度，对生物燃料、风能和其他替代能源研究开发。

澳大利亚于2008年7月发布了《减少碳排放计划》政策绿皮书，提出了减碳计划三大目标，确定到2050年温室气体排放量达到2000年的40%。

日本于2008年7月通过了《实现低碳社会行动计划》，2009年4月公布了《绿色经济与社会变革》的政策草案，制定了最优生产、最优消费、最少废弃的经济发展战略，投入巨资开发利用太阳能、风能、光能、氢能、核能、燃料电池等替代能源和可再生能源，并积极开展潮汐能、水能、地热能等方面的研究，重视开发革新技术并普及现有先进技术，积极推动向低碳城市与低碳社会转型，确定到2050年温室气体排放量减少60%—80%。

韩国实施低碳绿色经济增长战略和绿色新政，强化节能和低碳意识行动，强化太阳能、核能等新能源与可再生能源的研发。

巴西加快发展清洁能源，节能减排，重点开发地上植物石油、风电，抢救亚马孙森林。

发展低碳经济已成为全世界新的经济增长点、新的技术制高点和新的游戏规则竞争点，进而影响全球各国经济发展的格局。

（二）国内低碳经济发展理论的研究与发展

中国是最大的发展中国家，能源结构以化石能源为主，是世界第二大能源生产国、消费国和二氧化碳排放化国。中国对全球气候变化问题高度重视，发展低碳经济既面临挑战又充满机遇的紧迫性不言而喻。

1. 中国政府推动低碳经济发展

2004年11月，国家发改委发布《节能中长期专项规划》（发改环资〔2004〕2505号），2005年6月印发《国务院关于做好建设节约型社会近期重点工作的通知》（国发〔2005〕21号），2006年8月印发《国务院关于加强节能工作的决定》（国发〔2006〕28号）等，2007年1月国家发改委、科技部印发《中国节能技术政策大纲（2006）》（发改环资〔2007〕199号）。

2005年12月，国务院发布了《国家中长期科学和技术发展规划纲要（2006—2020）》（国发〔2005〕44号），明确提出对环境保护事业创新发展，着力突破重大关键共性技术。制定《国家环境保护“十一五”规划》，明确提出要在可持续发展的框架下，努力转变经济增长方式，推进技术创新，坚持走“低碳经济”发展道路。强化能源节约和高效利用的政策导向，大力发展可再生能源以及控制工业生产过程中的温室气体排放。2006年2月，国务院关于印发实施《国家中长期科学和技术发展规划纲要（2006—2020年）》若干配套政策的通知（国发〔2006〕6号）。2006年年底，根据《联合国气候变化框架公约》和《京都议定书》的规定，国家科技部、气象局、发改委、环保局等六部委发布了中国第一部《气候变化国家评估报告》。2007年6月正式颁布实施《中国应对气候变化国家方案》（国发〔2007〕17号）及《应对气候变化科技专项行动》（国科发社字〔2007〕407号）。2007年8月，国家发改委等17个部门印发《节能减排全民行动实施方案》（发改环资〔2007〕2132号）。

2007年12月26日，国务院新闻办发布《中国的能源状况与政策》白皮书，着重提出能源多元化发展，并将可再生能源发展正式列为国家能源发展战略的重要组成部分。

2008年6月，为推进低碳生活方式，戒除无节制地使用塑料袋消费嗜好，全国开始实施

“限塑令”。2008 年 10 月 29 日，国务院新闻办发表了《中国应对气候变化的政策与行动》白皮书，详细阐明了气候变化与中国国情，气候变化对中国的影响，应对气候变化的战略和目标，减缓气候变化的政策与行动，适应气候变化的政策与行动，提高全社会应对气候变化的意识，加强气候变化领域国际合作，应对气候变化的体制机制建设等重大问题的原则立场和诸多积极举措。

2010 年 3 月，在全国“两会”上，“生态环保、可持续发展”成为大会主题。全国政协一号提案主要内容为推进“低碳环保”。国家全面实施十大重点节能工程和千家企业节能计划，并在工业、交通、建筑等重点领域开展节能行动。

2011 年，国家将减排目标纳入“十二五”规划，提出到 2020 年实现中国单位国内生产总值二氧化碳排放比 2005 年下降 40%—50%，这标志着中国必须转变经济增长方式，调整经济结构，向低碳经济转型。2011 年 11 月，国务院新闻办发布《中国应对气候变化的政策与行动(2011)》白皮书，“十二五”期间，中国将重点从 11 个方面推进应对气候变化相关工作。

“十一五”以来，中国高度重视节能降耗工作，陆续出台多项节能降耗政策措施，不断加强节能减排体制、机制、法制和能力建设，切实推进工业、建筑、交通等重点领域节能降耗，加快产业调整、淘汰落后产能、优化能源结构、推进节能型社会建设：能源生产由传统能源向新能源转变，传统能源生产增速逐步放缓，能源结构由原煤为主加速向多元化、清洁化转变；同时能源消费增长得到有效控制，传统能源消费增速减缓，用能方式不断变革，清洁低碳化进程显著加快，品种结构持续优化，利用效率高、污染环境小的清洁型能源比重逐步提高。

2013 年，国务院印发《大气污染防治行动计划》(国发〔2013〕37 号)，提出了十项大气污染防治重点措施。这是第一个国家层面上控制大气污染的行动计划。该行动计划实施 5 年中，取得了空气质量改善目标全面实现，能源结构不断优化，产业结构转型升级，交通结构调整取得重大突破等多项显著成果。

2014 年 11 月，国家发改委印发《国家应对气候变化规则(2014—2020)》(发改气候〔2014〕347 号)，明确了国家应对气候变化的主要目标和具体措施。2014 年 5 月 26 日，国家发改委、环境保护部召开全国节能减排和应对气候变化工作电视电话会，部署节能减排低碳发展工作：一是优化产业结构；二是推动能源生产和消费方式变革；三是发展循环经济；四是扭住重点企业、重点领域、重点地区开展万家企业节能低碳行动；五是治理环境污染。

2015 年 4 月，国家能源局印发《煤炭清洁高效利用行动计划 2015—2020 年》(国能煤炭〔2015〕141 号)，确立了煤炭高效清洁利用 7 项重点工作，即推进煤炭洗选和提质加工，提高煤炭产品质量；发展超低排放燃煤发电，加快现役燃煤机组升级改造；改造提升传统煤化工产业，稳步推进现代煤化工产业发展；实施燃煤锅炉提升工程，推广应用高效节能环保型锅炉；开展煤炭分质分级梯级利用，提高煤炭资源综合利用效率；加大煤炭民用散煤清洁化治理力度，减少煤炭分散直接燃烧；推进废弃物资源化利用，减少污染物排放。

我国相继出台了能源发展“十一五”规划、“十二五”规划、“十三五”规划和《能源发展战略行动计划(2014—2020)》(国办发〔2014〕31 号)、《能源生产和消费革命战略(2016—2030)》(发改基础〔2016〕2795 号)、《能源技术革命创新行动计划(2016—2030)》(发改能源〔2016〕513 号)、《“十四五”可再生能源发展规划》(发改能源〔2021〕1445 号)等纲领性文件，具体落实节约资源和保护环境的基本国策。尤其氢能与燃料电池技术创新被列入能源技术 15 项重点任务之一，明确提出要研究新一代煤催化气化制氢技术。

2019 年 5 月中国发布了《2018 年中国生态环境状况公报》。2019 年 6 月 5 日世界环境日，中国发布了《中国空气质量改善报告(2013—2018)》。报告显示，中国已有 338 个地级以上城市，空气质量平均优良天数上升至 79.3%，全国地表水水质、近岸海水水质好转，2017—2018 年中国单位 GDP 碳排放强度比 2005 年分别下降了 46%和 45.8%，碳减排成效明显，排放增速逐渐降低，自 2013 年以来增速基本为零。至 2019 年 9 月，全国已建成 91 个生态文明示范县。全国生态环境质量明显好转，标志着中国推动绿色循环低碳发展取得一定成效。2019 年 11 月，中国发布《中国应对气候变化的政策与行动 2019 年度报告》，中国将应对气候变化作为生态文明建设、推动经济高质量发展，建设美丽中国的重要抓手，并采取了应对气候变化的积极行动，并继续加大推进低碳经济发展的力度。

中国发展低碳经济以技术创新和制度创新为主，采取了五项行动：一是制定国家低碳经济发展战略。结合建设资源节约型、环境友好型社会和节能减排任务，开展社会经济发展碳排放强度评价，指导和引领政府、企业、居民的行动方向和行为方式。二是研发低碳技术和低碳产品。增强自主创新能力，重点着眼于中长期战略技术的研发和储备。推广应用和鼓励企业开发低碳技术，加强国际间交流与合作，促进发达国家对低碳技术的转让。三是建立适合中国国情的支持低碳经济的市场体系和政策体系，充分利用节能减排与低碳经济发展之间等协同关系。四是开展低碳经济发展先行试点示范。在火电、建筑、冶金、石化、交通等能耗高、污染重的行业领域先行推行低碳排放试点，同时选定国家重点能源基地和发达地区典型城市构建低碳经济发展区。五是要通过技术进步尽量利用二氧化碳，普及和存储二氧化碳(CCS)，最终以寻求中国的低碳经济发展模式和发展之路。

2. 中国政府向国际组织郑重承诺

(1) 2007 年 9 月 8 日，在亚太经合组织(APEC)第 15 次领导人会议上，中国国家主席胡锦涛代表中国政府本着对人类、对未来的高度负责态度，郑重提出发展低碳经济，研发和推广低碳能源技术，增加碳汇，促进碳吸收技术发展。并建议建立"亚太森林恢复与可持续管理网络"，共同促进亚太地区森林恢复和增长，减缓气候变化。

(2) 2009 年 9 月 22 日，中国国家主席胡锦涛代表中国政府在联合国气候变化峰会上承诺，中国将进一步把应对气候变化纳入经济社会发展规划，并继续采取强有力的措施：一是加强节能，提高能效工作，争取到 2020 年单位国内生产总值二氧化碳排放比 2005 年有显著下降。二是大力发展可再生能源和核能，争取到 2020 年非化石能源占一次能源消费比重达到 15%左右。三是大力增加森林碳汇，争取到 2020 年森林面积比 2005 年增加 4 000 万公顷，森林蓄积量比 2005 年增加 13 亿立方米。四是大力发展绿色经济，积极发展低碳经济和循环经济，研发和推广气候友好技术。

(3) 2015 年 6 月，中国向联合国气候变化框架公约秘书处提交了《强化应对气候变化行动——中国国家自主贡献》。提出中国将应对气候变化行动融入国民经济和社会发展规划，强化温室气体排放控制，确定中国 2030 年的自主行动目标为：二氧化碳排放 2030 年左右达到峰值并争取尽早达峰；单位国内生产总值二氧化碳排放比 2005 年下降 60%—65%，非化石能源占一次能源消费比重达到 20%，森林蓄积量比 2005 年增加 45 亿立方米。这一战略目标的确定，体现了中国作为世界上最大发展中国家自觉践行绿色低碳发展理念，主动控制能源消耗和温室气体排放的责任担当，是推动共建清洁美丽世界的具体举措。在联合国气候变化大会期间，中国积极参与谈判，成为《巴黎协定》达成的主要动力。2016 年 9 月 3 日，全国人大常委会正式批准中国加入《巴黎气候变化协定》。之后，我国大力推进生态文明建设，促进气候适应型的低碳可持续发展。

(4) 在 2019 年 9 月 23 日联合国气候行动峰会上，联合国秘书长古特雷斯肯定中国将成为少数几个在《巴黎协会》承诺进度上超前的国家，并称赞中国在可再生能源领域的巨大进展。

(5) 2020 年 9 月 22 日，中国国家主席习近平代表中国政府在第七十五届联合国大会一般性辩论上提出，中国将提高国家自主贡献力度，采取更加有力的政策和措施，二氧化碳排放力度力争于 2030 年前达到峰值，努力争取 2060 年前实现碳中和。这是中国对国际社会的承诺，也是对国内的动员令。此后，中国国家主席习近平在联合国生物多样性峰会、第三届巴黎和平论坛、金砖国家领导人第十二次会晤、二十国集团领导人利雅得峰会、气候雄心峰会、领导人气候峰会、亚太经合组织领导人非正式会议等重要场合均重申这一承诺。

3. 中国科研、高校专题研究、发布报告

2008 年 1 月，清华大学在国内率先成立低碳经济研究院，重点围绕低碳经济政策及战略开展系统和深入的研究，为中国及全球经济和社会可持续发展出谋划策。2008 年 6 月，中国科学院发布《城市蓝皮书：中国城市发展报告(No. 2)》提出，在全球气候变化的大背景下，发展低碳经济正在成为各级部门决策者的共识：节能减排，促进低碳经济发展，既是救治全球气候变暖的关键性方案，也是践行科学发展的重要手段。2009 年 3 月，中国科学院发布《2009 中国可持续发展战略报告——探索中国特色的低碳道路》，提出了中国发展低碳经济的战略目标，即到 2020 年，单位国内生产总值二氧化碳排放降低 50%。

4. 中国学者从不同角度对发展低碳经济及面临的挑战论述

一是中国正加快推进工业化、城市化、现代化进程，正处在能源需求快速增长阶段，大规模基础设施需要加大力度建设。因此，“高碳”特征及碳达峰还需要一个时期。二是中国富煤、缺油、少气的自然能源禀赋条件，决定了能源结构长期以煤为主，其中燃煤发电占比达 70%以上。低碳能源资源的选择及占比增加还需要一个过程，因此，“高碳”高位还得维持一个时期。三是中国经济的主体是第二产业，即以煤炭能源消费占能源消费总量约 70%为特征的钢铁、建材、化工和煤电等工业，因工业生产技术水平整体不高，加重了经济高碳的特征。因此，加快调整经济结构，提升工业生产技术和能源利用效率，走高技术高质量发展之路成为重大课题。四是中国作为发展中国家，经济体量大，由“高碳”向低碳转变的最大制约是整体科技水平和技术研发能力有限，需要有巨大的研发资金保障。学者张坤民认为，中国应对气候变化要采用低碳经济的战略付诸实施，许多环境与发展问题都可能迎刃而解。钱志新提出，继农业化、工业化、信息化浪潮之后，世界将迎来第四次浪潮，即低碳化浪潮，走向低碳化时代是大势所趋。李旸认为，作为一个高能耗国家，需要从节能减排、低碳发展的内在规律出发，找到中国巨大社会浪费和环境污染的本源。何建坤认为，低碳经济时代的到来不可逆转，低碳经济将催生新的经济增长点，它将与全球化信息技术一样，成为重塑世界经济版图的强大力量。夏堃堡提出，低碳经济主要是两种，一种是低碳生产，一种是低碳消费。低碳生产是一种可持续的生产方式。牛文天提出，建设低碳城市，需要加快以集群经济为核心，推进产业结构创新；以循环经济为核心，推进节能减排创新；以知识经济为核心，推进内涵发展创新。胡鞍钢认为，中国有可能成为世界最大的碳交易市场，最大的环保节能市场，最大的低碳商品生产基地和最大的低碳制品出口国。张世秋认为，发展低碳经济是一种经济发展模式的选择，它意味着能源结构的调整，产业结构的布局调整以及技术的革新，是中国走可持续发展道路的重要途径。杨金贵指出，一场以低碳经济为核心的产业革命已经出现，低碳经济不但是未来世界经济发展结构的大方向，更已成为全球经济新的支柱之一，同时也是中国占据在世界经济竞争制高点的关键。李小琳认为，低碳经济本质上就是可持续发展经济，核心是能源技术和减排技术创新，产业结构和制度创新以及人类生存发展观念的根本转变。实现低碳经济、低碳产业、低碳生产、低碳生活也将成为由工业文明向生态文明过渡的主要特征，是未来社会经济发展和人民生活质量改善的主流发展模式。

5. 发展低碳经济示范成市和示范企业发挥了重要作用

2007 年年初，河北省保定市提出了“太阳能之城”的概念，计划在整座城市中大规模应用以太阳能为主的可再生能源，以降低碳排放量。

2008 年 1 月 28 日，世界自然基金会（WWF）正式启动“中国低碳城市发展项目”，以期推动城市发展模式的转型，保定市和上海市成为首批入选的两个试点城市。

深圳市作为全国住房和城乡建设部批准的第一个国家低碳生态示范城市，负责承接国家低碳生态城市建设的政策技术标准和示范任务。

全国第一个规模达 50 亿元的杭州市“低碳产业基金”，就是由政府主导的典型低碳产业，其投资方向为高碳改造（包括节能减排）、低碳升级（包括新材料、新装备、新工艺、升级原有设备）和无碳替代（包括新能源、核能、风能、太阳能等）。

西北城市兰州被联合国巴黎气候变化大会授予“今日变革进步奖”，成为成功治理城市大气污染的典范城市。

海尔集团率先发起制造业全球低碳行动，主导组建了全球首条无氟变频空调低碳产业链。以“双百方针”（即定频空调 100%一级能效，变频空调 100%无氟）为指导，彻底颠覆了传统供需模式，为国内企业发展低碳经济起到良好示范作用，标志着中国企业成功向低碳经济进军的开始。

6. 国家实施安全能源安全新战略，促进节能减排和煤炭深加工取得实效

2014 年，国家能源局出台并组织实施《煤电节能减排升级与改造行动计划（2014—2020 年）》（发改能源〔2014〕2093 号），明确“三降三提高”目标（即降低供电煤耗、降低污染物排放、降低煤炭占能源消费比重，提高安全运行质量、提高技术装备水平、提高能源利用效率），确定上海外高桥第三电厂、浙江嘉兴电厂等先进典型电厂为“国家煤电节能减排示范基地”和“国家煤电节能减排示范电站”。2016 年 6 月，国家能源局授予江苏国电泰州电厂、浙江华能长兴发电厂和山西国际能源集团瑞光热电厂“国家煤电节能减排示范电站”称号。2015 年 4 月，国家能源局印发《煤炭清洁高效利用行动计划（2015—2020 年）》（国能煤炭〔2015〕141 号），明确主要任务：加强煤炭质量管理，加快先进的煤炭优质化加工、燃煤发电技术装备攻关及产业化应用，稳步推进相关产业升级示范，建立政策引导与市场推动相结合的煤炭清洁高效利用推进机制，构建清洁、高效、低碳、安全、可持续的现代煤炭清洁利用体系，并确定了 7 项重点工作。

2017 年，国家发改委、国家能源局发布《能源生产和消费革命战略（2016—2030）》（发改基础〔2016〕2795 号），把推进能源革命作为能源发展的国策，清洁能源成为能源增量主体或主要依靠，能源结构调整将取得明显进展（表 2-2）。

表 2-2　2016—2050 年中国能源生产和消费革命战略指标

项目	2020 年	2030 年	2050 年
能源消费总量控制数/亿吨标煤	50	60	总量基本稳定
非化石能源占比(%)/合亿吨标煤	15/7.5	20/12	>1/2
天然气占比(%)/合亿吨标煤		15/9	
清洁能源增量地位	主体	主要依靠	
单位 GDP CO_2 排放量降幅/%	比 2015 年下降 18	比 2005 年下降 60—65(达到峰值)	
单位 GDP 能耗降幅/%	比 2015 年下降 15		

2017 年年初，国家能源局、国家发改委和工信部先后印发《煤炭深加工产业示范“十三五”规划》(国能科技〔2017〕43 号)和《现代煤化工产业创新发展布局方案》(发改产业〔2017〕553 号)，进一步促进煤基产业科学规范发展。煤炭深加工产业发展逐步形成规模化。截至“十三五”末，我国已建成 8 套煤制油、4 套煤制天然气、32 套煤制烯烃、24 套煤制乙二醇示范及产业化推广项目。主要产品煤制油、煤制气、煤制烯烃、煤制乙二醇均已实现大规模工业化生产，逐步形成了宁东能源化工基地、鄂尔多斯能源化工基地、榆林能源化工基地等国家级能源化工基地及多个现代煤化工产业集聚区，部分化工基地已实现与石化、电力等产业多联产发展，产业园区化、基地化发展的优势凸现。

煤炭深加工在洗选清洁加工的基础上，主要包括煤气化、煤液化(煤制汽油、柴油等)、煤电化和煤焦化(炼焦与炼焦化学产品以及回收与加工等)。煤炭经过深加工，大幅度提高了煤炭及附属产品的价值，大幅度提高了煤炭的综合利用率。

2018 年 8 月 19 日，国家能源局与生态环境部联合印发《2018 年各省(区、市)煤电超低排放和节能改造目标任务的通知》(国能发电力〔2018〕65 号)，要求继续加大力度推进煤电超低排放和节能改造工作。目前，中国已经拥有世界上最严格的燃煤发电污染物排放标准，建成了世界上规模最大的清洁高效煤电系统。截至 2021 年年底，中国煤电超低排放机组超过 10 亿千瓦，节能改造规模近 9 亿千瓦，灵活性改造规划超过 1 亿千瓦，排放标准世界领先，体现了中国把清洁低碳作为能源发展的重要方向。

7. 煤炭能源开展清洁低碳绿色发展行动

2010—2018 年，中国已连续举办了五届中国国际煤炭清洁高效利用博览会，并重点推进落实《煤炭清洁高效利用行动计划(2015—2020)》，每届博览会都以清洁、循环、低碳、绿色为主题，逐步推进煤炭由燃料向燃料和原料并重转变。

2014 年 12 月 26 日，国家能源局、环境保护部、工信部联合发布《促进煤炭安全绿色开发和清洁高效利用的意见》(国能煤炭〔2014〕571 号)，要求积极推进煤炭发展方式转变，提高煤炭资源综合开发利用水平，实现煤炭工业安全、绿色、集约、高效发展，提出九项主要任务：① 科学规划煤炭开发利用规模；② 大力推行煤矿安全绿色开采；③ 深入发展矿区循环经济；④ 加快煤层气(煤矿瓦斯)开发利用；⑤ 提高煤炭产品质量和利用标准；⑥ 大力发展清洁高效燃煤发电；⑦ 提高燃煤工业炉窑技术水平；⑧ 切实提高煤炭加工转化水平；⑨ 减少煤炭利用污染物排放。

2015 年 3 月，国家能源局发布《关于促进煤炭工业科学发展的指导意见》(国能煤炭〔2015〕37 号)，进一步明确经济发展新常态下，我国煤炭工业发展的指导思想和基本原则，提出 10 条具体意见:① 优化煤炭产业开发布局;② 调整煤炭产业结构;③ 加强煤炭规划管理;④ 规范煤炭生产建设秩序;⑤ 推进煤炭安全绿色开采;⑥ 推进煤炭清洁高效利用;⑦ 加快煤层气产业化发展;⑧ 营造煤炭企业良好发展环境;⑨ 加强煤炭行业监督管理;⑩ 统筹推进煤炭国际合作。

2015 年 4 月,国家能源局发布《煤炭清洁高效利用行动计划(2015—2020)》(国能煤炭〔2015〕141 号),明确了 7 项重点工作:一是推进煤炭洗选和提质加工,提高煤炭产品质量;二是发展超低排放燃煤发电,加快现役燃煤机组改造升级;三是改造提升传统煤化工产业,稳步推进现代煤化工产业发展;四是实施燃煤锅炉提升工程,推广应用高效节能环保型锅炉;五是开展煤炭分质分级梯级利用,提高煤炭资源综合利用效率;六是加大民用散煤清洁化治理力度,减少煤炭分散直接燃烧;七是推进废弃物资源化利用,减少污染物排放。

2017 年 2 月,国家能源局印发《煤炭深加工产业示范,"十三五"规划》(国能科技〔2017〕43 号),加快推进煤炭清洁高效利用,指导煤炭深加工产业科学健康发展。

2021 年 9 月 13 日,习近平总书记视察国家榆林化工有限公司时指出,煤炭作为我国主体能源,要按照绿色低碳的发展方向,对标实现碳达峰、碳中和的目标任务,立足国情、控制总量、兜住底线,有序减量替代,推进煤炭消费转型升级。煤化工产业潜力巨大,大有前途,要提高煤炭作为化工原料的综合利用效能,促进煤化工产业高端化、多元化、低碳化发展,把加强科技创新作为最紧迫任务,加快关键核心技术攻关,积极发展煤基特种燃料、煤基生物可降解材料等。进一步明确了煤炭能源发展要转化升级,走绿色低碳发展的道路。2021 年 12 月 8 日,在中央经济工作会议上指出,要立足以煤为主的基本国情,抓好煤炭清洁高效利用,推动煤炭和新能源优化组合。要狠抓绿色低碳科技攻关。明确了"碳达峰、碳中和"目标下作为主体能源的煤炭在保障国家经济社会高质量发展、保障国家能源安全中的战略地位和重要作用,为煤炭行业深化改革、推进高质量发展指明了方向,提供了根本遵循。

煤炭行业深入推进煤炭供给侧结构性改革,强化科技创新支撑和人才强煤引领,加快煤炭绿色低碳转型,加大煤基循环经济发展力度,加强现代煤炭产业体系建设,整体推进煤炭工业高质量发展,进一步增强煤炭能源兜底保障能力和应急保障能力。

(三) 低碳经济的相关概念

低碳经济是以低能耗、低污染、低排放为基础的经济模式。低碳经济包括低碳发展、低碳产业、低碳技术和低碳生活等经济形态,是指在不影响经济发展的前提下,通过技术创新和制度创新,降低能源和资源消耗,尽可能最大限度地减少温室气体和污染物的排放,实现减缓气候变化的目标,促进人类的可持续发展。低碳经济是人类社会继农业文明、工业文明之后的又一次重大进步。

低碳经济的实质是能源高效利用、清洁能源开发、追求绿色 GDP、维持全球生态平衡问题,其重点要解决好提高能源利用率和创建清洁能源结构。

低碳经济的内涵包含三方面:第一,低碳经济是相对于高碳经济而言的,即相对于基于无约束的碳密集能源生产方式和能源消费方式的高碳经济而言的。因此,发展低碳经济的关键在于降低单位能源消耗量的碳排放量(即碳强度),通过碳捕捉、碳封存、碳蓄积降低能源消费的碳强度,控制二氧化碳排放量的增长速度。第二,低碳经济是相对于新能源而言的,即相对于基于化石能源的经济发展模式而言的。因此,发展低碳经济的关键在于促进经济增长与能源消费引发的碳排放"脱钩",实现经济与碳排放错位增长(即碳排放低增长、零增长乃至负增长），通过能源替代，发展低碳能源和无碳能源，控制经济体的碳排放弹性，并最终实现经济增长的碳脱钩。第三，低碳经济是相对于人为碳通量而言的，即一种为解决人为碳通量增加引发的地球生态圈碳失衡而实施的人类自救行为。因此，发展低碳经济的关键在于改变人们的高碳消费倾向和碳偏好，减少化石能源的消费量，减缓碳足迹，实现低碳生存。总之，低碳经济是一种由高碳能源向低碳能源过度的经济发展模式，是一种旨在修复地球生态圈碳失衡的人类自救措施。

低碳经济涵盖：低碳发展方式（低碳革命、低碳之路、低碳浪潮、碳足迹、碳管理、低碳行动、低碳发展、低碳经济、低碳转型、低碳模式、低碳经济组织、低碳经济政策、低碳经济规划、低碳运行模式、低碳能源系统、低碳城市、低碳城市发展项目、低碳产业城市、低碳生态城市、低碳社会、低碳国家、低碳世界、低碳时代等），低碳生产方式（低碳能源、非碳可再生能源、低碳产业、低碳工业、低碳冶金、低碳建材、低碳火电、低碳化工、低碳建筑业、低碳农业、低碳网络业、低碳快递业、低碳工业园区、低碳经济技术开发区、低碳技术、低碳能源技术、低碳产品、低碳材料、低碳排放、低碳污染及碳减排、碳捕集利用和封存等），低碳改造方式（低碳环境、低碳环保等），低碳出行方式（低碳出行、低碳活动、低碳交通等），低碳生活方式（低碳消费、低碳家庭、低碳校园、低碳超市、低碳旅游、低碳取暖、低碳生存），低碳金融支持方式（低碳产业基金），碳交易方式（碳交易市场、碳交易产业联盟、碳汇联盟）和低碳祭祀等方式，以及低碳目标（碳达峰、碳中和、碳达标、零碳）。

推进低碳经济发展是要通过碳达峰、碳中和，实现稳碳低碳目标，最终实现零碳目标。碳达峰是指碳排放达到峰值后不再增长，实现稳定或开始下降。碳中和是指通过植树造林、节能减排等形式抵消自身产生的二氧化碳排放，使碳净排放量降为零。实现碳达峰、碳中和是推动高质量发展的内在要求，是推动能源革命、加快建设能源强国的必要保证。

低碳经济核心是能源技术和减排技术创新、产业结构和制度创新以及人类生存发展理念的根本性转变，即构建高能效、低排放的清洁能源结构，改变传统的以化石燃料为主的能源消费模式。

低碳经济发展的主要途径，在于依靠科技创新和技术进步节能减排、提高效能、开发清洁高效煤炭，发展可再生能源和新能源。

低碳经济是在可持续发展理念指导下，通过理念创新、技术创新、制度创新、结构调整产业转型创新、经济管理创新和新能源开发利用等多种手段，尽可能地减少煤炭、石油等高碳能源消耗，减少温室气体排放，达到经济社会发展，与生态环境保护双赢的一种经济发展形态。发展低碳经济是一场涉及生产模式、生活方式、价值观念、国家权益乃至人类生存与发展的全球性革命，是世界经济当期和未来发展的必然趋势。

（四）低碳经济研究的方向和主要内容

一是能源消费与碳排放，主要研究与碳排放有关的能源消费结构转换和低碳排放能源系统的建立。二是经济发展与碳排放，主要探讨不同经济发展模式、阶段、速度与碳排放的关系。三是技术研发支撑与碳排放，主要研究新技术在产、学、研、用领域中的深度融合。四是农业生产与碳排放，主要研究土地利用变化、农业土地整治、农业生产水平与结构变化。五是碳减排的经济环境分析与碳减排对策研究等。

低碳经济的起点是统计碳源和碳足迹。低碳发展特别关注低碳化的过程，而不是一个经济体的碳排放总量或单位 GDP 碳排放量。要重点解决主要的碳源排放污染，如火电排放、冶炼排放、建材烧制排放和汽车尾气排放等。经济的低碳化过程实质上是单位 GDP 的碳排放量减少的过程。一个国家低碳化速率越高，表明这个国家低碳发展进度越快，低碳发展政策的成效越显著。

（五）低碳经济的目标、目的和意义

低碳经济的目标通过低碳经济的特征确定，以减少温室气体排放为目标。

低碳经济的目的是构筑低能耗、低排放、低污染为基础的经济发展体系，主要内容包括以下几点。

（1）低碳能源系统，指通过发展清洁能源[风能、水能、太阳能、地热能、天然气能、页岩气能、可燃冰能、固热能（干热岩）、生物质能和核能等]，以减少二氧化碳排放。

（2）低碳技术研发系统。指通过科技创新和技术研发，重点推广应用清洁煤技术（IGCC）和二氧化碳捕捉及储存技术（CCS）等。

（3）低碳产业体系。指在重点产业领域（燃煤火电减排、石油化工减排、煤矿火区治理、工业企业循环经济节能减排、资源回收复用、推广新能源汽车、开发环保设备和节能材料、开发和改造节能建筑等）推行的低碳经济模式。

低碳经济发展的意义，主要体现在四个方面：一是积极承担对自然环境保护的责任。有效完成节能降耗，减少排放的指标任务。二是有利于维护能源安全。改变当前能源结构性缺陷，逐渐降低煤炭、石油等化石型能源的消费比重，大力发展可再生能源。三是有利于调整经济结构，改变发展方式，提高能源利用效率，转型升级，发展新兴产业，建设生态文明。四是摒弃原有的先污染后治理，先低端后高端，先粗放后集约的传统发展模式的途径，走实现经济社会发展与生态自然环境保护双利共赢的必由之路。

低碳经济将是世界经济未来发展的必然趋势。随着全球性能源革命、经济转型升级以及环境价值观的逐步大变革，全球生态文明必将逐步迈向一条崭新的道路，即摈弃旧的传统的高碳经济发展模式，依靠科技创新、机制创新和环境创新，深入推进低碳经济革命，甚至超低碳经济、“零碳经济”发展模式，终将实现人类社会可持续发展的升级理想。

七、中国高质量发展理论的研究与发展

1. 高质量发展的提出与实施

高质量发展是发展经济学核心概念。高质量发展是 2017 年中国共产党第十九次全国代表大会首次提出的，表明中国经济由高速增长阶段转向高质量发展阶段。党的十九大报告中提出的“建立健全绿色低碳循环发展的经济体系”为新时代下高质量发展指明了方向，同时也提出了一个极为重要的时代课题。2017 年中央经济工作会议进一步提出，要加快推动形成高质量发展的指标体系、政策体系、标准体系、统计体系、绩效体系、政绩体系。2018 年 3 月，十三届全国人大一次会议《政府工作报告》指出，按照高质量发展的要求，统筹推进“五位一体”和协调推进四个全面战略布局，坚持以供给侧结构性改革为主线，统筹推进稳增长、促改革、调结构、惠民生、防风险各项工作。2018 年 9 月 20 日，中央全面深化改革委员会第四次会议，审议通过《关于推动高质量发展的意见》。会议指出，推动高质量发展是当前和今后一个时期确定发展思路、制定经济政策、实施宏观调控的根本要求，要加快创建和完善制度环境，协调建立高质量发展的指标体系、政策体系、标准体系、统计体系、绩效评价体系和政绩考核办法。要抓紧研究制定制造业、高技术产业、服务业以及基础设施、公共服务

等重点领域高质量发展政策，把维护人民群众利益摆在更加突出位置，带动引领整体高质量发展。2020 年 10 月，党的十九届五中全会提出，“十四五”时期经济社会发展要以推动高质量发展为主题，这是根据我国发展阶段、发展环境、发展条件变化做出的科学判断。要以习近平新时代中国特色社会主义思想为指导，坚定不移贯彻新发展理念，以深化供给侧结构性改革为主线，坚持质量第一、效益优先，切实转变发展方式，推动质量变革、效率变革、动力变革，使发展成果更好惠及全体人民，不断实现人民对美好生活的向往。

2021 年 3 月 30 日，中央政治局会议审议《关于新时代推动中部地区高质量发展的指导意见》。9 月 14 日，国务院批复国家发改委、财政部、自然资源部关于“推进资源型地区高质量发展‘十四五’实施方案”，坚持以推动高质量发展为主题，把实施扩大内需战略同深化供给侧结构性改革有机结合起来，增强国内大循环内生动力和可靠性，提升国际循环质量和水平，加快建设现代化经济体系，着力提高全要素生产率，着力提升产业链、供应链韧性和安全水平，着力推进城乡融合和区域协调发展，推动经济实现质的有效提升和量的合理增长。

2. 高质量发展的理论研究与探讨

我国经济学领域的专家与学者对高质量发展理论进行了深入的研究和探讨，并取得了成果。学者魏杰、汪浩研究提出，高质量发展的六大特质，即高质量发展是高效率增长、有效供给性增长、中高端结构增长、绿色增长、可持续增长、和谐增长，认为当前中国的经济转型主要有两条主线，一条是从旧动能转向新动能，另一条是从高速增长转向高质量发展。在高质量发展阶段，不是单纯追求经济发展的高速度，而是要追求效率更高、供给更有效、结构更高端、更绿色可持续以及更和谐的增长，甚至可以部分放弃对经济增长速度的追求，而达到更高质量的发展。

3. 高质量发展的核心要义、具体体现、根本所在、重要标志、目的意义

高质量发展是全面建设社会主义现代化国家的首要任务。高质量发展的核心要义是“创新、协调、绿色、开放、共享”的发展。具体体现为创新驱动的发展、内涵为主式的发展、质效提升式的发展、集约高效的发展、平衡充分的发展、绿色生态的发展、经济—社会—环境协调的发展、人与自然和谐的发展等。其根本所在是至于经济的活力、创新力和竞争力。其重要标志是绿色发展，即从高速度经济转向高质量发展。其目的意义是通过高质量发展，提高可持续发展的能力和水平。总之，高质量发展鲜明地体现了社会主义的本质和价值追求。

八、循环经济与清洁、生态、绿色、低碳经济和可持续发展、高质量发展的关系

循环经济理论与清洁生产理论、生态经济理论、绿色经济理论、低碳经济理论、可持续发展理论、高质量发展理论一脉相承。自 20 世纪 60 年代提出生态经济和循环经济概念的基础上，1987 年提出可持续发展概念之后，国内外学术理论界为推进可持续发展由可持续发展初级阶段向可持续发展高级阶段即高质量发展循序渐进，促进可持续发展理论不断充实和完善，先后于 1989 年提出清洁生产理论概念和绿色经济理论概念，于 2003 年提出低碳经济理论概念，到 2017 年中国提出高质量发展概念，其相关理论研究和实践探索在演进中发展，形成了可持续发展理论与生态经济理论、循环经济理论、清洁生产理论、绿色经济理论，低碳经济理论和高质量发展理论一脉相承的相关理论体系，见图 2-4。

推进生态文明建设和实现可持续发展、高质量发展，必须通过清洁发展、循环发展、低碳发展、生态发展、绿色发展的基本途径。清洁生产、循环经济、生态经济、绿色经济、低碳经济

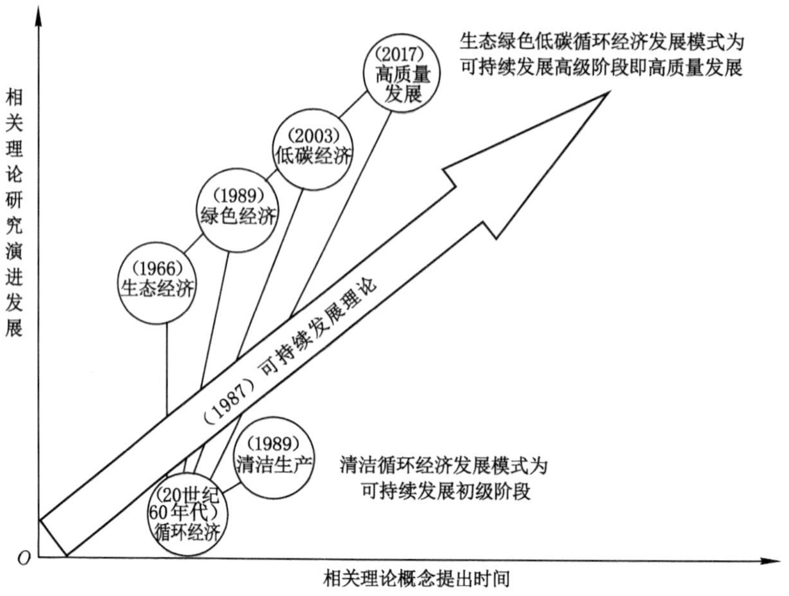

图 2-4　可持续发展由初级阶段向高质量发展演进图

和可持续发展、高质量发展都是为解决资源能源危机和生态环境危机相继出现的几种经济形态和发展模式，是对人类和自然关系加深认识和总结的结果，旨在解决人类可持续发展、高质量发展的根本问题。循环、清洁、生态、绿色、低碳发展各经济形态价值取向一致、内涵关联，内容相互交叉、多有相同，但其各角度、侧重点和实质有所不同。

（一）循环、清洁、生态、绿色、低碳发展价值取向一致，追求目标相同

（1）相关经济形态发展都以人与自然和谐为价值取向。清洁生产、循环经济、生态经济、绿色经济、低碳经济发展都强调摒弃传统的粗放发展模式，在以人与自然和谐为价值取向上趋于一致。通过经济发展方式的转变，实现经济社会发展与自然资源、生态环境的协调。以循环经济为主体，前端以清洁生产为基础，实现清洁循环发展，为可持续发展初级阶段；后端以生态、绿色、低碳发展为目标，实现生态绿色低碳循环发展，为可持续发展高级阶段即高质量发展。从可持续发展初级阶段到可持续发展高级阶段，对经济社会中的生产、流通、消费等各类活动和清洁、循环、生态、绿色、低碳发展均要考虑资源和环境的承载能力，尽可能地改进设计，采用先进工艺技术与装备，尽可能地使用清洁能源和原料，尽可能地节约资源，不断提高资源能源利用效率，尽可能从源头过程消减污染，减少废弃物和温室气体排放量。对于物质能量的转化过程，均要采取预防性、综合性、全程性的措施，以实现低投入、少排放、高效利用、循环利用，达到废弃物最少化、资源化和无害化，最终降低经济社会活动对资源环境的过程消耗及带来的生态环境影响。

（2）相关经济理论研究都以生态经济理论和系统理论为理论基础，以生态系统与经济系统协调发展为核心，以及包括人类在内的生态大系统为研究对象，借鉴生态学的物质循环和能量转化原理，考虑到资源和环境的可持续发展问题，探索人类经济活动和自然生态之间的关系。旨在解决人类可持续发展中在人口、社会、经济、科技、环境和资源相互协调的核心问题。相关经济形态都强调把经济系统与生态系统的多种组成要素联系起来进行综合考察

与实施，追求经济社会与生态发展全面协调，达到生态经济的最优目标。

(3) 相关经济发展技术都以生态技术为基础。生态技术是指遵循生态学原理和生态经济规律，能够保护环境、维持生态平衡、节约资源能源、促进人类与自然和谐发展的一切有效用的手段和方法。生态技术主要是针对科学技术的功能及社会作用而言的，它涉及科技伦理和科技价值问题。生态技术是将经济活动和生态环境作为一个有机整体，追求自然资源和生态环境承载能力下的经济持续增长，旨在通过生态技术解决人类可持续发展遇到的难题。

(4) 相关经济发展模式都是以保护资源、改善环境为目的。人类的可持续发展和经济、社会、环境的和谐统一，客观上要求人类在考虑生产和消费时，不能把自己置身于生态大系统之外，而是必须将自己作为生态大系统的子系统来研究。人类要遵循客观规律的经济原则，考虑自然生态系统的承载能力，尽可能地节约资源，不断提高自然资源的利用效率，尽可能地保护环境，全力维护生态平衡，促进人与自然的和谐发展。

（二）循环、清洁、生态、绿色、低碳发展各有角度和侧重点

1. 相关理论研究的侧重点不同

清洁发展以清洁利用常规能源进行生产过程，达到清洁产品标准，实质以减轻或者消除生产过程对人类健康和生态环境的危害。循环经济的基本理念是“没有废弃物，只是放错地方的资源”，把经济活动组成一个资源—产品—再生资源的反馈式流程。循环经济实质上是解决资源、能源的综合利用、循环利用、永续利用，通过变废为宝，化害为利，解决好资源消耗引起的自然生态及环境污染问题；循环发展侧重于整个社会物质循环利用，强调循环效能和生态效率、资源被多次重复利用，并注重在生产、流通、消费全过程的资源节约和充分利用。低碳经济是以低碳排放，逐步实现去碳化为特征的发展。主要针对能源领域和应对全球气候变暖的问题，主要通过对化石能源清洁利用、低碳排放、节能降耗、提高能效、发展利用可再生能源和清洁能源、增加森林碳汇等，重点是从建立低碳经济结构、减少碳能源消费入手，以降低能耗强度和碳强度，进而建立起全社会减少温室气体排放、应对全球气候变暖的应对机制和发展模式。实质是解决能源安全和应对气候变化问题。生态经济注重经济系统与生态系统的有机结合，其核心是两大系统协调，并强调宏观经济发展模式的转变和以新能源为基础，实现产品从生产—消费—废弃的全过程闭环循环。绿色经济强调以生态优先、保护优先，资源节约和环境友好的发展方式，和谐处理好发展与保护的关系，形成节约资源和保护环境的产业结构、生产方式与生活方式，兼顾物质需求和精神享受、人与自然和谐发展。

2. 相关经济模式运行关注的侧重点不同

清洁生产侧重关注产品设计、使用清洁能源和原料、采用先进工艺技术与设备、提高资源利用效率等环节，旨在从源头消减污染。循环经济是从资源—产品—再生资源—再生产品的产业链延伸实现循环发展，侧重关注资源从输入端到废弃物的输出端，尤其关注不可再生资源的枯竭对经济发展的影响。低碳经济关注的重点是高碳能源的输入端和排放端，通过降碳技术工艺减少碳排放量，保护人类生存的自然生态系统和气候条件。生态经济侧重关注从资源的输入端和废弃物的输出端来研究经济活动与自然系统的相互作用。绿色经济更多关注经济活动的输出端及废弃物对生态环境的影响，重点在于环境保护。

3. 相关经济形态发展的核心不同

清洁生产的核心是从产品源头和生产过程提高资源利用效率，消减污染对环境的风险。

循环经济的核心是资源的高效利用和循环利用。低碳经济的核心是能源技术和减排技术创新、产业结构和制度创新及人类消费发展理念的根本性转变，即构建高效能、低排放的清洁能源结构，改变传统的以化石燃料为主的能源消费模式。生态经济的核心是实现经济系统与自然系统的有机结合与协调发展。绿色经济的核心是以发展经济为核心，全面提高人民生活质量和水平，保障人与自然和谐共存。

以清洁、循环、生态、绿色、低碳发展为主要发展理念、主要坚持原则、主要经济形态、主要发展模式、主要发展方向和主要实现目标，其本质是用较小的资源、环境代价支撑人类经济社会可持续健康发展以及实现高质量发展。

综上所述，人类社会发展必须遵循自然生态规律，必须遵循经济社会发展规律。循环经济相关理论的研究与发展，从概念提出到形成理论体系，循序渐进、不断完善，并由可持续发展初级阶段向可持续发展高级阶段即高质量发展演进提升，必将为实现经济、社会和生态环境协调统一，为实现人与自然和谐发展，为构建人类命运共同体提供理论指导、奠定坚实的基础。

九、中国工业企业循环经济发展探索与实践

发展循环经济是我国的一项重大战略决策，是加快转变经济发展方式，建设资源节约型、环境友好型社会，实现可持续发展的必然选择。

中国根据国情和各地实际，从理论—实践—理论创新—再实践，逐步形成具有中国特色的工业循环经济发展模式和循环型工业体系。

中国循环经济的实践最先从工业领域推行。在工业领域全面推行循环型生产方式，实施清洁生产，促进源头减量；推进企业间、产业间、行业间共生耦合，形成循环链接的产业体系；鼓励产业集聚发展，实施园区循环化改造，实现能源梯级利用、水资源循环利用、废物交换利用、土地节约集约利用，促进企业循环式生产、园区循环式发展、产业循环式组合，构建循环型工业体系。

工业是循环经济实施的主体之一。工业循环经济主要体现在三个环节，即体现通过工业生产工艺工序将资源转化为产品及延伸产品的主要途径，为源头“减量化”节能降耗减排环节；体现循环经济产业链废弃物资源化再利用和再生资源再制造环节；体现循环经济产业所需的先进技术工艺和先进设备、材料创新研发环节。

循环经济的技术主体和技术路线要求在传统工业产业单向线性技术规范式基础上，纵向延长产业生产链条，从生产主产品延伸到梯级产品、高端产品、终端产品以及副产品、再生产品；横向拓宽产业生产链条，将生产过程中产生的废弃物资源化、综合利用、循环利用和无害化处理。循环经济在工业生产领域的发展模式就是改造传统工业产业和重构新型工业产业，使其向生态化工业方向转型。改造升级现有的传统工业体系，构建循环经济型生态工业体系是工业生产领域的核心内容，也是走新型工业化、现代化、信息化、数字化、清洁化、高效化、绿色化道路的本质要求。

中国循环经济型企业是在清洁生产和综合利用的基础上发展起来的。工业企业是循环经济发展的主体，因此要按照减量化、再利用、资源化的原则，着力打造企业内部循环经济产业链条，实施以清洁生产为核心的资源能源循环利用模式，提高资源能源利用效率，降低污染排放率，以期实现经济效益、环境效益和社会效益相统一。传统工业企业发展循环经济应

从下列几个途径入手降低污染排放效率。

走新型工业化和信息化融合的转型升级道路。新型工业化的特征是科技含量高、资源消耗低、环境污染少、经济效益好以及人力资源优势发挥好等。走新型工业化道路的途径需要用循环经济的发展模式改造传统工业产业、传统工业产业园区和传统工业企业，提高传统工业产业和企业的生产效益及经济运行质量；结合传统工业产业、企业结构特点，依靠技术进步、升级改造，发展循环经济规模和提升循环经济水平，将清洁高效生产、废弃物资源化、绿色低碳循环及生态工业产业产品等确定为发展循环经济的重点领域；在科学规划、绿色设计和标准建设生态工业产业体系时，优先选择煤炭、钢铁、石化、建材、造纸、食品等高能耗、高排放、高污染的传统产业及企业，重点研究开发循环经济产业发展的适用技术和信息技术，探索传统工业、产业、企业循环经济发展模式，走新型工业化和信息化融合的转型升级之路。

推进清洁生产源头管控，打造新型循环经济型企业生态工业园区。企业是实施清洁生产的主体，依据减量、提质、增效、节能、降耗、治污、减排的清洁生产原则和目标，把实施清洁生产及采用清洁能源、推行清洁生产过程、产出清洁产品，作为实现污染物达标排放和完成污染物排放总量控制指标的源头基础和重要手段。并随着工业产业结构的不断调整、优化升级、跨界融合绿色低碳循环发展，同时随着信息化、数字化、智能化、互联网、物联网、区块链等新技术产业的创新发展，传统工业企业为推行清洁生产、延伸产业链条、发展循环经济创造全新的条件。传统工业企业通过引入先进的新技术、新工艺、新材料、新设备，在循环经济产业生产过程中延伸构建废弃物连续综合利用的“循环利用圈”，将传统工业企业打造成新型循环经济型企业、园区。

以资源循环利用为主线，补链、延链、强链，加粗延长产业链，将循环经济、绿色低碳理念引入企业设计、管理、生产循环的全过程，围绕资源循环利用主线，在产业链建设上科学论证、绿色设计、合理布局，纵向延伸、横向扩展。传统工业企业须充分发挥比较优势，积极探索资源—产品—再生资源—再生产品的循环经济发展模式。如煤炭资源就地转化或深加工，延伸煤电一体化、煤化工一体化、煤电建一体化等产业链；如深度研发洁净煤、气资源，延伸煤化工产业链，生产高端产品、终端产品；再如发展再生资源再生产业，按照减量化、再利用、资源化的原则，建立矿区、城区废弃物、废旧物资和再生资源回收利用体系，形成资源化回收开发、生产加工综合利用良性循环。

推动循环经济型企业发展中的技术创新。企业是技术创新驱动的主体。先进的生态循环技术和设备是发展循环经济的基础条件。循环经济型企业要加大对资源节约和循环利用适用新技术的应用和新技术的创新攻关力度，突出抓好资源节约和替代技术、能量梯级利用技术、延长产业链和相关产业链接技术、“低排放、零排放”技术、有毒有害原材料替代技术、废弃物的综合利用回收处理技术、绿色制造技术及产业化。加强对具有共性特点的技术攻关，解决工业循环经济发展的技术瓶颈。

强化循环经济产、学、研、用深度融合。企业是发展循环经济的主体，延伸循环经济产业链条、构建循环经济体系离不开技术研发和新技术支撑。主动推进产、学、研、用一体化及深度融合、联合攻关是最有效的途径。如建立产、学、研、用一体化战略合作联盟研发机构和研发团队，构建循环经济产业链上下游跨界合作体系，建设科研院校企业研究基地和企业实验基地，优势互补、重点攻关，突破循环经济产业及关联产业关键技术、核心技术，促进和保障循环经济型企业建设科学完善的循环经济技术体系。

建立循环经济产业发展的信息、技术、政策咨询服务体系。构建循环经济产业信息系统、技术咨询和政策指导服务体系，加强重点工业产业、重点企业循环经济运行的科学监测和准确预警，科学调度水、电、煤、气、运等资源配置，及时向社会发布有关循环经济技术、管理和政策等方面的信息。充分利用政府现有的工信、环境、科研、监测、服务机构等和社会团体的力量，开展循环经济信息咨询、技术推广、政策宣传、技术培训等工作。

中国工业企业循环经济发展，虽然取得较大成绩，但仍需要在深化理论研究和创新实践上进一步深入探索。要坚持以可持续发展理论和清洁生产发展理论、循环经济发展理论、生态经济发展理论、绿色经济理论、低碳经济发展理论为指导，以进一步优化资源高效利用方式为核心，以深化技术创新和制度创新为动力，以加强法制建设为手段，以完善政策措施为保障，真正形成政府主导、政策引导、企业主体、公众参与、法律规范、科技支撑和市场化运作的完善有效的运行机制，逐步形成中国特色的工业企业循环经济发展模式，推进资源节约型社会和环境友好型社会建设，实现高质量可持续发展。

中　篇
煤基循环经济高质量发展探析

第三章　针对中国煤炭企业发展现状的思考

煤炭工业是我国重要的基础产业和能源供应主体产业。煤炭是我国重要的主体能源和重要的工业原料，在国民经济中具有重要的战略地位。在我国一次能源结构中，煤炭将长期是我国的主要能源。新中国成立70多年来，煤炭能源政策不断完善，有力推动了煤炭事业飞跃发展。中国煤炭工业沧桑巨变，由小到大，由弱到强，由落后转向先进，中国逐步成为世界第一产煤大国。特别是改革开放40多年来的近10年中，我国煤炭工业发生了翻天覆地的变化，煤炭产业体系由落后走向现代化，供应保障能力得到几何式提升，实现了历史性的大跨越式发展，有力保障了国家能源安全稳定供应，有力支撑了国民经济和社会的平稳快速发展，有力满足了人民百姓日常生活需要，为中华民族实现从站起来、富起来到强起来的历史飞跃做出了巨大贡献。中国传统煤炭企业取得了长足的发展和辉煌的成就，但也暴露出可持续发展、高质量发展亟待解决的深层次矛盾。

一、煤炭工业和煤炭企业发展成果

（一）煤炭产能规模和实力显著增强

1. 煤炭产能大幅提高，有力支撑了国民经济的快速发展

据《中国煤炭工业统计资料汇编(1949—2009)》统计数据显示，1912—1948年36年间，全国煤炭累计产量为10.27亿吨，年产量最高的1942年为0.62亿吨。新中国成立以来，中国煤炭建设由政府投资到由政府和社会共同投资，发生了巨大变化。新中国成立初期，中国煤炭能源基础十分薄弱，煤炭生产水平很低，供需关系紧张，存在严重的结构性矛盾。从“一五”计划到“五五”计划，国家对煤炭工业发展具体部署，煤矿建设速度加快，煤炭产能稳定增长，供给能力显著增强。70年来，煤炭采选业固定资产投资累计完成4.8万亿元，建立起了集资源勘查、煤矿设计、科研教育、基建生产、加工转化、煤机制造和综合利用等完整的煤炭工业体系。全国煤炭产量由1949年的3 243万吨，增加到1978年的6.18亿吨。改革开放以来，从“六五”计划到“十五”计划，国家不断加强煤炭资源开发和基础设施建设，更加注重煤炭工业的发展和质效。进入21世纪后，从“十一五”规划到“十三五”规划，国家煤炭工业进入快速发展期，全国煤矿新增生产能力大幅提升。其中，“十二五”期间全国煤矿新增生产能力是“五五”期间的近27倍。尤其2021年为保障国家能源需求，全国批复核增产能煤矿200处左右，核增煤炭产能3亿吨/年。全国煤炭累计新增煤炭生产能力48.18亿吨/年，见图3-1。

据《2021煤炭行业发展年度报告》统计数据公布，2021年，全国煤炭产量达到了41.3亿吨。这个数据是新中国成立前36年煤炭产量总和的4.02倍；是1949年煤炭产量的127.4倍(年均增长7.0%以上)；是1978年煤炭产量的6.7倍。特别是2009年至2021年连续十三年全国煤炭产量均保持在30亿吨/年以上，其中2012年和2013年达到

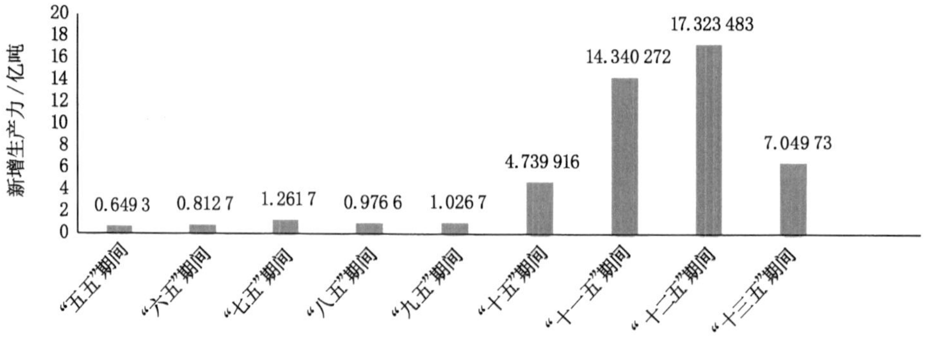

图 3-1 “五五”至“十三五”全国煤炭新增生产力情况

39.50 亿吨和 39.74 亿吨峰值，2021 年达到 41.3 亿吨，创历史新高。据统计数据显示：截至 2021 年，72 年全国煤炭增量达 70 多倍以上，总产量累计达 965.08 亿吨，其中 1949—1977 年累计达 73.3 亿吨，1978—2021 年累计达 891.78 亿吨，比前 30 年总和增加 12 倍多，见图 3-2。煤炭工业的快速发展、煤炭产能的有效释放，有力地支撑了煤炭下游产业的快速增长。以 2019 年为例，煤炭工业支撑了煤电产业超 10 亿千瓦时的煤电装机、年 22.9 亿吨的电煤需求量，钢铁产业年 9 亿多吨粗钢产量、6.5 亿吨的煤炭需求量，建材产业年 24 亿吨水泥产量、3.8 亿吨左右煤炭需求量，化工产业年 700 多万吨化肥产量、3 亿吨煤炭需求量。

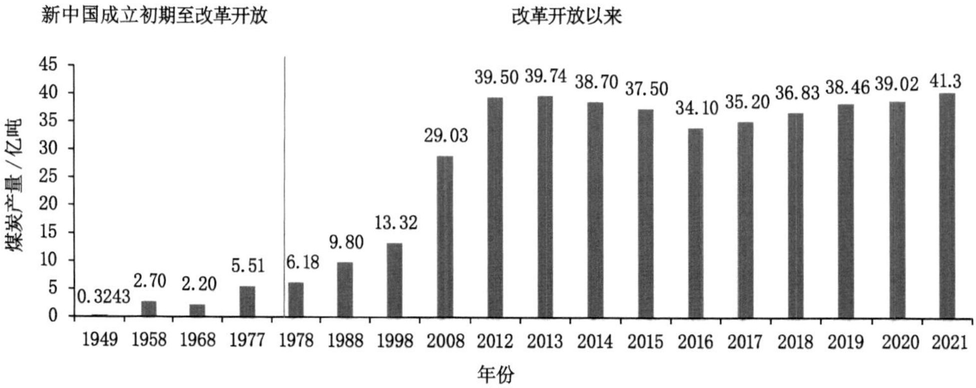

图 3-2 新中国成立初期至改革开放以来全国煤炭产量变化情况

2. 发挥煤炭生产集中度优势，大幅提升了集约高效先进生产能力

为了维护国家能源安全，满足经济社会发展需要，调整和优化煤炭生产结构，促进资源地区经济社会发展，2006 年 4 月 28 日，国家发改委批复神东等 13 个大型煤炭基地，涉及 14 个省(区)，总面积 10.34 平方公里，拥有 40 多个主要矿区(煤田)，煤炭保有储量 6 908 亿吨，占全国煤炭储量 70%，规划煤矿项目 500 处，建设规模 13 亿吨。大型煤炭基地建设以大型煤炭企业为主体，优先建设大型露天煤矿和矿井。

为了满足全国能源增长需求，国家《“十二五”规划纲要》提出，“十二五”期间建设山西、鄂尔多斯盆地、内蒙古东部地区、西南地区和新疆地区五大国家综合能源基地，重点发展煤电。国家《煤炭工业发展"十二五"规划》中进一步明确提出，"十二五"期间要重点建设 14 个大型煤炭基地，包括晋东、晋中、晋北、陕北、黄陇、宁东、神东、蒙东、新疆、冀中、鲁西、河南、两淮和云贵。同时，依托上述大型煤炭基地资源优势，"十二五"期间在蒙、新、晋、陕、甘、宁、黔等省（区）建设 16 个大型煤电基地，包括山西（晋东南、晋中、晋北）、陕北、彬长、宁东、准格尔、鄂尔多斯、锡林郭勒、呼伦贝尔、霍林河、宝清、哈密、准东、伊犁、淮南、陇东和贵州。

全国煤炭行业按照国家煤炭开放建设总体布局和大型煤炭基地规划，科学优化煤炭资源集约式开发和高效化生产布局，持续提升煤炭生产集中度，加大优势化生产及释放优质产能的力度，煤炭生产中心向资源禀赋好、产能提升快、竞争力强的晋、陕、蒙、新煤炭富集地区集中，向区域中大型、特大型优势煤炭企业集中，煤炭生产集中度优势充分发挥，煤炭集约高效先进生产能力大幅提升。据《2021 煤炭行业发展年度报告》统计数据显示，2021 年，山西、内蒙古、陕西、新疆、贵州、安徽等 6 个省（区）原煤产量超亿吨，产量共计 35.4 亿吨，占全国总产量的 85.80%。其中，晋、陕、蒙、新 4 个省（区）原煤产量 33.0 亿吨，占全国总产量的 79.9%，且同比提高了 1.6 个百分点。全国煤炭行业排名前 8 家特大型煤炭企业原煤产量 20.26 亿吨，占全国总产量的 49.1%，且同比提高了 1.5 个百分点。其中 6 家亿吨级以上企业原煤产量 18.4 亿吨，占全国总产量的 44.6%，且同比提高了 1.5 个百分点。全国 973 处安全高效煤矿原煤产量占全国总产量比重达到 60%以上。"十三五"末的 2020 年，14 个大型煤炭基地产量占全国总产量的 96.6%，比"十二五"末的 2015 年提高了 3.6 个百分点。

3. 中国煤炭产量和消费量连年稳居世界第一

中国煤炭产量占世界煤炭总产量的比重持续上升，由 1949 年的 1.94%上升到 2021 年的 50.53%，年煤炭产量从 1985—2021 年连续 37 年稳居世界第一。尤其是 2009—2021 年 12 年间，占比保持在 45%上下，最高达到 51%；产量增量占世界的 80%左右。据《BP 世界能源统计年鉴 2021》数据显示，2021 年世界煤炭总产量为 81.73 亿吨，比上年增长 6.0%。此前 2012—2014 年世界煤炭产量连续 3 年超过 80 亿吨，2015—2017 年世界煤炭产量有所下降，均低于 80 亿吨，到 2018—2019 年和 2021 年再次回升到 80 亿吨以上水平，尤其 2021 年达到 81.73 亿吨，创历史新高。2009—2021 年世界煤炭产量亿吨以上的国家有 10 个，2021 年煤炭产量排序为中国、印度、印度尼西亚、美国、澳大利亚、俄罗斯、南非、德国、哈萨克斯坦、波兰。中国煤炭产量较上年仍有所上升，再创历史新高，见表 3-1。

表 3-1　世界煤炭产量及主要产煤国家煤炭产量变化情况　　单位：亿吨

国家	1949 年	1980 年	1990 年	2000 年	2009 年	2017 年	2018 年	2019 年	2020 年	2021 年	备注
世界总产量	16.723 2	37.330 0	47.400 0	39.051 7	69.406 0	77.273 0	80.900 0	81.290 0	77.42	81.73	
中国	0.324 3 (1.94%)	6.201 3 (16.61%)	10.793 0 (22.77%)	9.991 7 (25.59%)	30.125 1 (43.40%)	35.232 0 (45.60%)	36.980 0 (45.96%)	38.460 0 (47.3%)	39.02 (51.0%)	41.30 (50.53%)	占比%
印度					5.661 0	7.160 0	7.600 0	7.560 0	7.565	8.11	
美国	4.359 7	7.629 5	9.398 6	9.924 5	9.732 0	7.023 0	6.850 0	6.390 0	4.847	5.24	
印度尼西亚					2.912 0	4.610 0	5.570 0	6.100 0	5.625	6.14	
澳大利亚		1.053 0	2.048 0	3.039 5	4.092 0	4.813 0	5.050 0	5.060 0	4.767	4.79	

表 3-1(续)

国家	1949 年	1980 年	1990 年	2000 年	2009 年	2017 年	2018 年	2019 年	2020 年	2021 年	备注
俄罗斯(苏联)	2.355 1	7.163 7	7.032 5	2.570 3	2.760 0	4.112 0	4.410 0	4.400 0	3.998	4.34	1996 年以前为苏联,以后为俄罗斯
南非					2.495 0	2.523 0	2.530 0	2.540 0	2.483	2.35	
德国	1.905 2	2.169 7	1.838 4	2.064 0	1.837 0	1.751 0	1.680 0	1.330 0	1.074	1.26	1992 年以后为德国以前为西德
哈萨克斯坦					1.009 0	1.111 0	1.180 0	1.150 0	1.132	1.16	
波兰	0.787 0	2.299 8	2.152 6	1.625 4	1.351 0	1.271 0	1.220 0	1.120 0	1.007	1.08	

中国经济高速发展拉动煤炭能源,从 1978—2021 年中,有 32 年中国成为世界煤炭消费第一大国(其中,1986—1998 年连续 13 年、2002—2021 年连续 20 年)。从 2005 年开始中国占世界煤炭总消费量达到 40%以上,尤其是 2017—2021 年中国占世界煤炭总消费量均达到 50%以上。据《BP 世界能源统计年检 2021》数据显示:2021 年全球煤炭消费总量为 160.10 艾焦,比上年上升 6.3%,创历史新高。这是煤炭在全球一次能源消费比重 17 年来下降至 2020 年了低水平后的一次大幅反弹。以绝对总量名列世界前十大煤炭消费国排序为:中国、印度、美国、日本、南非、俄罗斯、韩国、印度尼西亚、德国、越南。中国煤炭消费量仍保持增长,见表 3-2。

表 3-2　2018—2021 年世界前十大煤炭消费国排名表　　单位:艾焦

序号	国家	2018 年	2019 年	2020 年	2021 年	同比%
世界总消费量		158.79	157.86	151.07	160.10	6.3
1	中国	79.83(占总量比例 50.56%)	81.67(占总量比例 51.7%)	82.38(占总量比例 54.53%)	86.17(占总量比例 53.82%)	4.9
2	印度	18.56	18.62	17.4	20.09	15.8
3	美国	13.28	11.34	9.2	10.57	15.2
4	日本	4.99	4.91	4.57	4.80	5.2
5	南非	3.76	3.81	3.56	3.53	−0.5
6	俄罗斯	3.63	3.63	3.29	3.41	4.0
7	韩国	3.63	3.44	3.02	3.04	0.7
8	印度尼西亚	2.84	3.41	3.25	3.28	1.2
9	德国	2.90	2.30	1.81	2.12	17.5
10	越南	1.59	2.07	2.10	2.15	2.5

4. 中国煤炭企业产能水平和综合实力持续增强

据中国煤炭经济研究会公布统计数据显示,仅以 2017 年世界产量前 20 名煤炭企业排名为例中国占了 13 家,且产量均达 7 000 万吨以上,占比达 68.40%(见附表 1)。

据中国煤炭工业协会发布:2021 年中国煤炭企业煤炭产量千万吨以上企业达到 36 户。其中煤炭产量达到 1 亿吨以上企业 6 家,5 000 万吨以上至 1 亿吨企业 9 家,1 000 万吨以上至 5 000 万吨企业 21 家(见附表 2)。

5. 煤炭资源勘查新增生产能力

改革开放后,国家加大煤炭资源勘查力度,全国煤炭查明资源储量从 1978 年的 5 959.6 亿吨增加到 2017 年的 1.67 万亿吨,增幅达近 2.8 倍。2018—2021 年又有新的增加,为全国煤矿新增生产能力提供了有效保障,见图 3-3。

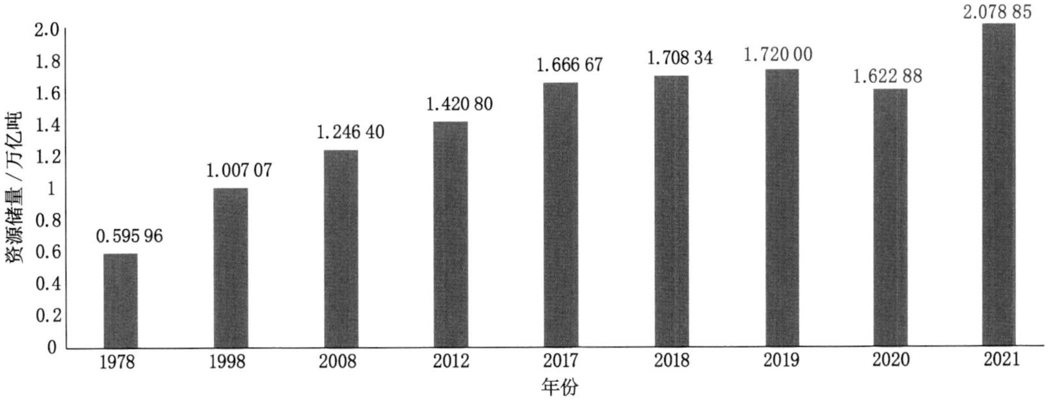

图 3-3　改革开放以来全国煤炭查明资源储量变化情况

6. 煤炭供应和运输中转保障能力不断提升

改革开放以来,全国煤炭供应保障能力显著增强,先后建成了大秦、朔黄、蒙冀、瓦日、集通等主要煤炭铁路运输通道。从 2017 年起,铁路煤炭运量大幅增加到年 20 亿吨以上,仅 2021 年全国铁路累计煤炭运输量达到 25.8 亿吨,同比增加 9.3 个百分点。国家铁路是煤炭运输的主要运力,见图 3-4。

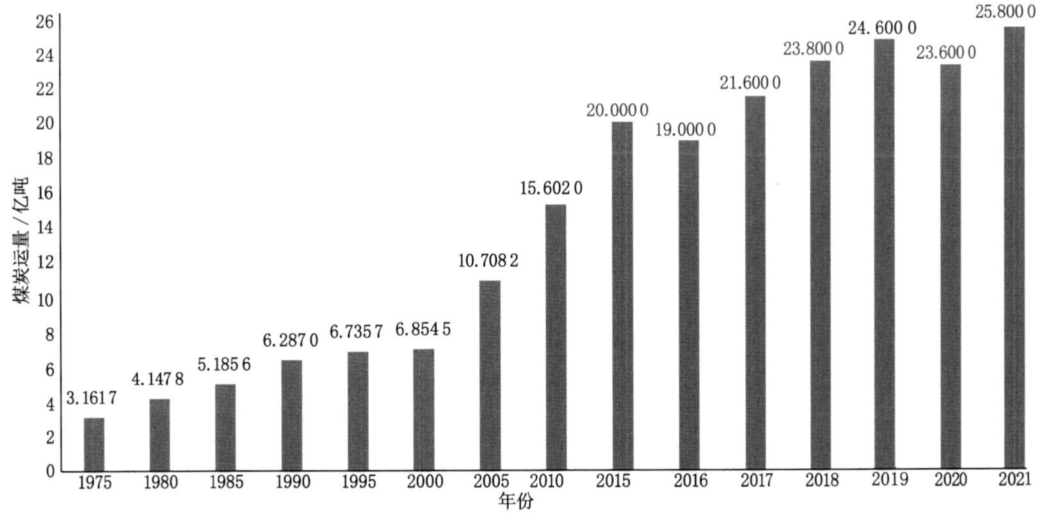

图 3-4　国家铁路煤炭运输变化情况

改革开放后,我国先后建成了秦皇岛、京唐港、曹妃甸、黄骅、和南京、武汉等一批沿海沿江煤炭中转港口,煤炭转运能力大幅提升,仅环渤海主要港口 2018—2021 年发运煤炭量达到约 7 亿—8 亿吨/年,见图 3-5。

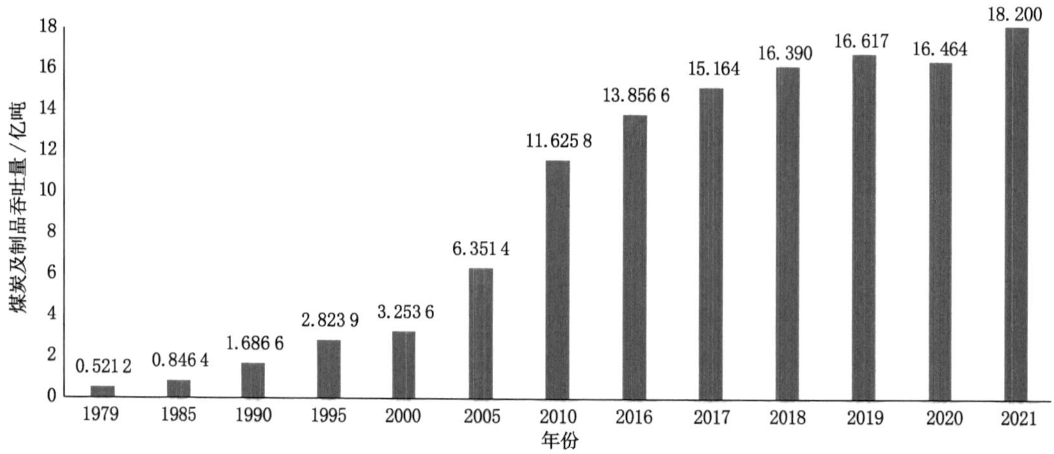

图 3-5　全国主要港口煤炭及制品吞吐量

（二）煤炭科技进步加快，自主创新能力大幅提升

新中国成立 70 多年来，特别是改革开放 40 多年来，中国能源科技创新能力逐步提升，能源技术装备快速发展，自动化、智能化、数字化推动能源系统不断优化，能效水平得到显著提升。作为主体能源的中国煤炭工业，以市场为导向、以企业为主体的产学研用协同创新机制不断完善，煤炭科技创新体系逐步成熟，大型煤炭企事业单位普遍建立了省级或国家级煤炭科技创新研究中心；现代信息技术与传统产业融合发展加快，煤矿生产开始由机械化向智能化转变；资源开发、重大灾害防治、清洁利用与高效转化等基础理论研究与关键技术攻关应用取得重大进展，科技创新推进采煤方法改革、煤矿安全管理改革和煤炭消费革命，为煤炭工业高质量发展奠定了基础。

（1）全国煤炭行业科技创新能力稳步上升，重大科技示范工程不断投产。截至 2021 年，煤炭行业荣获国家科技进步奖特等奖 1 项，国家科技进步奖一等奖 13 项，中国专利奖金奖 6 项。特别是“400 万吨/年煤间接液化成套技术创新开发及产业化”项目荣获国家科技进步特等奖，攻克了大型煤间接液化“卡脖子”关键核心技术。“煤制油品/烯烃大型现代化煤化工成套技术开发及应用”项目获国家科技进步一等奖。“燃煤机组超低排放关键技术研究及应用”获国家技术发明奖一等奖，攻克了燃煤机组超低排放的关键核心技术。“煤炭清洁高效利用核心技术和工业示范”入选改革开放 40 年 40 项标志性重大科技成果。“晋华炉”获日内瓦国际发明展金奖。仅 2016—2021 年全国煤炭行业获得国家科技进步奖、技术发明奖、中国专利 55 奖项。科技创新提升了煤矿安全质量标准化和安全生产标准化建设水平，促使煤矿安全生产工作更加标准化、规范化。

中国煤炭工业协会共评出全煤行业科技学术奖 4 407 项，其中特等奖 29 项，一等奖 463 项。2018 年国家科技支撑计划“大型燃煤电站超净排放控制关键技术及工程示范”项目顺利通过验收。2018 年 1 月，世界首套 10 万吨/年煤制乙醇工业示范项目投产成功。2018 年 12 月，世界最大单炉（4 000 吨级/日）多喷嘴对置式水煤浆气化炉安装。2019 年年初，世界首台 660 兆瓦超超临界、超低能耗、超低排放“三超”燃用低热值煤的循环流化床发电示范项目落户开建；世界单炉最大规模 20 万吨标准立方米/小时水煤浆气化炉投运，为煤炭清洁高效利用提供了新的技术支撑。

煤炭行业科技创新引领和自主研发能力持续提升，煤炭产学研深度融合，技术创新体系不断完善。仅“十三五”期间，全国煤炭行业建成国家级、省部级和行业级研发平台达170余家，其中国家重点实验室和国家工程技术研究中心纳入新序列管理，国家能源充填采煤技术重点实验室等13个国家能源研发创新平台通过考核评估，建成煤炭智能化无人开采技术研发中心等一批企业研发平台；“东部草原区大型煤电基地生态修复与综合整治技术及示范”“大规模水煤浆气化技术开发及示范”等多项国家重点研发计划项目顺利通过验收；世界首台10米超大采高液压支架、首套7米超大采高智能综放开采关键技术及成套装备研制成功；“大型矿井综合掘进机器人”等国家重点研发项目稳步推进；日处理煤4 000吨级多喷嘴对量式水煤浆气化装置投入运营；煤液化沥青萃取技术、多级高效聚甲醛技术装备等煤基新材料研发取得突破。大型煤炭企业研发投入强度达2%左右。这些发展变化标志着科技创新支撑煤炭行业高质量发展的创新能力和竞争实力显著增强。

(2) 全国煤炭行业加快推进智能化建设，在智能化生产、智能化建设方面实现了跨越式发展。全国煤矿井工开采方式不断改革进步，从高档普采、综合机械化开采、特厚煤层综采放顶煤开采到中厚煤层无人自动化综采、薄煤层无人自动化刨煤机开采、智能化无人开采，尤其是综采智能化无人开采技术已广泛适用于大采高、中厚煤层、薄煤层和特厚煤层放顶煤工作面，实现了一个个技术突破，推进煤炭安全高效智能化绿色开采取得成效。建成了以大柳塔煤矿、红柳林煤矿为代表的一批千万吨级矿井群，和以锦界煤矿、黄陵2号井为代表的一批数字矿山和智能化开采工作面，主要经济技术指标进入国际领先水平行列；以煤矿保水开采、充填开采为主的绿色开采技术得到普遍推广应用。煤矿数字化、智能化建设纵深推进，全行业以煤矿智能化建设为引领，深入推进大数据、人工智能、区块链、物联网等现代信息技术与煤炭产业深度融合，向煤炭生产经营各环节延伸。全行业逐年建成一批智能化示范煤矿，70多处煤矿列入国家首批智能化示范建设煤矿。智能化采掘工作面建设加快。其中2019年建成275个；2020年建成494个，同比增幅为79.6%；2021年，建成813个，同比增幅为64.6%，其中智能化采煤工作面477个，智能化掘进工作面336个，实现了一键启动、有人巡视、无人值守。多种类型煤矿机器人在煤矿井下示范应用，推动了煤矿质量变革、效率变革、动力变革。大型煤矿综合机械化煤炭产量比重已提高到98%以上。全国煤炭产业从传统煤矿逐步向现代化煤矿迈进，实现了由量到质的飞跃，不断提升了传统煤矿的机械化、自动化、信息化、数字化智能化水平，也体现了“能机勿人、人少勿多、无人则安”的新理念。特别是神东大柳塔矿600平方米的区域生产控制指挥中心，由10位职工用12组工作电脑远程控制着50公里范围内的神东矿区，被称为中国首个区域集中自动化控制与生产指挥系统。煤炭行业持续完善煤矿智能化标准体系，在智能化综采工作面、煤矿5G通信、煤矿机器人、露天矿无人驾驶等方面启动了标准制定工作，将加快推进全煤炭行业智能化建设。

(3) 全国煤矿采煤、掘进机械化程度明显提升，分别达到85%和65%。其中大型煤炭企业采煤机械化程度由1978年的32.50%提高到2021年的98.95%，从2010年达到95%至2021年连续12年不断提升，见图3-6。

据《2020煤炭行业发展年度报告》，“十四五”末期，全国煤矿采煤、掘进机械化程度将分别达到90%以上和75%以上。

(4) 全国煤机技术攻关取得多项突破，煤炭科技进步催生新技术、新工艺、新材料、新产

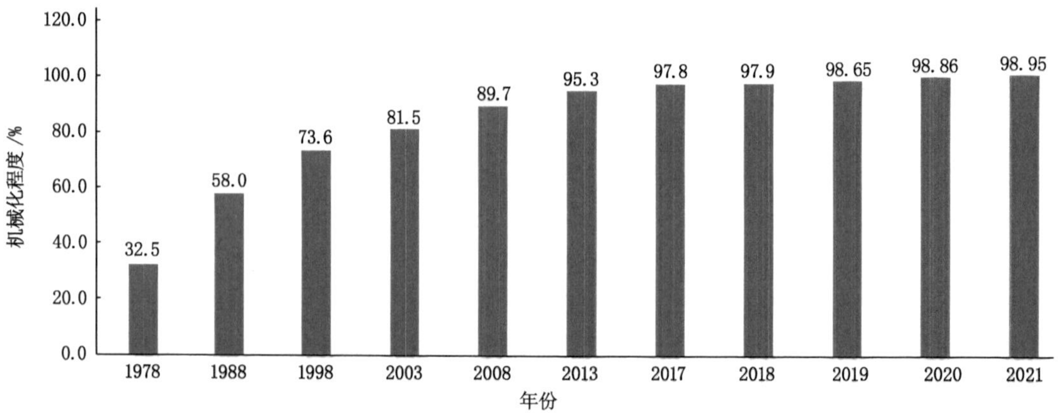

图 3-6　改革开放以来大型煤炭企业采煤机械化程度变化情况

品、新装备，使煤炭开采更加安全、高效、智能、绿色。全品种、全系列的现代煤炭装备制造体系已经形成，大功率采煤机、输送机，大采高电液控制支架，新型智能传感器，物联网等关键设备与零部件国产化能力显著增强，尤其是采高 8.8 米采煤机与液压支架、2 000 万吨运输机等年产千万吨级的大型综采技术设备，700 万吨大型液压挖掘机露天开采技术装备、3 000 万吨级群矿选煤技术装备等均实现了国产化。掘、支、运一体化、快速掘进装备、全断面矩形智能掘进机、10 米超大采高智能液压支架、井下探放水智能操作系统等一批智能矿山关键技术取得突破。采煤钻锚巡检等 19 种煤矿机器人在井下广泛应用。中国先进的煤机技术装备有力支撑了中国大型现代化煤矿建设，煤炭生产方式逐步由传统粗放向机械化、自动化、信息化、数字化、智能化和清洁化、绿色化转型的集约高效现代化大生产转变，并全面提速。

(5) 全国煤矿人均生产效率大幅提升。由 1978 年的 137 吨/年提高到 2001 年的 2 600 吨/年以上，增长了 19 倍。2019—2021 年大型煤炭企业回采工作面单产每年达到 79 875 吨/月、80 689 吨/月、88 975 吨/月，原煤生产人员效率每年达到 8 387 吨/工、8 656 吨/工、8 786 吨/工，逐年均有提高。其中，国家能源集团神东矿区补连塔煤矿，2021 年煤炭产量达 2 471 万吨，于 2018 年人均生产效率就超过 50 000 吨/年，全员工效达到 167.76 吨/工，是当期全国平均水平 8.2 吨/工的 20 倍；中煤平朔集团东露天矿，人均生产效率达到 68 000 吨/年以上，原煤工效达到 258.24 吨/工，已处于国际先进水平。

(6) 全国煤矿采矿技术、煤机装备制造能力和国际影响力显著增强。中国煤炭工业创造了多个世界之最，中国煤炭工业坚持走自主研发和引进吸收技术“两条腿走路”的方针。自 1978 年年底，从西德、英国、法国、日本、奥地利、美国 6 个国家的 13 家公司引进 100 套综采设备，拉开了大规模引进国外先进技术和装备的序幕；1987 年 9 月，同美国西方石油公司合作建设平朔安太堡露天煤矿，我国井工煤炭开采和露天煤炭开采一下跨越了 30 年的技术鸿沟。通过引进仿制到自主研发再创新，中国煤机制造技术和能力快速发展。到 20 世纪末，我国已实现了中厚煤层系列综采装备国产化。21 世纪初，我国已研发出世界上最大采高、最小采高、最大倾角的综采成套设备。同时还成功实现了技术和设备对其他主要产煤国家的出口。如 2006 年 5 月，兖矿集团与德国鲁尔工业集团 DBT 公司签署《两柱式综采放顶煤液压支架技术专利转让使用合同》，开创了中国煤企向国外先进煤企输出采煤技术的先河。如2009年2月，具有自主知识产权的多喷嘴水煤浆气化炉销往美国。再如，中国煤机企业成套综合机械化采煤设备出口到印度、俄罗斯，单机产品也先后出口到多个产煤国家。随着国家“一带一路”倡议的实施，煤炭企业对外投资范围和规模不断扩大，合作方式不断创新，技术和产能合作层次、质量水平显著提升，大型煤机装备出口逐年增加，中国煤炭工业的国际影响力显著增强。值得一提的是，中国煤炭工业技术进步推进了中国煤机装备制造科技创新能力的持续增强，实现了从传统手工作业半机械化逐步向综合机械化、自动化、信息化和智能化的巨大转变，形成了门类齐全、配套完善，规模化、专业化和集群化协调发展的煤机装备制造产业体系。一大批装备制造水平达到世界领先水平，如智能化综采工作面成套设备智能化大功率变频刮板运输机、智能化煤炭定量快速装车系统、千万吨级矿井大型提升容器、千米凿井及竖井钻机技术与装备、大型盾构机、大型高效全自动压滤机等。仅2017年10月，评选出首届选煤装备十大科技成果。据不完全统计，2005—2021年，经自主研发的一批世界首创的采矿技术和煤机设备，创造了当期多项世界之最，见表3-3。

表3-3　2005—2021年中国煤矿及煤机技术进步世界之最

序号	名称	单位	特点
1	世界产量最高综采工作面	神华神东煤炭集团有限责任公司	2005年10月，上湾煤矿51104综采工作面生产原煤106万吨，其中10月9日生产原煤5.094 4万吨，为综采工作面日产世界纪录。上湾煤矿综采队2004—2006年连续三年创年产超千万吨世界纪录
2	世界产量最高综放工作面	兖矿集团东滩煤矿	东滩煤矿2003工作面当期最高月产量65.63万吨，年产量642万吨，为世界综放单产最高
3	世界最大井工矿井	神华集团补连塔煤矿和大柳塔煤矿	补连塔矿和大柳塔矿2006年产量分别达到2 112万吨、2 110万吨，被誉为世界第一矿
4	世界原煤工效最高的煤矿	神华神东煤炭集团哈拉沟煤矿	哈拉沟煤矿2007年原煤生产人员效率达到168.43吨/工
5	世界首套一次采全高液压支架	神华神东煤炭集团补连塔煤矿和郑州煤矿机械集团股份有限公司合作	2010年神华集团有限责任公司与郑州煤矿机械集团股份有限公司合作研发制造世界首套大采高ZY16800/32/70D型液压支架，电液控制和双通道大流量立柱阀组，用于补连塔煤矿22303综采工作面。工作面长301.5米，综采一次采全高7米，采煤机一刀可割煤2 100吨，被誉为“中国第一架，世界第一高”
6	世界最大吨级群矿选煤技术装备	神华集团布尔台煤矿 中煤科工集团武汉设计研究院	2010年由中煤科工集团武汉设计研究院设计入选四矿采煤的群矿型选煤厂31.0兆吨/年，创群矿选煤厂设计生产能力世界纪录
7	世界最长综采工作面单班最高原煤产量	神华神东煤炭集团哈拉沟煤矿	2012年9月19日中班，世界首个450米超长综采工作面采高2米、割煤4刀，单班生产原煤超5 000吨，创造了新纪录
8	世界功率最大、体积最大、重量最大、采高最大的智能化采煤机	鸡西煤矿机械有限公司	鸡西煤机公司制造的MC 800/2040-WD电牵引采煤机为世界之最

表 3-3(续)

序号	名称	单位	特点
9	世界最大液压支架	郑州煤矿机械集团股份有限公司	郑州煤矿机械集团制造的 ZY 9400/28/82 型掩护式液压支架为世界之最
10	世界最大最高二柱式大采高掩护式液压支架	北京煤机厂	北京煤机厂制造的 ZY 10400/30/65 型电液控掩护式液压支架为世界之最
11	世界首个大坡度掘进机	三一重装国际控股有限公司	沈阳三一重装公司制造的 EBZ 160(CD)大坡度掘进机为世界之最
12	世界最大煤矿井架	山西潞安矿业(集团)有限责任公司	山西潞安矿业集团 A 型反斜井支撑式钢井架,年吊运总量 600 万吨,为世界之最
13	世界最大容量增安型防爆电机	南阳防爆集团有限公司	南阳防爆集团公司制造的 TNW 8800-20/3250 增安型天刷励磁同步防爆电动机为世界之最
14	世界首套智能控制刮板运输机	宁夏天地奔牛实业集团 神华集团宁夏煤业集团	2015 年 10 月通过鉴定,具有限矩、限速、可控软启动,全范围智能平滑调速、多电机功能智能协调、健康监测、远程保护、断链预防、断点监测、自适应协调作用
15	世界首套 8.2 米超大采高综采装备	兖矿集团 陕西未来能源化工有限公司金鸡滩煤矿	2016 年 7 月试生产。8.2 米高液压支架最低可降到 3.8 米,每架液压支架平均重 78 吨,最大液压支架重 86 吨,工作面顺槽运输皮带宽 1.8 米、长 5 800 米,采煤机高 3.6 米,重 209 吨。试生产采煤 1 300 万吨/年,最高日产 6 万吨,最高月产 150 万吨,原煤工效 163 吨/工。世界首套配套形成年产 1 500 万吨综采工作面
16	世界最深煤矿定向钻机	中煤科工集团西安研究院 国家能源集团神东保德煤矿	2018 年 1 月 20 日在保德煤矿成功钻出主孔深度 2 311 米深顺煤层超长定向钻孔,刷新世界纪录
17	世界首套 8.8 米超大采高智能综采装备及工作面最高日产	国家能源集团神东煤炭上湾煤矿 天地科技股份有限公司上海分公司 江苏天明机械集团有限公司 郑州煤矿机械集团股份有限公司	2018 年 3 月 2 日在上湾煤矿综采一队投入运行。由天地科技股份有限公司上海分公司研制世界首台 8.8 米超大采高特厚煤层 MG 1100/2925-WD 型交流电牵引采煤机,整机重约 220 吨,滚筒直径 4.3 米;配套江苏天明机械集团有限公司生产的 SGZ 1388 型刮板机、SZZ 1588/700 转载机、PLM 7000 破碎机;配套郑州煤矿机械集团公司研制的智能装备液压支架,总重量 100 吨,采高 8.8 米,支护高度、工作阻力、支护中心距均为世界之最,具备单井单面1 600 万吨/年生产能力。为世界特厚煤层综采工作面一次采全高最大最高技术装备;9 月 1 日,采煤机日割煤 19 刀,每刀割煤约 3 000 吨,日产 5.84 万吨,创单面日产新纪录
18	世界首例井下 TDS 智能干选系统	山东能源临矿集团王楼煤矿 天津美腾科技股份有限公司	2018 年 12 月 2 日在王楼矿井下一次试车成功。由天津美藤科技股份有限公司研发,为全封闭设计、全过程无人值守,矸石中带煤率为 1%—3%,煤中带矸率为 3%—5%,处理能力最大为 145 吨/小时,为世界首台井下分选煤炭精度超过水洗的干洗设备

表 3-3(续)

序号	名称	单位	特点
19	世界首套纯水介质液压支架	国家能源神东煤炭集团锦界煤矿 三一重装国际控股有限公司	2018 年 12 月 8 日在锦界煤矿综采工作面试验成功。由三一重装公司和神华神东煤炭集团共同研制，开创了用纯水代替乳化液的行业先河，为世界首套纯水介质液压支架综采工作面
20	世界首创云雾除尘装置	神华神东煤炭集团哈拉沟煤矿	2019 年 3 月 30 日，哈拉沟煤矿 22410 综采工作面采用低能耗、高通量云雾发生装置替代原有喷雾除尘装置，进一步降低综采工作面可呼吸性粉尘浓度的目的。填补了国际上云雾降尘技术空白，为世界首创
21	世界首台 8.8 米超大采高智能化采煤机	西安煤矿机械有限公司 神华神东煤炭集团有限责任公司	2019 年 11 月 26 日安装在神华神东煤炭集团上湾煤矿投入生产。由西安煤机公司和神东煤炭集团联合自主研发成功 8.8 米超大采高智能化采煤机，采高范围 5.6—8.8 米，总装机功率 3 030 千瓦，具有记忆截割、自动调高、三维定位、工作面导航、远程监控等功能，煤炭年产量可达 1 800 万吨，可实现 8 米以上特厚煤层高产高效开采，提高资源回收率
22	世界首套 7 米超大采高智能综放开采关键技术及成套装备	中煤科工集团开采研究院 兖矿集团有限公司	2020 年 7 月，中煤科工集团与兖矿集团合作研制了 7 米超大采高智能综放开采成套装备，为坚硬特厚煤层一次性开采提供了技术支撑，为世界首套成套装备
23	世界首台 10 米超大采高液压支架	郑州煤矿机械集团股份有限公司	2021 年 8 月，郑州煤矿机械集团研制的 10 米超大采高两柱掩护式液压支架在公司总装车间下线，为世界采高最高、技术指标最高的液压支架，再次创造了煤矿支护装备“世界第一高”
24	世界最大煤炭综采装备总量国家	国有煤机企业为主	液压支架、刮板运输机和采煤机三机配套

(7) 全国煤炭产业在煤炭安全高效绿色开采、煤炭清洁高效利用基础理论和关键技术方面取得创新和突破，并取得实践推广效果。具体而言，特厚煤层大采高综放开采关键技术及装备、生态脆弱区煤炭现代开采地下水和地表生态保护关键技术、宁东特大型整装煤田高效开发利用及深加工关键技术、高性能大型振动筛关键技术及应用等一大批具有较大影响力的创新成果达到了国际领先水平。大力推广充填开采、保水开采、煤与瓦斯共采、煤共伴生矿资源共采等绿色开采技术取得实效。大力研发煤炭洗选加工新技术、千万吨级湿法全重介选煤技术、大型复合干法和块煤干法分选技术、细粒级煤炭高效分选技术、大型井下选煤排矸技术和新一代空气重介干法选煤技术。同时大力推进煤炭清洁高效利用及燃煤电厂、燃煤锅炉超低排放、节能改造技术研发应用，作为燃料，煤炭的清洁燃烧利用技术有了新进展；商品煤质量管理得到高度重视，硫分、灰分、有害元素等指标受到严格限制，煤炭燃烧中高效脱硫、脱硝、除尘先进技术被广泛采用，燃煤电厂超低排放技术、高效煤粉型工业锅炉技术、燃煤锅炉混氢技术、高效散煤燃烧技术、高效型煤燃烧技术、水煤浆高效洁净燃烧技术、褐煤提质技术、低阶煤分质分级转化技术及装备和废弃物协同处置与循环综合利用技术

等方面有了长足发展进步，取得了突破性成效，散煤治理有了清洁型煤新支撑，洁净煤利用技术已经基本成熟。如具有自主知识产权的煤粉型锅炉技术得到推广应用，锅炉燃料燃尽率达到98%，比普通燃煤锅炉提高28个百分点，主要污染物排放指标达到天然气锅炉排放标准。再如自主研发的世界参数最高、容量最大的超临界二氧化循环发电试验机组顺利完成试运行，热电转换效率较蒸汽机组提升了3—5个百分点。我国超（超）临界和循环流化床等先进燃煤发电技术已达到世界先进水平。燃煤电厂烟气污染排放处于国际较高水平，燃煤锅炉混氢技术迈入世界领先行列。煤炭作为重要的碳基工业原料，煤炭转化开发取得新突破。现代煤化工、煤制油、煤制天然气、煤制烯烃、煤制乙二醇、低阶煤分级分质利用等综合利用技术获得新突破，煤炭的原料功能得到更大发挥，煤炭清洁高效利用空间得到更大拓展。

（三）煤炭工业结构调整优化、转型升级

（1）煤炭占能源生产和消费总量比重绝对高位。新中国成立以来，煤炭作为国家基础产业和主体能源，在我国一次能源生产和消费总量中始终占2/3以上，尤其是改革开放以来支撑了国内生产总值年均增长9.5%。以改革开放后每10年一个周期统计分析，煤炭生产量占能源生产总量比基本徘徊在70%上下。进入21世纪后，国家逐步加大可再生能源及新能源的开发力度，能源生产结构向清洁化转变，促进能源结构大幅优化，清洁低碳化进程不断加快。新能源占比由1978年的3.1%增长到2018年的18%，增长了5.8倍多，煤炭占比因此从最高77.8%（2007年、2011年）下降到2018年的69.3%，下降了8.5个百分点，占比首次低于70%，见图3-7。

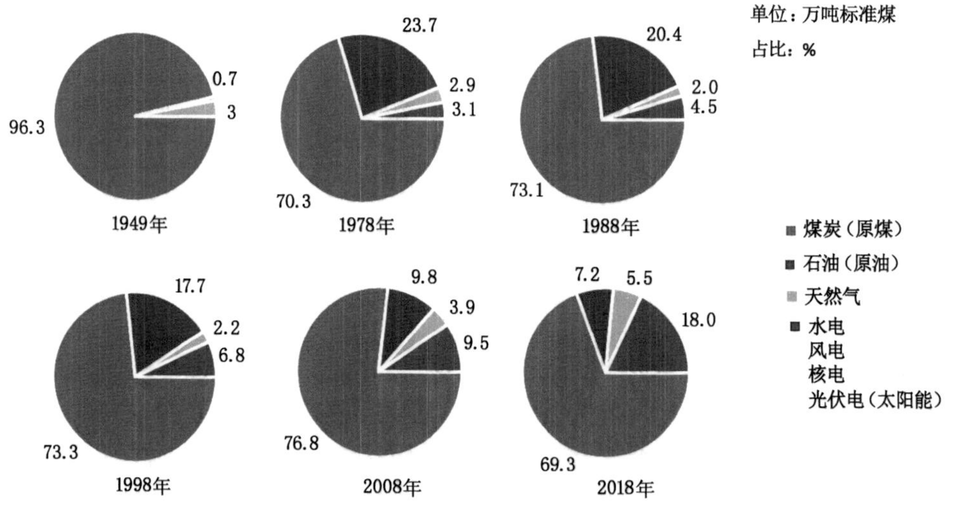

图3-7　全国能源生产总量构成比例

2019—2021年，随着国家科学有序加快推进“双碳”战略实施，加大清洁能源的开发力度，西部地区甘肃、新疆、青海、宁夏、内蒙古等省（区）一大批百万千瓦级、千万千瓦级大型风电、光伏基地建成发电，西南地区云南、四川等省一批百万千瓦级、千万千瓦级水电站开发建设陆续发电，南方海域百万千瓦级海上风电场开发建设，还有国家布局的核电站开发建设，但是煤炭产能持续上升，尤其2021年核增产能3亿吨，年产量创历史新高，仍然高居主体能源地位。

以改革开放后每10年一个周期统计分析，煤炭消费量占能源消费总量比也基本徘徊在70%上下。但从2010年开始，随着可再生能源的开发利用率逐年增长，能源消费结构持续优化改善，煤炭占比呈逐年下降趋势。自2013年煤炭消费量达到42.2亿吨峰值以后，我国煤炭消费占比逐年下降，尤其2018年我国一次性能源消费结构发生历史性变化，煤炭消费占比首次低于60%，见图3-8和图3-9。据核算，2018年全国煤炭消费总量约38.3亿吨，与2013年相比，煤炭消费总量下降3.9亿吨，煤炭占一次性能源消费比重累计降低了约8个百分点。

2019—2021年全国能源消费总量中的天然气、风电、光伏电、水电、核电等清洁能源消费占比持续加大；而煤炭在能源消费总量中，2019—2021年占比分别降至57.7%、56.9%、56.0%，尤其2021年煤炭消费量占能源消费总量占比首次下降至56%，下降14.2个百分点；同期，石油占比18.5%，天然气占比8.9%，水电、风电、核电等非化石能源占比16.6%，提高了8.2个百分点。据统计，截至2021年，全国可再生能源发电装机规模突破10亿千瓦。其中水电装机容量39 092万千瓦，增长5.6%；并网风电装机容量32 848万千瓦，增长16.6%；并网太阳能发电装机容量30 656万千瓦，增长20.9%；核电装机容量5 326万千瓦，增长6.80%；海上风电装机规模跃居世界第一，新能源年发电量首次突破1万亿千瓦时大关，清洁能源开发力度持续加大。虽然在今后相当长一段时期内，以煤为主的能源格局不会改变，但煤炭占能源总量比重仍会呈下降趋势。随着科技进步与能源利用方式的变化，我国传统能源煤炭与新能源可再生能源互为补充、互相支撑的格局正在逐步形成。

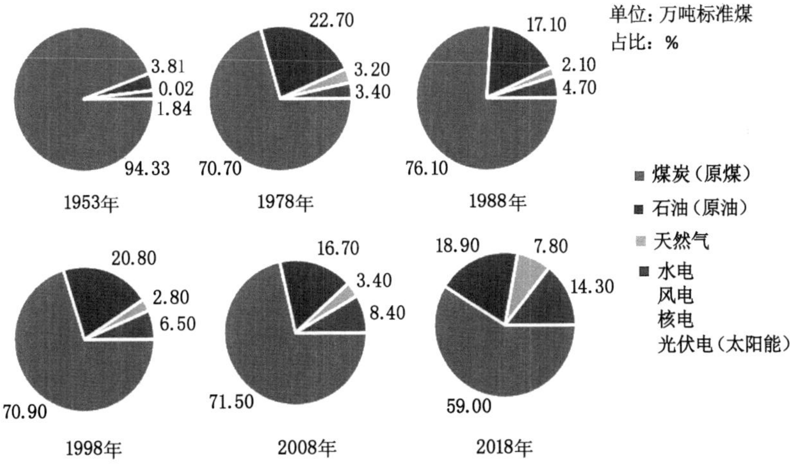

图3-8　全国能源消费总量构成比例

注：各种原料均折合每公斤发热量7 000×4.186 8千焦的标准燃料；
原煤每公斤平均发热量按5 000×4.186 8千焦，折0.714千克；
原油每公斤按10 000×4.186 8千焦，折1.43千克；
天然气每立方米按9 310×4.186 8千焦，折1.33千克；
水电标准量按等价值系数(4.040)折算，1993年起按当量值系数折算。

全国煤炭消费主要用于燃煤电厂、钢铁、建材（水泥）、化工（化肥）等产业。以2021年为例，电力行业全年耗煤量24.2亿吨，钢铁行业全年耗煤量6.7亿吨，建材行业全年消耗煤量

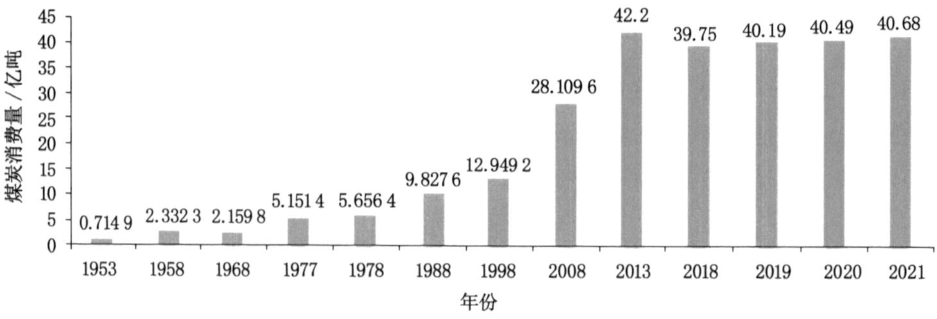

图 3-9　新中国成立初期至改革开放以来全国煤炭消费量变化情况

5.5 亿吨,化工行业全年耗煤量 3.1 亿吨。

(2)煤炭行业改革发展稳步推进,结构优化、转型升级不断取得新进展,现代化煤炭产业体系建设不断完善。改革开放 40 多年来,在国家以煤为基础、多元发展的能源发展方针指引下,煤炭工业加快改革发展步伐,从体制、机制、法制、投入和结构调整、科技进步、教育培训等方面相继实施了一系列重大政策和措施,中国煤炭行业逐步走上快速发展的轨道。尤其"十三五"期间,部分大型煤炭企业结合各自优势,探索了各具特色的转型升级发展路径。

全国煤炭企业结构优化升级。大型煤炭企业和企业集团发展迅速,煤炭企业战略性重组,专业化整合有序推进,中央企业强强联合,省(区)相继成立能源集团、煤业集团、煤化集团、能化投资集团等,促进煤炭企业聚焦主责主业,增强了产业链供应链支撑和带动能力。为推动现代化煤炭经济体系建设,促进行业结构调整与产业转型升级,提升煤炭行业经济实力和社会影响力,中国煤炭工业协会从 2002 年开始每年度发布《中国煤炭工业发展研究报告》《中国煤炭行业发展年度报告》《中国煤炭企业 100 强分析报告》《中国煤炭企业 50 强名单》《中国煤炭企业煤炭产量 50 强名单》,有力推动全国煤炭企业做大做强、做优做特。

2021 中国煤炭企业 50 强中有 32 家企业拥有 54 家上市公司,其中煤炭类上市公司 35 家。全国煤炭企业 50 强中的领军企业优势凸显。其中,上榜 2021 年中国企业 500 强的有 21 家;上榜 2021 年财富中国 500 强的有 19 家;上榜 2021 年财富世界 500 强的有 7 家,见附表 3。

上榜 2021 中国企业 500 强的 21 家煤炭企业中,山东能源集团、国家能源投资集团、晋能控股集团位居煤炭行业三甲。上榜煤炭企业中有 7 家营业收入超过 2 000 亿元,有 11 家营业收入超过 1 000 亿元。

上榜 2021 财富中国 500 强的 19 家煤炭行业上市公司中,中国神华、中煤能源陕西煤业位列煤炭行业三甲。中国神华以 502.69 亿元的利润列最赚钱 40 家公司的第 18 位。入围 2021 财富中国 500 强榜单企业中,煤炭类上市公司 19 家,与煤炭相关的非煤上市公司有 2 家:郑州煤矿机械集团股份有限公司和天地科技股份有限公司,见附表 4。

上榜 2021 财富世界 500 强的 7 家煤炭企业中,山西占 3 家,北京占 2 家,山东占 1 家,陕西占 1 家,为中国煤炭领军企业第一方阵的优势企业,见附表 5。

全国煤矿数量和煤炭生产结构优化升级。全国煤炭产业集中度不断提高,煤矿数量大幅减少。通过"建设高产高效矿井,加快煤炭工业现代化"和实施关井压产、资源整合与并购重组，全国煤矿数量由20世纪80年代最多时的80 000处以上和21世纪初的37 000处左右，减少到2021年的4 500处以内，分别减少了75 500多处和32 500多处。据《2020煤炭行业发展年度报告》统计数据显示，仅“十三五”期间，全国累计退出煤矿5 500处，退出落后煤炭产能10亿吨。在淘汰落后产能的同时，全国煤炭供给质量显著提高。全国煤矿平均单井生产规划由每年35万吨增加到每年110万吨，增长214.3%。大型现代化煤矿已经成为全国煤炭生产、供应的主体，截至2021年年底，年产120万吨以上的大型煤矿达到1 200多处，占全国煤炭总产量的85%左右。千万吨级煤矿建设速度加快，其中，2019年建成44处；2020年建成52处，同比提升18.20%；2021年建成72处，同比提升38.5%，产能达11.24亿吨；在建千万吨级煤矿24处左右，设计产能3.0亿吨/年左右。年产30万吨以下小型煤矿减少到800处以内，产能占全国总产量的比重下降至2%左右。2021年，全国煤炭产量达到千万吨级以上的煤炭企业37家，其中，1亿吨级以上的6家，两亿吨级以上的5家，按序排列为：国家能源投资集团5.7亿吨、晋能控股集团3.8亿吨、山东能源集团2.6亿吨、中煤能源集团2.5亿吨、陕西煤化集团2.1亿吨、山西焦煤集团1.6亿吨，前20家煤炭产量合计为28.97亿吨，占全国煤炭总产量的70.15%。中国煤炭工业迈入了一个机械化、智能化开采，规模化、标准化生产，多元化、现代化转型，集团化、基地化发展的新时代。

全国煤炭产业结构转型优化升级。煤炭能源革命、转型升级是煤炭行业发展的必由之路。改革开放后，煤矿由单一国有制逐步转变为多种经济成分并存。尤其是“十二五”“十三五”期间，煤炭行业通过兼并重组、参股控股、战略合作、资产联营等多种形式，推动煤炭企业与下游产业、新技术、新业态融合发展，从传统的煤炭开采业逐步向多种经营、煤基产业、现代产业体系嬗变，优化了产业结构，提升了产业质量。煤炭工业发展以煤为主的多元产业格局，产业结构不断优化，新型煤炭工业体系逐步形成。煤炭行业大力发展循环经济产业，煤炭上下游产业融合发展势头强劲，以煤炭能源为基础、多元产业综合发展已成为煤炭行业和企业发展的战略选择；煤炭—热电一体化，煤电—热气冷一体化，煤电—路港航一体化，煤炭—焦化一体化，煤炭—冶炼一体化和现代煤化工一体化等产业链条逐步形成，其发展趋势明显。新兴产业不断培育壮大，一些煤炭企业创新发展，坚持“腾笼换鸟”“换道超车”，发挥自身比较优势，抢抓新一轮科技革命和产业变革机遇，加快布局电子信息、先进材料、高端装备、节能环保、现代生物、现代物流、现代金融以及新能源、现代农业种植养殖、矿区休闲旅游、康复医养等多元产业、新兴产业，推动煤炭产业与新能源产业优化组合。如“光伏＋飞轮＋电池”混合储能示范项目，1兆瓦时钠离子电池储能系统成功投运，气凝胶新材料、纳米超纯碳、煤层气制备金刚石等创新技术取得新进展，一大批新产业、新项目落地见效，培育形成了一批战略性新兴产业领军企业和龙头企业，走出了一条传统煤炭能源与新能源深度融合，新动能牵引煤炭企业整体跃升的转型新路。部分煤炭企业的新兴产业产值占比达到40%以上。以2021年中国煤炭企业50强及主要产业为代表的优强企业充分说明，煤炭行业呈现出多产业、一体化、多元化、藕合式和新业态等发展新趋势，见附表6。

全国优势煤炭企业经营规模，经济效益大幅提升：2021年中国煤炭企业50强按企业，排在榜首的山东能源集团有限公司营业收入超过7 741亿元，排在第二、第三名的国家能源投资集团、晋能控股集团分别达到6 908亿元、4 811亿元。超过1 000亿元的企业11家。50强企业发展以煤为主、多元发展格局逐步形成，其煤基循环经济一体化或产业多元化，产业不断向新能源、金融、电子商务、高端制造等领域延伸，提升了企业的竞争力和美誉度。

全国煤炭行业推动煤炭清洁高效利用及煤炭转化深加工产业发展初具规模。积极推进煤电联营，截至2021年年底，煤炭企业参股控股火电厂权益装机容量超过3.4亿千瓦，占全国火电装机容量的30.6%。煤炭高效清洁化利用深入推进，煤炭在煤电领域实现清洁利用，至2021年，全国达到超低排放限值煤电机组超过10亿千瓦，节能改造规模近9亿千瓦，灵活性改造规模超过亿千瓦，排放标准世界领先。探索适度发展现代煤化工，向高端化、多元化、低碳化方向发展，产业化、园区化、基地化发展格局逐步形成。碳基新材料研发取得突破，能源转化效率普遍提高，单位产品能耗继续下降，煤炭消费利用空间有力拓展加速由单一燃料向燃料与原料并重转变。2021年，煤制油、煤(甲醇)制烯烃、煤制气、煤(合成气)制乙二醇产能分别达到931万吨/年、1 672万吨/年、61.25亿立方米/年、675万吨/年，散煤综合治理和煤炭减量替代成效显著，清洁高效燃煤锅炉得到普遍推广应用。煤层气资源勘探和大规模开发利用取得成果。煤炭科技自主创新能力不断提高，洁净煤技术和煤炭气化、液化、转化等关键核心技术工艺取得重大突破。尤其是入选面向国民经济主战场的10项重大科技成果"煤炭清洁高效利用核心技术和工业示范"提升了新型煤化工领域的研究水平，为企业转型、产业升级和战略性新兴产业发展提供了关键技术支撑，对我国发挥煤炭资源优势、缓解石油资源紧张局面、保障能源安全、保护生态环境，具有重要战略意义。

煤炭转化及深加工的成功，标志着煤炭产业由单一煤炭燃料向燃料与原料并重转变取得实质性成果，标志着煤炭经济逐步由数量速度型向质量效益型的发展方式转变，也标志着煤炭清洁高效利用及煤炭深加工产业在科技装备、工程设计、建设运营和产业示范等方面均取得显著进步，总体达到国际领先水平，为大力推进煤基产业转型升级发展，保障国家能源安全奠定了坚实基础。中国煤炭工业有效探索出一条传统煤炭产业和传统煤炭企业高质量可持续发展的道路。

全国煤企产品结构优化升级。改革开放后，尤其进入国家"十二五""十三五"规划实施中，国家和煤炭相关行业加大对煤炭清洁高效利用的新技术、政策研究和对煤炭深加工转化的支持力度，并取得成效。促进煤炭清洁生产规模不断扩大，由原有的只生产原煤和简易筛选逐步转变为以洗选煤和精细配煤为主。全国原煤入选率由1978年的16.7%提高到2021年的71.7%，2020年创历史新高，达到74.1%，见图3-10。提升了煤炭产品质量，优化了煤炭产品结构。同时开发煤系共生伴生资源和废弃物资源化综合利用，丰富了煤炭企业产品结构。煤基产品和非煤产品结构优化升级，煤焦化产品、煤化工产品和非煤化工产品等逐步向系列化、精细化、高端化、终端化发展，提升了产品的品质和价值。

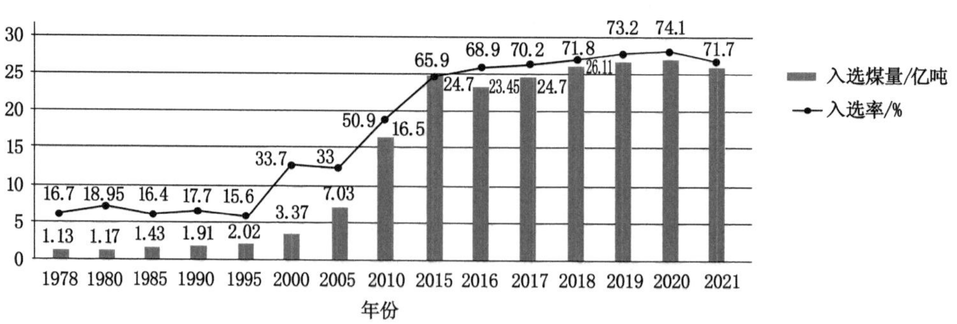

图3-10　1978—2021年全国煤炭行业选煤量、入选率变化图

全国煤矿职工队伍结构优化升级。新中国成立之初，全国煤矿工人中90%以上是文盲或半文盲。改革开放后，国家不断加大对煤炭院校和涉煤专业的支持力度，并高度重视煤炭职业教育及技能培训。以中国矿业大学、山东科技大学（原山东矿院）、辽宁工程大学（原阜新矿院）、山西理工大学（原山西矿院）、西安科技大学（原西安矿院）、河南理工大学（原焦作矿院）、安徽理工大学（原淮南矿院）等14所部属老牌矿业学院为主体，同后期成立的若干省（市、区）煤炭职工大学、煤炭（能源）高职院校、煤炭工业中等专业学校和煤炭技工学校，中国煤炭远程教育网、国家开放大学煤炭学院，企业职工大学、职工中等技术学校、职工培训中心、技能大师工作室等，共同组成了具有中国特色、行业特色的宝塔式的煤炭职工教育体系，并深化产学研用培训，培养了各层次的大量人才。加强知识型、技能型、创新型人才队伍建设，职工大中专文化程度、中高技术水平、中高技能素质明显提升。煤矿从业人员中具有大专及以上文化程度的比例逐年上升，初中及以下文化程度的比例逐年下降，还首次成立了大学生采煤队（班），越来越多的大学生采煤队成为新时期煤炭工业采掘职业的优秀代表。国家重视加大对煤炭行业科研领军人才队伍建设，涌现出一大批以两院院士为代表的高水平科技人才领军者。中国煤炭工业协会定期组织高级技能培训和鉴定，前后已命名6批"全国煤炭行业技能大师"和"技术创新技能大师工作室"。多名技能大师为全国"中华技能大师"。煤炭企业多产业多元化发展由单一的采矿专业发展为煤电、煤化工以及铁路运输、港口转运等多专业，促进传统煤炭企业职工队伍文化结构、技能结构、技术结构和专业结构优化升级，总体提升了煤炭企业职工队伍综合素质。

中国矿业大学出版社、中国煤炭工业出版社在全国煤矿人才队伍结构优化升级方面发挥了独特作用。尤其是中国矿业大学出版社充分发挥学术出版品牌优势，依托安全科学与工程、矿业工程"双一流"建设学科群，密切关注矿业安全领域基础理论与前沿关键技术研究动态，组织策划完成"中国煤矿安全技术与管理""中国煤矿生态技术与管理""煤矿瓦斯动力灾害及其治理"等20多项国家出版基金项目，有力推动了矿业领域安全科学发展，推进了研究团队转化为高水平作者团队的形成，以保障重点图书的规划，保障了全国煤炭行业高层次人才专业水平提升需要。通过图书评介、精准推送、图书馆配等方式，中国矿业大学出版社将高水平的学术著作推介，使相关大中专院校、科研院所和企业能够第一时间获取矿业安全生产领域的最新研究成果，有效促进了科技成果转化中的工程实践和人才队伍培养。

（四）煤矿安全生产工作取得历史性成就

改革开放40多年来，特别是2000年建立国家煤矿安全监察体制后，煤矿安全生产各项工作取得积极进展，煤矿的安全生产法律体系逐步健全，安全监察体制日趋完善，防灾、治灾、减灾能力明显增强，安全科技水平持续提升，安全基础更加坚实。全国煤炭行业安全生产形势持续稳定向好。1978—2021年，全国煤炭产量由6.18亿吨增至41.30亿吨，净增长6.68倍；煤矿百万吨死亡率由最高时的9.71降至2021年的0.044，降幅达99.9%；煤矿事故死亡人数从2009年开始降至3 000人以下，改变了从1970年的3 027人至2008年3 215人，连续39年徘徊在3 000人以上的状况，由最多时的1989年7 625人减少至2021年178人，降幅为42.84倍；特别重大事故由1997年最多的16起降至0起，呈现出"一增三降"良好态势。尤其是2018—2021年，全国煤矿事故死亡人数、较大事故、重特大事故和百万吨死亡率实现四个降低，煤矿百万吨死亡率自2018年降至0.093，2019年降至0.083，2020年降至0.059，2021年又降至0.044，连续四年进入"双零"时代。煤矿安全生产工作，创历史最好水平。见图 3-11、图 3-12 和图 3-13。

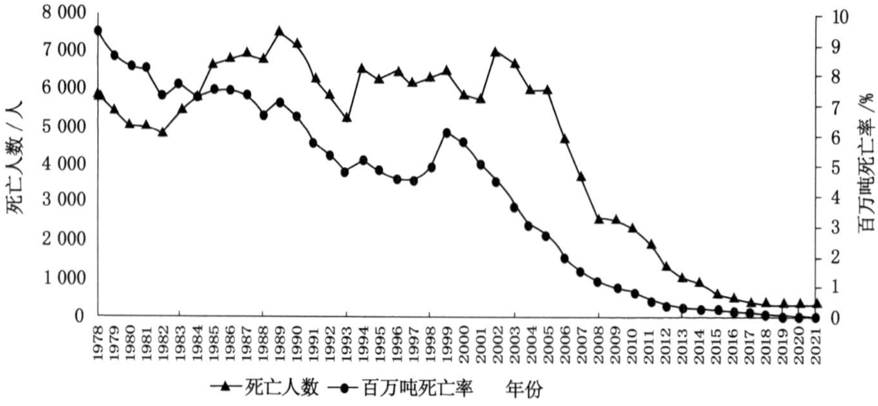

图 3-11　1978—2021 年我国煤矿事故死亡人数和百万吨死亡率情况

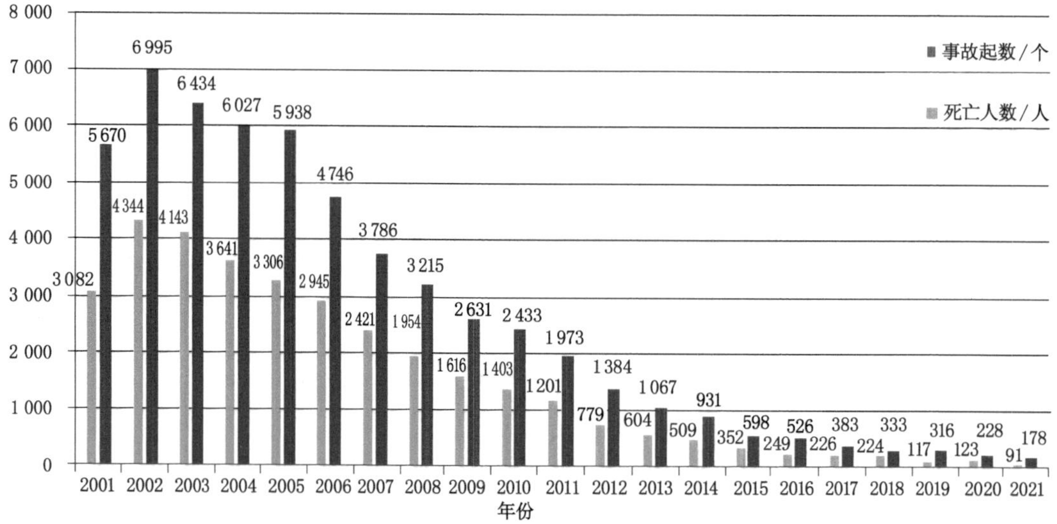

图 3-12　2001—2021 年全国煤矿事故情况

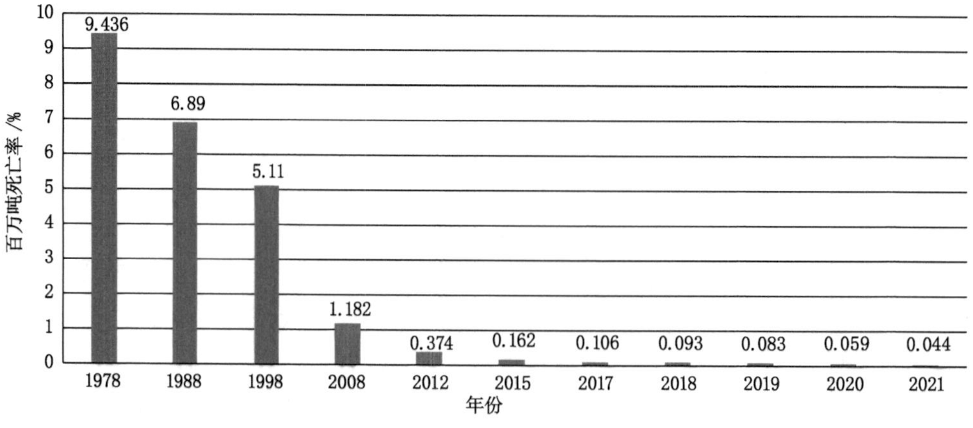

图 3-13　改革开放以来全国煤矿百万吨死亡率变化情况

全国煤矿坚持“安全第一，预防为主，综合治理”的安全生产方针，抓基层打基础，推行质量标准化和精细化管理；实施科技强矿、科技兴安战略，提升安全理念，创新安全文化，推进安全发展；煤矿安全管理体制和机制逐步完善，安全投入大幅增加，安全生产责任体系不断健全，安全生产和监测、监控技术装备水平大幅提升；变革生产方式，由劳动密集型向技术密集型转变，优化系统、简化环节、精干人员，推进机械化、自动化、信息化和数字化、智能化融合；矿井生产条件得到根本改善，职工劳动保护得到实质性加强，煤矿安全生产长效机制进入标本兼治，治本为主的轨道；煤矿安全质量标准化达标及“三位一体”体系建设深入推进；严格执行“瓦斯不治、矿无宁日”的瓦斯治理理念，“先保后采、先抽后采(掘)、监测监控、以风定产”的瓦斯治理方针和“通风可靠、抽采达标、监控有效、管理到位”的瓦斯治理工作体系建设，“防治水害、防治冲击地压细则”得到有效落实；开展创建“六好区队”、“五好班组”和争当“四有职工”活动，创建“两型三化矿井”(安全高效型矿井、本质安全型矿井，基础管理精细化、技术装备现代化、员工培训制度化)，安全文化示范矿建设以及“矿长保护矿工生命安全承诺”，严格坚守“以人为本，以矿工生命至上”的安全红线和矿工“四向”宣誓(向组织宣誓、向工友宣誓、向家人宣誓、向道德宣誓)等基础工作和治本措施得到贯彻落实。这些举措为全国煤矿安全生产成效明显好转奠定了可靠基础。尤其，随着大型现代化煤矿建设，安全高效型矿井建设、本质安全型矿井建设和智能化矿山建设的加快推进，全国煤矿安全状况将更持续稳定发展，最终为煤炭工业的又好又快发展提供坚实的基础和保障。

(五)绿色矿山建设稳步推进，矿区生态环境明显改善

改革开放 40 多年来，煤炭行业从煤炭加工洗选、资源综合利用起步，到矿区土地复耕利用、充填开采、保水开采、节能减排；再到推进煤炭清洁化利用，发展循环经济，建设循环经济产业园区、治理矿区生态，不断丰富煤炭绿色发展内涵，走出了一条矿区资源开发与环境保护相协调，经济社会发展与生态效益相统一的发展路子。煤炭产业清洁加工利用先后走过了从以单一煤炭生产向煤炭转化利用、资源综合利用转变，以综合利用项目为骨干的多种经营，以煤基循环经济产业链发展模式，以推动煤炭由传统能源向清洁能源转变的四个发展阶段。尤其进入 21 世纪第二个十年中，全国煤炭行业和企业积极引入和贯彻、清洁循环、绿色发展新理念，有效推进清洁生产、循环经济和绿色发展。绿色矿山、生态矿山、美丽矿山建设机制逐步形成，煤炭资源开发由传统只注重产量规模、经济效益转变为同注重环境保护、绿色矿山、生态矿区文明建设及同环境效益、社会效益和谐发展。清洁开采、保水开采、充填开采、煤与瓦斯共采、无煤柱开采等绿色开采技术得到广泛推广，并成为绿色矿山建设的重要支撑。煤炭开采由损坏环境转变为少损坏或不损坏或全面修复环境。矿区循环经济稳步发展，煤炭企业节能减排取得明显成效，资源综合利用水平和效率明显提高。截至 2021 年，国有大中型煤矿原煤生产综合能耗降低到 10.4 千克标准煤/吨，综合电耗降低至 20.7 千瓦时/吨，煤矸石综合利用率提高到 73%，矿井水综合利用率达到 79%，矿井瓦斯抽采利用率达到 44.8%，低热值燃料热电装机达到 4 300 万千瓦，燃煤发电基本实现了超低排放，煤炭深加工得到普遍推广，商品煤质量不断提高，高效煤粉型工业锅炉、低阶煤分级分值利用等示范成功，煤炭清洁高效集约化利用水平大幅提升。尤其大多数煤矿通过加大瓦斯发电站、粉煤灰、炉渣制新型建材、矿井水分质处理等综合利用的力度，逐步成为综合利用产业发展新的经济增长点。矿区主要污染物排放量明显降低，矿区土地复垦率达到 57.5%，废弃矿井资源综合开发利用取得积极进展。传统煤炭企业持续推进矿区生态环境修复治理，促进

了矿区资源开发与生态环境协调发展。美丽矿山建设成为全煤炭行业和各煤炭企业的自觉行动，以开滦、同煤、徐矿、淮北为代表的“中华老字号”煤炭企业在资源枯竭闭井的旧址或在采煤沉陷区建设矿山公园：如开滦国家矿山公园——中国近代工业博览园、开滦南湖中央生态公园、同煤晋华宫国家矿山公园和徐矿潘安湖国家生态旅游示范区神东国家级水土保持生态基地等相继建成；大多老煤矿建成一批国家矿山公园和国家水土保持科技示范园、国家工业遗产旅游和国家生态旅游示范区、爱国主义教育基地、纪念馆、科技馆，或改建为生态工业园区、技能教育培训基地、仓储物流基地等陆续建成。老矿区大面积棚户区改造工程，极大地改善了矿工及家属居住条件和生活环境，矿山、矿区绿化、净化、硬化、亮化和美化根本改变了传统煤矿脏、乱、差、黑、臭、险的社会形象，提升了现代煤矿的知名度和美誉度。

（六）煤炭行业经济运行质量不断提升，市场化改革见到成效

煤炭市场化改革深入推进，体制机制的保障作用显著增强。从 1992 年煤炭价格改革试点到取消由政府部门主导的年度煤炭订货，从煤炭价格双轨制到 2013 年取消重点电煤合同价格并轨、炼焦煤与动力煤期货上市，煤炭市场化改革取得实质性进展。2017 年以来建立的“中长期合同”制度和“基础价＋浮动价”的定价机制不断完善，为煤炭市场平稳运行提供了制度保障。全国煤炭交易体系与价格指数体系逐步健全完善，行业诚信体系建设进一步加强，市场交易行为得到规范，以用户需求为导向的煤炭定制化生产的商业模式得到了越来越多企业的认同，市场在配置资源中的决定性作用显著增强，统一开放、竞争有序的煤炭市场体系逐步形成，行业经济运行质量不断提升，全国规模以上煤炭企业主营业务收入、实现利润、资产负债率等主要经济技术指标实现“两升一降”，行业效益持续好转。

（七）煤炭工业对外开放水平提高，国际交流合作领域不断拓宽

全国煤炭行业和骨干企业顺应改革开放形势，积极探索和尝试，不断拓展国际交流与合作领域。从改革开放初期有计划引进综采设备，到中美合资建设大型露天煤矿，再到出口矿山成套设备和采矿技术；从加强与主要产煤国家政府、大型企业联系，开展学术交流，先后成功举办了十七届“中国国际煤炭大会”、十八届“中国国际煤炭采矿技术交流及设备展览会”、五届“中国国际煤炭清洁高效利用展览会”、七届“中国煤炭企业国际化研讨会”及年度世界煤炭协会技术委员会会议等，加强与世界能源机构、主要产煤国家政府协会和企业的深度交流合作；从开展煤炭国际贸易到煤炭企业“走出去”开发境外煤炭资源，行业对外合作方式不断创新，合作层次和质量显著提升。近年来，部分大型企业发挥资本、管理、技术、装备、人才等优势，深度融合“一带一路”沿线国家产业合作和互利共赢发展，如国家能源集团、中国中煤能源集团、中国煤炭科工集团、中国煤炭地质总局、山东能源集团、兖矿集团、徐州矿务集团、郑州煤矿机械集团等煤字号大型企业依托其地质勘查、矿山建设、煤矿机械、技术装备、人才资源等方面的优势，积极寻求深入推进“一带一路”产能合作，主动融入沿线国家和区域建设格局、参与全球配置能源资源能力不断增强，中国煤炭工业、煤炭企业、煤机企业的国际影响力和美誉度显著提升。

（八）煤炭工业体制改革，各级各专业协会组织作用突出

在改革开放的进程中，中国煤炭工业协会及中国煤炭学会、中国煤炭加工利用协会、中国煤炭机械工业协会、中国煤炭运销协会和中国煤矿思想政治工作研究会、中国煤矿文化艺术联合会、中国煤矿文化宣传基金会等组织应运而生，发挥着重要作用，并创建了多个“煤字号”品牌。

中国煤炭工业协会全力推动煤炭行业的持续健康发展。先后完成了上百项重大课题研究，推动多项政策建议形成政府规范性文件。先后召开四次煤炭行业科技大会，优化提出不同时期科技需求与发展思路，组织开展重大项目攻关，推广先进技术，强化知识产权保护和煤矿标准化建设，组织召开各类主题现场会和技术推进会，持续推进安全高效矿井建设。建立并不断完善了跨区域、跨行业的会商机制。2012—2019年连续8年组织召开煤炭行业企业"社会责任报告"发布会，受到社会广泛赞誉。尤其是"十二五"至"十三五"期间，中国煤炭工业协会坚持依靠科技创新，推动行业转型升级，促进煤炭工业健康协调可持续发展，有力有序有效推动煤炭行业发展。"一个深化、七个转变"，并围绕煤炭工业"十四五"改革发展，提出重点构建现代化煤炭经济"七个体系"。并继续重点开展建设现代化煤炭经济体系研究和已着手"十四五"规划制定与"十五五"煤炭工业发展战略思路研究。持续不断地开展评选表彰全国煤炭工业劳动模范、寻找"感动中国矿工"、寻找"最美青工"等活动，培育了煤企时代精神，弘扬了矿山正气，有力提升了煤矿工人的精气神。

中国煤炭学会围绕地质、采矿、洗选、装备、管理等全部与煤炭相关的专业技术学科，构建学术交流合作与创新成果转化、学术科技评估与科技奖励、决策咨询与技术标准研判、科学普及与学术期刊群建设、行业智力资源智库、人才培养与继续教育、专业机构建设与管理、会员综合服务管理八大平台，紧密联系煤炭科技工作者，尤其在科学有序推进全国高产高效矿井建设、组织学术论坛、交流合作和技术成果转化、培养和推介、评选表彰煤炭青年科技人才等方面卓有成效。

中国煤炭工业协会信息化分会及统计与信息部定期发布《年度统计年报摘要》《年度分析报告》等，全面准确分析和反映全国煤炭行业综合、生产、运销、财务效益、基本建设、煤机制造等各方面情况，为传统煤炭企业提供指导。

中国煤炭工业协会培训中心、中国煤炭教育协会职工教育分会秉承"从心出发、用新创造"的理念，2004年在全国产(行)业率先建成并开通中国煤炭远程教育网。该网覆盖了主要产煤省区80%的大型企业，实现了"一网四平台""三纵五横"的立体化格局，累计培训1 800余万人(次)。国家开放大学煤炭学院建设稳步推进。区队长、班组长蓝领培训工程、职业技能提升培训工程、职业经理人培训工程、技能大师绝技绝活展示培训工程等成效显著。煤炭行业技能大师教学平台和煤炭远教网大数据服务平台启动运行。

中国煤炭加工利用协会推动煤炭清洁加工利用和煤基循环经济煤炭转化、深加工以及生态环境保护，促进煤炭行业转型升级发展，及时召开现场会、座谈会、研讨会，总结推介成果。

中国煤炭建设协会科学规范煤炭行业的地质、工程勘察设计、建设、施工、工程监理等，保障煤炭行业建设有序推进。

中国煤炭机械工业协会负责煤炭工业机械、电器、煤矿安全装备的科研、设计、制造，有效推进煤炭机械化、自动化、信息化、智能化发展。

中国煤炭运销协会负责构建中国煤炭价格指数体系，组织年度订货会与合同监管，加强行业诚信体系建设，引导企业做好煤炭供应长效保障工作。

中国煤炭职工思想政治工作研究会深入实际，及时总结、发布管理现代化创新成果，提升了煤炭企业现代化管理水平。如阳泉瓦斯治理"十二法"、黄陵矿业"五精管理"、煤矿安全文化建设示范等。

中国煤矿文化艺术联合会、中国煤矿文化宣传基金会及作家协会、美术家协会、书法家协会、摄影家协会、音乐家协会、曲艺家协会、收藏家协会、集邮协会等连续举办了五届中国煤矿艺术节和"乌金杯"、乌金奖等系列展演。尤其是歌曲《矿工万岁》唱响中国煤矿和祖国大地，并登上奥地利维也纳音乐大厅获金奖殊荣。富有煤矿时代特色、绚丽多彩、高水平的文化艺术系列活动讴歌和展现了中国煤矿工人特别能战斗、特别能吃苦、特别能忍受、特别能奉献的时代新形象。

《中国煤炭报》、中国煤矿文化网、《阳光》杂志社等报刊网络主流媒体，充分发挥主流媒体宣传作用，及时重点报道反映煤矿的安全生产、科技进步、改革发展、企业管理、企业文化、和职工面貌、矿区变化等。

总之，中国煤炭工业 70 年，尤其是改革开放以来的快速发展，成果辉煌，具有里程碑的历史意义，也标志着中国煤炭工业将正在真正迈向一个安全发展、节约发展、智能发展、清洁发展、高效发展、循环发展、生态发展、绿色发展、低碳发展及实现可持续发展、高质量发展的新时代。

二、煤炭产业及煤炭企业煤基循环经济高质量发展面临多种不平衡矛盾

中国富煤、缺油、少气的能源基本结构决定了在未来的发展中煤炭工业仍是中国重要的能源基础产业，煤炭在一次能源结构中仍将占据主体地位，以煤为主、多元发展的方针不会改变。随着能源革命和煤炭供给侧结构性改革的深入推进，煤炭市场供求关系趋于好转，煤炭有效供给质量大幅提高，行业经济效益稳定增加。在看到煤炭工业具有良好的发展环境和广阔发展空间的同时，还必须清醒地认识到，煤炭企业深化改革、可持续发展及高质量发展还面临许多深层次的矛盾，煤炭企业整体发展不平衡、不充足的问题仍然存在。从全国煤炭产需总体看，一方面，煤炭需求基本面并未发生明显改变；另一方面，煤炭产能相对过剩局面仍然存在。煤炭企业生产力水平和可持续发展质量及能力有待整体提升。从供给侧结构性改革看，一方面，随着国家经济增长正向高质量发展转变，将进一步拉动能源需求，电力在终端能源消费中的比重及一定时期内电煤需求仍在高位；另一方面，随着国家治理大气环境、节能减排降碳、非化石能源及可再生能源对煤炭的替代作用逐步增强，煤炭消费增速将会下降，对全国煤炭行业和企业持续发展将会带来现实挑战和战略考量。特别是传统煤炭企业还要在兼顾解决一系列历史遗留问题中谋求发展。近年来，煤炭行业在煤炭智能绿色开采、清洁高效集约化利用和环境治理、生态建设等方面，做了大量卓有成效的工作，并取得了积极进展。但与整体实现煤炭绿色低碳循环发展及高质量发展的目标还存在一定距离。新时期传统煤炭企业可持续发展面临的局面是老问题和新矛盾交织，尤其面临新旧动能转换加快、结构优化转型升级提速、能源革命及能源新技术创新与新能源替代推进和融入能源互联网等一系列新变化、新挑战、新任务，如全国煤炭能源供应保障能力需要持续加强，煤矿数字化、智能化建设基础理论和关键核心技术有待取得突破，煤矿安全生产保障和矿区生态环境保护约束必须日益强化，煤炭供给侧结构性政策和煤炭深加工转化及清洁高效低碳利用需顺应发展趋势，煤炭市场化体制机制有待健全和创新，资源枯竭矿区、煤矿转型可持续发展诸多矛盾和困难需要破解等。尤其未来一个时期，煤炭仍然作为主体能源，在保障经济社会平衡运行、确保国家能源安全、支持新能源发展方面任务艰巨。而随着国家"双碳"战略实施力度不断加大，煤炭行业、煤炭产业、煤炭企业既要承担保供责任，又要面对降碳压力，

推动煤炭能源绿色低碳转型、高质量发展任重道远。

中国煤炭工业经过70多年发展，特别是改革开放40多年的发展，实现了多项突破和飞跃，但受煤炭资源分布和煤炭资源禀赋等多种因素的影响，煤炭产业及煤炭企业煤基循环经济高质量发展仍然面对多种不平衡的矛盾和问题。有的不平衡矛盾和问题仍然难以解决，会长期存在，有的不平衡矛盾和问题将会通过继续努力加以解决。

（一）煤炭资源探明程度、储量分布和储产比不平衡

1. 煤炭资源探明程度不平衡

中国含煤地层遍布全国，从元古界、早古生界、晚古生界、中生界到新生界所蕴藏煤种（无烟煤、焦煤、长焰煤、褐煤等）齐全、煤质多样。2018年10月，自然资源部编制发布的《中国矿产资源报告2018》显示，截至2017年年底，全国煤炭已查明储量16 666.73亿吨，比1949年增加1.22万亿吨，比1978年增加1.1万亿吨（2018—2021年分别同比增加2.5%、增加0.07%、下降0.6%、增加28%），但探明储量占总资源量比相对较低。在现有探明保有储量中，可供开采利用的工业储量有限，按人均探明储量也相对较低。从查证储量到普查资源量，从详查储量到精查储量均不平衡。在查证储量中，生产井和在建井已占用了相当一部分储量，在精查储量中，如果扣除因交通不便、"三下"压煤、开采条件限制、受地下水影响和需要补充勘探等因素制约暂不能开采利用的，可供建设高产高效重点煤矿的工业储量相对不足，按精查储量勘探期2—3年、煤矿建设期3—5年计算，精查储量还有一定的缺口，因此，需要进一步加大煤炭资源地质勘探力度。

2. 煤炭资源储量分布不均衡

据《中国煤炭工业统计年报2019》显示，截至2018年年底，中国煤炭储量占世界煤炭总储量由占比13.41%调整为13.16%，仍位居第四位、亚洲第一位（约占亚太地区煤炭资源储量的32.70%），见图3-14。

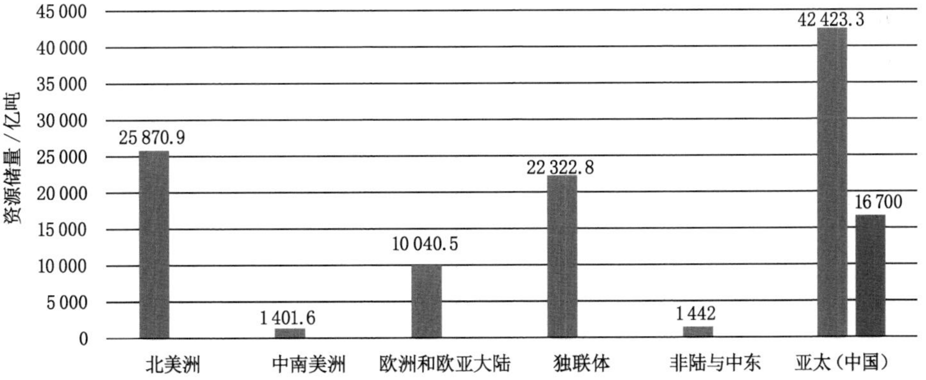

图3-14　2017年世界煤炭资源储量分布图

中国煤炭资源储量分布不均衡，呈西多东少、北多南少特征，分布多集中在自然条件较差、生态环境较脆弱的西部地区，其煤炭储量占总储量55.2%，而自然条件相对较好的中、东部地区煤炭储量占总储量44.8%，见图3-15。这种储量分布不均衡给地区社会经济、资源调运、产业发展和生态环境及可持续发展带来一定影响。

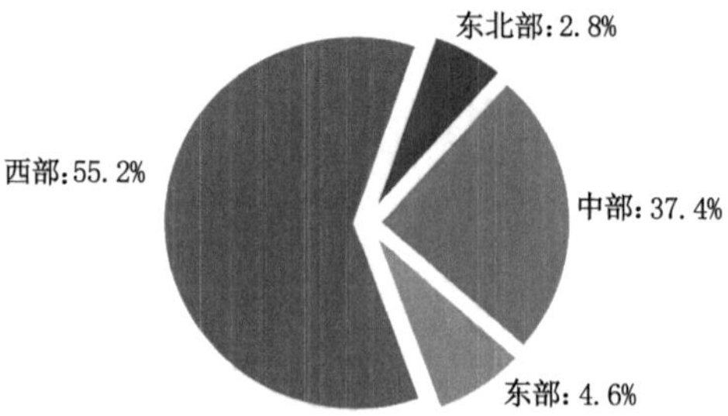

图 3-15 2020 年中国煤炭资源储量分布图

3. 煤炭资源储产比不平衡

中国煤炭资源丰富是相对其他能源资源而言。虽然煤炭储量位居世界第四位、亚洲第一位,但在世界当期十大主要产煤国家中,其储产比最低,仅为 38%。比世界储量最多的美国储产比 365%低 327 个百分点,比世界储量排名第 2 位的俄罗斯储产比 364%低 326 个百分点,比世界储量排名第 3 的澳大利亚储产比 304%低 266 个百分点。比世界储量总计储产比 132%低 94 个百分点(见附表 7)。据统计,中国人均拥有的煤炭资源量仅为世界平均水平一半左右,且新发现的优质煤炭资源少,适合大型现代化煤矿开采的整块煤炭资源比较少,将对煤炭能源产业未来的可持续发展带来考验。

(二) 煤炭区域禀赋条件、产能结构、发展基础和环境承载力不平衡

中国的煤炭资源地质构造复杂,禀赋条件千差万别,且井工矿井产量占 85%左右,尤其自然灾害严重,煤与瓦斯突出、高瓦斯、冲击地压,水害严重和采深超千米的矿井数量及产能占比达 1/3。煤炭资源及煤田矿区大多分布在西部和北部,客观上决定了我国煤炭产业发展区域性差异较大。西部、北部地区大多煤炭资源自然禀赋条件相对较好,煤矿自然灾害程度相对较低,煤炭资源开发条件相对较好。这些地区中的大多数煤炭企业凭借优良的自然资源条件得到了快速发展,但还有一部分煤田的煤炭资源赋存条件相对较差,煤矿地质构造复杂,水、火、瓦斯、顶板、断层等自然灾害相对较多。这些地区的煤矿投入成本高、盈利水平低,发展相对缓慢。而华北、华中和华东地区的煤炭开采历史长,大部分老矿区开采深度大,投入成本高,历史负担重,环境保护压力大,尤其面临资源枯竭局面,后备资源不足,影响企业未来可持续发展。区域间经济基础、经济结构和环境承载力存在不平衡,一方面,东南经济发达地区对煤炭资源和电能的需求在不断增加;另一方面,西部欠发达地区煤炭大开发对区域环境承载力带来的压力持续加大。2020 年,西部地区煤炭产量 23.3 亿吨,占全国总产量的 59.7%。2021 年原煤产量 1 亿吨以上省(区),其中山西、内蒙古、陕西三省(区)为原煤产量前三名(分别达到 11.93 亿吨、10.39 亿吨、7 亿吨),新疆、贵州、安徽三省(区)原煤产量均达亿吨以上(分别达到 3.2 亿吨、1.31 亿吨、1.13 亿吨)。

由于区域间经济基础、经济结构不平衡和区域煤炭资源分布及自然赋存客观条件的限制,加之各区域间经济发展和企业发展不平衡,区域间的经济发展差距和煤炭企业间发展差距较大,也影响着国民经济的综合平衡。对煤炭区域间、煤炭企业间、东西地区间可持续发展不平衡的矛盾需要进一步重视。

(三) 区域煤炭产能与供需调运不平衡

2016 年 2 月,全国煤炭行业贯彻执行国务院印发《关于煤炭行业化解过剩产能实现脱

困发展的意见》(国发〔2016〕7 号)。由此,随着关闭退出落后产能,我国煤炭产业布局、区域煤炭产能增减和供应格局发生较大变化。从区域煤炭产能看,全国各产煤省(区)原煤产量增减变化明显,尤其煤炭产能逐步向资源条件好,竞争能力强的晋蒙陕等主要产煤省(区)集中,向大基地、大集团、大煤矿集中。2021 煤炭工业统计年报显示,2021 年全国煤炭产量前四位的山西、内蒙古、陕西、新疆四个煤炭主产省(区)产量达 32.52 亿吨,占全国煤炭总产量的 78.74%。与此同时,煤炭产量比重的变化,增加了部分地区煤炭供需调运平衡的难度。一方面,一部分传统的煤炭净调出省(区)逐步演变为净调入省(区);另一方面,煤炭主产区随着就地转化力度加大,或运输瓶颈制约等因素,煤炭调出量增减发生变化,区域间供需调运平衡难度加大。随着煤炭供给侧结构性改革不断深化,化解过剩产能与脱困发展系列政策措施效应逐步显现,煤炭优质产能比重不断增加,有效供给质量不断提升,但全国煤炭产能过剩与区域供应不足的矛盾将会延续,一定程度上将会影响区域的经济发展。

(四)煤矿数量和产能水平不平衡

20 世纪 80 年代初期,随着改革开放,国民经济的发展对煤炭能源需求快速增长,在煤炭供应吃紧的背景下,提出了有水快流,放开开矿的煤炭指导思想和发展政策。从 1982 年开始,我国在办矿体制上取消了过去不允许群众集资办矿和私人办矿的限制。1983 年实行了"国家、地方、集资、个人一起上、大中小煤矿一起搞"的方针,取消了煤炭销售地区限制。1983 年 4 月,《关于加快发展小煤矿八项措施的报告》提出,我国有 1 000 余个县蕴藏煤炭资源,具有发展小煤矿的优越条件,应采取多种形式发展群众办矿,一时间,国内小煤矿遍地开花,大多煤田呈现出所谓"白天红旗招展,夜晚灯火辉煌"的"大干快上"的"繁荣"景象。由此全国集体和个体小煤矿实现快速发展。

我国放开搞活的政策给地方煤矿特别是乡镇煤矿及个体小矿带来了活力,成为煤炭工业发展最快的一部分,但也为之付出一定的代价。据《中国煤炭工业统计资料汇编(1949—2009)》数据显示,1978 年,全国国有煤矿 2 263 处,产量 4.64 亿吨,乡镇煤矿产量 0.94 亿吨,占全国总产量的 15.40%。1982 年,全国乡镇煤矿及小煤矿发展到 16 000 多处,生产煤量 1.46 亿吨,约占全国煤炭总产量的 1/5;至 1983 年生产煤量达 1.68 亿吨,约占全国煤炭总产量的 23.6%;至 1985 年,生产煤量达 2.68 亿吨,三年时间增长了近 1 倍,约占全国煤炭总产量的 1/3;至 1989 年,全国矿井总数达到 80 000 多处,其中乡镇小煤矿快速发展达 63 000 多处,平均单井生产规模仅为 1.52 万吨/年,最低的只有约 0.5 万吨/年;至 1993 年,全国小煤矿生产煤量达 4.85 亿吨,超过全国国有重点煤矿产量 4.58 亿吨。1994 年,国务院决定召开全国乡镇煤矿工作会议,对乡镇煤矿进行清理整顿;1998 年 12 月,国务院发布《关于关闭非法和布局不合理煤矿有关问题的通知》(国发〔1998〕43 号),实施关井、压产;至 2001 年,全国煤矿数量降至 37 000 处左右;2005 年,国务院决定开展整顿关闭小煤矿三年攻坚战,小煤矿数量降至 10 000 处以内。

从 1982—2005 年 24 年间,全国集体和个体小煤矿数量的迅速增加和产量的快速增长,一方面为突破煤炭供给瓶颈,为国民经济发展作出了重要贡献。另一方面,小煤矿开采也曾付出了沉重的代价:当期小煤矿"多小散乱差"的问题十分突出,资源损失十分严重,尤其安全问题十分突出。据《中国煤炭工业统计资料汇编(1949—2009)》数据显示,仅 1986—2005 年 20 年间,乡镇小煤矿每年发生多起矿难事故,有 18 年死亡人数均超过 4 000 人,20 年间小煤矿死亡人数达 90 164 人,其中 1989—1990 年超过 5 000 人以上,分别达到 5 174 人和

5 191 人(不包括隐瞒未统计在其中的);生态环境破坏也十分严重,如土地沉陷、植被退化、水源污染等。回顾总结在开发小煤矿过程中造成的资源代价、环境代价和生命代价等,这些都是难以弥补的,特别是造成的满山遍野千疮百孔,须加倍投入进行环境治理、生态修复,这些代价和教训是十分深刻的。

2005 年 6 月 7 日,国务院印发《关于促进煤炭工业健康发展的若干意见》(国发〔2005〕18 号),提出了构建新型煤炭工业体系的指导思想和发展目标,指明了煤炭发展的方向和路径。2010 年 10 月 16 日,国务院办公厅印发了《关于加快推进煤矿企业兼并重组的若干意见》(国办发〔2010〕46 号),有序加快煤矿兼并重组。2016 年 2 月 1 日,国务院印发《关于煤炭行业化解过剩产能实现脱困发展的意见》(国发〔2016〕7 号),开启了我国煤炭工业供给侧结构性改革的序幕,加快退出资源枯竭、安全保障程度低、环保质量不达标的煤矿和长期停工停产的"僵尸"企业。截至 2020 年年底,5 年时间关闭煤矿 5 500 处,退出落后产能 10 亿吨。截至 2021 年年底,全国煤矿数量已减少至 4 500 处。但煤矿数量和产能水平还存在一些不平衡,其中前 5 家煤炭产量 2 亿吨以上的国有特大型煤炭企业原煤产量合计 16.7 亿吨,占全国总产量的 40%以上,而约有 800 处的小煤矿产量在 30 万吨以下。煤炭产业集中度还需进一步优化提升。值得重点关注和急需解决的是相当一部分小煤矿生产规模小,能力水平低,不能适应机械化、自动化、信息化和智能化改造或升级,应顺应有序关闭退出趋势,否则会继续影响整个煤炭产业的发展质量和水平。2019 年 8 月 19 日,国家发改委、国家能源局等六部委(局)联合印发《30 万吨/年以下煤矿分类处置工作方案》(发改能源〔2019〕1377 号),有力有效推进持续加快淘汰落后产能,破除低效供给的任务落实。

(五)煤炭开采技术装备及生产力发展水平不平衡

中国煤炭企业进入 21 世纪后,一些大型优势煤矿采用先进的工艺技术和装备,其技术能力和生产力水平达到或超过了国际先进水平,有的采矿技术与装备研发已处于世界煤炭行业前列。但受发展理念和煤炭资源条件及企业经济能力的限制,有相当一部分煤矿整体装备水平及采掘工艺技术装备还比较滞后,综合机械化、自动化程度还比较低,一定程度上影响了中国煤炭企业整体发展水平。2018 年年底,中国煤炭工业协会信息化分会发布的煤炭行业两化融合发展水平评价报告指出,煤炭行业两化融合发展水平总体处于中级水平阶段,仍处于中级趋近于高级水平阶段的过渡期。新时期煤炭智能化开采是新一代采矿业技术竞争的核心。2019 年年初,国家煤矿安全监察局发布《煤矿机器人重点研发目录》,从掘进机器人、采煤机器人、运输机器人、安控机器人、救援机器人等五大类三十八种列出重点研发目录,明确将大力推动煤矿现场作业的少人化和无人化。2020 年 2 月 25 日,国家发改委等八部门印发《关于加快煤矿智能化发展的指导意见》(发改能源〔2020〕283 号),提出到 2025 年大型煤矿和灾害严重煤矿基本实现智能化,到 2030 年各类煤矿基本实现智能化。这对于技术水平较低、整体装备滞后的中小煤矿加快提升技术装备和生产力发展水平,带来新的机遇和挑战。

(六)煤炭资源回收率和加工利用率比例不平衡

中国煤炭资源大多具有地质构造复杂且差异性大的特点。如煤层埋藏深、断层多、落差大、走向短、顶底板起伏不平,且顶板破碎、底板松软、倾角大、透气性差、瓦斯(二氧化碳)含量高等;以井工矿为主的煤炭资源地下开采难度大,开采方式多样,回采率受限;开采年限长、开采深度深的矿井开采条件复杂,自然灾害叠加,技术治理难度大,开采投入成本高;由于不同煤矿不同地质赋存条件和装备水平，采用不同开拓方式、采煤方法和工艺，决定了煤炭资源回收率不同；还由于煤炭资源管理及“三量”管控的弱化，煤矿资源仍然存在损失和浪费的现象。一方面一些煤矿仍采用传统采煤方法，原煤生产回采率较低；另一方面原煤筛选简易，工艺落后，作业粗放，加工层次浅，一些原本可再深加工、可循环利用的煤产品一般化利用。原煤洗选是清洁加工、分质分级和提质利用的前端环节，是由原煤、燃料变为商品煤、洁净煤和碳基工业原料的主要工艺。据统计，至 2021 年，全国煤炭洗选率达到 71.7%，但还有 28.3%的原煤没有洗选；有相当数量的先进煤矿应用新技术使原煤分选率达到 100%，并延伸煤基循环经济产业链条，提高煤炭产品附加值；也有相当数量的煤矿仍以简易筛选、销售原煤为主。煤炭企业必须顺应和紧跟能源革命、能源转型的趋势，以技术创新为支撑，以市场为导向，以推进煤炭清洁高效集约化低碳利用为主攻方向。

（七）煤矿废弃物综合利用与矿区环境综合治理不平衡

煤炭矿山开采区域生态环境修复代价很高。进入新时期，煤炭企业推进清洁生产、循环经济、绿色矿山建设，取得了经济、社会和环境效益的和谐统一，成效明显，但还有一些矿山由于资源禀赋条件及自然环境的复杂性和特殊性，在过去煤炭资源开采中积累的环境损坏压力仍然存在。如地面塌陷、煤系共伴生资源和固体废弃物没有综合利用、资源化开发，堆积占压土地，甚至自然发火，造成区域大气环境污染。相应增加了环境的承载负担，造成生态退化。尤其处在生态环境脆弱的矿山从根本上进行环境治理生态修复代价会很高。这些矿山亟待推进清洁发展、循环经济、绿色矿山建设，需必要的煤炭矿区环境治理资金保障。随着煤炭供给侧结构性改革和绿色矿山建设的深入推进，大部分煤炭企业将矿区环境治理重点纳入企业战略发展规划，全力推进矿区环境及采煤沉陷区治理。但因治理资金缺口大，杯水车薪，严重制约着企业治理环境的积极性和投入成效，需要加大资金政策支持力度。

（八）煤炭清洁化开发和绿色低碳利用发展不平衡

从煤炭消费看，随着燃煤电厂超低排放技术、煤粉型工业锅炉、洁净型煤等技术及产品的推广使用和煤制油、煤制气、煤基化学品等产业发展，煤炭逐渐由燃料向燃料和原料并重转变，是对煤炭能源本质的转变。虽然中国能源结构的调整和优化使煤炭消费在能源消费总量中的比例趋于下降，但受能源资源条件的约束，中国能源结构仍将以煤炭为主，在较长时期内煤炭消费量及其比重仍然较大。煤炭产业及煤炭企业转型升级的主要任务是进一步解决节能减排降碳的关键技术。在过去的传统经济发展模式中，基于技术和经济等方面的因素，煤炭消费量中主要用于电力、有色、冶金、建材、化工等一次性高耗煤、高排放产业，大部分是煤炭直接燃烧，没有采用脱硫脱硝除尘降碳技术。由此造成对承载大气环境污染问题十分突出。据数据显示，煤炭用于冶炼、水泥、发电等直接燃烧是最大的空气污染源之一，造成了 80%左右的二氧化碳排放量、60%以上的氮氧化物排放量和 70%左右的悬浮颗粒物。每使用 1 吨煤，会带来 150 元的环境损失。因此，煤炭企业一方面要通过新技术加大洁净煤开发力度；另一方面，要加快大型循环流化床锅炉、加压流化床锅炉及脱硫脱硝降尘降碳技术、整体联合循环发电新技术和对燃煤机组环保改造、超低排放技术的创新研发及洁净低耗高效利用的步伐。

我国化石能源富煤、缺油、少气的能源资源国情以及煤炭资源获取的可靠性、价格的低廉性、利用的可洁净性，决定了中国经济发展以煤炭能源为主体。进入 21 世纪，清洁能源成为能源增量主体的能源结构调整方向后，促进能源产业绿色化发展成为另一个重要发力方向。一方面，国家逐步加大可再生能源及新能源的开发力度，推进新能源较快发展。据国家能源局数据显示，截至2021年底中国可再生能源发电累计装机容量为10.63亿千瓦，同比增长约13.8%，占全部电力装机的44.8%，发电量达2.48万亿千瓦·时，占全国发电量的29.7%；另一方面，国家逐步加大推进煤炭清洁化利用的力度，同样推进了煤炭清洁转化加快发展。全国超低排放限值煤电机组有序加快推进，煤制油、煤制天然气、煤制烯烃、煤制乙二醇等发展。这些新发展新变化对加大煤炭企业生产洁净煤炭，由燃料向燃料与原料并重转变力度带来了新的竞争。从全国煤矿比较，还有相当数量的煤炭没有进行洗选加工，相当数量的煤矿没有发展煤基循环经济；从煤炭下游的钢铁、火电、水泥、平板玻璃等主要耗煤产业比较，还有一定数量的落后产能没有淘汰，也没有实施节能减排降碳技术改造。这些现实存在，使煤炭清洁化利用发展不平衡，必须进一步加大推进煤炭洁净低碳利用的力度。从未来煤炭需求看，今后较长时期内，煤炭仍然是保障国家能源安全稳定供应的基石，"煤为基础，多元发展"的能源战略方针和以煤炭为主体的一次能源格局不会改变。煤炭企业应从战略发展上顺应结构优化，转型升级，高质量发展的态势，坚持走清洁、高效、循环、低碳、生态、绿色和可持续发展、高质量发展之路。

（九）煤基循环经济产业发展、非煤产业结构和运营质效不平衡

改革开放以来，中国煤炭产业和煤炭企业在结构优化、转型升级、循环经济和可持续发展方面做了积极的探索，并取得了显著成效，但产业和企业发展中还存在一些不充分、不平衡。这些不充分与不平衡主要表现在：一是煤炭企业煤基循环经济产业发展不平衡。被列为全国和省（市、区）循环经济试点示范的先进煤炭企业，其煤基循环经济产业及资源综合利用发展态势良好，延伸煤基循环经济产业链条、创建煤基循环经济生态工业园区、构建煤基循环经济体系，并取得的经济、社会和环境综合效益业绩突出。而有相当数量的一般煤炭企业发展理念缺乏，煤基循环经济发展滞后，有的缺乏煤基循环经济相关理论和新技术指导，有的循环经济产业链不完备或技术水平低，有的循环经济政策落实难或外部环境改善难，有的缺乏与煤基循环经济发展产业体系相配套的制度体系和信息交流平台，有的在经济效益、社会效益和环境效益的体现一般化，甚至有的仍然延续着传统粗放的发展模式，依然是高投入、高开采、高消耗、低利用、低效率、高排放、高污染、高代价等，还没有达到从量变到质变的根本转变，距离绿色低碳循环及高质量发展距离很大。这对全国整个煤炭行业和所有煤炭企业发展煤基循环经济带来机遇和挑战。二是传统煤炭企业非煤产业结构不平衡。一部分煤炭企业经过多年的艰苦努力发展较好，有的非煤产业结构优化升级，有的新兴产业发展较快，有的成为企业经济增长的主要动能等。一部分煤炭企业非煤产业结构一般化，有的传统非煤产业规模较大但效益低下，有的产品缺乏市场竞争力等。三是传统煤炭企业盈亏状况不平衡。传统煤炭企业间因多种因素影响，很长一段时间盈亏状况差距较大。自2017年煤炭行业全力推进煤炭供给侧结构性改革和落实"三去一降"政策见到明显成效，盈利水平逐步提高，但盈亏分布不均衡。部分企业扭亏并未脱困，经营仍然困难，一些煤矿特别是老国有煤矿历史欠账多，安全投入不足等问题比较突出。多数煤炭企业仍处于微利状态，经营状况并未得到根本好转，特别是一些去产能任务重的老矿区、老企业、老煤矿职工和矿区工亡遗属，工伤残人员等特殊困难企业和特殊困难群体的困境问题需要高度关注。① 从企业负债经营负担及数据分析，煤炭企业负债高、融资难、融资贵、资金紧张等问题依然突出。一部分劣势困难企业资产负债率长期徘徊在高位，贷款利息负担重；部分企业资金紧困，煤矿安

全技术投入欠账与采掘工程装备投入压力依然较大。② 从人力资源结构分析，煤炭企业实施变招工为招生、强化企业内部教育培训等一系列举措，煤矿职工队伍结构优化、素质提升。但高素质员工缺少、高端人才流失与采掘一线高技能型员工接替滞后的问题仍然存在；有先进煤矿建立了大学生采煤班，实现了智能化开采，而一般煤矿职工文化和技能素质仍然处于为低下水平；列入去产能或关闭矿井的煤矿，因没有开发替代产业，且由于煤矿所在城区产业单一，社会吸纳再就业劳动力能力较弱，单纯依靠企业自身能力，内部安置难度大、困难多。③ 从资源枯竭的老矿区产业转型分析，一批资源枯竭或接近枯竭的老矿区，老煤矿地处边远山区、经济欠发达地区，经营依然困难，仍面临着资金、技术、人才、成本、市场环境等一系列难题，企业、产业调整结构、转型升级和可持续发展任务依然艰巨。

总之，传统煤炭企业可持续发展，以及高质量发展问题应成为重点研究的课题。

三、影响传统煤炭企业煤基循环经济高质量发展的原因分析

中国传统煤炭企业大多走过了60多年的发展历程，在计划经济时期发展水平大体不相上下，但在改革开放40多年中，因发展理念、改革力度、区位优势、经济基础、禀赋条件、发展方向、管理水平、企业文化等多种因素，企业规模、经营模式、利税贡献率等发生了很大变化，特别是东中部和西部煤炭企业的差距相对较大。坚持走循环经济发展之路，延长产业链的煤炭企业同坚持单纯依靠增加煤炭产能的煤炭企业差距更大一些。如20世纪50年代末期建立起来的矿务局到现在其资产总额、产能规模、主营业务收入、非煤产业收入占比、利税总额、人均利润和装备水平等主要经济技术指标差距明显。若从全国煤炭企业100强以外的其他煤炭企业比较差距更大。这充分说明中国传统煤炭企业，必须加大力度发展循环经济，延长煤基产业链是必由之路，必须坚定不移地走下去。

任何新经济模式的推行，都需要良好的外部环境和内部条件，发展循环经济也不例外。传统煤炭企业因其历史和现实多方面原因，存在一些自身发展理念和客观条件的制约，发展煤炭循环经济和推进高质量发展，主观上对外部条件的支持保障相应地有更多要求。

（一）主要结症分析

通过对传统煤炭企业发展现状及存在的矛盾和问题分析，影响传统煤炭企业调整经济结构、转变发展方式、转型升级、发展煤基循环经济、提高整体营运水平，实现高质量发展的主要原因，值得认真梳理深刻反思。

1. 症结一：发展理念不到位

尽管《循环经济促进法》从2009年1月1日开始实施，国家、省（市、区）反复强调发展循环经济的重大意义和实施途径，大多传统煤炭企业选择了发展煤基循环经济之路成效显著。但一些传统煤炭企业对我国资源和环境的形势理解不深刻，缺乏对循环经济重要性、紧迫性的认识；对循环经济理论一知半解，对其内涵、原则、作用、意义知之甚少，对煤基循环经济发展理念没有真正建立；在企业生产经营中，重资源开发、轻环境保护，重产量、轻质量的现象依然存在等。需要进一步强化传统煤炭企业发展煤基循环经济理论和理念的宣贯，深化传统煤炭企业结合自身实际探索煤基循环经济发展的研讨活动，加强传统煤炭企业决策层和管理层、技术层骨干人员的专题培训。

2. 症结二：研究指导不到位

传统煤炭企业发展煤基循环经济需要相关理论和先进技术的支撑。目前我国煤炭行业

在这两个方面还缺少行业专门研究机构和专业咨询团队;煤基循环经济理论研究和相关关键核心技术研发在一些优势领军企业发展取得突破和成果外,大多煤炭企业的理论研究和技术研发还处在一般水平,不利于煤基循环经济发展的实践和推广。仅靠煤炭企业自主创新、探索攻关,必定影响传统煤炭企业煤基循环经济发展的质量和水平,而循环经济先进企业的示范作用及整体效果有限。需要加强产学研用深度融合,组织理论研究和技术研发专家团队,专题重点研究和攻关,针对煤炭行业和每个煤炭企业系统调查研究,对发展煤基循环经济统一规划和对绿色低碳循环科学设计,提出技术路线,延伸产业链条,指导确定发展模式,并注重总结提炼推介具有代表性的煤基循环经济型企业示范典型。

3. 症结三:产业政策不到位

煤基循环经济本质是能源工业一个新兴的经济发展模式,煤炭行业和煤炭企业煤基循环经济发展水平及经济规模直接关系到国家能源安全、生态环境保护和经济社会的绿色低碳循环可持续发展。煤基循环经济项目早开工一天,就会减少一天的资源浪费和环境污染。2010 年 12 月,中国煤炭工业协会、中国煤炭加工利用协会就制定了《关于推进煤炭行业发展循环经济促进节能减排工作的指导意见》(中煤协会政研〔2010〕240 号),有力推动了煤炭行业循环经济和节能减排工作的开展。国家和地方政府对煤炭企业发展煤基循环经济产业和项目出台政策给予支持。但部分煤炭企业对相关政策研究不够,主动争取政策支持也不够,推进工作相对滞后,不仅影响煤炭企业自身煤基循环经济的发展,而且影响煤炭行业煤基循环经济的整体发展水平和高质量发展。

4. 症结四:资金保障不到位

煤基循环经济产业链项目建设需要必要的资金投入。但传统煤炭企业积累的资金不多,从吨煤中提取的有限专项资金都用在了矿井开拓、安全工程和技术装备上,且煤矿自身安全基础设施建设、安全技术装备升级改造欠账较多,导致上煤基循环经济产业链项目和治理矿上环境的资金投入能力很弱,需要国家从煤炭循环经济的经济、社会、生态综合效益和公益性着眼,在放宽税费优惠政策的基础上,在专项资金支持、国债投资、银行信贷、企业债券等方面进一步给予资金保障。

(二)行业导向分析

对影响传统煤炭企业煤基循环经济可持续发展和高质量发展,在其主要结症分析的基础上,还应侧重从行业导向上进一步分析。

1. 理念导向

传统煤炭企业煤基循环经济高质量发展需要深刻认识煤炭在能源体系中的发展战略定位和发展理念导向。煤炭虽然在中国能源结构中已占有或未来仍占有绝对比重,但在对煤炭行业的理念导向上存在偏差。从煤炭企业外部看,煤炭能源的战略地位、产业的主导地位、煤矿的社会地位和矿工的政治地位因煤矿自然灾害高危和苦脏累险等特殊环境因素影响,达不到其他产业的地位。需要深刻认识煤炭的发展战略定位和发展理念导向。从煤炭企业内部看,传统煤炭企业的法人代表和决策层、经营管理层大多出自煤炭主业技术型管理人员,没有系统接受过企业发展战略、企业核心竞争力、工商管理、循环经济等理论的专业学习和系统培训,更没有结合企业实际系统研究,导致发展新理念欠缺、创新发展滞后,一定程度上影响了传统煤炭企业煤基循环经济可持续发展的进展、水平和高质量发展。因此,必须以培育洁净煤炭能源新动能的发展方向及在能源体系中的战略定位为导向,将推进煤炭安全高效智能化绿色开采和煤炭清洁高效集约化低碳利用作为主攻方向和主要途径；必须实施发展煤基循环经济的专题宣传和专业培训，分层次重点开展专题研讨活动。并在此基础上实施煤基循环经济结构优化、转型升级和品牌战略，推进提升传统煤炭企业煤基循环经济可持续发展和高质量发展水平，尤其重点加强对中高层管理人员的专项培训，提升两个关键层级的理念导向。

2. 政策导向

传统煤炭企业煤基循环经济高质量发展需要进一步理顺体制机制及调整政策导向，保障煤炭企业增强内生动力和活力。中国煤炭资源的禀赋及煤炭资源的可靠性、价格的低廉性、可洁净利用性对于国家经济社会发展至关重要。这也决定了我国是世界上最大的煤炭生产国和消费国。中国煤炭行业和传统煤炭企业必须立足国情，以安全绿色发展为方向，以科技创新为驱动力，推进煤炭安全智能化开采和清洁低碳化利用。与此同时，政府应进一步强化政策导向，研究制定适应新形势的政策体系，包括财政、税收、金融、投资、环保、技术等，加快推进煤炭绿色转型，促进煤基循环经济发展的各项政策，对传统煤炭企业发展煤基循环经济给予特殊扶持政策和资金支持，形成加快煤基循环经济发展的激励机制。发挥优惠政策的鼓励、引导和扶持作用，同时要注重不断完善资源综合利用的优惠政策。传统煤炭企业要充分用足、用活、用好国家对煤炭循环经济和资源综合利用的优惠政策，保障煤炭企业煤机循环经济高质量发展。

3. 技术导向

传统煤炭企业煤基循环经济高质量发展必须从技术瓶颈上创新突破，加大对煤基循环经济相关核心技术的深入研究。特别是要充分依托国家级省级科研中心、科研院所、高等院校及技术设计单位的专业技术力量，加强产学研用深度融合，加快用高新技术提升煤基循环经济发展技术水平的速度。以解决煤基循环经济发展中的关键核心技术为重点，选择具有广泛推广前景的煤电机组超低排放、煤炭分质梯级循环利用和现代煤化工等先进适用技术；同电力、化工、钢铁、建材等传统重点耗煤产业、重点企业组织开展跨界联合攻关，并延伸产业链，共建煤基循环经济产业生态工业园区，以高技术、高质效、高水准解决煤炭转化、清洁高效利用和煤系共伴生矿、煤矸石及电力、化工、冶炼等产生的固体废弃物综合利用和互补技术。

进入新时代，中国"以煤为主，多元发展"的能源方针不会改变。在总结煤炭工业 70 年发展的基础上，中国煤炭工业协会原会长王显政对煤炭行业未来发展提出"五个基本判断"，着力推动"七个转变"，建设"七个体系"为国民经济高质量发展打牢能源基础的发展战略。中国煤炭工业协会副会长、信息化分会会长王虹桥提出，煤炭工业已进入由"扩张型"向"提质型"转变的新阶段，外部环境和内在动力都促使转型升级成为煤炭工业面向未来发展的核心要务。"两化融合"成为支撑煤炭工业转型升级的重要引擎。煤炭生产、加工、转化以及装备制造全过程的智能化技术成为"两化融合"的发展核心。煤炭工业"两化融合"发展进入新阶段的表现为：物联网、大数据、人工智能、工业互联网等新技术与煤炭工业的深度融合。为应对新一轮技术革命挑战：中国工程院院士谢和平团队在《煤炭革命的战略与方向》一书中描绘了中国煤炭工业从 2.0 到 5.0 阶段发展战略路线图，提出了煤炭技术发展路线图和战略思考；由中国工程院院士袁亮负责、中国矿业大学（北京）牵头的中国工程院重大咨询研究项目——我国煤矿安全及废弃矿井资源开发利用战略研究项目于 2017 年 4 月 15 日启动，将对全国2020—2030年12 000—15 000个废弃矿井资源进行综合开发技术咨询研究、战略规划设计和实际应用，开发利用技术逐步达到国际先进或领先水平；中国矿业大学校长（北京）葛世荣提出，中国煤炭生产消费技术四大方向，即变有人开采为智能化无人开采，变物理开采为化学开采，变运输煤炭为输送电力，变化石能源高碳排放为近零或零排放，减转化石能源对资源环境造成的压力。国家煤矿安全监察局2019年发布了煤矿机器人重点研发目录，5类38种，并将机器人重点研发衍生到煤基循环经济产业链相关产业。这些都为煤炭产业和煤炭企业煤基循环经济高质量发展提出了明确的超前技术导向。

4. 价值导向

煤炭的清洁高效绿色化低碳利用已成为煤炭能源的市场导向及价值导向。煤炭企业家、经营者必须善于运用科学系统的理论指导、创新驱动的发展理念、智慧的辩证思维、丰富的专业知识和成熟可靠的现代新技术等创新开发煤基循环经济的发展潜力，促使价值取向成为决策之本。必须明确煤基循环经济首先是一种新的能源经济形态，从社会与企业可持续发展的角度看，其经济属性仍然是第一位的，并兼顾经济效益同社会效益、环境效益的协调统一。尤其对煤基循环经济的整体发展战略规划要以持续的资源节约型与环境友好型理念把握价值取向，走向高质量发展。

综上所述，转变煤炭企业发展方式，坚持走资源利用高、环境污染少、经济效益好、安全有保障、全面协调健康可持续的新型工业化发展道路，是中国煤炭企业煤基循环经济高质量发展的必然选择和必由之路。

四、对煤炭行业及传统煤炭企业加快推进煤基循环经济高质量发展的思考

煤基循环经济是遵循煤炭资源本质特征和自然生态规律，按其勘查、规划、设计、生产加工转化、循环减排利用、洁净绿色消费等过程在系统内部以关联的方式构成物质能量闭环流动，能量流、信息流、价值流内在叠加，达到与经济社会、生态环境和谐发展的一个经济系统，是整个工业经济系统的一个子系统；煤基循环经济是煤炭产业和传统煤炭企业可持续发展的新经济模式，是以减量化、再利用、资源化为原则，以资源与废弃物高效利用、循环利用为核心，以延伸生态产业链条为载体，以低投入、低消耗、高效率、高产出、少排放、少污染为特征，是以资源节约与环境保护、绿色发展为目标；煤基循环经济是煤炭行业及煤炭企业实现高质量发展的必由之路。

（一）加快推进煤炭行业及煤炭企业煤基循环经济高质量发展的总体思路和基本原则

1. 煤炭行业及煤炭企业煤基循环经济高质量发展的总体思路

树立和践行新发展理念，顺应国家能源革命及煤炭供给侧结构性改革趋势，以资源节约型、环境友好型和高质量效益型为核心，实施创新驱动发展战略。一是依靠科技进步、技术创新改造升级传统煤炭主业；二是适时发展新兴产业，培育新的经济增长点；三是推进和完善煤基循环经济产业及关联产业全产业链的资源整合和价值提升，构建以煤炭为基础的现代煤基循环经济产业新体系。

2. 煤炭行业及煤炭企业煤基循环经济高质量发展的基本原则

一是坚持政府主导、企业主体、市场决定，推进煤炭能源新旧动能转换。在政府主导下，充分发挥企业主体作用和市场优化配置资源的决定性作用。有效推进产、学、研、用深度融合和政府、金融、服务等合作模式创新。积极引导全社会资源联动协同，推动煤炭新旧动能

转换和煤炭行业及传统煤炭企业高质量可持续发展。

二是坚持创新理念、科学规划、统筹布局，推进煤基循环经济产业体系构建。全面统筹煤炭资源开发布局和非煤产业开发布局，把改造传统煤炭产业与发展新兴产业有机结合起来。通过科研攻关，进一步重点在煤炭清洁高效集约化利用、高端煤化工、节能环保新材料及煤炭洁净转化装备、矿山机械制造等领域突破关键核心技术瓶颈。

三是坚持要素融合、综合施策、提升质效，推进煤炭工业绿色低碳循环发展。以创新驱动煤炭产业及传统煤炭企业加快发展煤基循环经济，推动资源链与产业链、技术链、信息链、供应链、资金链、价值链、创新链融合链接以及各类创新要素和社会资源整合；以综合施策全面治理矿山矿区生态环境，推动区域经济增长与生态环境共赢，总体实现经济效益同社会效益、生态效益和谐统一高质量可持续发展目标。

（二）加快推进煤炭行业及煤炭企业煤基循环经济高质量发展的理论和实践意义

1. 理论意义的思考

（1）有利于维护和保障国家能源安全。

当今能源安全问题已经越来越成为世界各国尤其是大国之间竞争和博弈的焦点，各国争相掌握能源安全主动权。作为全球第二大经济体正处在工业化发展进程中和其能源结构特殊性的中国能源安全也同样成为国家经济社会能源可持续健康发展的最大症结和隐患，保障能源安全，成为国家能源革命战略一项重要任务。为此为了解决瓶颈制约，确保能源安全，国家从能源安全战略高度投入巨大精力和财力破解，如以国家能源投资集团宁东煤间接液化成套技术和神东煤直接液化成套技术为代表的煤制油及煤转化项目取得成功。未来一段时间，甚至更长远看，煤炭在保障国家能源安全中仍起基础性作用。在国家能源安全大背景下，作为一次性能源主体的煤炭，如何顺应和保障国家能源安全的需要，如何实现科学合理利用、清洁高效利用、低碳绿色利用是煤炭行业和煤炭企业必须解决好的现实和战略重大课题。而强化发展煤基循环经济，正符合科学合理、清洁高效和低碳绿色利用煤炭能源的重点方向，对于缓解能源安全压力具有深远的战略意义。

（2）有利于建设资源节约型企业和社会。

新时代建设资源节约型社会已列为国家重点战略部署和重大决策，确定的工作重点是抓好能源资源的节约。煤炭行业和传统煤炭企业一方面要摒弃过去粗放开采、浪费资源的传统发展方式，科学、合理开发煤炭资源，精准开采、清洁生产；另一方面，要坚持减量化、再利用、资源化原则，体现低消耗、低排放、高效率的基本特征。加快发展煤基循环经济，延伸产业链条，实现煤炭资源的清洁利用、高效利用、综合利用、循环利用、梯级利用。实现煤炭行业和传统煤炭企业绿色低碳循环的高质量可持续发展，为建设资源节约型社会做出贡献。

（3）有利于建设环境友好型矿区、城市和社会。

煤炭资源型企业与城市在70多年的发展中，在“先生产后生活、先污染后治理”和“有水快流”方针的导向下，矿山和城市积累的污染问题十分突出，造成区域生态环境十分脆弱，治理时需要花费多倍的投入代价，教训十分深刻，违背了人与自然和谐发展的基本规律。加快发展煤基循环经济，可充分挖掘资源的潜能，变废为宝、化害为利，还可以根本上缓解矿区和城市生态环境治理的压力，建设环境友好型矿区、城市和社会。

（4）有利于传统煤炭企业和煤炭资源型城市可持续发展。

煤炭作为国家重要的不可再生的基础能源是有限的，所有煤矿和煤炭资源型城市都会面临煤枯矿关，煤竭城衰的潜在威胁。从可持续发展角度传统煤炭企业和煤炭资源型城市都必须既要立足现实，又要站在战略发展高度重视解决好两个重要课题：一是加快延伸煤基产业链条，发展煤基循环经济，使煤炭资源单位效能产生最大的经济效益、社会效益和环境效益，变扩大开采的外延式扩张为循环挖潜增效的内涵式发展。二是长远战略考量，不失时机地准确定位、有效发展非煤替代产业，解决产业发展单纯依靠煤炭资源发展的问题。

2. 实践意义的思考

(1) 形成的理论指导、立法保障、政策支持、社会共识奠定了基础。

国家先后颁布实施了《清洁生产促进法》《循环经济促进法》《能源法》《煤炭法》《节约能源法》《环境影响评价报告》《循环发展引领行动》等法律法规，这些法律法规及理论政策都为加快发展循环经济提供了重要依据，标志着国家把发展循环经济提到了前所未有的重要位置，也在全社会不同层次、不同程度形成了一定共识，为实现绿色低碳循环高质量可持续发展奠定了坚实基础。煤炭行业、传统煤炭企业和煤炭资源型城市加快发展煤基循环经济正当其时。尤其《能源法》明确规定，煤炭开发坚持统一规划、整体勘察、有序开发、清洁高效利用原则。国家优化煤炭开发布局和生产结构，推进煤炭安全绿色开采，鼓励发展矿区循环经济，促进煤炭清洁高效利用，适当发展煤制燃料和化工原料。

(2) 国内外循环经济试点示范成果成为成功样板。

在国内，不同产业循环经济工业生态园区和循环经济型城市已有多个示范典型，如以高新技术为主体的广东南海高科技生态工业园区模式，以煤电铝联产为核心的包头生态产业园区模式，以煤炭、热电、建材产业链为一体的大同塔山工业园区模式，以镍钴产业为支柱，纵向延伸，横向拓展的金昌资源型城市循环经济发展模式，以煤基多产业融合发展的窑街煤、电、化、冶、材、运一体化模式等。在国际上，世界著名的循环工业生态园区，如丹麦的卡伦堡工业科技园区，通过工业共生和代谢生态群落关系，使循环经济获得了成功。再如德国北威州利浦工业园区已成为全欧洲规模最大、处理品类最多的工业废弃物回收处理中心，取得了可观的经济、社会、环境效益。国内外这些示范典型、成功样板都为加快发展煤基循环经济型企业、煤炭资源型城市高质量可持续发展提供了成功经验和借鉴。

(3) 能源转型的立足点和首要任务就是推动煤炭清洁高效利用，也是实施煤炭绿色低碳循环高质量可持续发展的必由之路。

发展煤炭清洁高效利用技术，不仅是煤炭行业自身追求差异性与独特优势的举措，也是由我国相对富煤、贫油、少气的资源禀赋所决定的。资源型城市转型发展与生态文明建设论坛会上有学者指出，价值 1 元的煤用于发电，可创造 2 元的经济价值，做成甲醇就变成 4 元，做成醋酸就变成 8 元，做成醋酸纤维素就变成 78 元。煤基产业链的拉长延伸可以将煤矿变成金矿。充足的煤炭、伴生矿及废弃物资源的物质基础创造了发展空间。逐步实现清洁生产、防治污染、变废为宝、化害为利，追求物质与能源利用最大化与废弃物产生排放最小化的目的。传统煤炭企业、煤炭资源型城市的产业经济不再只是单纯的原煤开采和销售，而是随着煤炭的智能化绿色开采和清洁化高效利用，实施煤基循环经济，不断延伸、拉长、加粗产业链条，持续推进煤—电—化、煤—油—化、煤—焦—化、煤—气—化、煤—建材等成为重要的产业支柱，并在综合利用、循环利用、梯级利用转化过程中，延伸生产下游附加产品，为煤基循环经济发展创造更大的空间。在《中国煤炭清洁高效可持续开发利用战略研究》的推动下，煤炭清洁高效利用被列入面向“2030 国家重大项目”。《国家能源发展“十三五”规划》提到，优化规划建设时序，加快淘汰落后产能，促进煤电清洁高效发展，提出煤电清洁高效发展目标：2020年煤电机组平均供电耗煤控制在310克/千瓦时以下，其中新建机组控制在300克/千瓦时以下，二氧化硫、氮氧化物和烟尘排放浓度分别不高于35毫克/立方米、50毫克/立方米、10毫克/立方米。现代煤化工成为国家能源革命战略及保障能源安全的主要方向之一，将有效破解石油、天然气对外依存度高的问题。而随着技术不断突破，产业快速兴起，中国现代煤化工发展整体处于世界领先地位，为发展现代煤化工提供了重大机遇。煤炭转化制取大宗化学品及油品，不仅恰好可弥补我国石油、天然气资源不足，同时煤制油、煤制气还具备战略技术储备意义。因此，煤制油、煤制气等煤炭清洁化利用方式，在替代化石能源方面，蕴藏着巨大的潜力；散煤治理，煤电行业、钢铁行业超低排放改造与现代煤化工等煤炭清洁化利用取得新进展，煤炭清洁化利用工作加快从电力领域向非电领域扩展。

(4) 煤炭资源综合开发技术和能力显著提升。

煤炭产业依靠技术进步加大科技创新力度，在采矿技术、加工技术、转化利用技术等方面取得了一系列新突破，并迅速转化为生产力。如大型高效选煤洗煤技术、煤炭直接和间接液化技术、地下煤层气开发技术、高硫煤气化技术等清洁煤技术和煤炭深加工技术研发实施取得成功；矿井矸石充填技术、沿空留巷无煤柱开采技术、煤层瓦斯抽采发电技术、燃煤火电厂超低排放技术等被应用；煤矸石、粉煤灰、煤炉气、煤焦油等综合利用技术日趋成熟。全国已建成一定数量和规模的煤矸石、煤泥、沫页岩等低热值燃料电厂和煤矸石、粉煤灰、炉渣、烧变岩等废弃物新型建材及墙体材料生产线；利用油母页岩末页岩生产生物肥料、复合肥料技术也有了新的提高等，这些技术和能力为加快发展煤基循环经济提供了可靠支撑。

五、煤炭企业煤基循环经济高质量发展模式构想与设计

中国煤炭企业煤基循环经济高质量发展模式是以煤炭为基础延伸循环经济产业链条，依托生态产业链、价值链，通过物质流、能量流、信息流循环方式，实现煤炭资源、伴生矿资源包括二次（再生）资源的综合利用、循环利用、梯级利用、高效利用，以减量化、再利用、资源化为原则，以清洁生产、低耗减排、提质增效为基本特征，最终以煤炭为基础，经济效益、环境效益、社会效益相协调，绿色低碳循环发展为目标。

煤基循环经济可持续发展模式按层次范围可分为煤基循环经济型企业、煤基循环经济型生态产业工业园区、煤基循环经济型煤炭能源城市、煤基循环经济型区域（大型煤炭基地）四个层次体系。纵向延伸煤炭转化深加工煤基产业链条，横向扩展废弃物资源化循环利用产业链条，建立科学、规范、标准、完善的煤基循环经济生态产业系统，将上中下游关联产业、企业相联，跨界合作，形成资源、能量、技术、信息互换共享的共生共赢集合。

国内学者提出中国煤炭工业循环经济可持续发展理念，即煤炭是中国的主要能源，煤炭是可综合利用、循环利用的能源，煤炭是可以洁净利用、高效利用的能源。煤炭资源是一种基础能源和战略资源，若大量超限开发，必然造成资源总量的减少，而且煤炭将是未来石油能源及产品的替代品。煤炭产业应根据其技术经济特征，在实践煤炭产业循环经济发展模式、循环经济可持续发展以及高质量发展战略上进行深入研究、有益探索。

1. 中国煤炭企业发展煤基循环经济模式的基本思路

发展煤基循环经济是中国煤炭企业顺应能源革命和煤炭供给侧结构性改革，推进产业调整结构、转型升级，转变绿色发展方式的重要途径，是实现清洁生产、高效利用、节能减排、

保护环境的重要举措。

中国煤炭企业发展煤基循环经济模式的思路，应从以下五个方面来考虑：

(1) 坚持以煤炭洁净高效绿色转化和以煤系共伴生矿资源综合利用为基础，构建和延伸煤基循环经济产业链条的发展思路。该发展思路是以煤炭的清洁生产、洗选提质、就地转化和以共伴生矿及煤层气、矿井水等资源的综合利用，构建煤炭—电力、煤炭—化工、煤炭—焦化、煤炭—建材、煤炭—冶炼以及煤—电—化—建材等产业链条。达到"减量化、资源化、再利用","变黑为绿、化污为洁、变废为宝、化害为利"、"吃干榨净"及资源循环利用、节能减排、保护环境的目的。

(2) 坚持构建煤、电、化、材多元一体化循环经济产业生态工业园区的发展思路。该发展思路是在矿区、城区建设以煤炭和共伴生矿资源为原料的煤、电、化、材多元一体化循环经济产业生态工业园区，以煤、电、热、气为龙头，通过煤发电、煤制气、新型建材等，向矿区、城市供应电力、供应煤气、供应热能、供应建材，并延伸生产多种传统煤化工和现代煤化工产品，生产多种传统和新型建材产品(如煤矸石免烧砖、综合利用复合水泥、发泡陶瓷保温墙体材料等)，供应矿区、城市基础设施建设，从而实现煤炭矿产资源的综合利用、多级利用、循环利用和高效利用的产业链，达到构建以矿山资源综合利用，矿山环境综合治理为特征的煤基循环经济体系。

(3) 坚持构建煤基产业及关联产业集群的发展思路。该发展思路是以煤基资源为基础，把综合利用技术、洁净煤技术与煤化工技术以及石油化工等相关技术结合起来，构建煤基产业及关联产业集群。以求在更大范围和更多领域进行再利用、再循环，从而获得更大的经济效益、环境效益和社会效益。

(4) 坚持重点有效利用煤电、煤化工技术对煤炭进行就地转化，实现连续开发的发展思路。该发展思路是深入研发煤炭清洁加工、绿色循环、集约高效、低碳利用转化技术，即煤电化、煤液化、煤气化、煤焦化、煤制合成氨、煤制油、煤制烯烃、煤制乙二醇、煤制乙醇、煤制氢以及煤基化工塑料、高炉喷吹煤、高效粉煤、高效型煤等技术路线及其延伸煤制化学品的煤基多联产清洁高效利用技术开发，是这种发展思路的主要表现。如煤炭直接液化、间接液化、新型水煤浆气化(低压羟基醋酸合成)、粉煤加压气化、低热值循环流化床燃煤发电等技术研发。

(5) 坚持构建以煤炭基地集约开发转化为龙头的"循环经济型区域产业体系"的发展思路。这是更高层次、更大循环的发展思路。这种发展思路的着眼点是，煤炭资源富集区及大型煤炭基地的资源开发转化和煤基循环经济体系的建设。主要发展思路是在煤炭及共生、伴生资源富集区，建立以煤炭资源开发转化为龙头的煤基循环经济产业生态工业园区集群，按照循环经济、绿色低碳的发展模式，对各种资源清洁高效生产和循环高效利用，开发转化终端产品或高端产品。按照区域工业体系统一规划实施资源清洁、高效开发和相关资源及产业循环经济发展，最大限度地避免由于区域和行业分割所造成的无序竞争、资源浪费和污染环境，实现各种资源得到科学合理集约化开发利用，生态环境得到最好保护的和高质量发展目标。

2. 中国传统煤炭企业以产业链构建为特征的煤基循环经济发展模式设计

中国传统煤炭企业应充分利用自身的资源优势和煤炭品种[烟煤(瘦煤、贫瘦煤、不黏煤、弱黏煤、长焰煤、气煤、焦煤)、无烟煤(肥煤)褐煤]的自然特征，及伴生矿[油母页岩、高岭土(岩)等]、煤层气(瓦斯、二氧化碳、油气、页岩气)等自然特性,以采场精准开采、清洁生产源头管控为基础,以原煤筛选洗选清洁加工分质分级环节管控为前端,拓展单一煤炭产业;以煤—电—化、煤—焦—化、煤—油—化、煤—气—化和煤—电—冶炼、煤—电—建材等产业链的构建为特征,并不断完善设计、优化提升、补链延链强链、加粗延长产业链,对资源的再利用、再循环达到最大化、最佳化。

(1) 以不黏煤、弱黏煤、长焰煤等烟煤为主的筛选洗选动力煤为燃料,以发电、冶炼、水泥建材为核心的产业链模式设计。

这种模式为传统设计,主要产业链路线是:动力煤—发电—冶炼(钢铁、电解铝、硅铁、硅钡钙、碳化硅、晶硅、电石、碳墨等)产业链或动力煤—水泥建材产业链,并从中衍生出更多的产业链。即弱黏煤(块炭)—兰炭—煤焦油—精细化工产业链,高炉喷吹煤—炼钢—钢材深加工产业链,发电—电石(硅铁)—石灰氮—双氰胺产业链,粉煤灰、炉渣—建材产业链,炉气余热热电联供—厂区居民取暖产业链等。

(2) 以洗选洁净煤为原料,以转化开发为核心的产业链模式设计。

这种模式设计,以选洗清洁煤炭为基础,加工转化开发煤基产业。原则上将矿井生产的原煤100%入洗,分选出精煤、中煤、煤泥、煤矸等。精末煤用于煤化工,形成煤化工产业链,(传统煤化工:煤制合成氨等;现代煤化工:煤制油、煤制天然气、煤制氢、煤制烯烃、煤制乙二醇、煤制乙醇等),或用于钢铁高炉喷吹煤、煤基塑料等;块煤用于钢铁厂,形成煤钢产业链;中煤、煤泥、煤矸用于低热值燃料综合利用热电厂;粉煤灰、炉渣用于制新型建材;洗煤水分质净化循环利用。

(3) 以低阶煤为原料,以分质提质转化为核心的产业链模式设计。

这种发展模式主要有两种,一种是以褐煤或高硫煤为原料进行液化(煤制油)的工业动力燃料为主的发展模式的设计;另一种是煤发电—煤制醇醚及下游产业的发展模式设计。并衍生再循环、再利用的产业链。

(4) 以焦煤为原料,以焦化为核心的产业链模式设计。

这种模式设计,以炼焦煤转换成焦炭过程中产生的副产品作为再利用、再循环。延伸焦炭—焦油—焦油精制—精细化工产业链;煤气—发电(供暖)产业链。

(5) 以伴生矿煤矸石为原料,以低热值燃料综合利用热电联供为核心的产业链模式设计。

这种模式设计,主要消化采矿中生产和筛选出的伴生矿煤矸石,化害为利,变废为宝,利用循环流化床锅炉和技术,将煤矸石中的可利用热质转变为电能和热能,供生产和生活使用,炉渣和粉煤灰可作为新型建材原料全部再利用。

(6) 以伴生矿油母页岩为原料,以炼制页岩油为核心的产业链模式设计。

这种模式设计形成油母页岩—页岩油—精细化工产业链、油页岩半焦—高附加值延伸加工产业链、油页岩半焦—发电产业链、炉渣和粉煤灰—建材产业链、炉气余热—发电(供暖)产业链等。

(7) 以煤层气和瓦斯为燃料,以发电供热为核心的产业链模式设计。

这种模式设计形成瓦斯(高浓度、低浓度)—发电供热产业链。

3. 中国煤炭企业构建煤基循环经济型区域模式构想

这是一种以煤炭为基地、区域为单位的煤基循环经济产业发展模式设计,对象是煤炭资源富集区，尤其是特大型煤田、大型煤炭基地。在这个模式设计中，煤炭资源绿色设计、精准开采、清洁加工、高效循环利用与生态环境保护的和谐统一是核心，而生态环境保护是第一位的。

根据大部分煤炭资源富集区生态环境比较脆弱，并伴有森林、耕地、草场、河流、湖泊、湿地等自然保护的特点，可以根据煤炭资源及其他资源的分布状况，划分成不同的区域，比如正常开采区、有限开采区和禁采区。在这个模式中，没有行政区划和行业分割的概念，只有资源的科学合理利用和生态环境得到最好保护的概念。国家规划的 14 个大型煤炭基地及其所占总量的比重地位，在发展煤基循环经济型区域上显得尤为重要。必须统一布局、绿色规划、科学设计，构建完善的煤基循环经济型区域产业体系，融入国家循环经济型社会，实现经济效益、社会效益和环境效益科学协调发展、绿色低碳循环发展、高质量可持续发展的目标。

4. 中国煤炭企业煤基循环经济高质量发展模式构想与设计

（1）煤炭企业煤基循环经济高质量发展，必须坚持创新、协调、绿色、开放、共享的新发展理念。以清洁生产、循环经济、生态经济、绿色经济、低碳经济与可持续发展、高质量发展一脉相承的理论为指导，以推进煤炭能源革命和煤炭供给侧结构性改革为主线，以煤炭安全高效智能化绿色开采和煤炭清洁高效集约化低碳利用为主攻方向。

（2）煤炭企业煤基循环经济高质量发展，必须构建科学完善的煤基循环经济产业绿色低碳发展体系，即构建和完善以煤基循环经济为主体的全产业链体系：包括建设和完善煤炭安全高效智能化绿色开采体系，建设和完善资源节约的清洁生产体系，建设和完善资源清洁高效循环利用体系，建设和完善技术创新源动力体系，建设和完善人才创新和高素质人力资源支撑体系，建设企业文化引领体系，建立健全煤矿安全生产与职业健康保障体系，建设和完善矿区生态环境治理体系，建设和完善矿区生活绿色消费体系和延伸构建煤基洁净燃料原料低碳利用体系、煤炭产业政策保障体系、煤基产业绿色投资金融支持体系以及煤炭企业国际化发展的开放体系等。

（3）煤炭企业煤基循环经济高质量发展，必须推动煤炭企业绿色低碳转型升级实现全新转变。即促进发展方式由数量速度型向质量效益型转变，煤炭生产由机械化向现代化智能化生产转变，人力资源由劳动密集型向两化融合、人才技术密集型转变，煤矿安全生产发展由大幅度降低生产事故为重点向提高职业健康保障程度转变，煤炭运营由生产销售原煤向加工销售商品煤、洁净煤转变，煤炭产品由燃料向原料与原料并重转变，煤炭市场交易由不完全市场向完全市场化转变，总体促进煤炭工业健康协调、可持续发展。

（4）煤炭企业煤基循环经济高质量发展，必须创建煤基循环经济重点示范工程。如从煤炭安全高效智能化绿色开采→煤系共半生矿资源绿色开发→煤基资源清洁转化高效集约化利用→工业“三废”资源化综合利用→节能减排降碳→生态环境保护。让资源以最佳形式服务于经济社会进步，让环境最佳地承载可持续发展，实现矿区的人与自然和谐，见图 3-16。

（5）煤炭企业煤基循环经济高质量发展，必须提升企业的核心竞争力。即具有国际、行业、区域一流的竞争力、影响力和带动力；具有产品品牌质量的可靠性和持续创新品牌的影响力，推进产业链向价值链的中高端迈进；具有先进的企业质量管理理念和独特的企业文化等，并不断推动企业的质量变革，效率变革，动力变革。

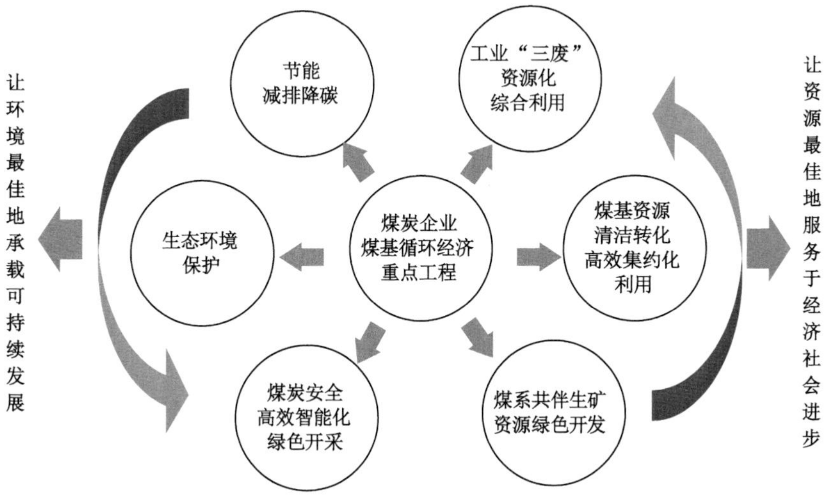

图 3-16　煤炭企业煤基循环经济重点示范工程示意图

中国煤炭企业煤基循环经济高质量发展研究正处方兴未艾，需要在研究中实践，在实践中研究，寻求其正确的坐标、轨迹和规律。

总之，中国煤炭工业和煤炭企业要依靠创新驱动来实现转型升级，通过理念创新、技术创新、产业创新、制度创新等，在煤基循环经济产业链上不断由中低端迈向中高端。

第四章 中国煤炭企业发展煤基循环经济是煤炭行业高质量发展的正确抉择

循环经济是以减量化、再利用、资源化为原则，以低消耗、低排放、高效率为基本特征，要求对污染进行全程控制，在工业生产中实行清洁生产，倡导生态工业、绿色工业，提高全社会的资源利用效率等。循环经济的这些特点是符合可持续发展理论的经济增长模式，具有可持续性、和谐性、需求性和高效性，也完全符合传统煤炭企业构建煤基循环经济产业体系，充分开发利用资源，将煤炭和共伴生资源吃干榨尽，保护生态环境，实现资源利用的可持续发展，对创造和谐的生态绿色煤炭工业有着极其重要意义。

中国煤炭作为主体能源，在国家能源结构和国民经济持续增长中还将长期居于重要的战略地位。国家《能源中长期发展规划纲要(2004—2020年)》明确“中国坚持以煤炭为主体，电力为中心，油气和新能源全面发展的能源战略”是由富煤、缺油、少气的资源禀赋所决定的。如何走科技含量高、转型升级优、资源消耗低、环境污染少、经济效益好的煤基循环经济之路是摆在中国传统煤炭企业面前的正确抉择和艰巨任务。

中国基础能源现状决定了中国传统煤炭企业的深化改革与持续发展，必须面对煤炭资源过度开采、优质储量逐渐枯竭和自然环境难以修复的客观现实，探索持续、健康、发展的新概念体系和理论方法，坚定不移地走大力发展煤基循环经济之路。这是坚持以绿色低碳循环为主要发展原则、主要发展模式、主要发展方向、主要发展目标的成功之路，是必然选择，是必由之路。中国传统煤炭企业坚持发展煤基循环经济是一次深刻的发展变革，是实施可持续发展战略的重要实践方式。

传统煤炭企业过去单向直线式粗放发展模式的弊端，特别是逐步暴露出的资源浪费和环境污染严重制约可持续发展深层次问题，引起了社会的高度关注。大力发展循环经济，从资源开采，生产消费，废弃物利用和社会消费等环节，加快推进资源高效利用和循环利用，已逐步形成共识，更使煤炭行业自身进一步认识到煤炭企业发展煤基循环经济的必要性和紧迫性需要，努力开创煤炭能源转型升级现代化、高端化、智能化、高质量可持续发展新局面。

一、发展煤基循环经济是煤炭企业融入“节约资源、保护环境”基本国策的现实和战略需要

实现经济社会和国民经济全面、协调、可持续发展，需要有充裕的资源作后盾和良好的环境做保证。节约资源、保护环境列为基本国策，建立全社会大循环经济体系，需要分层次、分等级的循环经济体系为基础、作保障。传统煤炭企业发展煤基循环经济是节约资源，保护环境的源头和重点，是落实基本国策，融入构建全社会大循环经济体系的第一优先级——煤基产业链循环经济体系，是从煤炭能源源头上解决减量化、清洁化、循环化、低碳化、绿色化可持续发展及高质量可持续发展的问题。这对全国煤炭产业整体建立煤基循环经济体系，

实现经济效益、环境效益和社会效益的协调发展奠定坚实基础，为煤炭能源城市、区域建立煤基循环经济关联产业体系整体协调发展创造必要条件。

二、发展煤基循环经济是煤炭企业转变经济增长方式、实现可持续发展和高质量发展的本质要求

发展煤基循环经济是传统煤炭企业实施可持续发展战略最重要、最现实、最佳的路径选择。可对传统煤炭企业提供新的发展空间，有利于优化产业结构调整、转型升级，提高产业科技水平的含金量和贡献率，提高经济、社会、生态综合质量效益。传统煤炭企业几十年的发展是建立在粗放开发，简易加工，低效利用的数量速度型的基础上，其特征为高投入、高消耗、高排放、高污染、低效率、低效益的粗放经济生产模式，造成资源和环境压力。其突出表现为，一方面企业为盲目片面追求产量和利润而采厚弃薄、采优弃劣、采易弃难，过度开采、浪费资源；另一方面企业不顾及生态环境承载及治理保护，在开采煤炭的同时不可避免生产排放大量固体废弃物、废水、废气等，破坏环境、危及生态，为此付出超限量的资源和环境代价。企业为达标排放，还需付出沉重的经济代价。因此，要转变经济增长方式由数量速度型转向质量效益型，只有大力发展循环经济，延伸产业链，才能从根本上改进生产结构单一、产业链条短、资源利用率低、产品附加值低、环境效益差的现状，提高企业发展的综合质量效益，才会使传统煤炭企业本质上实现低投入、低消耗、高产出、高效率、低排放、低污染的可持续发展。

煤炭是不可再生资源，所有传统煤炭企业都面临煤炭资源枯竭的潜在威胁。因此，从长远发展的角度看，传统煤炭企业必须高度重视两个问题：一是科学论证企业转型战略和方向，不失时机地发展非煤替代产业，解决企业发展单纯依赖煤炭资源及未来资源枯竭关井的问题；二是尽早延伸煤基循环经济产业链条，使单位产量煤炭资源发挥出最大的经济效益，变扩大产能的外延式扩张为循环经济多方挖潜的内涵式发展。从现实条件和各地的实践经验看，第一点是长远战略，不可能短期内迅速见效；第二点是潜力巨大，有条件尽快见效。发展煤基循环经济，恰恰是以此为重要内涵的，抓好它是传统煤炭企业摆脱煤矿衰竭问题、实现可持续发展的有力之举。

三、发展煤基循环经济是煤炭企业缓解能源资源约束矛盾和解决能源安全问题的根本出路

改革开放40多年来，我国用以煤炭为主的能源高量消费支撑了国民经济的高速发展。如果继续沿袭传统的发展模式和增长速度，以煤炭的大量消耗实现工业现代化，是难以为继的。

当今能源安全问题已成为世界范围内竞争和斗争的焦点，也成为我国经济能否持续健康发展的最大症结和隐患。从煤炭资源拥有角度看，不仅中国的煤炭资源总量和人均资源量都严重不足，而且未来所需的煤炭资源储备矛盾将日益突出，如果继续坚持高产能和高量消费，国家有限的宝贵的煤炭资源将难以支撑传统产业和国民经济的持续增长。同时，重点区域的生态环境状况也难以承载这种高消耗、低效益、高排放、高污染粗放生产方式的持续扩张。实施循环经济，通过新技术一方面提高煤炭回采率，降低资源投入量，另一方面将废弃物资源化综合利用，一定程度上缓解资源供给压力。因此传统煤炭企业发展煤基循环经

济是实施资源开发战略，促进资源永续利用，保障国家经济安全的重大战略措施。

新时期，解决资源瓶颈制约，确保能源安全，推进能源革命，已成为国家战略的重要组成部分。在这一背景下，作为不可再生不可替代的一次性能源主体的煤炭，怎样实现科学利用、合理利用、高效利用、梯级利用、循环利用，低碳利用、绿色利用是我们躲不开、绕不过的课题。而发挥煤炭最经济、最廉价能源资源优势和煤炭天然洁净特性发展煤基循环经济，沿着煤基产业链生产多种相关产品，把资源吃干榨净，发挥资源最大效用，恰恰是科学、合理、高效、梯级循环、绿色、低碳利用煤炭资源和转化升级、转化提质的一把“金钥匙”，对于缓解我国的能源压力意义深远。为了减轻经济增长对资源供给的压力，必须贯彻煤炭供给侧结构性改革，必须大力发展煤基循环经济对产业链上下游生产要素合理优化配置，提高资源利用效率和价值含量，实现资源的安全、洁净、高效利用和绿色低碳循环利用。

四、发展煤基循环经济是煤炭企业从根本上减轻环境污染、实施节能减排、低碳运行模式的有效途径

发展以低能耗、低排放和低污染为基础的低碳经济，已成为全球气候变化的难点、焦点和热点。我国以煤为主的传统能源结构和以重化工为主的传统产业结构，决定了我国推进发展低碳经济的重点在于煤炭的洁净高效利用和节能减排，也是企业提高能源资源利用效率、降低生产成本、提质增效的重要举措。需要在煤炭清洁生产、洁净利用、煤基多联产、燃前预处理、高热效率、超低排放、废弃物综合利用以及煤层气瓦斯的开发利用、二氧化碳的捕集储存、利用和环境控制等方面进一步加大技术攻关、科技创新，寻找有效途径，走发展多元化的能源战略包括能源资源来源、生产技术和经济利用的多元化低碳经济发展之路。

煤炭的直接燃烧是所有化石能源中对环境污染最严重的，而且原煤生产加工中排放的煤矸石、煤泥、矿井水和有害气体等，乃至受开采塌陷损害的土地植被等都是环境问题。无论排放还是堆积，都造成资源浪费和损失，都会污染生态环境，直接影响环境质量，还要承担沉陷补偿、排污费用等经济负担和法律责任。而从循环经济的角度来看，排放的废弃物都是资源，存在着巨大的潜在的经济价值。按照循环经济的发展理念与路径，借助先进的资源化再利用技术，煤炭和共伴生矿及废弃物完全可以由黑变绿，由废变宝，由脏变洁，由污变净，彻底改变黑、脏、乱、差的煤矿形象。传统煤炭企业完全可以变高投入、高开采、高消耗、低利用、低效率、低效益、高排放、高污染、高代价的传统粗放发展模式为高技术、高效率、高质量、高效益、集约化、资源化、循环化、低碳化、绿色化的现代新型发展模式，从而走上高质量可持续发展的道路。因此发展煤基循环经济是传统煤炭企业也是煤炭资源型城市可持续发展的内在要求、必由之路和重要保证。据测算，我国煤炭利用率若能达到世界先进水平，每年可减少二氧化硫排放 400 万吨左右；煤矸石等固体废弃物综合利用率若提高 1 个百分点，每年就可减少约 1 000 万吨废弃物的排放；粉煤灰综合利用率若能提高 20 个百分点，就可以减少排放近 4 000 万吨，这将使环境质量得到极大改善。大力发展煤基循环经济，推行清洁生产、清洁转化、洁净利用，最大限度减少高碳能源直接消耗，减少温室气体排放污染，可将经济社会活动对自然资源的需求和生态环境的影响降到最低程度，从根本上解决经济发展与环境保护之间的矛盾。

五、发展煤基循环经济是煤炭企业绿色转型升级的成功出路

我国煤炭工业和传统煤炭企业发展煤基循环经济其核心是提高煤炭能源资源综合利用效率，以企业为主体，以工业园区建设为载体，重点建设以煤炭生产、综合利用为主线的煤基循环经济生态工业园区。遵循“物质代谢”规律和“共生”关系，不断延伸煤基循环经济产业链条，实现传统煤炭产业结构调整转型升级。由于我国能源资源结构和特点决定了煤炭不仅是过去、现在、而且是今后较长时间内的主要能源。但煤炭产业在不断为国民经济社会发展提供高量能源的同时，由于煤炭资源传统开采方式粗放，煤炭产业发展单一，尤其连续长时期伴随着煤炭资源开发的扩大和煤炭能源消耗的迅猛增长，带来的生态环境问题和矛盾越来越突出。如何破解？如何转型？发展煤基循环经济是根本出路，成功之路。发展煤基循环经济不仅是一种新的发展理念，也是一种新的生产方式和发展模式，也是一种绿色转型有效途径，必将彻底摈弃传统煤炭企业传统粗放的增长方式，必将彻底颠覆传统煤炭企业形象，必将实现节约资源，保护环境、绿色发展以及经济效益、社会效益和环境效益的和谐统一的高质量可持续发展成功之路。

六、发展煤基循环经济是煤炭企业实现矿区经济社会和环境协调和谐发展的必然选择

从构建和谐矿区、和谐社会的角度思考，发展传统煤炭企业煤基循环经济有其特殊意义。传统煤炭企业在长期的资源高强度开采和粗放发展背景下，产生了许多不容忽视的问题，其社会、经济、资源与环境的矛盾日益突出。因此，从资源、环境与经济社会发展的关系看，发展煤基循环经济是解决传统矿区经济社会发展与资源开发、环境保护之间矛盾的有效手段。一方面，通过推行清洁生产，将经济社会活动对资源需求和生态环境的影响降到最低程度，以最少的资源消耗和最小的环境代价实现经济的可持续增长；另一方面，通过发展煤基循环经济，不再以牺牲资源、环境为代价，既满足当代人的需要又不对后代需要构成危害。同时，可以改善矿区的环境面貌，提高煤矿人生活质量，构筑优美的宜业宜居环境，充分体现“以人为本”这一科学发展的本质要求，实现矿区生产、生活和环境友好的和谐发展。还可以通过发展煤基循环经济，在传统经济基础上增加所有生产、生活废弃物回收、使其资源化和再利用环节，也可带动整个煤炭资源型城市环保产业的发展，并为传统煤炭企业开辟新的就业岗位和经济增长点，特别是有效缓解老企业、老矿区职工子女的就业压力。

七、发展煤基循环经济是煤炭企业应对新贸易保护主义的有效措施

在经济全球化的发展过程中，单边保护主义抬头，出现贸易战，有可能推高通货膨胀水平，引发宏观经济增速下降，抑制相关需求增长。而关税壁垒作用日趋削弱，包括“绿色壁垒”在内的非关税壁垒日益凸显。一些发达国家为了保护本国利益，在资源、环境等方面，设置了不少本国容易达到而发展中国家目前还难以达到的技术标准，不仅要求末端产品符合环保要求，而且规定从产品的研制、开发、生产到包装、运输、使用、循环利用等各环节都要符合环保要求。随着国际社会对生态环境和气候变化的重视程度不断提高，以节能为主要目的能效标准、标识已成为新的非关税壁垒。而中国正处于工业化和城镇化加快发展的重要时期，能源消费强度和消费规模对煤炭能源的需求仍将保持高量水平，对生态环境的容量及

承载力和经济社会可持续发展都面临着一定的挑战。面对日益严峻的非关税壁垒，传统煤炭行业和企业要高度重视，积极应对尤其是要全面推进清洁生产，大力发展煤基循环经济，逐步使我国煤基产品符合资源、环保等方面的国际标准。

八、发展煤基循环经济是煤炭企业提升产品品牌价值、企业社会形象的具体体现

企业的可持续发展思路、核心理念和经营战略必须建立在理解并满足利益相关人(即顾客、雇员、供应商、股东和社会利益兼容)的需求，才能获得可持续发展的竞争力和最大化利益。中国传统煤炭企业树立循环经济“减量化、再利用、资源化”理念必然能够较好地实现当今社会经济发展对环保、节能的需求。中国传统煤炭企业发展煤基循环经济也代表了顾客、雇员与社会相关利益、价值取向、社会使命责任。因此，传统煤炭企业致力于发展煤基循环经济，延伸产业链条，提升产品品质，其实质就是落实“利益兼容”的经营理念和战略思想，将有助于加强与政府、社会机构及公众的公共关系，增加企业的社会资本，也提升了企业抵御市场风险的能力。同时，由于实行低消耗、低排放的煤基资源的循环利用和转化高效率利用本身标志着企业的现代技术进步、现代管理水平提高，不仅有利于提升传统煤炭企业产品品牌价值和企业社会形象，而且有利于提高市场核心竞争力。

第五章　中国煤炭企业煤基循环经济高质量发展总体战略构想

贯彻节约资源、保护环境的基本国策，实现经济发展和环境友好双赢的可持续发展战略目标，必须改变传统的经济发展模式，建立新的经济增长方式。循环经济发展模式被公认为是从根本上消除长期以来困扰我国环境与发展之间的矛盾、实现可持续发展战略的最好途径。

在相当长一段时间内，甚至从长远来讲，我国还是以煤为主的能源格局，只不过比例会下降，我们对煤炭注意力不要分散。我们正在压缩煤炭比例，但国情还是以煤为主，我国煤炭资源丰富，在发展新能源、可再生能源的同时，还要做好煤炭这篇大文章。

传统煤炭企业的兴衰与煤炭资源的可开采储量密切相关。大多老煤矿一方面随着矿井延伸，煤炭资源储量逐年减少，随之投入增加，单位成本增加，自然灾害加重，安全压力加大等一系列突出矛盾凸显；另一方面又面对科技发展和结构调整、转型升级带来清洁新能源和新材料的挑战竞争。煤炭作为一种不可再生资源，一种传统的主要燃料，长期的不合理开发和常规利用，产生了诸多与可持续发展不协调的问题，企业内部的各类矛盾和环境问题也日益突出。在有限的煤炭资源和生态环境容量中，实现企业的可持续发展已成为所有传统煤炭企业面临的十分紧迫和亟须解决的现实和战略问题。

一、中国传统煤炭企业发展煤基循环经济的社会使命责任

随着人类对自身生存环境日益恶化的担忧而日益重视全球资源和环境安全，促进现代商业理论扩展了企业的社会责任和环境责任。即企业的职责要得到公众的认可，企业的基本目的就是积极地服务于社会的需要——达到社会的满意。事实上，企业的社会使命责任存在于“三同心”责任圈，见图 5-1。

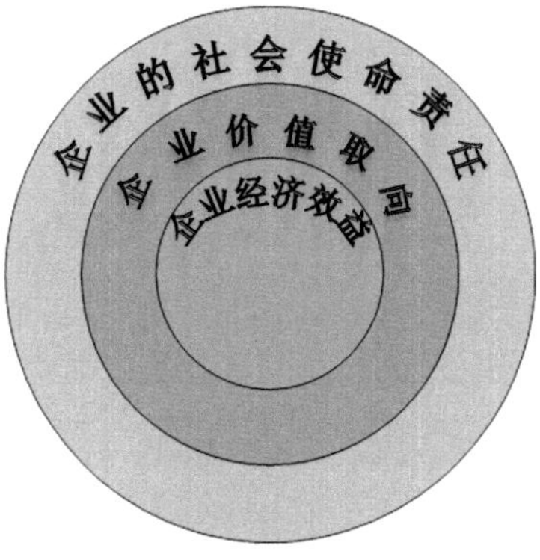

图 5-1　企业的社会使命责任——“三同心”责任圈

(1) 中心圈:包括明确的有效履行经济职能的基本责任,比如产品、质价、就业以及经济增长等基本责任。企业以经济效益为中心,企业的意义在于实现利润最大化,即企业的经济效益。

(2) 中间圈:包括在执行基本经济职能时对社会价值观和优先权的变化采取一种积极态度的责任,比如尊重环境,保护生态,体现企业价值等,即企业的价值取向。

(3) 外围圈:包括新出现的还不明确的社会使命,既企业必须保证越来越多地参与到改善社会环境的活动中来,即企业的社会使命责任。

企业经济效益、价值取向和社会使命是一个有机的完整体系,须科学有序、协调运转,达到经济效益、环境效益和社会效益的和谐统一,以真正体现企业的意义和价值。

中国传统煤炭企业应定期发布年度社会责任(简称 CSR)报告,即可持续发展报告或环境报告,就企业履行社会责任即企业相关发展战略、政策落实、节能减排、污染防治、沉陷治理、环境保护、技术创新、管理进步和经营绩效,以及抢险救灾、应急救援、脱贫帮扶、爱心救助等,针对利益相关方对经济、环境、社会三方面的信息和要求,作出相应回应,与利益相关方进行定期沟通。

治理环境污染、缓解能源危机是全球经济社会发展包括中国在内面临的一个重大难题。解决这一难题不仅是政府、环保机构、能源部门的职责,也是所有企业遵循企业社会使命"三同心"责任原则义不容辞的责任。作为传统煤炭能源型企业处于解决难题的开端,责任重大。我们这代煤炭人的使命是,以最小的生态扰动为代价、安全高效开采煤炭,以最小的环境污染为代价、清洁高效利用好煤炭,在保障煤炭行业健康可持续发展的同时,保障国家能源安全。中国传统煤炭企业发展煤基循环经济不仅是煤炭企业对解决我国资源和环境问题应该必须承担的一种环境责任、社会责任和社会使命,同时也是对全球经济发展和环境保护应做的贡献。

二、中国传统煤炭企业发展煤基循环经济的现代化科学体系

煤炭作为国家主体能源,煤炭产业作为国家重要基础产业及煤炭工业所处的战略地位,须顺应能源革命趋势,以深入推进煤炭供给侧结构性改革为主线,以煤炭安全高效智能化开采和清洁高效集约化利用为主攻方向,坚持新发展理念,建设现代化煤炭经济体系。作为传统煤炭企业要结合企业实际,构建和完善现代煤基循环经济体系:① 以科技进步为支撑的创新发展体系;② 煤炭能源安全清洁智能开采、洁净高效集约化利用和废弃物资源化循环利用绿色发展体系;③ 煤基循环经济产业链现代管理制度体系;④ 高素质人力资源、人才团队支撑体系;⑤ 产业职业健康、环境保护保障体系;⑥ 质效、绩效考核体系;⑦ 品牌战略、市场营销体系;⑧ 企业文化建设体系。

总之,传统煤炭企业要通过调整结构转型,通过循环经济升级,全力推进煤炭安全、绿色、高效、智能开采和清洁、高效、集约化利用的煤炭革命和绿色发展,有效提升煤炭产业基础能力和煤基循环经济产业水平,以实现煤炭生产和消费方式的深刻变革价值,推进煤基循环经济高质量可持续发展。

三、中国煤炭企业发展煤基循环经济的指导思想、基本原则和总体目标

(一) 指导思想

树立和坚持创新、协调、绿色、开放、共享新发展理念,贯彻和落实国家能源安全新战略,

以清洁生产、循环经济、生态经济、绿色经济、低碳经济与可持续发展、高质量发展一脉相承理论为指导，以深化煤炭能源革命和煤炭供给侧结构性改革为主线，以全力推动煤炭循环经济及煤炭企业煤基循环经济高质量发展为主题，以调整结构、转型升级、优化产业、循环经济集约化、绿色化发展模式为核心，以绿色开采、清洁生产、洁净加工、高效利用、废弃物资源化综合利用和环境无害化等新技术为支撑，以安全、清洁、高效绿色低碳循环发展和经济效益、环境效益与社会效益相协调为目标；全方位推进煤炭能源安全高效智能化绿色开采和清洁高效集约化低碳利用，有效推进传统煤炭能源向新型清洁能源的战略转型，有序推进煤炭企业由传统生产型向现代生产服务型转变。研究探索和培育推动煤炭能源上下游产业协同及煤炭能源与石化能源、可再生能源、新能源等多能源优化组合，多产品品种开发的耦合式协同发展新模式，并注重发展新业态、开发新动能。通过煤基产业技术升级、产品升级、管理升级、质效升级，构建科学完善的煤基循环经济绿色产业体系和现代煤炭企业治理体系，总体推进煤炭工业现代化、煤基产业现代化和煤炭企业现代化高质量发展。

（二）基本原则

将循环经济“减量化、再利用、资源化”原则具体贯穿到企业生产开发的各环节、全流程。

(1) 减量化原则。在煤炭和煤基循环经济产业链各产品生产、流通和消费过程中，坚持安全清洁生产，通过新技术、新工艺提高资源的高效回收率和生产率；降低原材料和能源消耗，提高单位生产产品对资源的利用率；减少各类废弃物、污染物的排放量，减轻对生态环境的污染。如控制原煤生产总量，提高煤炭回收率，提高原煤入洗率，降低物耗能耗，减少岩矸、煤矸、煤泥、矿井水、瓦斯、煤尘等排放量。

(2) 再利用原则。将在生产、流通和消费过程中产生的废弃物再直接作为产品，回收复用或者经过修复、翻新、再制造后继续作为产品，再利用或者修旧利废作为其他产品的部件予以使用，延长产品及原材料使用寿命和服务时间，提升资源再利用的质效价值。如提高煤矿水资源、原材料、缆线、零部件、油脂、边角料等回收复用率。

(3) 资源化原则。一方面，将产生的废弃物直接作为原料进行利用或者对废弃物进行再生利用、综合利用，将废弃物再次资源化；另一方面，将制造的产品延伸产业链、循环利用、梯级利用、高效利用，按清洁生产—循环利用—终极处理的优先顺序，以减少最终处理量，达到低排放、低污染或零排放、零污染。如对煤炭能源转化、深加工，延长煤基循环经济产业链，开发煤炭清洁高效利用；对煤系共生、伴生矿资源综合开发循环利用。

在循环经济减量化、再利用、资源化“3R”原则具体化的基础上，还需结合企业所处区位产业布局、配套能力和技术水平的实际，因地制宜，坚持就地就近循环的原则，依据企业所处地市(区、县)产业布局，发挥优势就地就近优化、集约化、集群化发展煤基循环经济，延伸关联产业链，构建关联产业有序、整体布局科学的煤基循环经济体系。坚持配套能力衔接的原则，按照绿色设计、科学标准，安排物质流、能量流的前后顺序和匹配能力的衔接，最大限度满足减量化、再利用、资源化，将末端废弃物“吃干榨净”。坚持高质量循环的原则，全产业链各项目采用先进技术、工艺，达到规模清洁生产、高效利用、循环利用标准和延伸加工要求，体现效益优先的原则，实现高质量的经济效益、环境效益、社会效益的和谐统一。

（三）总体目标

要立足煤基循环经济产业链、关联产业在生产、流通与消费全过程中全面促进资源高回收率、高转化率、高节约率、高利用率和废弃物、污染物的低排放率，促进经济效益、社会效益和环境效益同步增长与协调发展，促进传统煤炭企业安全、清洁、高效、循环、绿色、高质量可持续发展。设想通过不断努力，中国传统煤炭企业实现主要指标10个百分之百，即实施煤基循环经济型企业达到100%，原煤洗选加工率达到100%，煤系共生、伴生矿资源综合开发利用率达到100%，岩矸井下直接充填达到100%（难度较大），煤矸石、煤泥等固体废弃物综合利用率达到100%，矿井水、生产废水、生活污水、油脂等液体废弃物分质净化处理利用率达到100%，煤层气、瓦斯、热气等气体开采或回收综合利用率达到100%，矿区采煤沉陷土地修复复垦绿化率达到100%，知识型、技能型、创新型高素质员工队伍达到100%，绿色矿山建设达标率达到100%。

在有序组织落实各项具体任务和总体目标的过程中，要注重做好统筹协调，主要包括统筹煤炭供应保障与落后产能的有序退出关系，统筹煤矿智能化生产体系构建与矿区转型发展的关系，统筹煤基循环经济产业发展格局与国家战略布局产业链、供应链的关系，统筹老矿区可持续发展与生态环境治理、新矿区开发建设与生态环境保护的关系等，总体为实现国家"双碳"战略目标和国家现代化目标的高质量发展，奠定可靠坚实的基础，做出煤炭产业煤炭企业的贡献。

四、中国传统煤炭企业发展煤基循环经济的基本任务

煤炭的清洁、高效、循环利用和绿色开发是煤炭行业和煤炭企业高质量可持续发展的前提和目标。在科学规划、绿色设计的前提下，具有清洁生产、绿色开采，清洁高效、循环利用与引领低碳绿色消费三项基本任务。在清洁生产、绿色开采方面，传统煤炭企业要牢固树立和不断增强敬畏自然环境、尊重自然环境、顺应自然环境、保护自然环境的意识和理念，积极有效推进煤炭无害化开采的科技创新、最大限度地减少对自然生态环境的扰动及损害，甚至不损坏，并重视对生态环境的修复再造。清洁生产中要重视不断改善职工作业环境，确保采场的粉尘浓度、温度、湿度和噪音等达到标准；要推行每道工序质量标准化一步到位法，不干返工活，降低劳动强度；要做到精采细采，提高回采率；要落实"三捡四不上"，从采场到输送、筛选每个环节严格把关；要严格执行采掘工艺，强力推行矸石就地充填采空区，尽量减少矸石升井排放。在清洁高效、循环利用方面，传统煤炭企业要始终贯彻减量化、再利用、资源化原则，科学有效推进煤基循环经济及延伸相关产业链条。产业链每个项目的生产都须始终实施清洁生产、资源高效利用、废弃物资源化循环利用；要充分利用新技术、新工艺，提升产品质量，提高煤炭燃料与原料的洗选率及商品煤的质量，并将减排降到最低程度。在引领低碳绿色消费方面，传统煤炭企业要务实贯彻低碳绿色理念，不断提升自主创新水平和能力，主动推动产学研用深度融合，将开发煤炭清洁能源作为主攻方向，大力推动煤炭燃烧新技术和科学标准、精细化配煤新技术新工艺研发，优化煤炭产品品质，拓宽煤炭利用的途径，满足市场用户对煤炭清洁高效利用的技术要求，科学有效引领和指导帮助市场用户顺应和实施低碳绿色消费。如开发使用钢铁高炉喷吹煤和供暖煤粉锅炉、油页岩炼油方炉、现代煤化工航天炉、晋华炉、神宁炉新技术等，中国传统煤炭企业必将成为煤基多元、循环经济、绿色低碳开发利用的清洁能源基地。

五、中国传统煤炭企业发展煤基循环经济的基本要求

转变发展方式，提升发展质量，构建循环经济体系已成为中国传统煤炭企业可持续发展

的基本要求。构建以煤炭能源企业为主体、为中心的煤基循环经济体系，即以煤炭能源为基础的企业内部小循环、以构建生态工业园区煤基循环经济中循环、以煤炭资源型城市煤基循环经济大循环和大型煤炭基地（区域）煤基循环经济更大循环的循环经济体系，是中国传统煤炭企业当期基本思路和未来发展方向。

（一）发挥好企业主体作用

中国传统煤炭企业发展煤基循环经济必须发挥好企业自身在社会生产与经济增长和节约资源与保护环境的主体地位，这不仅是社会经济发展对中国传统煤炭企业提出的一种社会责任，而且是中国传统煤炭企业发挥自身优势，转变发展方式，提升企业发展水平和发展质量，科学有序应对市场竞争、有效推进可持续发展的客观要求。

中国传统煤炭企业是资源型企业，发展煤基循环经济型，必须运用循环经济理论同清洁生产理论、生态经济理论、绿色经济理论、低碳经济理论和可持续发展理论、高质量发展理论一脉相承的理论指导，重点研究解决好：煤基循环经济的发展目标和方略手段、协调性和可持续性、技术性和规律性、系统性和整体性、局限性和全局性等一系列关键问题，保障煤炭循环经济科学健康发展。中国传统煤炭企业煤基循环经济科学高水平高质量运行，必须建立科学完整的煤基循环经济体系，将循环经济减量化、再利用、资源化三项原则应用实践于煤炭企业生产经营全过程，对煤炭企业与环境之间的关系和煤炭企业的产品、副产品、废弃物进行高效利用、清洁利用、综合利用、循环利用、绿色利用，依靠现代生产技术和环保技术的研发应用延伸煤基循环经济产业链，杜绝资源浪费和环境破坏，实现经济效益、社会效益和环境效益的三维效率最佳化。

（二）突出中国传统煤炭企业发展煤基循环经济的主线和重点

（1）以节约资源为主线和重点。充分利用新技术、新工艺，严格按资源回收率标准，千方百计提高煤炭资源的回收率，从源头上最大限度地减少开采和加工过程中造成的资源浪费和损失。同时充分利用新技术、新工艺、新材料，严格按节能降耗标准，从大处着眼、小处着手，对煤基循环经济产业链及关联产业的每个环节、每道工序最大限度地节约能源、降低消耗。

（2）以清洁生产为主线和重点。把实施清洁生产、提高质量效益同保护生态环境紧密结合起来，贯穿于煤基循环经济产业链及关联产业生产、加工及转化的全过程中，生产清洁产品，并注重安全环境、作业环境的改善和源头治理。

（3）以煤基产业多元一体化为主线和重点。以煤炭生产基地及煤基循环经济产业生态工业园为中心，聚合关联产业，发展煤、电、焦、化、冶、建、机、路多元一体化产业集群，并配套发展生产服务、生活服务、信息技术等非煤产业。

（4）以能源资源高效利用为主线和重点。通过新技术研发，提高能源资源的高效利用率及循环利用、梯级利用率，重点突破煤炭转化及深加工技术瓶颈，将煤炭由燃料向燃料与原料转变，提高煤炭洁净高效绿色低碳利用的品质和价值。

（5）以废弃物综合利用为主线和重点。将煤系共生伴生资源和末端废弃物减量化、资源化、综合开发、综合利用，延长产业链条，提高能源资源的边际效益和环境质量。

（6）以企业集团规模效益为主线和重点。横向提高煤基产业集中度，以组建大型企业集团和构建煤基循环经济产业生态工业园区为基础，兼并重组、调整结构、转型升级、做大做强，实现规模效益，提升市场竞争力。纵向发挥企业优势和创造条件，发展煤、路、港一条龙产业或现代农业、金融、信息技术、商业、旅游业等，做优做特。

(7) 以产学研用深度融合创新发展为主线和重点。创新企业与科研院所、大专院校产学研用战略合作机制，建立新技术研发中心和高层次人才团队培养基地，充分发挥科技第一生产力、人才第一资源的特殊作用。

（三）发展煤基循环经济，要准确定位中国传统煤炭企业高质量发展模式

1. 建立在经济效益、社会效益和环境效益同异最大化的基础上

循环经济型企业所属子公司或下属企业之间的共生机制一般属于复合共生，其共生的个体的聚与散完全取决于集团总公司的总体循环经济发展战略定位、发展模式选定、产业链延伸、资源优化配置和循环利用、环保达标等需要，服从于集团总公司的控制与管理，整体达到资源利用最大化、经济效益最大化和环境效益最大化的目的。因此，传统煤炭企业须根据自身特点（包括资源量、煤炭属性、产业链延伸、技术路线、区域资源配置和市场需要等）选定采用的循环经济模式，在集团公司内部各企业之间，各生产单位、生产车间之间及产业链之间实行专业化分工，通过物质流、能量流、信息流交换，形成产品生态产业链，并通过物质、能量、信息流动和共享，形成耦合关系，使整个共生体系呈网络结构，最终实现企业经济效益、社会效益和环境效益的同步最大化。

2. 建立先进的理念创新、管理创新、技术创新和环保创新的创新体系

中国传统煤炭企业由于煤炭行业、产业的特性，在理念、管理、技术和环保创新上相对其他行业、产业滞后，因此在理念创新上煤炭经济逐步由数量、速度型向质量、效益型的发展方式转变；在管理创新上从粗放管理向精细管理、标准化管理、科学管理转变；在技术创新上从一般传统技术向引进新技术和自主研发转化相结合转变；在环保创新上从传统简单生产和末端治理向清洁生产、源头治理、循环利用转变，总体从单纯追求经济效益向追求经济效益和生态环保效益、社会效益三重目标转变。

3. 创建资源开发、循环利用和新的经济增长方式的现代煤炭企业

循环经济型现代煤炭企业的煤炭开发、资源利用、节能减排、保护环境和经济增长方式须有别于传统煤炭企业。传统煤炭企业煤炭回收率低，资源利用率低，废弃物排放多，环境污染重，经营规模主要依靠扩产增能、外延式增量获得经济效益和企业发展。而循环经济型现代煤炭企业充分利用新技术，清洁生产、高效利用、循环利用、梯级利用，延伸和完善煤基产业链，在每个产业链、每道工序和每个产业、产品生产过程中，始终贯彻绿色低碳循环理念，始终推进技术创新，始终实施清洁生产，始终执行质量标准化一步到位，在企业内部通过交换物质流、能量流、信息流，建立产品生态产业链，使得企业内部回采煤炭资源最大化、资源利用率最大化、废弃物排放最少化、生态环境污染最小化，最终通过集约性经营和内涵式增长，获得企业经济效益、环境效益和社会效益最佳化。

4. 编制传统煤炭企业可持续发展和高质量发展规划与实施方案

中国传统煤炭企业发展煤基循环经济的战略发展模式是以构建煤基产业多元一体化为主的循环经济型工业体系，即以煤—电—材、煤—电—冶、煤—化—建、煤—焦—化、煤—油—化等多种产业链产业和煤、电、化、冶、建等多种产品协调发展的战略。这个战略的实施，符合循环经济“3R”原则和可持续发展理念，可以把资源优势转变为经济优势，从根本上改变过去过度开采、过度浪费和过度排放污染的粗放模式和不良局面，从根本上解决资源与污染、发展与环境之间日益尖锐的矛盾。

要发展煤基循环经济，就必须通过可行性的科学论证，编制好可持续发展规划及实施方案，阐明发展煤基循环经济的主导思路、发展模式、战略目标和重点工作（包括规划编制依据、企业基本概况、企业发展内部外部环境和优势劣势分析、发展煤基循环经济的基础条件和存在问题、指导思想、基本原则、阶段目标、总体规划、重点项目与效益分析、保障措施、国家政策支持等），将发展煤基循环经济的可持续发展战略任务系统地落实到各项发展规划中。并在发展规划的指导下，加快产业链的构建和完善，改善企业发展环境，加速企业健康发展。

5. 创建煤基循环经济重点示范工程

发展煤基循环经济主要采用现代新技术。通过清洁生产循环与绿色低碳循环。即资源节约、高效洁净、节能减排、“三废”治理、资源综合利用等，创建资源节约型、环境友好型矿区，最终让资源最佳地服务于经济社会进步和生态环境保护。为了有序有效推进煤基循环经济科学健康发展，从全煤行业到重点产煤省（市、区）、县（市、区）和煤炭企业都要依据相关政策规定和确立的企业战略规划和循环经济发展模式，创建不同层次煤炭循环经济重点示范工程，并在创建中不断创新完善，建成各个层次的标杆样板，以推动全煤炭行业煤基循环经济高质量可持续发展。

注重在煤基循环经济产业链及关联产业延伸中，对每条产业链产生的废弃物科学定性、精准分类，按技术路线全部资源化综合利用，转化为燃料、原料、材料等，达到最小排放，近零排放甚至零排放，见图 5-2。

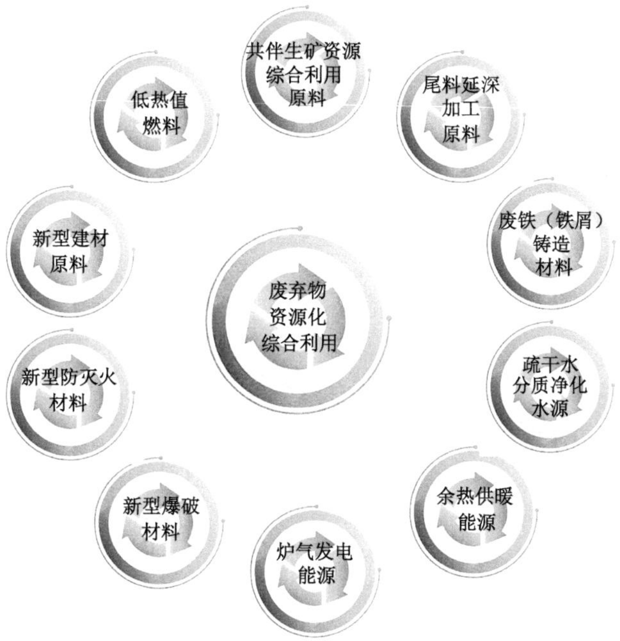

图 5-2　煤基循环经济及关联产业链中废弃物分类回收资源化综合利用图示

6. 发展煤基循环经济，充分利用独特的资源优势

传统煤炭企业发展循环经济的最大优势是资源优势。煤炭企业在开采煤炭资源的同时，产生的伴生矿（油页岩、高龄土等）、煤层气（瓦斯、二氧化碳）、尾矿（煤矸石）、矿井水、煤

泥和灰渣等废弃物，可全部作为资源循环利用，就地转化。由黑变绿、由脏变洁，化害为利、变废为宝、“吃干榨净”是最经济、最环保、最小代价、最大效益的最佳选择。

(1) 煤炭资源。中国煤炭资源及种类较为丰富，有烟煤(贫煤、贫瘦煤及不黏煤、弱黏煤、长焰煤、气煤、焦煤等)、无烟煤(肥煤)、褐煤等之分。煤炭使用方式和消费领域为燃煤发电、炼焦和喷吹、煤化工转化、建材耗煤、民用煤、其他零散用户等。与石油、天然气相比，煤炭是目前中国自然能源资源中消费价格最低廉、使用最便捷、运输储存最方便安全、生产成本最低、勘探基建投入最少、资源最丰富、最有保障的能源品种。煤炭的科学化产能、精准化开采、优质化加工和分质分级高质化梯级利用及实效化碳减排的实现路径，主要是依靠科技创新、技术进步，即煤炭安全智能高效清洁绿色开采技术、煤炭清洁高效加工技术、煤炭洁净高效燃烧技术、煤炭安全清洁分质高效转化技术和减排污染治理技术等。前端是通过数字化与智能化两化融合，改变传统采矿方式，实现煤炭的安全高效清洁绿色开采；中端是通过现代洗选和干法洗煤技术，改变传统选煤方式，实现清洁高效加工；末端是通过煤炭洁净高效利用关键技术，研发煤炭的材料原料属性，寻找碳减排及脱碳、降碳的技术路径，实现绿色洁净利用、循环高效利用。由于煤炭禀赋地质条件差异及生成时期不同，其煤质热卡、灰分、水分、含硫、含磷、黏结指数、可磨系数等指标不同，决定了这个煤矿采出的煤炭下游去向或延伸产业链的不同。有煤电、煤焦、煤冶、煤化工、煤建材等，特别是通过洗选清洁加工先进技术、洁净燃煤超低排放先进技术和清洁高效转化先进技术等，达到安全清洁高效利用标准，提高燃煤热效率，提高延伸加工转化率，提高煤基产品的附加值。如贫煤和贫瘦煤高炉喷吹煤、高效锅炉煤粉煤、高效净洁型煤、高效水煤浆等；再如：煤炭清洁高效转化，开发现代煤化工及煤炭间接液化、煤炭直接液化、煤制清洁燃料、煤制大宗化学品、煤基新型高效洁净化工产品等；再如：开发低阶煤提质中低温干馏制气、制油，高硫煤制氢循环利用；还如：开发煤炭地下气化开采等。逐步实现分质分级、能化结合、集成联产的现代新型煤炭利用方式，实现煤炭能源生产和消费革命。

(2) 煤系共伴生矿资源。有油母页岩、高岭土(岩)、膨润土、蒙脱石、石膏、硫铁矿、硅藻土、耐火黏土、锂、镓、铝、锗等矿物。开发煤系共生、伴生矿资源综合利用，可减少资源浪费，降低环境污染，增加企业效益。以油母页岩资源为例，油母页岩是在低等生物遗体及黏土物质在闭塞海湾或湖泊环境中共同埋藏后，在还原条件下转化形成的，可通过低湿干馏工艺技术提炼页岩油，可作为重要能源资源循环利用。

(3) 煤矸石、煤泥资源。煤矿生产中产出的煤矸石、井下水仓沉淀的煤泥和煤炭洗选中产出的煤泥，属低热值燃料(800—2 000 千卡/千克、3 000—4 000 千卡/千克)可就地作为低热值燃料综合利用电厂的燃料，并可达到热电联产的综合效益；煤泥还可制成型煤，达不到低热值燃料热卡的煤矸石可生产新型建筑材料、或制造复合微生物新型肥料、或提取化工材料。

(4) 岩矸资源。煤矿开拓巷道或放顶煤回采产出的岩矸可直接用于矿井采煤工作面采空区充填，或者以体积换体积的方式置换煤炭，解放三下压煤资源。提升到地面堆积的选矸可用于筑路、筑坝、制砖、回填塌陷区复垦、或再输入井下采空区充填。要注重新技术新工艺应用，减少矸石的产生量。

(5) 粉煤灰及炉渣资源。燃煤火电厂和综合利用电厂产出的粉煤灰和炉渣，可供水泥厂、煤矸石免烧砖厂、粉煤灰加气块砖厂、轻质发泡陶瓷保湿材料厂等作为生产添加原料。粉煤灰还可生产特种高水防灭火材料。高铝粉煤灰可提取氧化铝等。

(6) 矿井中水资源。矿井生产中从井下排出的矿井水与地面生产废水、生活污水采取清污分流、分质分流措施，可作为水资源再利用。一方面，注重开展采矿与排水对环境影响的研究和保水开采技术的研究，控制和降低采矿过程对水资源的破坏。另一方面，采取清污分流和分质净化处理利用，对井下水系达到饮用标准的，且未被污染的水资源采取专泵、专管直接抽排至地面专用生活水池，经净化使用。矿井污染水可作为黄土灌浆水资源循环复用，或通过应用电渗析和反渗透技术对高矿化度、高硬度矿井水分质净化，用于井下降尘喷雾。生活污水可通过分质净化处理，用于冲洗厕所、绿化浇水等。充分利用矿井中水资源可消除矿井中水直接排放对地面土壤、河流水体的污染和对水资源的浪费。要重点研究矿井水分质净化处理技术，大力推广应用电渗析和反渗透技术，使高矿化度、高硬度矿井水资源化全部利用。

(7) 煤层气（瓦斯）资源。煤层气属非常规天然气，是煤炭形成过程中产生的与煤共存的气体资源，煤层中伴生的气体资源成分主要为瓦斯(甲烷)、二氧化碳或油气等。应用高效瓦斯抽采新技术，实施地面、井下立体综合抽采，提高抽采量和抽采效率。抽采的煤层气、瓦斯或油气可采用分质发电或新技术发电，余热用于取暖和供热水，瓦斯可生产炭黑或民用，二氧化碳经分离、捕捉、提纯可用于灭火材料或爆破材料，或利用二氧化碳(代替水)发电($S—CO_2$ 燃煤发电)等工业应用、或商业应用、或压入油田地下强化采油、提高产油率、或将其永久封存在闭井地下。煤层气（瓦斯）抽采可采用井下网格式立体钻孔高效抽采、高压水射钻孔扩孔预裂高效抽采和地面钻井压裂高效抽采技术，并得到充分利用，要注重研究低浓度瓦斯回收/浓缩技术，最大限度减少瓦斯直接排放量。

(8) 土地资源。传统煤炭企业在计划经济时期，通过国家划拨方式，占有大面积土地。因地下开采有相当面积的土地塌陷，对这些土地资源可规划建设煤基循环经济生态工业园区，可利用发展现代高效农业、现代设施农业和苗木林业、中草药材等产业循环经济项目，或发展风电、光电新能源基地等，有效盘活廉价的土地资源，实现土地资源价值。对采煤沉陷和矿井水污染的土地进行综合治理，注重研究土壤特性变异分布规律及时空变化规律，复耕土壤重构技术、改良技术和复工规划、工程方法等. 充分发挥好土地资源效用。

(9) 地面及井下构筑物资源。传统煤矿煤炭资源枯竭、矿井停止生产关闭后，地面留有完整的辅助生产系统、设备和大量的车间厂房设施等，可同行业技能院校合作，共建矿山专业技能人才培养实训基地或开发工业遗迹矿山公园。井下废弃矿井留有大量的成型永久巷道和机房洞室可进行综合开发利用(如废弃的矿井主副井筒、井下水平岩石运输大巷、机房洞室经过技术改造和设备、管线配套，可用于就近石油、天然气战略储存地下库，既经济又安全)。

(10) 人力资源。传统煤矿大多属人员密集型，随着煤矿机械化换人、自动化减人工作的推进，可将富余人员进行专业培训，作为企业转型、技术升级的人力资源重点开发。

以上丰富的能源、可再利用资源和人力资源，为煤炭企业发展煤基循环经济、延伸产业链、增加产品附加值和改善生态环境提供了丰富的资源保障。

六、中国传统煤炭企业煤基循环经济产业链体系构建高质量发展总体战略构想

煤炭企业煤基循环经济产业链体系构建高质量发展的总体战略构想，即必须坚持创新、协调、绿色、开放、共享的新发展理念；必须构建科学完善的煤基循环经济产业绿色低碳发展体系；必须推动煤炭企业绿色低碳转型升级实现全新转变；必须创建煤基循环经济重点示范工程；必须提升煤炭企业的核心竞争力；坚定不移地走绿色低碳循环发展之路，构建以传统煤炭企业内部煤基循环经济产业体系为小循环，以煤基能源生态工业园区循环经济产业体系为中循环，以煤炭能源城市循环经济产业体系为大循环，以煤炭能源基地、区域循环经济产业体系为更大循环；构建前端以清洁生产循环为基础，终端以绿色低碳循环为目标的煤基循环经济高质量可持续发展模式；实现由单项资源循环向多项资源循环叠加，由小循环向大循环延伸，由内部循环向外部循环扩展，由低级循环向高级循环递进，最终形成一个纵向延伸横向拓展的有机完整的、清洁高效的、绿色低碳的现代化煤炭能源循环经济产业体系；并在政府主导保障体系和企业主体创新体系的基础上，形成煤基循环经济相关产业链条"环环相扣，相互依存""你中有我、我中有你""高效洁净、吃干榨尽、绿色低碳"的相关产业循环整体格局，确保煤炭行业和煤炭企业按现代化工业标准又好又快、高质量发展，最终确保国家资源节约、环境友好、能源安全和经济社会的高质量发展。

（一）构建以传统煤炭企业为中心的企业内部小循环经济产业体系，实现企业循环式生产

传统煤炭企业内部循环经济体系分三个层次，即单项资源直线式循环、煤基产业链纵向式循环、煤基生态工业园耦合式循环，见图 5-3。

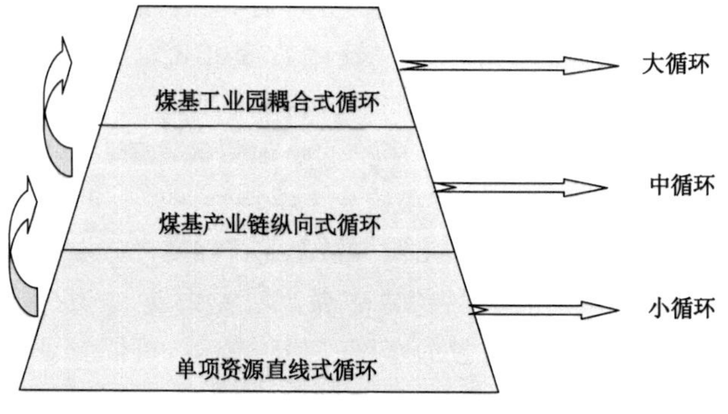

图 5-3　煤炭企业内部煤基循环经济层次

1. 构建传统煤炭企业内部单项资源直线式循环

传统煤炭企业发展煤基循环经济，从生产源头开始、从单项资源直线式循环开始，就要坚持贯彻执行资源节约、清洁生产、节能减排、资源综合利用和环境保护的理念和原则。

（1）资源节约。

传统煤炭企业资源节约的重点首先是提高煤炭及共生伴生资源开采回收率。必须认真贯彻执行《矿产资源法》《煤炭法》《清洁生产法》《生产矿井储量管理规程》及国家煤炭技术政策，在统一规划、合理布局、综合勘查、合理开采、综合利用的原则下进行煤炭资源开发，根据

本地区煤炭资源的赋存条件，大力推行安全开采、科学开采、高效开采、精准开采、绿色开采，以及数字化、信息化、自动化和智能化开采，应用煤矿生产系统信息采集与智能识别控制技术，努力提高“三率”指标水平。通过大力推广提高煤炭资源回收率的新技术、新方法，使煤炭资源回收率达到最佳化，同时在原煤生产、运输和加工过程中，按清洁生产的原则，达到“三捡四不上”。其次要提高原煤的入洗率达到最大化，淘汰落后筛选工艺和设备，引进新技术、新设备、新工艺，提高煤炭洗选回收率，提高煤炭产品质量，提高产品附加值。如原煤清洁化加工、工业锅炉及窑炉技术改造、焦炭及兰炭绿色升级、优质无烟型煤、固硫抑尘型煤、清洁高效粉煤开发。再如应用贫煤（贫瘦煤）高炉喷吹技术、洁净煤煤电机组超低排放限值技术、整体煤气化联合循环技术、煤基多联产能源系统技术、高效煤粉型工业锅炉技术、高效散煤燃烧技术、高效型煤燃烧技术、高效水煤浆气化技术、现代煤化工技术等。还如煤炭地下气化炉开采技术、煤田地下自然火区热能转换电能技术、煤基固体氧化物燃料电池能量转换技术等。拓展煤炭清洁高效利用的天然洁净品质，将煤基循环经济产业链上的生产链、产品链、创新链、价值链及全链条打造成资源节约型、环境友好型的终端化、高端化产业体系。总之，在提高煤炭资源回收率的基础上实现煤炭资源清洁生产加工和循环利用的经济效益最大化，具体见图 5-4。

（2）节能、减排、降碳。

传统煤炭企业要贯彻落实《节约能源法》《环境保护法》和《能源管理体系、煤炭采选业认证要求》《煤炭井工开采单位产品能源消耗限额》《煤炭露天开采单位产品能源消耗限额》《选煤电力消耗限额》《煤炭企业能源计量器具配备和管理要求》《煤炭企业能源消耗统计规范》等行业标准，重点向技术节能、管理节能、结构优化节能和全方位能源管理转变，大幅度降低单位生产能耗，尤其在产业结构调整、产品升级过程中必须做好煤炭全产业链及煤基循环经济全产品链的节能、减排、降碳工作。

在矿井生产节能降耗方面：

① 使用节能高效型变压器和电动机。按工信部发布的淘汰设备目录按期限淘汰高能耗变压器、电动机等设备。

② 主要大型用电设备应用变频技术、永磁电动机直联驱动技术。对矿井大功率刮板机、皮带运输机、主通风机、主要提升机、排水水泵、空压机、选煤设备、瓦斯抽采泵、锅炉循环泵等采用变频调速技术改造，达到节能降耗目的。

③ 供电系统实现智能化电力监控系统。对变电所高低压供电系统各种保护、控制、监测装置进行改造，实现保护数字化，监测自动信息化；调整、改移、更新运行状况薄弱的高低压供电线路；提高供电设备完好率，降低事故率，减小线损率，提高供电可靠性，确保矿井安全供电。

④ 开展能源计量认证，实施能源管理监控系统。建立电能智能管理系统，采用智能电力仪表采集配电现场的各种电参量和开关信号，通过现场总线通讯并远传至后台，在电能管理平台实现配电回路用电的实时监控和电能管理。系统采用现场就地组网的方式，组网后通过现场总线通讯并传至后台，通过 Acrel-3000 型电能管理系统实现配电回路用电的实时监控和电能管理。

⑤ 实施绿色照明工程。在井下主要运输大巷和景观照明中应用半导体 LED 灯；生活用电采用节能新技术，更换节能灯具、开关，严格采用以表计费，使用声光控开关，冷光源照

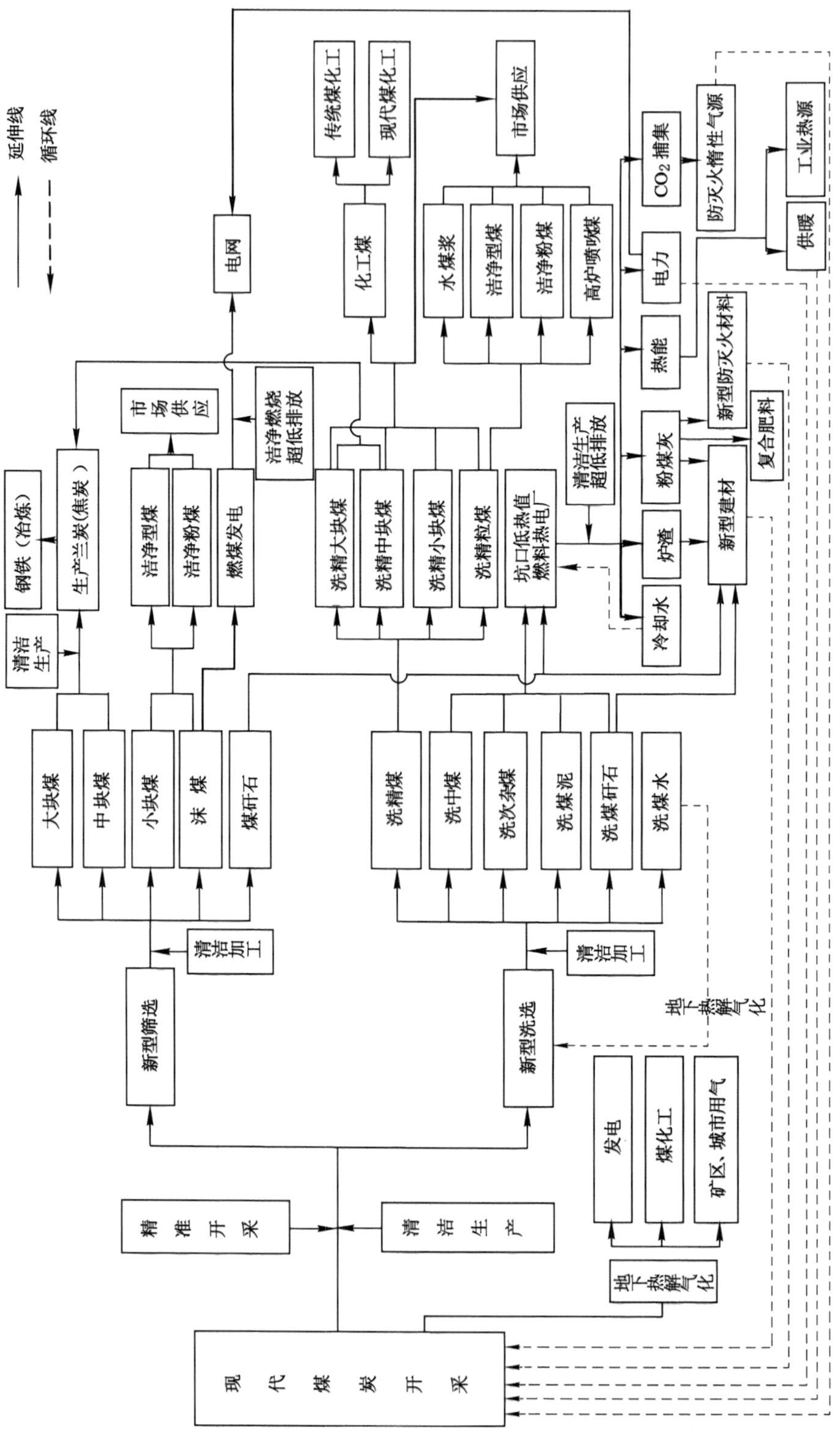

图5-4 煤炭资源清洁生产加工直线式循环图

明灯、LED节能灯、太阳能灯等。

⑥ 对新购设备严格选用节能环保型设备，使用变频技术、电动机软启动装置，高低压开关采用永磁结构，提高节电效果。

⑦ 通过技术鉴定，对不在经济工况点运行的设备进行调整或改造，推广应用负载敏感调速装置，杜绝设备空载运行或低效运行，使设备达到最佳运行状态。

⑧ 对于不适于变频调速的井下机电设备采用CST、MST等液压无级调速装置，以达到节能效果。

⑨ 加强对设备、材料的修旧利废、回收复用、节约降耗。

在矿井生产减排降污方面，对煤矿生产中产生的岩石、煤矸石、矿井中水和杂物等，尽量减少排放污染，充分利用新技术、新工艺，千方百计全部综合利用。

在煤基循环经济产业降碳方面，一方面对煤电化、煤化工、煤冶炼、煤建材等生产过程中产生的烟尘、二氧化碳等有害气体，应用新技术捕集、利用或封存；另一方面研发清洁燃烧降碳减排技术，达到降碳减排目标。

（3）资源综合利用。

传统煤炭企业要切实贯彻落实《循环经济促进法》及减量化、再利用、资源化原则和《循环发展引领行动》。

① 对煤矸石资源、综合利用。首先在矿井生产过程中注重减少矸石、水仓沉淀煤泥浆从井下提升到地面的外排量；以井下就地充填采空区为首选，推广应用矸石充填开采技术及即采即填技术工艺，以矸换煤，解放三下压煤，提高煤炭资源回收率。其次是分级分质综合利用较高热值煤矸石（水仓煤泥），采用循环流化床锅炉燃烧及高效脱硫脱碳除尘技术发电；较低热值煤矸石制免烧砖或烧结砖；利用岩矸回填采煤沉陷区、平整工业广场和铺设路基等详细过程见图5-5。

② 对煤系共伴生矿资源综合开发利用。对开采的煤系共伴生油母页岩、高岭土（岩）、硅藻土、石墨、铝、硅、锗、膨润土，耐火土等矿产资源综合开发，精细化利用。尤其是稀有矿藏资源要坚持精采细采、清洁生产、精深加工、综合利用，并将煤系共伴生矿加工提炼中产生的废弃物再资源化利用。以油母页岩资源综合利用为例，具体见图5-6。

③ 对煤层气（瓦斯）治理抽采利用。应用煤矿矿区煤层气（瓦斯）地面钻井抽采技术和井下钻孔立体网格式抽采技术，将煤矿不同地质条件下的煤层气（瓦斯、油气）资源勘探抽采及开发利用。尤其是高突矿井首先要严格贯彻执行先保后采、先抽后采（掘）、保抽并举、综合治理的技术原则和多措并举、可保必保、应抽尽抽的效果达标，高瓦斯（CO_2）突出煤层在低瓦斯（CO_2）状态下进行采掘活动的瓦斯（CO_2）治理战略原则，理顺保抽掘采良性循环的治本关系，科学、安全、高效抽采利用，减少排放，防治污染，化害为利、变废为宝，并将煤层气（瓦斯）发电中产生的余热资源化再利用。注重研发应用新技术，打造集煤层气（瓦斯）从勘探、钻孔、抽采、输送、压缩、液化及化工、发电、新型清洁保温材料燃气烧制、工业生产用燃气、居民生活用燃气等一体化的煤层气产业链，具体见图5-7。

④ 对煤矿疏干水资源综合利用。煤矿疏干水主要是矿井水、工业生产废水、生活污水（浴池、办公楼、住宅楼污水）和外排的灌浆泄水，按照清污分离、污污分治、分质回用的治理技术和方法，经过分质净化处理，可全部用于地面绿化、冲厕和井下降尘、黄土灌浆。对矿井废水应用加载絮凝磁分离处理技术回收处理复用；对电厂冷却水应用凝结水回收、安全控制

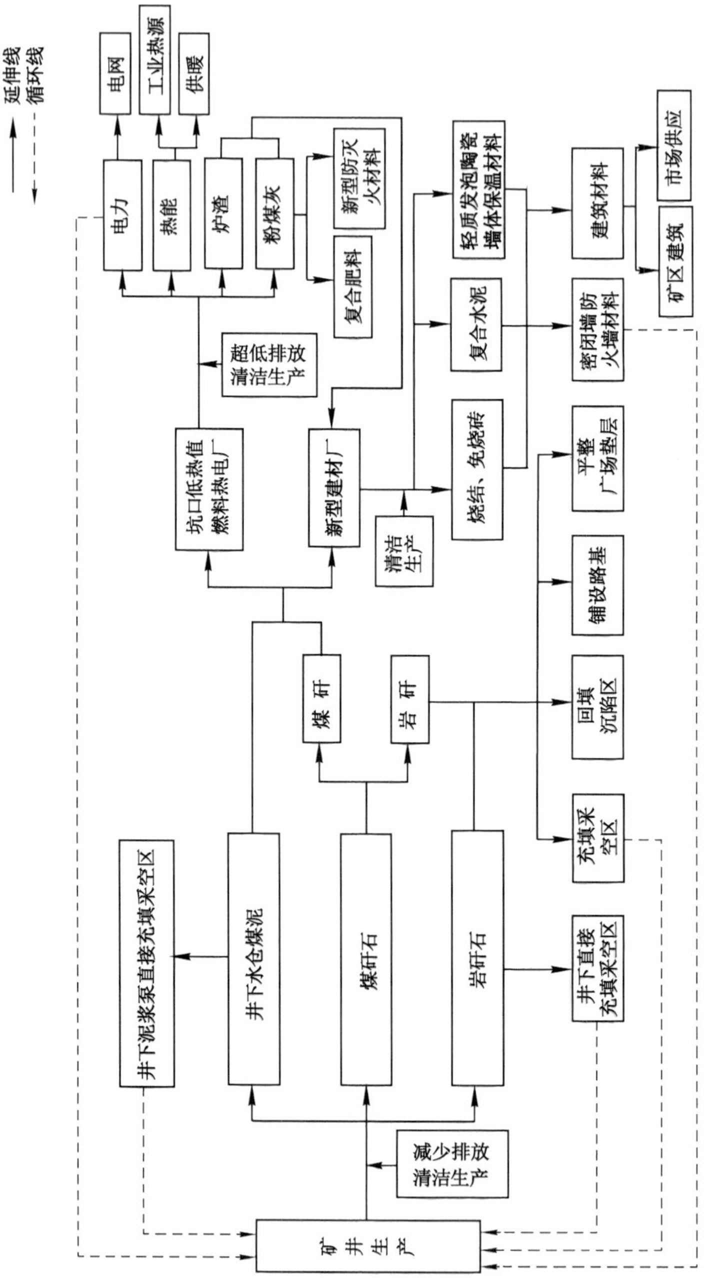

图5-5 矿井煤矸石、煤泥资源综合利用直线式循环图

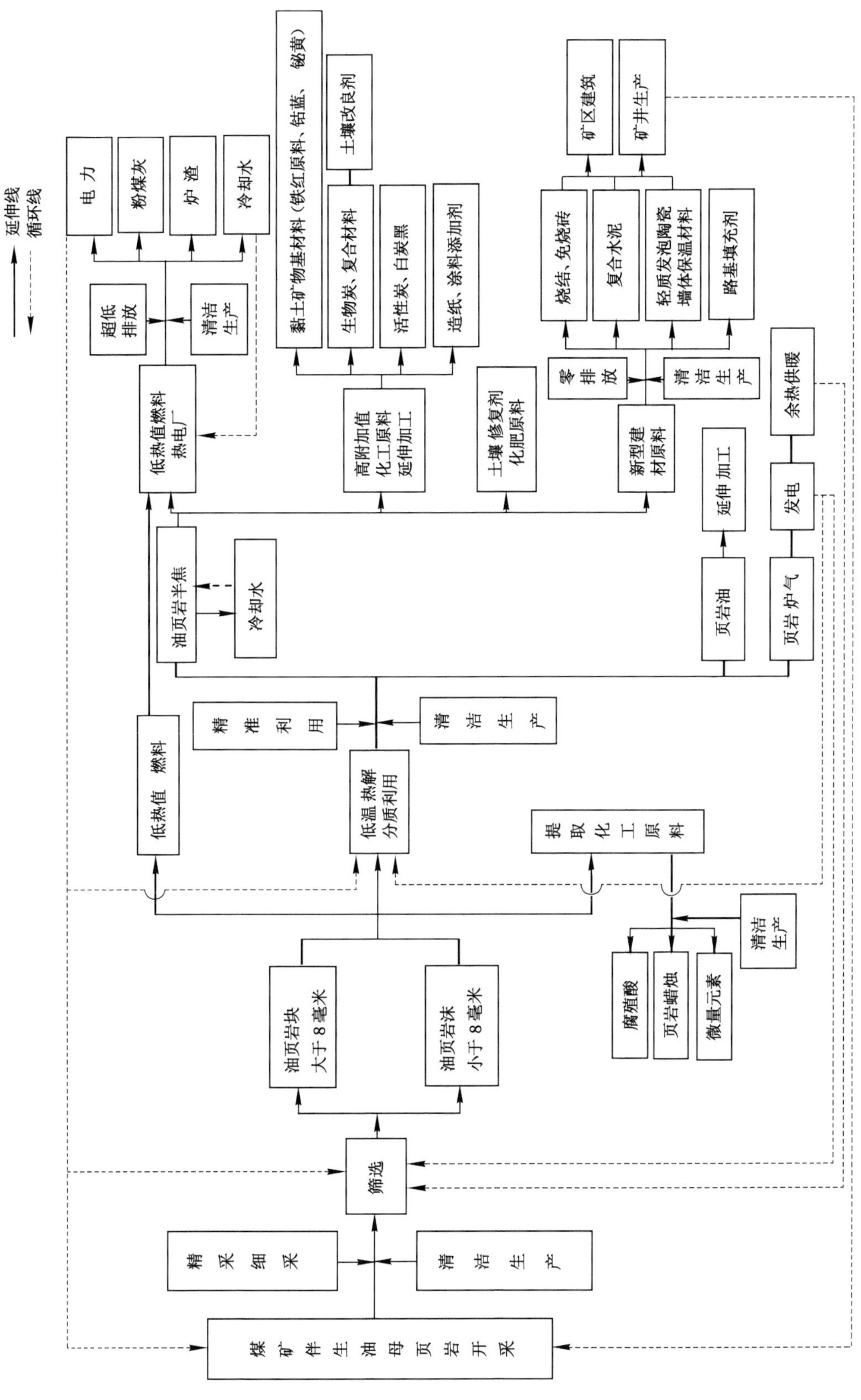

图5-6　伴生矿油母页岩资源加工综合利用直线式循环图

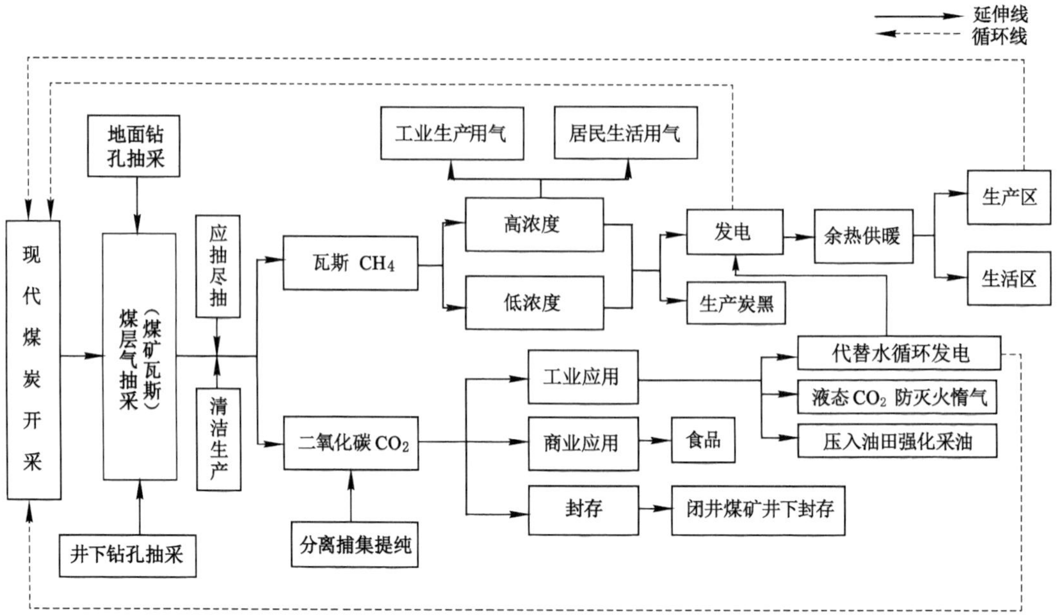

图 5-7 煤层气（瓦斯）资源抽采综合利用直线式循环图

技术，使凝结水处理后全部得到循环利用，实现疏干水零排放，具体见图 5-8。

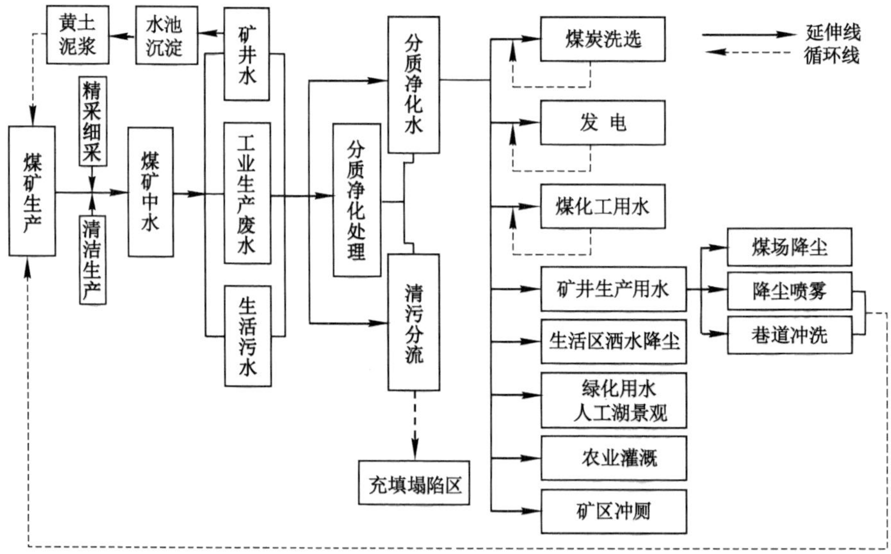

图 5-8 煤矿中水资源综合利用直线式循环图

同时要加强节水管理，核定用水指标，定量严格考核，杜绝长流水和跑冒滴漏等水资源浪费现象。

⑤ 对采煤沉陷区土地资源治理及利用。传统煤炭企业在计划经济时期形成的国有划拨土地面积较大，是一项重要的资源。在开采煤炭资源中造成的土地沉陷加重了矿区的生

态环境问题，因此必须依据国家相关政策实施有效治理，科学规划，对沉陷土地资源进行综合利用，具体见图 5-9。

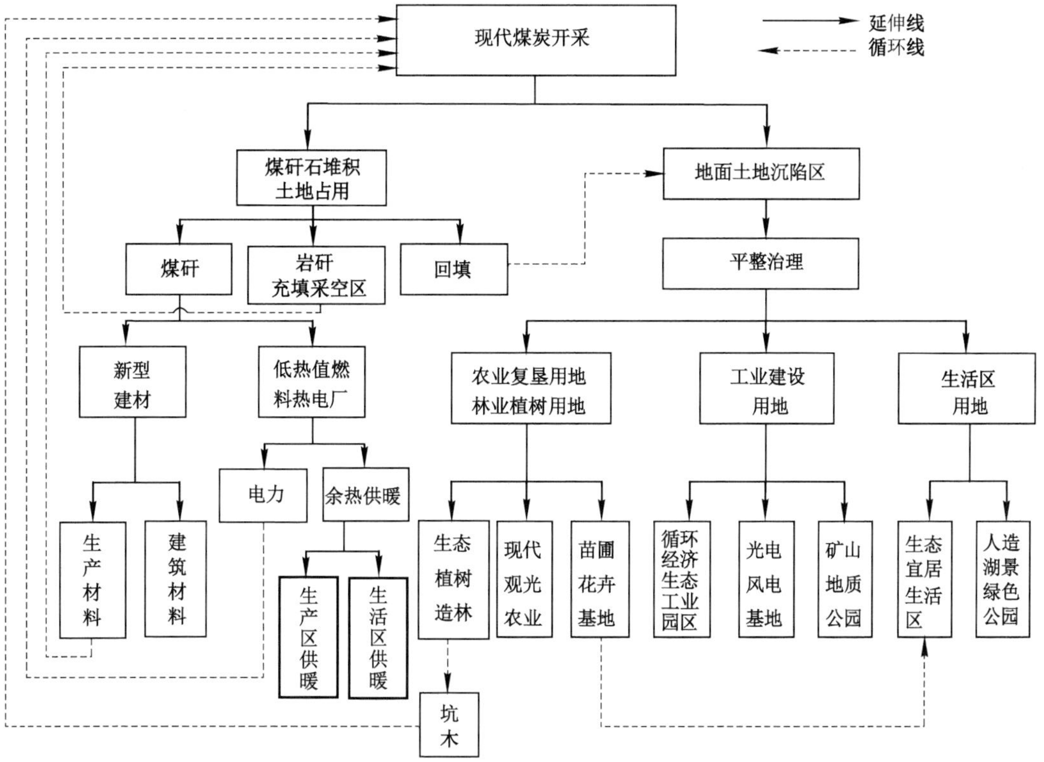

图 5-9　煤矿采煤沉陷区土地资源治理及利用直线式循环图

⑥ 对煤炭开采中各类废弃物排放实施资源化综合利用和生态环境综合治理。传统煤矿开采煤炭资源过程中，产生的大量岩矸、煤矸石排放堆积占用土地，甚至氧化自燃，污染大气；矿井水、工业生产废水排放污染水系、污染土地；井下有害气体排放污染大气，甚至对矿区及周边区域大气生态环境造成很大损害等。按照循环经济减量化、再利用、资源化的原则，将排放的废弃物资源化有效再利用，达到排放最小化，甚至零排放，实现区域生态环境综合治理及清洁生产、循环经济、资源节约、达标排放、环境友好的目标，具体过程见图 5-10。

⑦ 对煤炭循环经济产业及关联产业各类废弃物资源化综合利用。对煤基循环经济产业及关联产业产生的各类废弃物要按照减量化，再利用、资源化综合利用的原则，变废为宝，化害为利，“吃干榨净”，达到低排放或零排放。

2. 构建传统煤炭企业内部煤基产业链纵向式循环

传统煤炭企业要按照国家和地方政府的产业政策，充分调研、科学论证，依据资源优势，在单项资源直线式循环基础上，构建企业内部煤基产业链纵向式循环。

(1) 构建煤—电产业链。

将生产的原煤经过筛选、洗选加工，延伸煤电产业链。建设坑口火电厂，或低热值燃料热电厂就地转化，变运煤为输电。对转化产生的电能和热能利用，继续延伸产业链，对产生的废弃物资源化再利用，具体过程详见图 5-11。

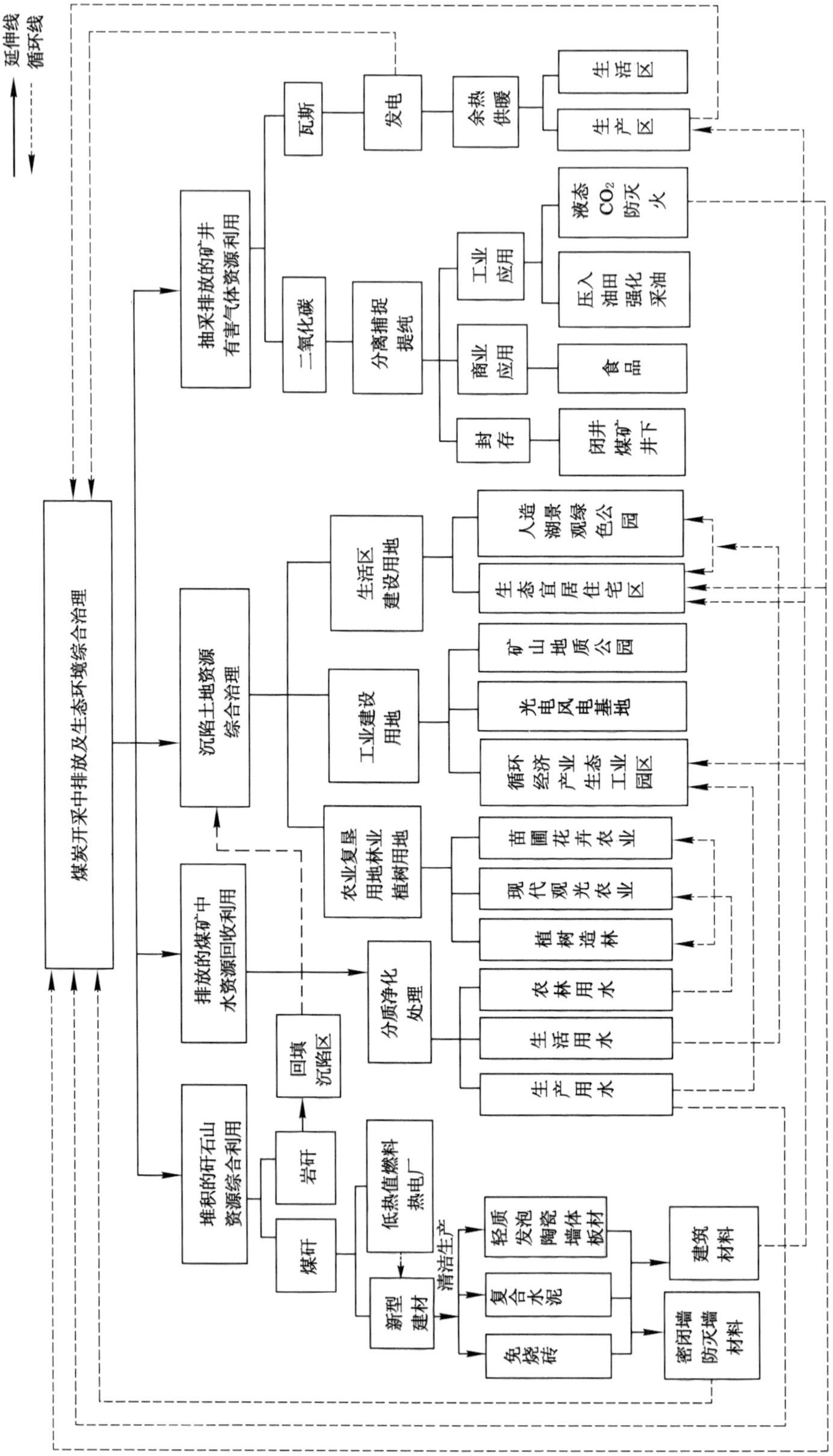

图5-10 煤矿沉陷土地资源综合治理及生态环境建设直线式管理图

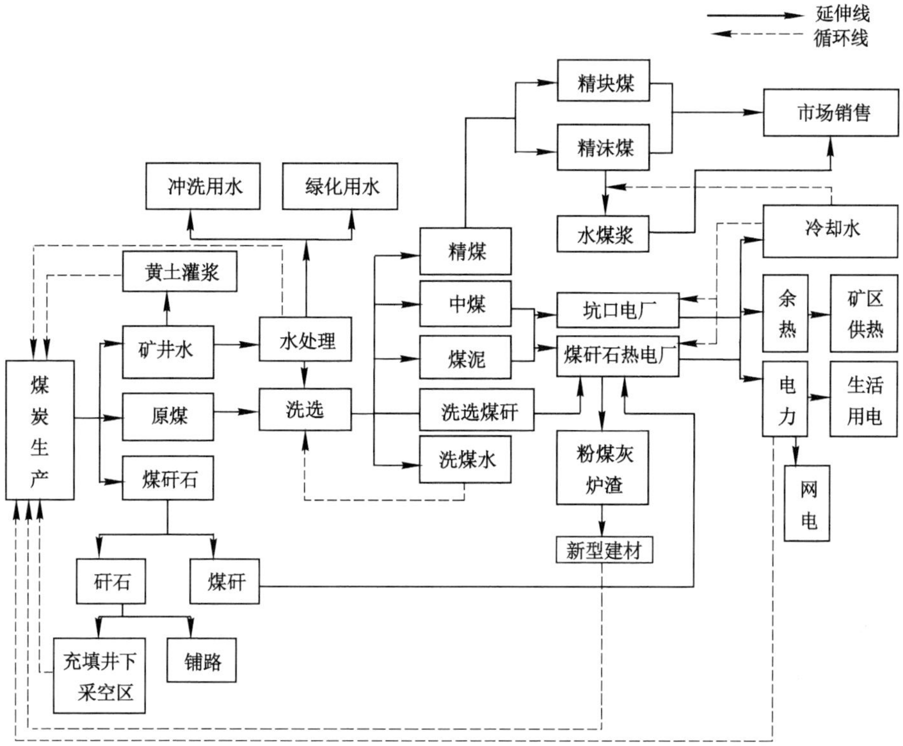

图 5-11　煤—电产业链纵向式循环图

要推广应用超临界和超超临界机组先进发电技术、循环流化床锅炉及燃烧新技术、半干法高效脱硫脱硝新技术、静电除尘新技术新工艺及二氧化碳代替水发电新技术等。最大限度消减热电厂二氧化碳、二氧化硫烟气排放对大气环境的污染。

(2) 构建煤—电—建材产业链。

利用新技术新工艺和新设备，在煤—电产业链的基础上，将矿井排出的煤矸石、矿井疏干水和坑口火电厂或低热值热电厂产生的粉煤灰、炉渣资源化综合再利用，发展新型建材产业，生产新型墙体材料、(免烧砖、烧结砖、加气块、轻质发泡陶瓷墙体保温材料等)厂区步行道花砖、复合水泥、凝石水泥等产品，还可延伸粉煤灰制高水防灭火材料，高铝粉煤灰可提取氧化铝，生产耐火材料或纤维材料等，延伸煤—电—建材产业链，具体见图 5-12。

(3) 构建煤—电—冶—建材产业链。

利用坑口火电厂或低热值热电厂充裕电能和现代冶炼新技术以及就地丰富的硅石、石英砂、石灰石等资源，在煤—电—建材产业链基础上，开发铁合金和碳化硅冶炼产业，生产硅铁、硅铬、硅钡钙、和耐磨材料、磨砺材料或生产电石等产品，延伸煤—电—冶—建材产业链，具体见图 5-13。

(4) 构建煤—电—焦—建材产业链。

利用煤种天然品质特性就地转化，在煤—电—建材产业链基础上，开发炼焦产业。将洗选加工的精块煤炼制焦炭、兰炭、煤焦油等产品，将生产和转化产出的炉气和废弃物资源化再利用，延伸煤—电—焦—建材产业链，具体见图 5-14。

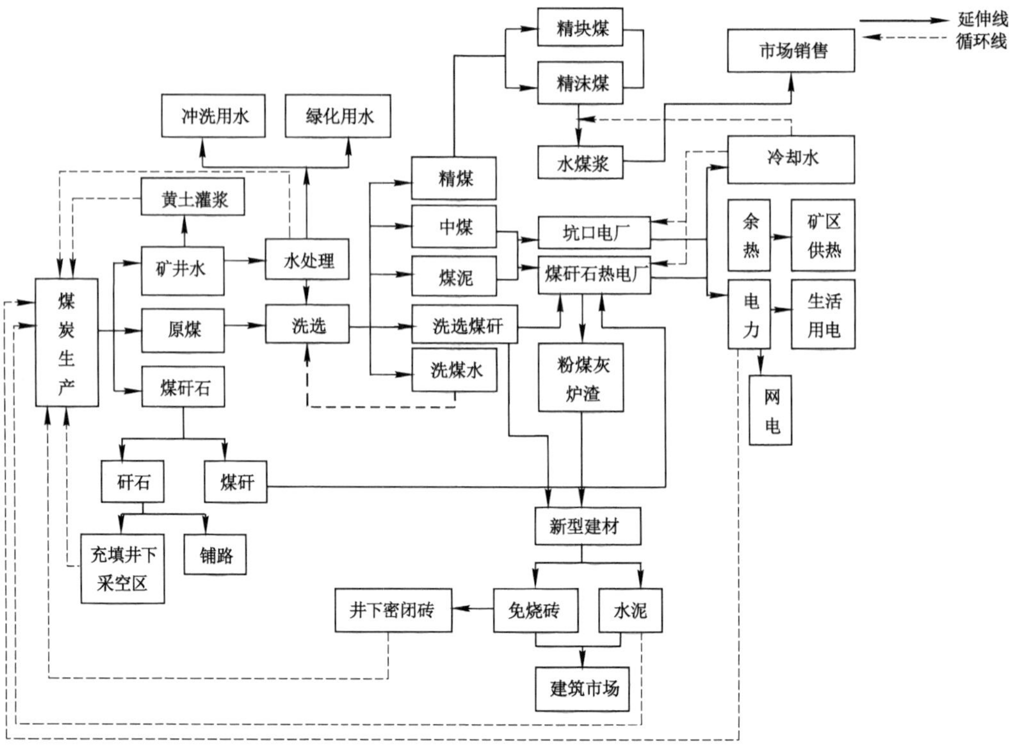

图 5-12 煤—电—建材产业链纵向式循环图

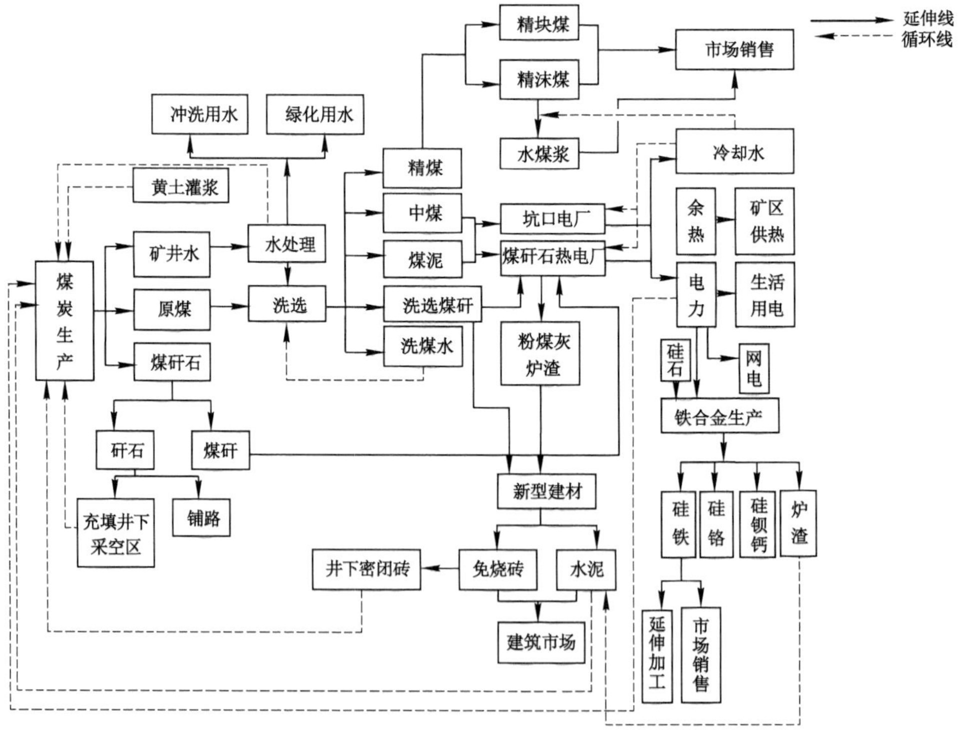

图 5-13 煤—电—冶—建材产业链纵向式循环图

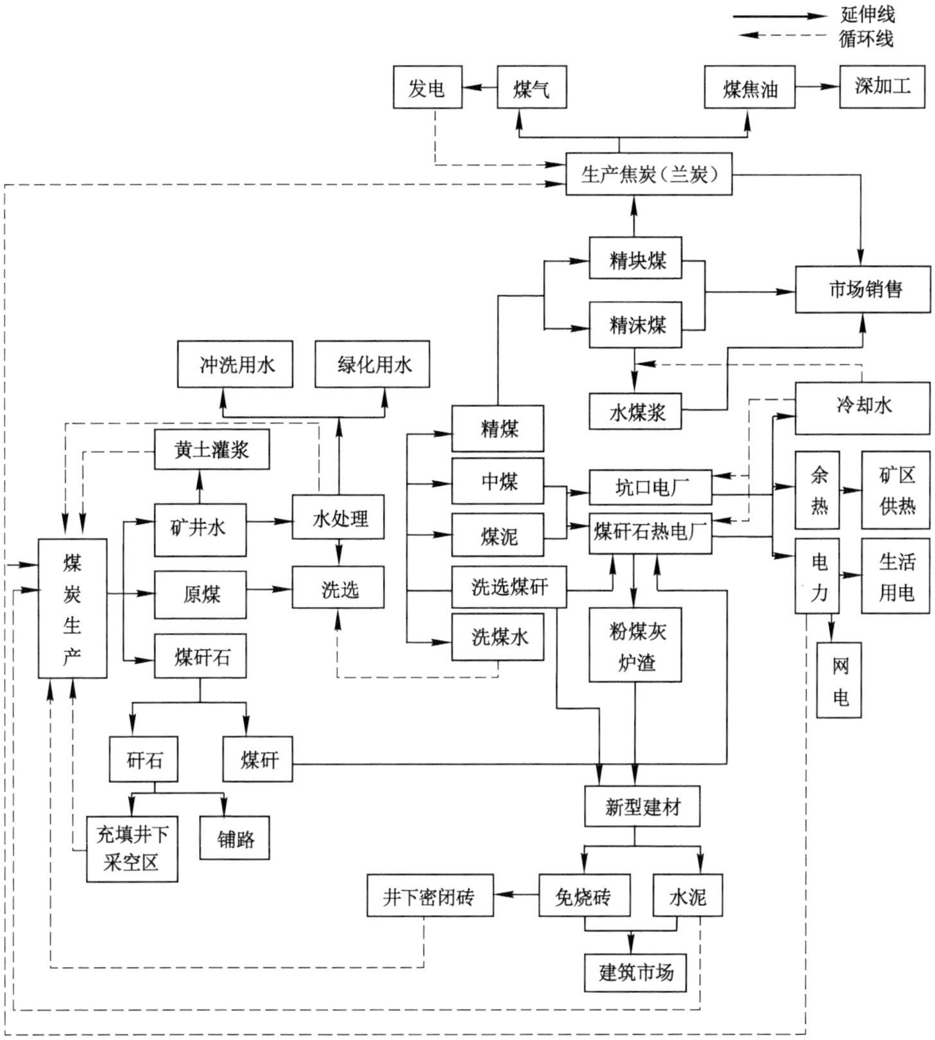

图 5-14　煤—电—焦—建材产业链纵向式循环图

(5) 构建煤—电—化—建材产业链。

煤化工是煤炭清洁高效利用的重要转化板块，是煤炭转化长久持续发展的根本途径。在煤炭供给侧结构性改革和相关产业政策指导下，调整产业结构，转型升级改造，转变发展方式，科学利用煤炭品种的天然洁净品质特性和现代煤化工技术，绿色规划，统一布局，在传统煤化工的基础上，适度发展现代煤化工产业，实施煤炭就地转化，提高煤炭利用效率，改变终端能源消费结构。在煤—电—建材产业链基础上，布局开发煤化工产业。按传统煤化工技术路线绿色升级，且依据市场需求，生产煤制合成氨、煤制甲醇、煤焦化、煤干馏、煤基塑料、煤电石等；按现代煤化工技术路线绿色发展，依据市场需求，注重同石油化工产业融合发展，生产煤制油、煤制天然气、煤制烯烃、煤制乙二醇、煤基制乙醇等新型煤化工产品，并将转化生产过程中产生的废弃物资源化再利用，延伸煤—电—化—建材产业链，具体见图 5-15。

发展煤化工产业要进一步解决好关键技术研发与应用：一要继续推进传统煤化工和现

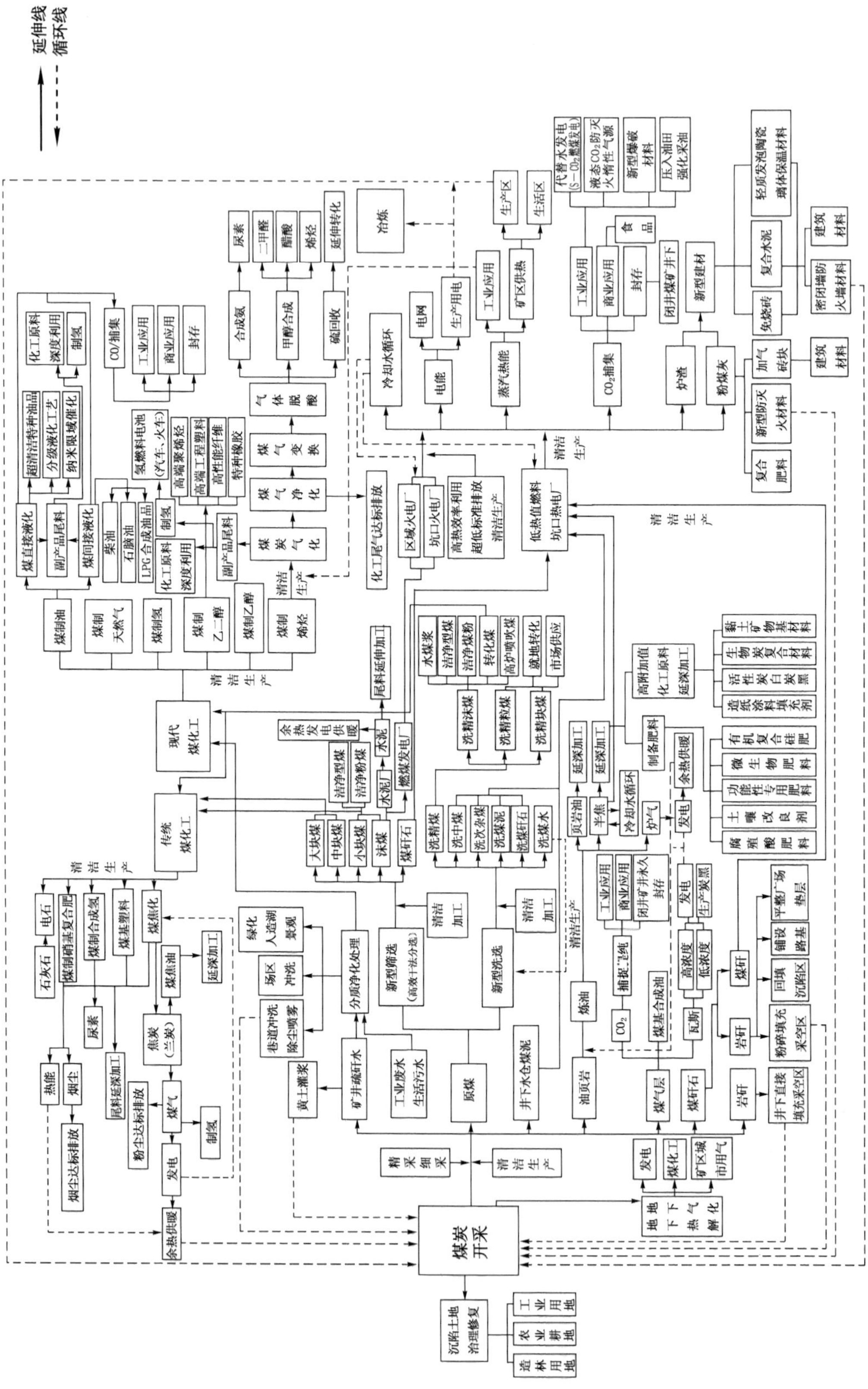

图5-15 煤—电—化—建材产业链纵向式循环图

代煤化工新材料基础性理论研究和科技创新投入，根据不同煤种天然品质，设计原创性的高端煤化工工艺过程和技术路线，延伸煤炭—化工原料一体化产业产品链；二要深化对煤炭直接液化、间接液化技术的创新研究及精细煤化工产品的延伸开发，还原煤炭天然的材料属性，提取煤炭中宝贵的化学原料，进一步提升煤基化工产品的性能价值和附加值；三要加大对新型高效煤基化工多联产及煤气化多联产技术、煤基合成油与整体煤气联合循环发电系统(IGCC)与多联产技术及煤制氢、煤基制大宗化学品等技术的研究和应用；四要发展先进的加压固定床、加压流化床、加压气流床、干煤粉纯氧加压连续气化等技术，推进大规模高效煤炭气化工艺；五要加强煤炭地下气化技术的研究，将井下不宜常规开采的特殊煤层、限制开采的高硫煤、开采遗留的煤柱及残采煤，通过地下煤气化技术，科学有效安全回收煤炭资源；六要优化煤炭转化技术集成，生产多品种化学品，液体燃料；七要充分利用电能、热能、燃气能等二次洁净能源，实现煤基价值的梯级利用，优化和提高煤炭利用率；八要继续深化科研攻关，寻找煤化工碳减排路径。在煤气化技术向大型化、长周期迈进，液化技术向高效化、高端化发展过程中，在煤制油、煤制天然气、煤制烯烃、煤制乙二醇、煤基制乙醇技术实现突破，在晋华炉、兖矿炉、航天炉、神宁炉、抚顺炉、窑街炉技术成熟定性，在研究开发：超清洁特种油品、煤炭分级液化工艺、纳米限域催化等新技术的基础上，深化科研创新，深入突破关键核心技术。同时加快发展碳汇、碳中和、碳捕捉、碳循环利用和碳市场，深化二氧化碳捕集、封存、利用的(CCS与CCUS)技术研究应用与创新发展，最终实现煤基化工产业经济效益、社会效益和环境效益的最佳化。

(6) 构建煤—电—焦—化—冶—建材一体化煤基循环经济产业链。

要按照国家相关法规、产业政策和地方政府规划布局，充分利用煤炭资源、共伴生矿资源及就地丰富的非煤矿产资源优势和煤矿坑口火电厂、低热值燃料热电厂电能、热能，按规划布局设定的煤基循环经济产业项目技术路线，构建煤—电—焦—化—冶—建材一体化煤基循环经济产业链，并将转化生产过程中产生的废弃物全部资源化再利用。提高煤炭转化及煤基产业的发展质量和水平，实现可持续发展及高质量可持续发展目标，具体见图5-16。

3. 构建传统煤炭企业内部煤基产业链生态工业园区一体化耦合式循环体系

以经济效益、社会效益、生态效益协同提高为目标，促进煤炭与共伴生资源的综合开发与循环利用。坚持统一规划和集中高效管理，统筹矿区综合利用项目及相关产业建设布局，提高循环经济园区建设水平。传统煤炭企业在构建企业内部单项资源直线式循环、煤基产业链纵向式循环的基础上，通过科学论证、合理布局、技术优化、绿色设计和产业升级，以电能为连接，构建和扩延各循环经济产业链，即企业内部煤基相关产业链生态工业园区一体化耦合式循环体系，以煤炭开采为基础，通过循环衍生出洁净煤、电能、热能、新型煤化工产品、传统煤化工产品、新型建材产品、传统建材产品、新型冶炼产品、新型防灭火材料等部分或全部又用于煤炭开采及循环生产过程。且矿区中水100%复用，采煤沉陷区得到有效治理和生态修复，尤其变输煤为输电、输油品，或延伸煤基系列产品、高端产品、终端产品等。通过传统煤炭企业内部煤基循环经济体系的构建，使煤基产业及各关联产业循环系统内分别有产品产出，各产业循环系统之间通过中间产品和废弃物的相互交换而相互衔接，从而形成一个比较完整和闭环的生态工业网络，体系内资源得到最佳配置，废弃物得到有效综合利用，环境污染减少到最低限度，充分体现生态工业的四个主要特征：即横向耦合性、纵向闭合性、矿区(区域)整合性及区域的柔性结构，最终把传统煤炭企业打造成资源节约、环境友好、安

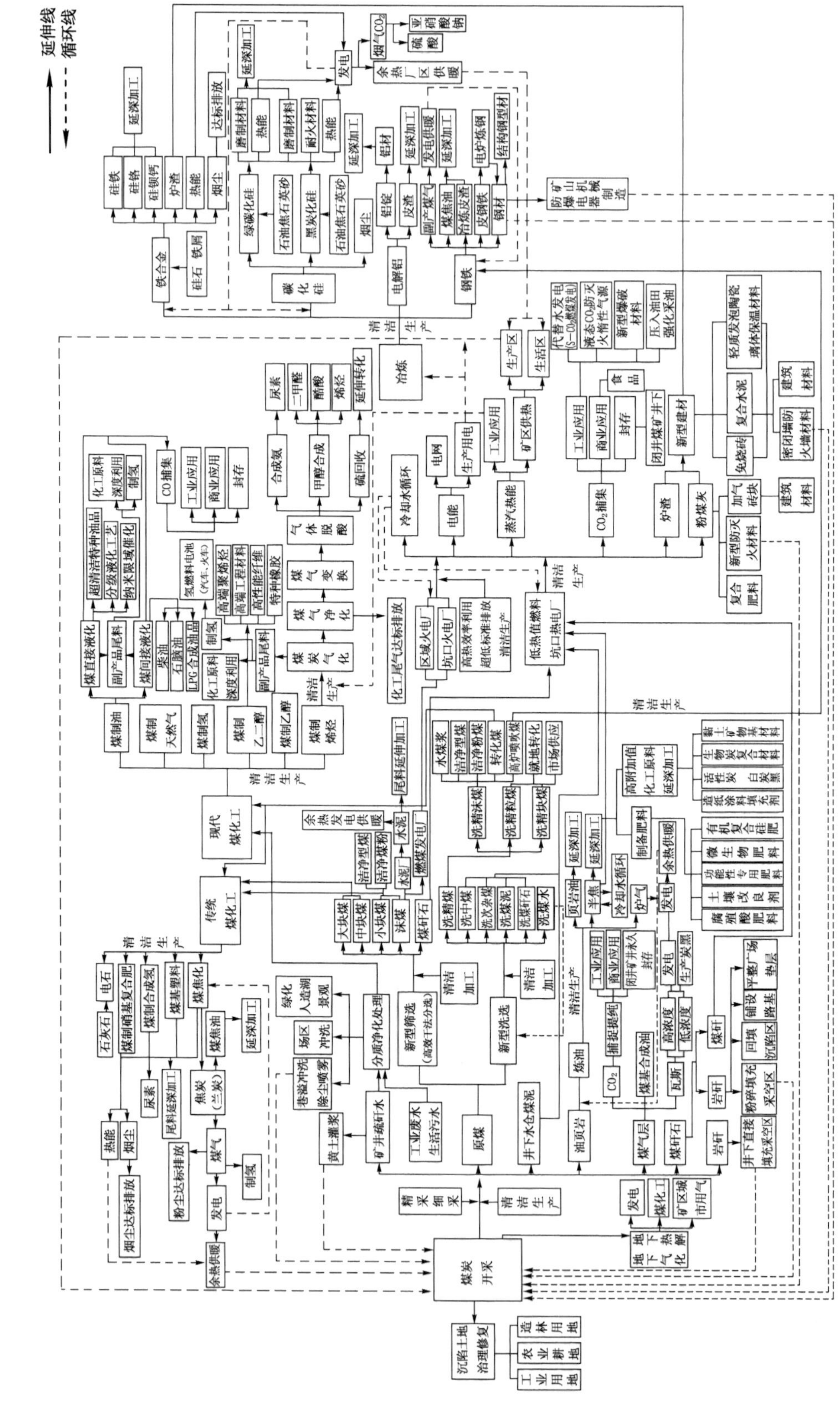

图5-16 煤—电—焦—化—冶—建材一体化煤基循环经济全产业链纵横向循环图

全高效、健康发展的循环经济型现代绿色企业，实现真正意义上的传统煤炭企业煤基循环经济完整体系和高质量可持续发展，具体见图5-17。

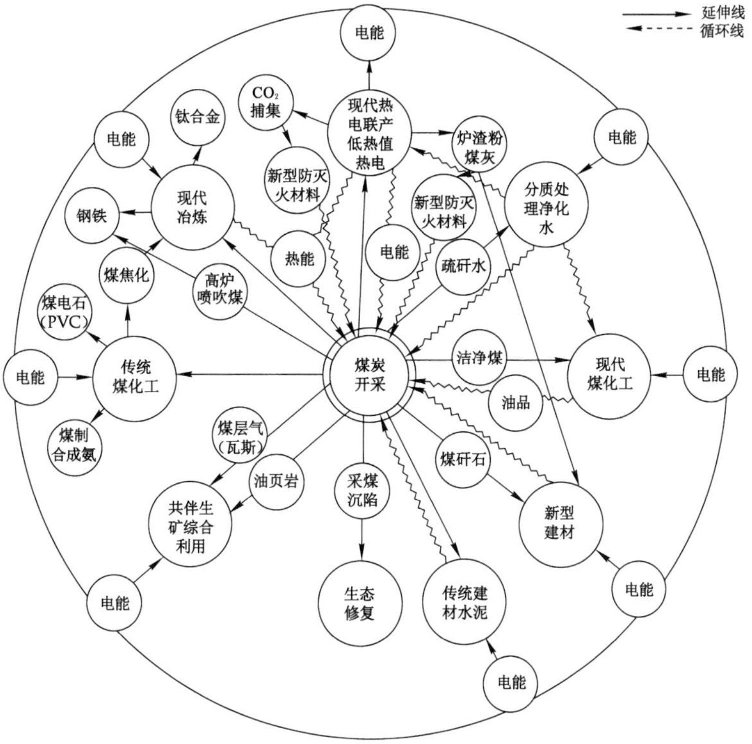

图5-17　煤基循环经济相关产业链一体化耦合式循环体系图

传统煤炭企业内部推行循环式清洁生产，首先要推行产品生态设计，推动企业实施全生命周期管理，在产品设计开发阶段，系统考虑原材料选用、生产、销售、使用、回收、处理等各个环节对资源、环境造成的影响，把减量化、再利用、资源化原则贯穿到企业生产的各环节和全流程。在全面推行清洁生产，严格对照煤炭行业循环经济型企业评价体系标准，自觉接受清洁生产审核。

传统煤炭企业要按照循环经济相关理论，切实转变经济发展方式，从建设各自特色的循环经济产业模式的高度、资源合理利用的广度和提升自身综合竞争力的深度确定煤基循环经济可持续发展战略，做到产业规模合理、经济稳步增长、整体效益优良、生态环境友好。

传统煤炭企业内部煤炭、电力、化工、焦化、冶炼、建材煤基循环经济产业链体系整体规划及构建必须以清洁生产理论、循环经济理论、绿色经济理论、低碳经济理论同可持续发展理论、高质量发展理论一脉相承的理论为指导，以物质的科学合理高效利用为出发点，以生态工业园区建设为载体，以煤基循环经济产业链的构建和完善为重点，以科学技术和重点项目为支撑，以做优做特优势产业、做强做大经济规模，提升经济实力和核心竞争力为目的，进行整体科学规划、绿色设计。

从传统煤炭企业煤基循环经济体系图（图5-18）中可以看出，以煤炭企业为中心即煤炭资源为基础的新型煤—电—化—焦—冶—建材循环经济产业链为代表的整体规划框架形成，即把传统煤炭企业打造成一个资源节约、环境友好、安全高效、产业多元、市场拓展、经济效益明显及人与环境、社会和谐的健康发展的煤基循环经济型绿色企业。

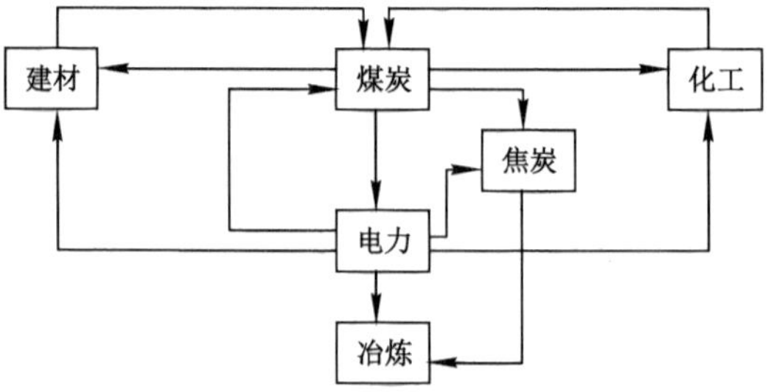

图 5-18 传统煤炭企业煤—电—化—焦—冶—建材循环经济产业链整体规划框架图

在整体规划框架下，按照生态工业理论，煤—电—化—焦—冶—建材产业结构由资源开采、资源深度加工、资源综合利用和生态环境维护等四大产业体系构成，并通过中间产品和废物的相互交换、相互衔接形成产业链网络。

资源开采体系是指传统煤炭企业改变以往的以煤炭开采为主的传统矿业单一资源开采模式，综合开采煤炭资源以及与煤共伴生的煤矸石、煤层气、油页岩、矿井水等矿产资源，采用新技术、新工艺及沿空留巷不留煤柱或少留煤柱，提高回采率，回收井下残煤等。同时紧紧围绕提高煤炭的回收率，改善煤矿安全以及煤炭生产过程中的节能降耗展开工作，并按照循环经济减量化的原则，推广矸石及较低热值煤矸石井下直接充填技术，减少矸石及煤矸石的出井率。

资源深加工体系包括煤炭洗选、煤焦化、煤化工等资源深度加工方式，采用多种技术优化集成，使资源深加工体系成为企业的支柱产业和主要经济增长点。深入推进供给侧结构性改革，调整产业结构，转型升级改造，提升煤炭洗选技术水平，提高煤炭洁净品质，增加洁净煤炭品种，从根本上彻底改变卖原煤的历史，从源头上为经济建设和社会发展提供清洁能源，为节能减排做出贡献。

资源综合利用体系主要是加强对劣质煤、煤矸石、油页岩、煤层气（瓦斯、CO_2）、水仓煤泥、矿井水、生产废水、生活污水、粉煤灰、炉渣等多种资源的开发和综合利用，拓宽可利用的资源范围，达到保护环境、获得新的经济增长点和绿色发展的目的，减轻传统煤炭企业的资源压力，其重点是：① 发展煤矸石、劣质煤等低热值燃料综合利用热电厂，主要将伴随煤炭开采产生的劣质煤、煤矸石和洗选产生的中煤、次煤、煤矸、煤泥等资源，利用先进的循环流化床燃烧新技术和脱硫脱硝新工艺，将其转变为电能，不仅节约资源、减少排放、防治污染，而且能够成为企业新的经济增长点；② 发展煤层气综合利用，扩大新型低浓度瓦斯发电规模，研发二氧化碳分离、捕捉、捕集提纯开发利用新技术，生产液态二氧化碳产品及新型防灭火材料、新型爆破材料。③ 发展伴生矿产加工延伸，如油页岩炼油，开发新的能源产品；④ 发展新型建材，并逐年减少堆积的煤矸石存量；⑤ 发展矿井水、生产废水、生活污水分质净化循环利用产业，为矿井生产、循环经济产业生态工业园区或矿区绿化等提供用水。

生态环境维护产业体系主要针对煤炭开采造成的环境污染和对地表沉陷进行综合治理和生态处置，对煤炭深度加工和资源综合利用过程中产生的污染同时进行科学有效治理，优化矿区生态环境。建立资源—产品—再生资源经济发展方式，达到废弃物资源化和无害化、污染物排放最小化，实现矿区经济与生态环境的协调发展。建成煤矿生态修复示范区；提高煤层气、疏矸水等利用率，减少大气、土壤、河流环境污染；推进采煤沉陷区的土地复垦和矸石山的治理，加大植树造林力度，提高矿区绿化水平，实现绿色矿山。利用传统老矿山自然环境和工业遗产，开发工业旅游业、服务业等第三产业项目，逐步形成生态产业多元化发展的新模式，达到经济、社会、环境和效益的和谐统一。

（二）构建以煤炭能源产业生态工业园区为中心的中循环经济产业体系

产业生态工业园区是根据循环经济理论和工业生态学原理而设计成的一种新型工业组织形态，旨在通过模拟自然生态系统来设计工业园区的物质流、能量流和信息流、价值流，实现园区循环式发展。按照空间布局合理化、产业结构最优化、产业链接循环化、资源利用高效化、污染治理集中化、基础设施绿色化、运行管理规范化的要求，对新设园区和拟升级园区要制定循环经济发展专项规划，或者在总体规划中设置循环经济篇章，按产业链、价值链“两链”集聚项目，招商引资，优化布局；对存量园区实施循环化改造，构建循环经济产业链，实现企业、产业间的循环链接，提高产业关联度和循环化程度，增强能源资源等物质流管理和环境管理的精细化程度。园区内采用产品承接、废弃物交换、清洁生产、循环利用等手段，把一个企业的正产品和产生的副产品或废弃物作为另一个企业的投入或原材料，实现物质闭路循环和能量多级利用，形成相互依存类似自然生态系统食物链的工业生态系统，达到物质能量利用最大化和废弃物排放最小化。生态工业园区是发展循环经济的主要载体，生态工业园区作为生态工业的实践，是包含若干关联工业企业，也包含农林业、居民居住在内的一个区域系统。它通过工业园区内物质流、能量流和信息流的正确设计，模拟自然生态系统，形成企业间共生网络。在生态工业园区内的各企业及各产业、各生产工作面、各车间内部实现清洁生产，做到废弃物减少；而在各企业及产业之间实现废弃物、能量和信息的交换，达到尽可能科学合理、日臻完善的资源利用和物质循环以及能量的高效利用，使得区域对外界的废弃物排放最小化或趋于零，达到对自然生态环境的友好。对煤炭产业及煤基关联产业生态工业园区内，如煤电产业、煤化工产业、煤焦化产业、煤钢铁产业、煤建材产业等排放的各类废弃物全部资源化综合利用，达到少排放或零排放，具体见图 5-19。

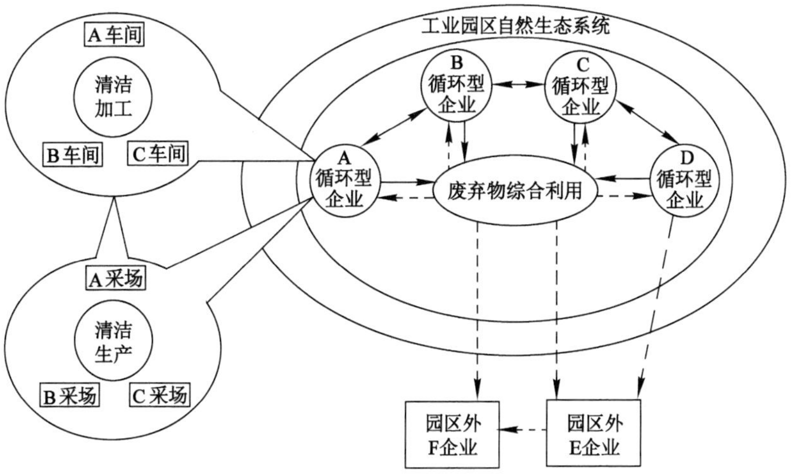

图 5-19 生态工业园区循环经济产业链中循环结构图

传统的清洁生产是在单个组织内部将环境保护延伸到本组织有关生产、加工过程的方方面面，而生态工业则是在企业集群的各个企业之间，皆在更高层次和更大范围内提升和延伸循环经济“3R”原则和环境保护的理念与内涵。

生态工业学是模仿自然生态学建立起来的一门学科，但是生态工业系统不是简单的自然生态系统的机械模仿。在自然生态系统中，生产者的生产量、消费者的消费量和再生者的再生量基本是固定的，即系统中各环节物质和能量的流动和流量从总体上来说是定性定量的。在生态工业系统中，物质流、能量流和信息流、价值流是随流随量变动的。生态工业的主要方式是将上游企业的废弃物用于下游企业的原材料和能量，但上游企业产生什么样的废弃物、排出多少废弃物和什么时间排出废弃物，都是上游企业决定，会相应直接或间接影响下游企业的正常生产运行，而且在形成生态工业的“食物链”和“食物网”中，首先要减降上游企业的废弃物，尤其是有害物质必须在其生产的全过程进行废弃物的源头削减。即生态工业系统中的每一环节都要进行废弃物的源头削减，做到清洁生产。同自然生态系统相比，生态工业系统中生产者的生产量、消费者的消费量和再生者的再生量是可变的，而且是按照清洁生产和循环经济“3R”的原则进行变化的。

1. 以煤炭能源产业生态工业园区为中心的关联产业循环经济一体化耦合式体系要建立在传统煤炭企业内部循环经济体系的基础上

以煤炭能源产业生态工业园区建设作为发展煤基循环经济型产业的重要载体，通过物质交换、能量利用和信息共享，建立相关行业、产业、企业间的共生和耦合，形成园区内部完善的循环体系，实现资源利用最大化、污染物排放最小化和经济效益、环境效益、社会效益最优化的目标，形成推进煤炭能源型城市和区域循环经济体系构建和发展的重要支撑点和着力点。

在煤炭开采方面，坚持清洁生产、绿色开采，依靠科学技术进步，提高资源回采率和回收率。全力发展煤炭洗选和煤炭深加工，延伸煤基循环经济产业链条，充分利用优质天然的煤炭资源，深入研发技术先进、封闭式低污染的煤炭深加工设备和工艺，生产高附加值洁净煤炭转化产品，带动生态工业园区循环经济产业的整体的发展。

在低热值燃料综合利用方面，对煤炭开采中产生的劣质煤、煤矸石、煤层气、伴生矿（油页岩），煤炭洗选中产生的中煤、次煤、煤矸、煤泥，生产焦炭（兰炭）过程中产生的焦炉煤气，油页岩炼油过程中产生的油页岩半焦、沫页岩、炉气、余热等全为原料，根据资源量、能源量匹配的原则，在生态工业园区大力发展综合利用电厂，发展热电联产，实施局域、区域直接供电、集中供热。

在延伸钢铁（冶炼）产业方面，以资源优势为依托，以延伸发展循环经济产业链、提高综合效益、带动城市和区域经济发展为目标，充分利用煤炭企业坑口火电厂或低热值热电厂富余电量和当地丰富的矿石资源（如铁金粉、硅石矿、石英矿等）以及周边炼钢厂铁屑（炉前钢渣和轧钢工段废弃氧化铁粉）等废弃物资源，发展冶炼产业。如利用技术先进、封闭式低污染、大容量的硅铁冶炼生产设备及工艺，发展碳化硅、黑硅、绿硅生产及加工产业，完善生态工业园区循环经济煤—电—冶产业链一体化，有力促进煤炭、电力和冶炼产业的融合发展。同时，与下游的硅铁、硅钡钙、黑硅、绿硅等深加工企业进行产业耦合，有效提升园区和区域循环经济的发展水平。

在新型防灭火材料方面，依靠科技创新和技术研发，对矿井生产排放气体中和热电厂、煤化工厂尾气中的二氧化碳分离，捕捉、捕集、提纯。生产液态二氧化碳防灭火材料和二氧化碳爆破材料，同时充分利用热电厂产出的粉煤灰作为原料，生产高水防灭火材料。一方面减少二氧化碳的大气排放量，另一方面提高了二氧化碳产品附加值，实现了工业园区低碳发展。

在新型建材方面，以煤矸石、粉煤灰、炉渣、冶炼尾渣、化工废渣等为原料，发展新型建材产业，重点开发发泡陶瓷墙体保温材料、复合水泥、免烧砖、加气块砖等，突出新型建材在建设生态工业园区、发展循环经济产业链中一个重要环节加以发展。

构建完善的生态工业园区煤基循环经济产业体系，要在传统煤炭企业煤基循环经济产业链一体化耦合式循环体系的基础上，绿色规划、科学设计、优化布局，并同步考虑纵向、横向延伸和拓展循环经济产业链，引入关联产业、企业，具体见图 5-20 和图 5-21。

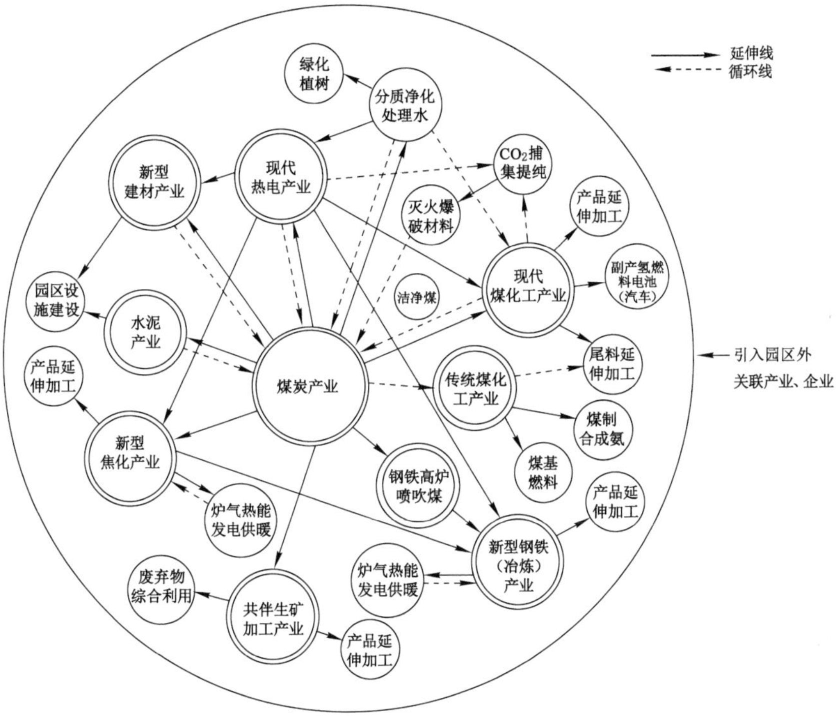

图 5-20　以煤炭产业为中心的生态工业园区能源关联产业循环经济一体化耦合式产业链（中循环布局图）

2. 以煤炭能源产业为中心的生态工业园区建设要符合循环经济一体化的理念

学习和借鉴国内外生态工业园区先进理念、发展模式、成功范例，科学有效推行循环产业项目、能源公用辅助、物流最佳传输、环境保护优先和管理服务保障五个"一体化"。

(1) 循环产业项目一体化。

使上游企业与下游企业之间按循环经济产业产品链关系有机组合，实现原料材料互供、资源能源共享。

(2) 能源公用辅助一体化。

充分发挥园区集中和产业关联的优势，有效提高资源利用效率，使能源消耗最大限度减量化。根据园区内各产业项目对相关辅助能源的需求总量，科学设计、集中建设供电、供热、供气为一体的公用工程岛，实行规范统一供给。

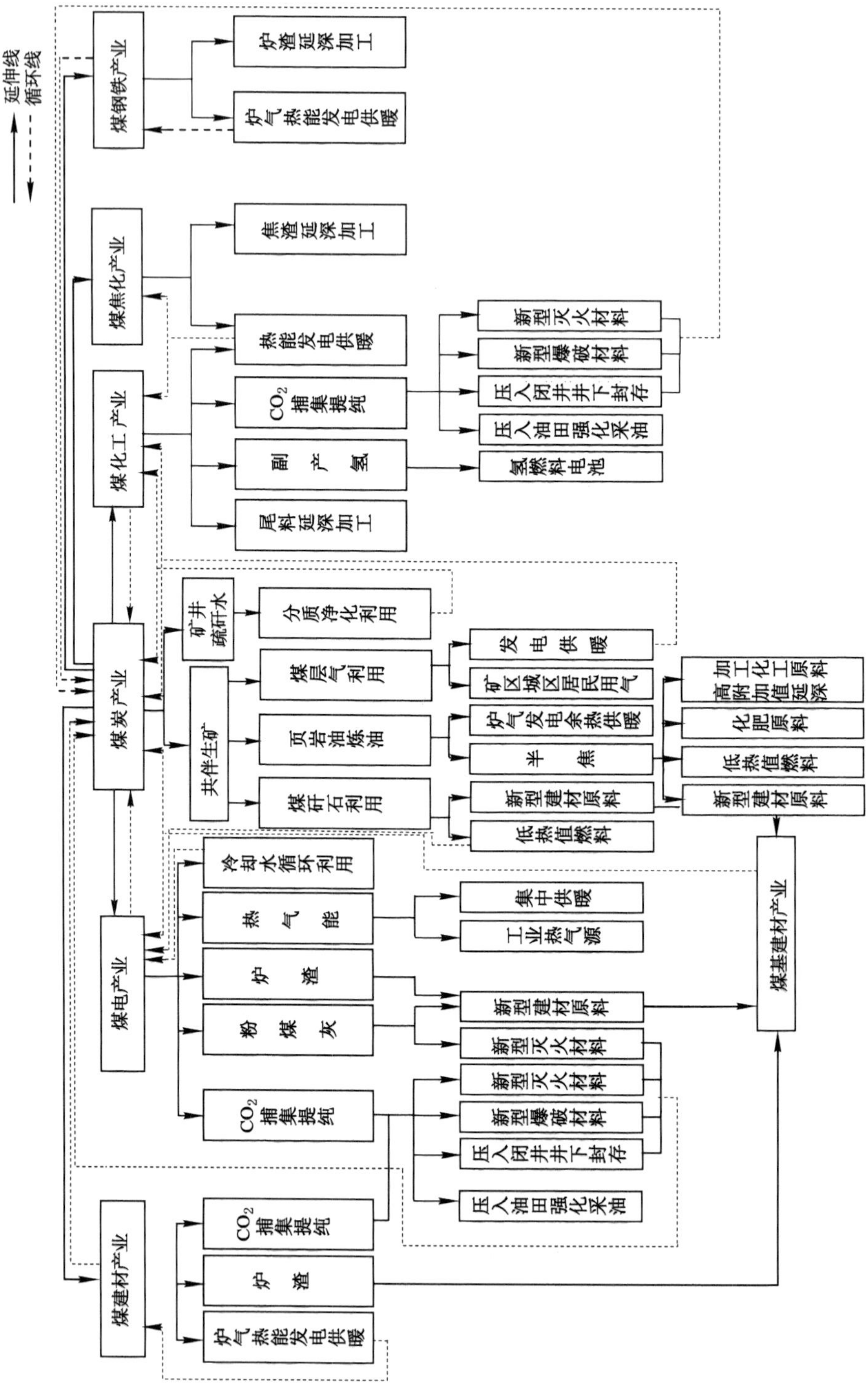

图5-21 生态工业园区煤炭产业及关联产业各类废弃物资源化综合利用图示

（3）物流最佳传输一体化。

以线性原理设计最佳物流传输优化方案，实现最短空间距离上的物料传递，减少运输成本，降低物耗能耗，提高物流效率。充分利用管道、胶带廊、公路、轨道、集装箱、储罐集配站、码头、仓库等集中建设的物流设施，将园区内外物料安全快速地传输到目的地，避免超长距离和大马拉小车运输的高额费用以及损耗、污染和危险性。

（4）环境保护优先一体化。

坚持环境保护优先的原则，降低区域的环境和社会风险，促进经济、社会和环境的协调发展。园区中在所有关联产业循环经济生产过程中，始终运用环境无害化技术和清洁生产工艺，严格实行以源头根治—过程监控—末端处置为重点的综合环保措施，并通过对废弃物资源的循环利用、综合利用，形成一体化的清洁生产环境。

（5）管理服务保障一体化。

创新管理服务模式，构建起便捷高效优先的公共服务体系，降低投资企业的商务和经营风险，通过为进入园区的关联企业提供"一站式服务""一网式办理"的政府管理绿色通道和"一条龙"的优质保障服务体系，形成园区关联产业和企业一体化的归属感，以提高园区的综合效益和核心竞争力。

3. 以煤炭能源产业为中心的生态工业园区建设应注重主导产业——煤化工区的循环经济可持续发展技术路线

我国石油对外依存度高，是影响国家能源战略安全的一个重要因素。在世界能源及石油化工业进行新一轮产业结构调整，我国石油资源相对有限而需求持续增长的背景下，随着社会经济进入高质量发展阶段，石油能源必然更为紧张。从能源革命和能源发展战略看煤化工替代石油化工已成为必然趋势。因此煤化工生态工业园区必须紧紧围绕国家煤化工产业战略布局的部署和产业政策，结合区域发展定位、总体规划和城市环境的要求，按照高质量可持续发展的要求，高度重视资源、能源和生态环境保护等问题，以煤基循环经济的模式推进煤化工生态工业园区的开发建设。

煤化工产业已先后有多条技术路线。如将煤气化后制成合成气，再由合成气经费—托合成生产汽油、柴油，或利用先进的浆态床一步法工艺大规模生产甲醇（代汽油）或二甲醚（代柴油）清洁燃料，将可有效缓解我国面临的汽油、柴油燃料不足局面。这主要靠低物耗、低能耗的煤基液体燃料生产技术来解决。煤变油技术已由国家能源集团鄂尔多斯煤直接制油示范工程创造了成功典范。以煤制醇醚燃料为最终产品的多联产技术，应选择我国自主知识产权的低碳能源技术，即中国航天技术研究院设计制造的航天炉粉煤加压气化技术装置。同时，利用煤化工产品多联产及高附加值利用技术会产生更大效益，即在煤基液体燃料生产中，利用先进脱硫技术回收煤中的硫黄；煤气化后剩余的废渣，作为建材行业的优质原料；且将生产过程与燃气—蒸汽联合循环相结合进行热电联产，可进一步提高资源利用效率，有效降低投资费用和生产成本。生产的甲醇和二甲醚产品，还可以进一步裂解生产低碳烯烃，成为我国急需乙烯原料的新来源。同石油技术路线相比，这一新的乙烯生产技术路线将具备投资和资源利用效率方面的优势。以煤气化为龙头，以煤化工产品多联产为纽带，通过系统集成，建设煤—化—电—热—建材多产业共生的生态工业园区，将"脏"煤转变为高效、清洁的能源和化工原料，是一项有重大战略意义的循环经济效益举措。

4. 以煤炭能源产业为中心的生态工业园区建设必须处理好园区长远发展的几个重要关系

一是要正确处理煤炭加工转变与自然生态的关系，通过绿色设计和采用先进技术、加强现代管理，不断优化以减轻加工生产环节对自然生态的影响，实现加工生产与自然生态的相互平衡；二是要正确处理经济发展与区域环境的关系，不以牺牲环境承载力的经济增长作为代价，要按绿色理念和绿色标准建设绿色化生态工业园区，实现发展与环境的相互和谐；三是要正确处理园区自身与周边社区的关系，促进周边社区与加工生产的友好共处，逐步形成互相依存、产业辐射、有机联系的经济区域；四是要正确处理园区发展与人力资源开发的关系，汇聚发展好一流企业，培育使用好一流人才，实现园区自身的持续发展和优秀员工队伍的全面发展。

5. 以煤炭能源产业为中心的生态工业园区建设必须把握好推进示范园区建设的发展定位

按照循环经济高质量可持续发展的要求，坚持走科技含量高、创新能力强、经济效益好、资源消耗低、环境污染少、现代管理精的新型工业化道路，突破传统加工生产工业可持续发展能力的瓶颈，在构建城市经济重要支撑和新型引擎的同时，一要打破产业“大基地、资源大消耗”的发展定式，建成由资源低效高消耗性工业向资源集约高效化工业转变的发展平台；二要突出关注清洁生产和环境保护，建成展示将污染性工业改造为生态型工业的形象窗口；三要实施功能性开发新战略，建成以基础性工业带动尖端工业发展的新技术开发区前沿基地，使生态工业园区成为名副其实的传统工业转向走新型工业化道路的示范区。

6. 以煤炭能源产业为中心的生态工业园区建设必须协调好园区建设工作的内外衔接

在推进煤基循环经济示范区建设的过程中，生态工业园区还要做好统筹协调工作，努力使企业、园区和周边地区的循环经济发展环环相扣，互利共赢。

(1) 构建企业内部循环经济圈。

重点把好项目审批和设计审查两道关，鼓励生态工业园区各关联企业采用先进工艺技术，推进资源高效利用和循环利用，减少污染废弃物的产生和排放。实现各关联企业内部循环经济，延伸产业链条不仅有利于资源利用和环境保护，也符合企业利益。实践证明，只要重点引导，推介新技术新工艺，辅以必要的相关产业政策支持，就能调动起企业的积极性和创造性。

(2) 构建区域内部循环经济圈。

加强生态工业园区总体规划落实的引导和推进，尽可能使上游企业的产品及“废弃物”成为下游企业的原料和能源；促进完善区域内循环经济体系。要统筹考虑引进项目的规模、结构和质量，坚决摒弃与区域内产业项目关联度低、资源能源消耗大以及对环境污染有较大影响的项目；设立园区发展资金支持机制，重点对早期投入运营且尚未获取效益的公用辅助企业以及采用先进工业技术、大幅降低排放的企业进行适当的资金补贴和奖励。

(3) 构建生态工业园区与周边地区的循环经济圈。

按照国家和地方政府发展循环经济及产业升级改造的战略规划和总体部署，生态工业园区兼顾与周边地区相关联循环经济产业和企业的延伸合作，主动承载中心城区加工生产企业的投资性改造，构建完善关联循环经济体系。

7. 以煤炭能源产业为中心的生态工业园区建设必须抓好工业园区内的试点示范工作

生态工业园区的开发建设要秉持“持续、高效、安全、健康”发展的原则和要求，严格遵循生态学规律为指导的循环经济原理，重点从资源、能源、清洁、环保、技术、管理等六大领域着手，将循环经济工作的具体措施落到实处，真正构建园区内“资源—产品—再生资源—再生产品”的生产流程，形成相互关联、相互依存的循环经济产业链体系，最终建设成为以煤基循环经济产业链为基础的工艺技术先进、资源能源集约、现代管理一流、生产生态和谐、环境清洁优美、综合效益好，具有鲜明煤基循环经济特点且相关共生产业并存的新型示范生态工业园区。

(1) 资源领域。

生态工业园区要按照煤基产品链的导向，重点引入关联产业及企业为对象，以产品链为纽带的煤基循环经济产业集群项目，构成企业之间原料、中间体、产品、副产品及废弃物的互供共享关系，实现原料资源的减量投入、集聚生产的循环利用。园区要按照“科学规划、合理布局、集约使用”土地资源的原则，优化产业规划，形成项目地块的合理布局排列；建立评估机制，科学评价进入园区项目的集群程度、经济规模、技术水平、资源效益等指标，为提高资源利用效率树立典范。

(2) 能源领域。

生态工业园区要致力于突破煤基循环经济高质量可持续发展的能源优化和转化的技术瓶颈，一方面，促进园区的能源高效利用、循环利用、结构优化，充分发挥能源、公用辅助配套设施大型化、规模化的优势，推行集约式的能源消费模式；另一方面，推进煤炭能源转化，清洁利用的科技创新，提高煤基产品的附加值、技术水平和综合效益，创造煤炭能源革命的发展新模式。

(3) 清洁领域。

生态工业园区所有关联生产企业严格对照清洁生产标准，对标、践标、达标并进行清洁生产认证，对生产每一道工序、每一个环节，推进清洁生产工序标准化一步到位法，达到每个企业生产加工全流程清洁标准化的示范标准。

(4) 环保领域。

生态工业园区要在大力发展煤基循环经济延伸产业链的同时，把生产加工对区域生态环境的影响最小放在重点关注的位置，全力使园区内各企业共同建设一个生态环境友好型的绿色工业园区，实现生产与生态相平衡、发展与环境相适应、人和自然相和谐。一要充分发挥项目企业在生产过程中预防和控制废弃物污染的主体作用，倡导、鼓励投资业主运用新型先进环保技术，从源头最大限度削减污染的产生和排放；二要鼓励采用具有技术领先水平的环保项目及配套设备，按优化设计和技术标准推进各类污水分质处理利用、各类固体废弃物综合利用等环保设施的建设，尽可能减轻加工生产对生态环境的不利影响，并创新推广示范样板。

(5) 技术领域。

生态工业园区要创建以科技创新为引领，以企业为主体，不断推进园区技术进步，并以先进技术为支撑，提升园区煤基循环经济高质量发展水平全新模式。一要坚持实施“科技兴园区，科技强园区”主战略；二要加强产学研用深度融合，研发煤基资源转化的新技术、新工艺、新设备、新材料和新产品；三要创建园区技术中心，建设产学研人才培养基地、新技术新产品研发基地和新产品实验基地；四要提升工业化信息化深度融合水平。

（6）管理领域。

生态工业园区要创新管理理念和管理模式，引入国内外现代先进管理方式，并注重对园区的成功做法和经验进行梳理提炼，形成系统规范的管理制度和独特的管理文化，有效推行精细、精准、精确、精益、精美管理，构建把管理科学、管理文化、管理艺术融为一体的管理系统模式，提升园区及企业的软实力和核心竞争力；要在实践中坚持不断完善循环经济运行及管理体系。

8. 以煤炭能源产业为中心的生态工业园区建设应注重择优引进煤基产业链中相关大型优势企业落户工业园区

通过规范营造基础设施完备可靠、公用辅助配套齐全、管理服务便捷优质和特殊扶持政策优惠的良好投资营商环境，择优吸引煤基产业链中现代煤化工、新型电力、新型建材等相关大型优势企业落户园内，并建立长期合作互利共赢的战略伙伴关系。按照现代化标准、多元化投资、市场化运作的原则，注重规模化产业链。特别要注重科学论证、总体规划、分期建设以煤化工（煤制油、煤焦油、页岩油等）及其衍生产品、合成材料、精细加工等煤化工深加工为方向的大型产业基地。

（三）构建以煤炭能源城市为中心的大循环经济产业体系

煤炭能源循环经济型城市是煤炭循环经济型企业小循环和煤炭能源循环经济生态工业园区中循环向更大循环经济领域扩展的产物，是通过调整煤炭能源城市产业结构和发展模式，转变煤炭能源城市的生产、消费和管理模式，可在一个煤炭能源城市范围和第一、二、三产业各个领域构建资源高效利用、循环利用、梯级利用相关产业生态链，发挥产业集聚和产业生态效应，把煤炭能源城市的清洁生产、绿色消费、废弃物资源化处理的循环经济和城市标准化科学管理统一组织为生态网络系统，实现产业循环式组合。推动行业间循环链接，组织实施产业绿色融合专项。以煤炭能源燃料原料为基础，在电力、冶金、化工、石化、建材等流程制造业间开展横向链接。推动不同行业的企业以物质流、能量流、信息流为媒介进行链接共生，实现原料互供、资源共享，建立跨行业的循环经济产业链。

煤炭能源城市大循环经济体系，以污染预防为出发点，以物质循环流动为特征，最大限度地高效利用、循环利用和梯级利用资源能源，减少废弃物、污染物排放。实现煤炭能源城市清洁高效、绿色低碳发展，以社会、经济、环境高质量可持续发展为最终目的。煤炭能源城市大循环经济体系的构建也是我国原有的生态城市理论和实践的进一步深化，是循环经济、绿色经济、低碳经济和可持续发展理论应用到煤炭能源城市的具体体现。

1. 煤炭能源城市高质量发展战略的客观要求

煤炭能源城市实施高质量可持续发展战略，是在建设循环经济生态型工业园区、生态型农业园区、绿色社区的基础上，建设绿色城市、绿色社会，并在保护历史建筑、发展绿色建筑、高效利用土地资源等方面都要进行有效探索和实践，并制定和不断完善一系列激励、约束机制和政策。客观上要求作为一次性能源主体的煤炭，必须实现科学开采、清洁生产、高效利用、循环利用、梯级利用和减少排放、防止污染、保护环境。

2. 煤炭能源城市循环经济体系的重要基础

煤炭能源城市循环经济体系是在煤炭企业内部循环经济体系和煤炭能源生态工业园区循环经济产生体系基础上的扩展。新中国成立以来，以煤矿为基础，以煤炭资源为依托建立起来的煤都城市不计其数，一个煤矿发展成为一个矿区，一个矿区发展成为一个城市，矿区和城市互为一体或成为一个大的城市。发展煤基循环经济是煤炭能源城市实施绿色低碳循环高质量可持续发展的重要基础和必由之路。

3．煤炭能源城市发展循环经济的基本思路

发展煤炭能源城市循环经济是煤炭资源型城市经济增长方式的根本转变，涉及经济管理体系、资源利用理念、生产服务方式和生活消费观念的根本转变，是一项多领域的系统工程，必须科学统筹、全面系统。既要有总体目标，找准突破口，分步实施，在实践中探索，在探索中推进；又要依靠政府职能、企业主体和公众的共同参与，通过制定规划、政策引导、依法管理、机制激励、科技应用、教育宣传等手段，多层次、全方位地推进循环经济理念和"3R"原则落实，并使之逐步融入社会经济各个领域之中。

（1）煤炭能源城市发展循环经济的总体目标。

煤炭能源城市循环经济的总体目标：在坚持"减量化、再利用、资源化"原则下，在煤炭企业小循环和煤炭能源生态工业园区中循环的基础上，通过若干年的努力，构建具有煤炭能源循环经济发展模式和经济特征的关联企业生产体系、关联产业体系、经济管理体系、政策法规体系和消费体系等，逐步建成一个煤炭能源循环型城市大循环经济体系，并向"循环经济型社会"迈进。

（2）煤炭能源城市循环经济实施的主要途径。

一是科学制定规划，择优确定重点，统筹布局安排，有序分步实施。二是改革决策体制、创新协商机制，从决策体制和管理模式上给煤炭能源型城市循环经济发展提供可靠保障和有力支撑。三是把发展煤炭能源循环经济与经济增长模式创新和产业结构战略性调整结合起来，统筹大力发展城市生态工业、生态农业和生态环保业。四是加强相关产业政策引导，按照"绿色、低碳、循环"的技术路线，实施清洁生产、废弃物减量化、资源化、再利用；发展热电联产、热电冷三联供，推动焦化、化工、冶炼余热用于城市集中供暖；培育开发绿色能源，培育开发资源回收综合利用产业；注重在企业创建清洁生产，循环利用示范工程项目，重点通过优化产品结构和改造生产加工工艺，推广清洁生产、高效循环技术开发和利用，坚持从工艺技术源头和生产加工过程研究寻求在产品生产周期中实现低消耗、少污染的有效途径；注重在城市社区创建绿色消费，资源利用，垃圾减量，分类回收的示范标准，将可回收废弃物、有害废弃物和生活垃圾按分类回收标准综合利用，逐步建立覆盖全城市废弃物分类回收、分拣交换、加工利用为一体的废弃物回收利用网络。五是研究制定煤炭能源循环经济政策法规体系，把源头控制的理念和污染者必缴费的举措贯彻到产品生命周期的全过程。六是鼓励科技创新，有效推进产、学、研、用深度融合，加强环境无害化新技术和资源化新技术的研发、推广和应用。七是加强市场监管，抑制生产和流通过程中的过度包装浪费现象，把源头减少和终端回收利用各种包装废弃物作为发展城市循环经济的突破口。八是强化城市各层级、各环节的循环经济理念和"3R"原则的宣传教育，倡导和强行推动绿色消费，最终把消费过程有效纳入城市循环经济系统。

（3）煤炭资源型城市循环经济的优势发挥。

传统资源型城市，具有以资源开采及其产品初加工为主导产业，以电力、交通运输、机械制造、化工等相关产业为延伸产业，且大多存在工业内部结构单一、"超重"，与其他产业关联度低，布局分散，对高新技术发展缓慢等特点。现代煤炭资源型城市循环经济转型发展，要充分发挥比较优势，坚持走调整结构、转型升级、循环经济发展之路。

① 在发挥优势延伸方面，煤炭资源型城市要充分发挥自身煤基循环经济产业和技术优势，重点规划布局开发现代洁净燃料、原料、材料产业，现代煤电产业，现代煤化工产业等，纵向延伸和横向拓展煤基循环经济一体化产业链条，提升煤炭就地转化能力和水平。

② 在发挥优势挖潜方面，煤炭资源型城市要坚持依靠科技进步走内涵式发展之路，科学合理开发和集约高效利用资源。注重以自主创新同科研院所、高等院校专业研发机构及研发团队合作，在相关产业技术上进行科技攻关和应用研究，培育关键核心技术，推进产学研用深度融合。提升产业、产品的科技含量和质量效益。

③ 在发挥优势替代方面，煤炭资源型城市要立足资源状况、区位条件、基础设施、技术实力和投资来源等要素，通过资源配置和资产存量的优化，使资源增值和资产增量转移到效益较好的煤基循环经济产业，并延伸发展新的煤炭替代产业。

④ 在发挥优势再造方面，煤炭资源型城市要在调整经济结构、产业转型升级的同时，着力转变经济增长方式，改变单一的煤炭资源优势，创新构建多功能的煤基循环经济产业综合资源优势，并延伸发展新能源、新型建材等产业再造。

⑤ 在发挥优势互补方面，煤炭资源型城市要充分依靠区域内资源和技术等要素明显优势，主动同区域外的产业、企业相关优势要素对接合作，实现循环经济产业互补性的异地开发。

当代世界出现的知识经济和绿色经济、信息化技术和智能化技术两大新趋势，为煤炭能源城市实施循环经济高质量可持续发展战略指明了新的发展方向，即把发展循环经济、绿色经济、低碳经济作为煤炭能源城市高质量可持续发展的战略重点和战略目标，科学确定生态工业、生态农业、生态环保业以及清洁生产、高效利用、高级循环、废弃物综合利用的可持续发展绿色生产和消费模式。尤其国家和主管部门对能源生产和消费等发展循环经济的重点领域，提出明确原则和要求，并制定各重点领域的行动方案，成为指导煤炭能源城市实施高质量可持续发展的纲领性文件。

（四）构建以大型煤炭能源基地（区域）为中心的更大循环经济产业体系

大型煤炭能源基地（区域）循环经济体系，是指煤炭富集区在传统煤炭企业、能源产业生态工业园区和煤炭能源城市实现了循环经济及建立了循环经济体系的基础上，在区域内更高层次、更大范围实施的循环经济，是循环经济社会的主要基础。在传统煤炭企业、煤炭能源产业生态工业园区和煤炭能源城市实施循环经济、构建循环经济体系的同时，在大型煤炭能源基地（区域）层面实施煤基循环经济，构建循环经济产业体系，其意义更为重要。不论是煤基循环经济型城市还是煤基循环经济型区域的建设都要以清洁生产理论、循环经济理论、绿色经济理论和低碳经济理论、高质量发展理论等一脉相承的可持续发展理论为指导，但同时也要因地制宜，充分发挥地方资源优势，科学合理开发利用资源，稳步推进绿色低碳循环高质量可持续发展。

1. 发展大型煤炭能源基地（区域）煤基循环经济的总体要求

（1）科学有效调整区域产业结构和经济结构。

煤基循环经济型区域涉及面广，可在更大范围内调整产业结构，科学合理利用资源发展经济。通过调整区域经济结构，依托原有产业基础，发展生态工业、生态农业和生态环保业等，促进生产、消费和循环各体系的建立，促进产业之间和区域内部的物质循环利用、能源梯次利用和信息共享利用，由点到线、由线到面构建煤基循环型区域及大循环经济体系。煤炭富集区相关省（市、区）可根据煤炭资源禀赋、相关产业基础和相关产业政策，建设煤基循环经济型区域。构建煤基循环经济型区域比煤炭循环经济型城市的难度要大，有时跨城市间合作，需要上一级政府和主管部门做好宏观调控，并制定相关保障措施和建立相关政策体系。

(2) 逐步扩展区域煤基循环经济实施范围效果。

在煤炭能源循环型城市的基础上，在区域内科学有效链接生态工业园区间、生态工业园区与能源城市间、城市与城市间的各层级循环经济体系。逐步扩展煤基循环经济实施范围的效果，为建立循环经济型社会、实现高质量可持续发展进一步创造条件。

(3) 在区域范围建立相对完整的生产、消费和循环各体系。

按照"减量化、再利用、资源化"原则，建立煤基循环经济型企业，建立煤基能源生态工业园，建立煤基循环经济型城市。煤基循环经济型区域内，企业内部、企业之间、各煤炭能源生态工业园区之间、各煤炭循环经济型城市之间，全部实现物质循环和废弃物利用，同时发挥区域自然生态资源优势，发展现代生态农业、现代生态旅游业、现代生态环保业和现代生态服务业。倡导可持续消费理念和行动，使第一、二、三产业之间的联系更加广泛，生态产业网络更加完善和稳定。

2. 构建富有特色的大型煤炭能源基地（区域）的更大循环经济产业体系

发展煤基循环经济是大型煤炭能源基地（区域）实施可持续发展的必由之路，是建设资源节约、环境友好和绿色发展体系的重要领域。大型煤炭能源基地（区域）循环经济产业体系是在煤炭企业内部循环经济产业体系、煤炭能源生态工业园区循环经济产业体系和煤炭能源城市循环经济产业体系构建的基础上，在区域内构建更高层次、更大范围的煤基循环经济产业体系，是煤炭能源循环经济的重点落脚点，是循环经济社会基础的重要基础。

我国煤炭能源基地区域分为两大类：一是传统的老煤炭工业基地，主要以已形成的煤炭城区为中心。二是国家新确立的大型煤炭基地，大多以跨地区为主。应根据不同特点构建富有特色的煤炭能源基地区域的更大循环经济体系。

(1) 构建传统煤炭能源工业基地（区域）的循环经济产业体系。

传统煤炭工业基地要振兴，要走出一条新型工业化可持续发展的路子，就必须改变传统粗放型的经济发展方式，就必须走以最有效利用资源和保护环境为基础的循环经济必由之路。

首先，发展煤基循环经济，可以最大限度提高资源和能源的利用效率，降低污染排放。通过发展煤基循环经济，综合运用减量化、再利用、资源化的"3R"原则，一方面大力推行清洁生产，降低企业的能耗、物耗、水耗和排放强度，提高企业的运行质量；另一方面推行关联产业共生，开展企业间物质流和能量流的梯级利用，实现区域内资源和能源的最大利用效率，减少污染排放。规划国家、省、市、区级经济技术开发区的老煤炭工业基地，要重点促进经济技术开发区和老工业区的产业结构调整和布局优化。

其次，发展煤基循环经济，可以促进煤炭资源枯竭地区经济转型。传统煤炭工业基地是在煤炭矿产资源优势基础上建立起来的，随着煤炭资源的长期、超限过度开采和大量消耗，大多已面临"矿竭城衰"的危机。以循环经济理念为指导，一方面重新构建煤炭资源枯竭地区转型产业体系，并积极开发利用共伴生矿资源、废弃煤矸石资源，开发利用井下废弃成巷、地面沉陷湿地、工业遗迹等资源，发展替代产业，形成新的循环经济产业链；另一方面对已破坏的生态环境进行修复，使之再生，重新形成良好的生态环境。

再次，发展煤基循环经济，可以促进废弃资源的开发利用，培育新的经济增长点，增加就业。随着工业化发展、城市化进程加快，工业废弃物和生活废旧物资排放量、堆存量逐年增加，再生利用潜力很大。通过发展循环经济，建立各类工业废渣综合利用、生产生活废水分质处理回用、废旧物资及生活垃圾分类回收综合利用系统。充分开发利用各类废弃资源和再生资源，既有利于保护环境，又可以发展再生资源产业，形成新的经济增长点。同时，延伸的产业链可以增加社会的就业机会。

传统煤炭工业基地循环经济体系建设，要结合老工业企业技术改造、资源枯竭矿区经济转型、老工业基地产业结构调整，或同经济技术开发区的整合升级等方面，全方位开展循环经济建设。

在传统煤炭企业内部循环经济层面上，要结合技术改造，对重点污染产业及排放环节，严格按清洁生产标准强制推行清洁生产，创建一批清洁生产示范企业，使单位产品能耗、物耗、水耗和污染物排放达到或接近国内先进水平，建成现代化循环经济示范企业。

在煤基循环经济生态工业园区循环层面上，一是结合煤炭资源枯竭城市经济转型，科学有效开发利用各种共伴生矿和废弃物资源，发展替代产业。建设废弃物资源再生产业基地。以煤矸石、粉煤灰、工业废渣等为重点，加强工业固体废弃物综合利用，重点建设一批废弃物资资源化项目，发展资源再生产业，建设再生资源回收利用、机械设备加工制造基地，并提高研发成套化、系列化水平。二是按各级各类经济技术开发区统一规划，择优引进相关产业关键链接项目，形成产业间、企业间共生和代谢的生态网络关系。三是结合老工业区技术改造，科学论证，择优引进相关建设项目，实现物质流、能量流、信息流和新技术的集成与公用基础设施的共享。

在煤炭能源城市、区域循环层面上，开发再生资源产业。重点围绕城区各类废旧物资及垃圾分类回收、分质处理、再生利用，建立城区废旧物资源和生活垃圾分类回收利用体系，即分类回收废电池、废家电、废荧光灯管、废金属包装物、废塑料、废橡胶、废玻璃等特种废弃物资，交由再生资源利用企业集中处理；分类回收可燃生活垃圾，集中送规划建设的城市区域垃圾焚烧发电厂发电；分类回收工业废水、生活污水，充分利用已有的矿区、城区污水处理系统，因地制宜，通过引进新技术和技术改造，完善可靠的中水分质处理回用系统。在水源相对紧张的矿区、城区，积极推广小区中水集中回收净化利用。

在建立和完善推进机制上，要逐步建立政府主导、企业主体、法律规范、市场推进、公众参与的推进机制。一是建立相关组织机构，重点负责对煤基循环经济建设进展情况进行组织监督、检查考核及奖惩。二是大力开展对煤基循环经济理念及成效的宣传和对煤基循环经济专业知识和技术的培训。通过开展多种形式的循环经济理论和实践的宣传、培训，提高社会各阶层，特别是各级领导干部理念及成效的认识，把循环经济理念贯穿到生产、消费的各个领域。三是编制不同类型的煤基循环经济规划及发展煤基循环经济方案，明确发展煤基循环经济的目标和任务。四是研究制定鼓励清洁生产和煤基循环经济的政策措施，如环保专项资金、清洁生产周转金、低息贴息贷款等，集中用于清洁生产和煤基循环经济项目的实施。

(2) 构建新型大型煤炭基地(区域)循环经济产业体系。

“十一五”期间，国家按照《煤炭工业发展规划》《矿产资源规划》《煤炭生产开发规划》《煤矿安全生产规划》《矿区总体规划》和合理有序开发和利用煤炭资源的原则，提出稳定东部地区煤炭生产规模，加强中部煤炭资源富集地区大型煤炭基地建设，加快西部地区煤炭资源勘查和适度开发的煤炭产业布局。规划重点建设神东、晋北、晋中、晋东、陕北、黄陇（华亭）、鲁西、两淮、河南、冀中、云贵、蒙东（东北）、宁东等13个大型煤炭基地（包括煤炭基地中已开发的煤炭企业），提高煤炭的持续、稳定供给能力。并规定大力推进煤炭、煤层气等资源的协调开发和基础设施的高效利用。在大型煤炭基地内，一个矿区原则由一个主体开发，一个主体可以开发多个矿区，按照资源禀赋、运输、水资源等条件和环境承载能力确定区域煤炭开发规模和开发强度，在大型整装煤田和资源富集区优先建设大型和特大型现代化煤矿。鼓励建设坑口电站，优先发展煤、电一体化项目，优先发展循环经济和资源综合利用项目。新建大中型煤矿应当配套建设相应规模的选煤厂，鼓励在中小型煤矿集中矿区建设群矿选煤厂。提出在水资源充足、煤炭资源富集地区适度发展煤化工，限制在煤炭调入区和水资源匮乏地区发展煤化工，禁止在环境容量不足地区发展煤化工。国家对特殊和稀缺煤种实行保护性开发，限制高硫、高灰煤炭资源开发。

“十一五”期间，国家重点建设了蒙东、神东、陕北、鲁西、河南、云贵、两淮等十三个大型煤炭基地，产能集中释放。仅2010年，13个大型煤炭基地的煤炭总产量达到28亿吨，约占全国煤炭总产量的87.5％。

“十二五”期间，根据《煤炭工业发展“十二五”规划》《能源发展战略行动计划（2014—2020）》，为了满足全国能源增长的需要，国家重点建设山西、鄂尔多斯、内蒙古东部地区、西南地区和新疆五大国家综合能源基地，新疆从原来的储备煤炭基地正式成为国家的第十四个大型煤炭基地。按照清洁高效发展煤电，转变煤炭使用方式，着力提高煤炭集中高效发电比例的原则，五大国家综合能源基地以煤电发展为主。在重点建设十四个大型煤炭基地的同时，依据煤炭基地资源优势，在蒙、新、晋、陕、甘、宁、黔等省（区）建设16个大型煤电基地。

“十三五”期间，按照《煤炭工业“十三五”发展规划》《能源发展“十三五”规划》《全国矿产资源规划（2016—2020）》，继续重点建设14个亿吨国家重点煤炭基地，划定162个国家规划煤炭矿区（见附表），优化煤炭生产开发布局，降低鲁西、冀中、河南、两淮大型煤炭基地生产规模，控制蒙东（东北）、晋北、晋中、晋东、云贵、宁东大型煤炭基地生产规划，有序推进陕北、神东、黄陇、新疆大型煤炭基地建设。重点加快煤炭结构优化升级，推进煤炭清洁生产，促进煤炭清洁高效利用，加强煤炭科技创新，加快煤层气产业发展，深化煤炭行业和国有煤炭企业改革等。尤其着力发展矿区循环经济，明确以经济效益、社会效益、生态效益协同提高为目标，促进煤炭与共伴生资源的综合开发与循环利用；坚持统一规划和集中高效管理，统筹矿区综合利用项目及相关产业建设布局，提升循环经济园区建设水平，支持煤炭企业按等容量置换原则建设洗矸煤泥综合利用电厂，发挥综合利用发电在废弃物消纳处置、矿区供热、供暖、供冷等方面作用；发展煤矸石和粉煤灰制建材；推进矿井排水产业化利用，提高矿井水资源利用率和利用水平；加强科研创新，探索与煤共伴生的铝、镓、锗等资源利用价值。

规划重点建设国家14个大型煤炭基地、五大国家综合能源基地和162个国家规划大煤炭矿区，不仅表明大型煤炭基地及大煤炭矿区对保障煤炭能源稳定供给的作用突出，还标志着大型、特大型煤炭企业集团及大型、特大型现代化煤矿逐渐成为煤炭能源供应的主力军，而且为煤炭产业总体布局和对重点创建大型煤炭基地清洁能源更大循环经济产业体系提供了产业政策支持。同时也有利于区域其他能源(风能、水能、太阳能、生物质能、地热能等)的综合开发和大循环经济产业链的链接,有利于构建资源节约型、综合循环利用型、环境友好型区域的大型煤炭基地清洁能源产业大循环的循环经济产业体系。各大型煤炭基地及大型煤炭矿区可根据资源、能源禀赋、政策环境条件和区域规划布局,科学选择适宜的煤基循环经济技术路线和发展模式(图 5-22)。

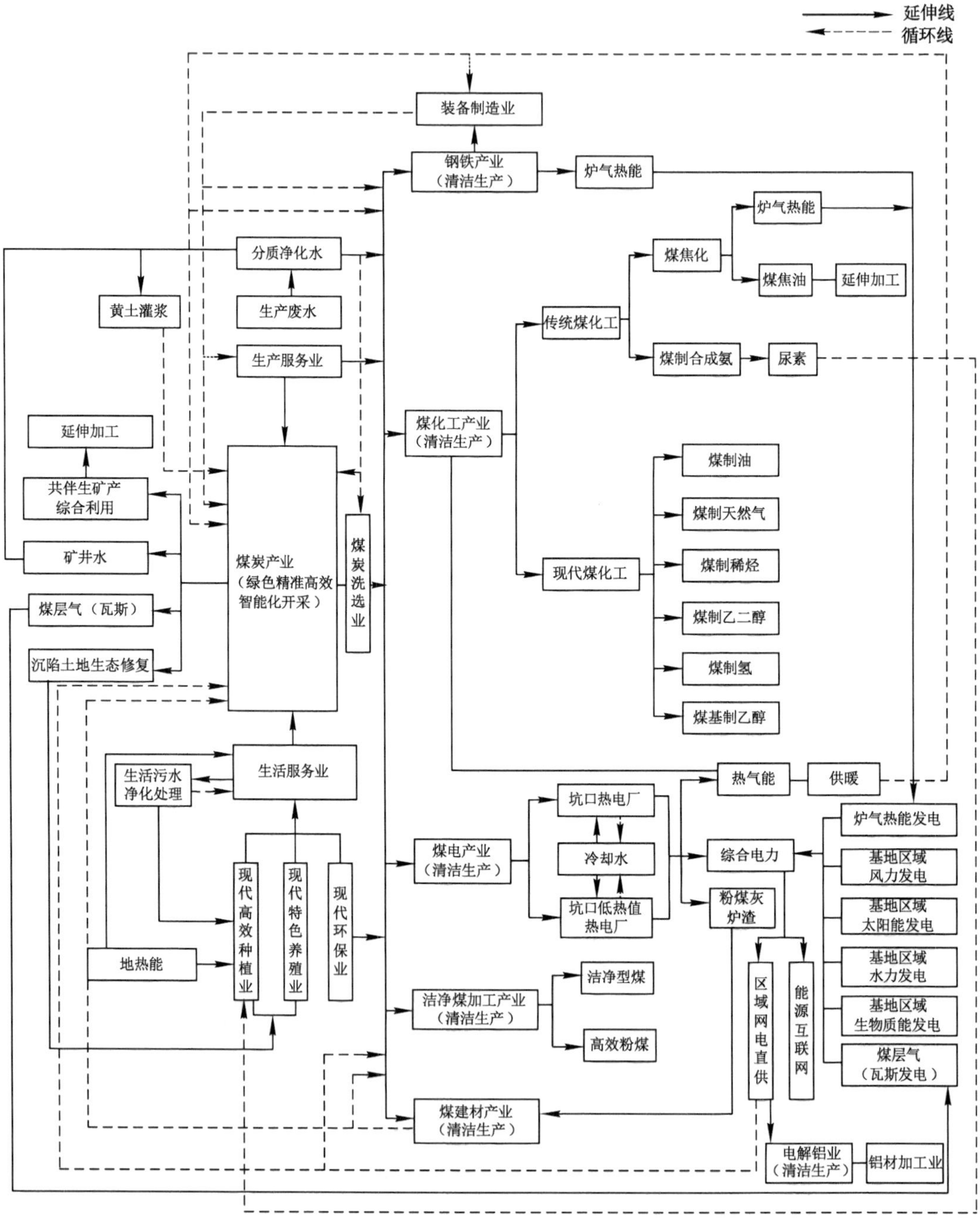

图 5-22 大型煤炭基地(区域)清洁能源更大煤基循环经济产业体系图

新型大型煤炭基地(区域)循环经济产业体系构建要以循环经济理论和清洁生产、绿色经济、低碳经济与可持续发展、高质量发展一脉相承的理论为指导,树立资源、环境、社会全新概念,准确定位,在原有煤炭企业内部循环经济体系、原有煤基生态工业园区和关联煤炭能源型城市循环经济体系的基础上,科学规划,以煤炭资源为依托,以科学技术为先导,以煤基循环经济为方向,在原有区域产业链条的基础上,优化绿色规划方案,扩延新型关联产业链条,有力有效推进新型大型煤炭基地(区域)煤基循环经济高质量可持续发展。

(3) 建立适应新型大型煤炭基地(区域)循环经济的管理体制。

① 落实各级责任。新型大型煤炭基地(区域)循环经济体系是高层次的经济、社会和环境协调发展形态,是由经济、社会和环境构成的,以高科技为支撑的生产—经营—消费—再循环的复合系统,是煤炭产业高质量可持续发展的全新模式。应该建立新型大型煤炭基地(区域)、国家及部委、区域省(市区)政府主导及相关部门密切配合协调、高效运转机制,充分发挥企业主体作用、市场配置资源的决定性作用,建立全社会广泛参与的管理体制。

一是应在国务院及国家能源局统一领导下,在区域省(市、区)政府直接领导和配合下,确定统一协调大型煤炭基地(区域)发展煤基循环经济的专门机构,在调查研究、考察学习和科学论证的基础上,制定该大型煤炭基地(区域)发展煤基循环经济试点示范工作方案。

二是专门机构负责组织编制大型煤炭基地(区域)煤基循环经济有关的各项规划并组织协调和有效落实。

三是国家、省(市、区)发展改革管理部门及行业管理部门负责大型煤炭基地(区域)内试点企业、行业和煤炭能源生态工业园区的项目审批与计划投资等。

四是国家、省、(市、区)经济、税务和行业管理等部门负责制定大型煤炭基地(区域)各类有利于煤基循环经济发展的产业政策,如专项资金扶持、土地优惠使用、减免税收、标志认证、商标注册等。

五是国家、省(市、区)环保部门负责大型煤炭基地(区域)内生态型示范企业的清洁生产审核、质量认证、生态工业示范园区及生态工业示范区试点单位和示范项目的申报、规划论证、绩效评估与监督管理。

六是国家、省(市、区)相关部门和大型煤炭基地企业负责对循环经济理论和技术专题宣传、培训,并对循环经济成功案例和先进典型推介宣传,对煤基循环经济示范企业、示范项目培育和推介宣传。

② 依靠科技进步。开展科技创新,发挥科技优势,加大科技投入,注重对大型煤炭基地煤基产业领域科技的研发和投入,须设立专项资金,用于解决大型煤炭基地(区域)清洁生产和循环经济领域中节能、降耗、减污、增效的关键技术研发,用于研究适合不同大型煤炭基地(区域)和企业实际情况的煤基循环经济发展模式,用于研究发展煤基循环经济的政策和法规,为推动发展大型煤炭基地(区域)煤基循环经济提供科技支撑;开展技术攻关,优化技术路线,提高煤炭一次转化效益和能源利用率,如注重在转化过程中对二氧化碳的生成、捕集、封存及利用技术研发(新型催化剂可把二氧化碳高效转化为清洁液体燃料甲醇、可代替水发电、可制防灭火材料、可制爆破材料等),注重粉煤热解、低阶煤(褐煤、长焰煤、不粘煤、弱粘煤)分质转化利用技术及大规模产业化研发等。

③ 实行综合决策。大型煤炭基地(区域)构建煤基循环经济体系要以循环经济理论、绿色经济理论和低碳经济理论指导实行综合决策。在制定区域经济社会发展战略、供给侧结

构性改革、调整产业布局、产品结构、转型升级、转变经济增长方式等关系到国计民生的大政方针方面，在高标准高质量推进建设和发展各类经济、技术开发区方面，在合法有序开发利用土地、林业、草原、水利、矿产资源和能源等方面，在重点领域应用新技术、完善废弃资源循环利用和再生资源回收利用体系，并建立先进完善的资源有效利用机制方面，在规范市场，品牌创建，产品营销，利税优惠等方面，在规划建设和择优引进关联重大经济社会发展项目方面，在适时制定地方法规、规章和经济产业政策方面，在确定区域经济社会发展的投资取向、分配和平衡方面等实行综合决策，正确抉择，科学决策。

④ 科学规划布局。大型煤炭基地（区域）必须科学规划，优化煤炭资源开发和煤基循环经济产业布局。一要深入研究大型煤炭基地的资源禀赋、开发潜力、先进产能建设、区位特点、环境容量、市场范围和能源消费结构等基础要素，科学确定大型煤炭基地开发节奏、建设规模、煤基循环经济产业及延伸产业功能定位。二要深入研究"双碳"战略目标下煤炭领域要解决好的重大问题，正确认识和准确把握国家实现"双碳"战略目标的时间节点和实践路径，做好顶层设计。重点研究煤炭能源清洁开发、低碳利用全产业链的降碳、脱碳、固碳以及碳达标排放、零碳排放规律，提出煤炭能源清洁开发、低碳利用各环节碳减排政策措施，健全完善节能、减污、降碳的激励约束机制，促进煤炭能源全生命周期绿色低碳循环发展。三要以科技创新为引领，科学有序推进煤炭作为碳基工业原料向高端高固碳产品转化，大力发展煤基特种燃料、煤基生物可降解材料等，构建低碳循环的现代煤基化工产业体系，实现煤炭由传统能源向清洁能源的战略转型。四要保障煤炭能源的安全稳定供应，加大大型整装煤田地质勘探与评价工作力度，加大优势煤矿采区综合地质精确勘探力度，加大安全高效智能化煤矿、智能化采掘工作面建设力度，加大煤炭资源保护和提高煤炭资源采出率的监控考核力度。五要强化煤炭能源安全保障责任，科学评估煤矿关闭退出影响，研究完善煤矿退出和转型发展的扶持政策等。

⑤ 抓好试点、示范推动。大型煤炭基地（区域）煤基循环经济整体发展要依据大型煤炭基地（区域）经济社会基础和发展水平，先期抓好试点，进行示范带动，对于在煤基循环经济发展初期具有探索、引导和积累经验、不断改进的重要意义。大型煤炭基地（区域）煤基循环经济的示范可分为四个层次：煤基循环经济生态型企业、煤基循环经济生态型产业、煤基循环经济生态工业示范园区和煤基循环经济生态经济技术开发区。在生态产业园区和经济技术开发区试点，提出按煤基循环经济模式规划、建设或改造提升原有生态产业园区的思路，形成一批煤基循环经济产业示范园区。注重将发展基础成熟、条件相对具备、并具有一定代表性的传统煤炭企业规范纳入典型培育范围，重点扶持。通过试点，成功探索出煤基循环经济发展模式，培育选树一批煤基循环经济的典型企业，以点带面，推进大型煤炭基地（区域）煤基循环经济整体发展。在整体创建大型煤炭基地煤炭能源生态区域的同时，积极创建国家环境保护模范城市、生态保护示范区、生态工业园示范区；坚持依法推进企业清洁生产，加强企业清洁生产审核和质量认证；充分发挥市场机制在推进大型煤炭基地煤基循环经济中的决定作用，以经济利益为纽带，以高质量可持续发展为目标，使煤基循环经济具体模式中各个主体形成互补互动、共生共利的关系。

⑥ 建立健全有利于大型煤炭基地（区域）煤基循环经济发展的政策、法规体系。一是逐步建立和不断完善促进大型煤炭基地（区域）煤基循环经济发展的政策体系。学习借鉴国内外先进经验，制定和完善清洁生产、高效循环、节能减排、环境保护、绿色消费及资源循环再

生利用等方面的政策和法律法规;建立健全从生产到消耗、从生活到消费全过程的各类废弃物回收处置制度;建立和完善绿色国民经济核算体系,并纳入国家统计体系和企业质效、干部绩效考核制度。二是认真做好相关政策和法规的宣贯和落实工作,在大型煤炭基地区域煤基循环经济发展中,进一步探索新的煤基循环经济实践模式。不断跟进完善相关政策、法规,使大型煤炭基地(区域)煤炭循环经济发展的政策法规体系更趋完备。

⑦ 加强对大型煤炭基地(区域)煤基循环经济的宣传与贯彻、培训与交流、培育与推介。推进大型煤炭基地(区域)煤基循环经济发展,关键要转变观念,创新思维,与时俱进,务求实效。因此,必须加强宣传与贯彻、培训与交流、培育与推介,才能将煤基循环经济理念和新技术、新管理、新模式贯穿落实到各项工作的综合决策与各层级的模范执行中。一要加强各层级专题重点宣传。国家、省(市、区)企业都要高度重视对清洁生产、循环经济、绿色经济、低碳经济和可持续发展以及高质量可持续发展理论,对《清洁生产法》《循环经济促进法》《环境保护法》等相关法规,对当期国家、省(市、区)《五年规划(纲要)》,对国内外循环经济发展模式及成功经验等进行重点宣传。要充分利用报刊、电台、电视、网络等传统和现代媒介以及相关协会团体进行专题重点宣传,做到家喻户晓,人人皆知,深入人心,并成为关注者、支持者、参与者。二要分层级开展专题重点培训。对企业决策层:重点进行循环经济、绿色经济、企业发展战略、企业核心竞争力理论和相关政策法规、成功模式(案例)等进行专题培训;对企业经营管理层:重点进行煤基循环经济、现代新技术、现代新管理、现代市场营销理论和相关政策法规、成功模式(案例)等专题培训;对企业操作层:重点进行清洁生产、节能减排、煤基循环经济产业链相关新技术、新管理和成功模式(案例)等专题培训。为保证培训效果,要坚持请进来指导和走出去取经相结合的方式,一方面邀请循环经济专家学者、成功企业家到企业举办专题培训辅导讲座,进行专业理论和专业技术的系统培训,或选派骨干到行业大专院校接受专业培训;另一方面分层级组织到循环经济型示范企业,生态工业园示范园区现场考察和学习交流。三要注重各层级发现、培育、总结、推介先进典型。重点对煤基循环经济示范项目、示范企业、示范生态工业园区的创建创新典型进行培育,并跟踪提炼推介,定期组织现场观摩、经验交流、撰文推荐,有力有效推进大型煤炭基地(区域)循环经济高质量可持续发展。通过上述措施,逐步建立政府主导、企业主体、法律规范、市场调节、舆论监督、公众参与的符合清洁生产、循环经济、绿色经济、低碳经济、高质量可持续发展理念本质要求的大型煤炭基地(区域)经济社会公共体系。

(4) 构建大型煤炭基地(区域)资源节约、环境友好、绿色发展体系。

煤炭产业绿色发展既包括煤炭清洁生产、煤炭清洁能源、煤炭清洁原料延伸加工及转化和节能减排、环境保护等,同时也包括对传统煤炭产业、企业改造和技术升级,使煤炭能源产业由"黑"变"绿",有效突破煤炭资源环境的瓶颈制约,有力地成为支撑国民经济绿色发展的重要支柱和国家绿色低碳循环经济体系的重要组成部分和新的经济增长点。

大型煤炭基地(区域)建设资源节约、环境友好、绿色发展体系是一项长期的系统工程,需要全面系统科学规划、重点有效推进。要在国家相关政策指导和支持下,逐步建立和完善煤基绿色产业链体系、煤基绿色产业清洁生产体系、煤基绿色产业高效循环利用体系、煤基洁净燃料(原料)绿色消费体系、煤基绿色产业技术创新体系、煤基绿色产业人才创新体系、和绿色投资金融支持体系、基地(区域)生态环境治理体系、基地(区域)绿色生活消费体系和政府主导保障体系、企业主体创新体系等。逐步形成资源节约和环境保护、清洁生产和高效循环利用的空间格局和产业结构、生产方式和生活方式，实现大型煤炭基地（区域）经济社会发展和资源环境保护的协同共进，让有限的宝贵资源和良好的生态环境成为经济社会高质量、可持续、健康发展的重要支撑和根本保障（图 5-23）。

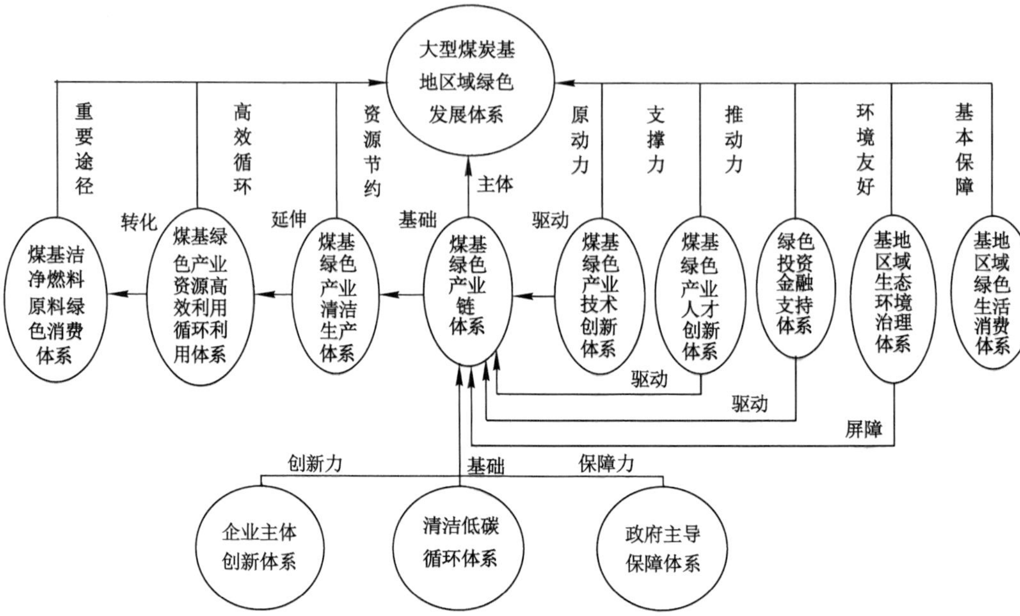

图 5-23 大型煤炭基地（区域）绿色发展体系结构图

① 推进煤基产业绿色技术创新，构建煤基产业绿色金融支持体系。

绿色技术和绿色金融是实现绿色发展的驱动双轮。大型煤炭基地（区域）煤基产业一方面要构建以市场为导向的绿色技术创新体系。在煤基产业现有技术能力和技术水平的基础上，充分发挥市场在绿色技术创新、技术路线选择及创新资源配量中的决定性作用，重视强化煤炭企业及关联企业的绿色技术主体地位。另一方面要重视与科研院所、高等院校产学研用深度融合，发挥产业技术创新联盟特殊作用，加快科技成果转化步伐，不断缩短煤炭转化链，延长产业链、创新价值链、提升质效链，尽快形成新的发展动能。强化煤基产业及关联产业绿色技术研发和创新人才培养、使用，尤其重点培养高端创新人才领军团队。在构建和推进中，需要更好发挥国家和省（市、区）政府的引导、服务和支持作用，重点建设一批绿色技术创新公共平台，促进绿色科技资源共享；重点强化规范标准引领，有序有效推进煤基产业绿色技术标准和煤基产业绿色目录的制定与完善；重点健全政府绿色采购制度、引导和放大绿色创新技术成果的应用空间。另一方面，要在国家金融政策指导下，大力发展支持煤基产业绿色发展的绿色金融体系，重点完善煤基产业及关联产业绿色发展相关的绿色信贷、绿色债券、绿色基金、绿色保险等政策，并健全各项配套政策支持体系，优化煤基产业绿色投资金融发展环境，引导社会资金向煤基产业的绿色技术和绿色产业集聚，充分发挥好绿色金融服务大型煤炭基地（区域）绿色发展的支撑保障作用。

② 推进煤炭能源生产和消费革命，构建煤基产业绿色、低碳、循环发展模式。

能源生产和消费的变革是应对气候变化，实现低碳发展的根本途径和举措。大型煤炭基地（区域）推进煤炭能源生产和消费革命，是构建煤基产业绿色、低碳、循环发展模式的必然趋势。首先，要顺应煤炭供应侧结构性改革，一方面以保障有效供给为原则，科学合理控制煤炭产能，特别是有效控制优质煤炭、稀缺煤炭的开采强度和产能增幅。另一方面以依靠科技进步和技术创新为出路，积极推进煤基产业结构调整和产品品质优化，全力生产供给清洁、优质、安全、高效的煤炭能源和原料。大力推动全国范围内的煤炭清洁高效利用，构建清洁的煤炭资源利用体系。其次，要继续深化节能工程，实施煤基循环经济全产业链、全过程能效赶超行动，全面推行能效对标、达标。再次，促进节能与洁净能源的技术创新、技术升级和新技术推广应用，推进煤炭能源技术与信息技术的集成整合，加强煤炭能源系统优化集成与优化配置。

③ 推进煤基资源节约和循环利用，形成煤基循环经济产业链接系统。

资源节约和循环利用不仅要挖掘废弃物资源化的最大潜力，还要从资源利用方式和循环发展模式着手。大型煤炭基地（区域）构建循环型煤基企业—循环型煤基产业生态工业园区—循环型煤炭能源城市—循环型煤炭大型基地（区域）及关联产业、企业不同层级的煤基循环经济产业链条，健全和完善大型煤炭基地（区域）煤基循环经济绿色发展体系。

第一，科学构建完整的煤基循环经济型产业链体系。实现煤炭企业煤基循环经济产业链及关联产业、企业循环式清洁生产，推动煤基产业链企业及关联产业、企业实施全生命周期管理，选择重点产品开展“生态设计机构＋循环式生产企业＋绿色使用单位＋终端资源化处置企业”协调试点，全环节、全过程、全面推行减量化、再利用、资源化“3R”清洁生产法，充分发挥技术创新优势，不断推进煤基循环经济产业链补链、延链、强链、创新链，不断提升煤基循环产业基础能力和产业链水平。促进各类要素合理流动，实现产业基础高级化、产业链现代化、智能化。对煤基循环经济产业生态工业园区按照空间布局合理化、产业结构最优化、产业链接循环化、资源利用高效化、污染治理集中化、基础设施绿色化、运行管理规范化的标准要求和《绿色产业指导目录》、《工业园区循环经济管理通则》(GB/T 31088)、《工业园区循环经济评价规范》(GB/T 33567)、《工业企业和园区循环经济标准体系编制通则》(GB/T 33751)等标准，进行系统规划、科学布局和升级改造，构建配套完整的生态工业园区循环经济产业链，提高产业关键度和循环化程度；强化生产要素集聚，提升园区承载能力和发展潜力，以煤炭行业、企业为基础建立跨行业、产业链接，大型煤炭基地（区域）按规划布局构建能源重化工基地，通过技术创新，实现高效率、低排放，是煤基能源化工产业高质量发展的核心。推进基地区域煤炭、煤化工、煤电热电和石油化工等产业耦合发展，有利于能源资源梯级互补利用，提高煤炭就地规模化转化的质效、能力和水平，实现煤炭从原料向材料转化，煤炭大宗化学品向高端化、终端化应用品迈进，培育煤炭转化全产业链竞争优势；基地区域突出煤炭与电力、化工、石化、冶金、建材等流程制造业间开展横向产业链接，实现废弃物最小化和能源梯级利用，推动不同产业、企业以物质流、能量流、资金流、信息流为媒介，建立跨界、跨行业融合的循环经济全产业链、价值链，并推动煤基循环经济产业生态工业园区大型化、规模化、高端化、终端化。

第二，构建和完善煤炭能源型城市循环经济发展体系。充分发挥中心城市优势，培育壮大规模以上企业和大型、特大型企业，注重培育产业集群；推动产业废弃物资源化循环利用，挖掘城市非煤矿产，推动废钢铁、废有色金属、废油品、废橡胶、废塑料、废动力蓄电池、废碳纤维材料、废光伏组件、废电器等可再生资源的集中回收拆解、集中分类分质处理和集中治理废弃污染，合理有效延伸产业链条；推动生产系统和生活系统的循环链接；推动生产系统协同处理城市及产业废弃物示范点建设。

第三，构建大型煤炭基地(区域)城市群循环经济发展体系。重点做好科学规划、绿色设计，坚持生态优先、环保至上的原则，有序开发煤炭、煤层气战略性资源，不断促进产业结构优化升级，加快技术进步，提高投资效率，构建相应的区块链、互联网、物联网、大数据、云平台，提升服务质效，促使基地区域产业结构和资源禀赋相匹配，资源环境承载力和生产力合理布局，保障煤基循环经济型企业、煤基循环经济型产业生态工业园区、煤炭能源型城市和整个大型煤炭基地(区域)的绿色低碳循环发展体系建设。有效重点开展煤基循环经济型企业及关联产业、企业和煤炭能源型城市(区、县)煤基循环经济型企业、产业生态工业园区试点示范。重点支持大型煤炭企业传统煤化工、现代煤化工及精细化工企业向产业链高端发展，重点培育一批专、精、特、新的支柱产业、骨干龙头企业、示范城市循环经济发展模式和标杆典型。充分发挥煤炭能源型城市尤其中心城市优势，培育壮大规模以上大型煤炭企业和特大型煤基企业及关联产业、企业，着力培育多个百亿、千亿产业集群，高效协调推进大型煤炭基地(区域)绿色低碳循环高质量发展。

第六章　中国煤炭企业煤基循环经济高质量发展的对策措施

发展循环经济是全球对人与自然和谐关系深刻反思的结果，是人类社会探索可持续发展道路，构建人类命运共同体的必然选择，是当今世界应对资源与环境危机的趋势和潮流。对中国发展循环经济是建设资源节约型、环境友好型社会和绿色发展体系的根本途径及主要任务，体现了以人为本、全面协调可持续发展的本质要求，是转变经济增长方式、走新型工业化、现代化、高质量发展道路，全面建设美丽小康和谐社会的重要战略举措。《国务院关于加快发展循环经济的若干意见》明确提出，必须大力发展循环经济，按照"减量化、再利用、资源化"原则，采取各种有效措施，以尽可能少的资源消耗和尽可能小的环境代价，取得最大的经济产出和最少的废物排放，实现经济、环境和社会效益相统一，建设资源节约型和环境友好型社会。为此，近十年国家先后采取了转变观念、搞好规划、调整结构、健全法制、完善政策、依靠科技、示范推广、强化管理、宣传教育、加强领导等十项措施，有效推动了工业、农业、建筑业、环保业等重点领域的循环经济发展，并取得显著成效。

进入新时代，中国煤炭行业发展理念更加科学，发展思路更加清晰，发展目标更加明确，发展动力更加强劲。在以煤为主、多元发展的能源方针指引下，未来一个时期，将是中国推动能源革命和推进煤炭行业改革、煤炭结构调整与转型升级发展的关键时期。中国煤炭企业必须高度关注当期宏观经济形势的发展变化，关注国家推动能源革命、生态文明建设、优化能源结构、实施煤炭供给侧结构性改革、控制煤炭消费总量等对煤炭产业和煤炭市场供需的影响，关注能源新技术的研发应用，关注煤炭主要用煤行业消费变化和国家能源互联网的发展趋势，与时俱进，适时科学调整企业发展战略。中国传统煤炭企业必须进一步加快结构调整与转型升级；进一步加快企业兼并重组，提高产业集中度和企业核心竞争力；进一步发展煤基循环经济，大力推进煤电、煤焦、煤化、煤钢、煤建材等一体化发展，大力推进煤炭由燃料向燃料与原料并重转变。中国传统煤炭企业必须在结构调整、转型升级可持续发展中学习借鉴国内外先进企业的成功经验，注重运用现代信息技术推动企业商业模式创新。中国煤炭企业须深入贯彻落实好新发展理念，顺应深化煤炭供给侧结构性改革，有力有效推进传统能源坚持走清洁能源、高效利用、循环经济、绿色低碳的高质量可持续发展之路。

煤基循环经济的绿色发展及逐步壮大和煤基循环经济体系的科学构建及不断完善是一个漫长而艰难的过程，必须需要政府和企业两个层面的共同探索和积极努力，必须需要充分发挥好政府主导和企业主体两个作用。

一、政府主导：建立完善的保障体系，落实有效的保障措施

传统煤炭企业绿色发展，大力推进煤基循环经济是顺应煤炭能源革命和煤炭供给侧结构性改革、调整结构、转型升级、绿色发展的战略性选择和必由之路，也是一项复杂的系统工

程。但发展及发展过程中面临着一系列企业自身难以解决的困难和问题，需要政府主导，建立和完善相关发展循环经济保障体系和激励约束机制，从战略发展高度重视和推进煤基循环经济在发展循环经济领域统筹规划。从能源资源源头开始对传统煤炭企业发展煤基循环经济，构建完整的循环经济体系制定相关配套政策，创造宽松环境和积极扶持高质量发展。重点从组织、法律、政策、制度、科技、人才、资源、宣传、信息九个方面构建系统完善的政府主导保障体系及采取有效的保障措施。政府主导保障体系见图 6-1。

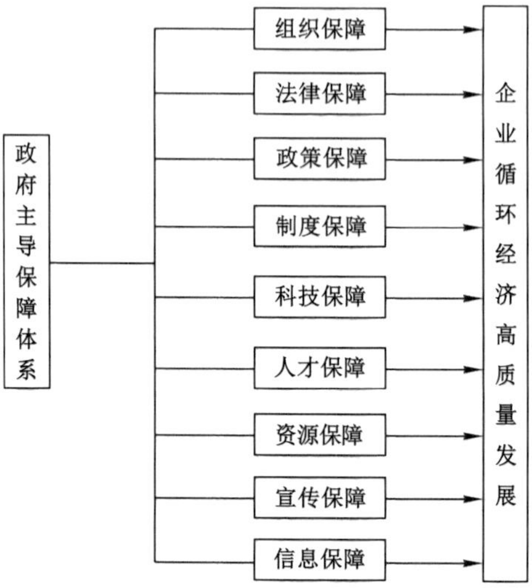

图 6-1　政府主导保障体系图

（一）组织保障

1. 国家健全发展煤基循环经济及清洁高效开发利用工作部际联席会议及协调机制

煤基循环经济及清洁高效开发利用是一项复杂的系统工程，涉及部门多，涉及相关政策多，需要建立包括国家职能部门在内的协调机制，进一步发挥发展循环经济工作部际联席会议机制的作用，加强组织协调，研究产业政策、科学规划布局、解决相关重大问题，统筹推进引领行动的实施。国家发改委会同有关部门确定重点工作及分工，制定重点任务的实施方案，同时，加强对实施情况的跟踪评估，评估结果适时向社会发布。加强对煤炭行业高质量可持续发展的科学规划，从顶层设计上解决煤炭行业在煤基产业政策、总体布局、标准制定、科技创新、人才培养等方面的短板和问题。依据《矿产资源节约与综合利用先进适用技术推广目录》中涉及煤炭技术项目，定期发布相关指南和政策咨询，定期组织开展煤基产业矿产资源节约与综合利用先进适用技术推广应用情况评估工作。

2. 地方政府健全发展循环经济工作各层面联席会议制度

中国传统煤炭企业发展煤基循环经济，改变传统发展模式，将“减量化、再利用、资源化”原则贯穿于生产、经营的全过程，需要各层面统筹规划、协调有效、齐抓共管。建立和健全煤基循环经济组织管理机构，完善支持保障体系，建设信息系统，合理利用能源资源，加强环境管理，严格执行环境法规，严格项目审批，提出关键政策和保障措施，为煤基循环经济的健康发展提供组织保障。

循环经济的发展是一个由法律规范、政府主导、市场驱动和企业主体所组成的庞大体系和机制来推动的。权威、精干、高效的组织体系是循环经济顺利发展的重要保障。因此，必须有相应完善的组织体系提供组织、研究、监督、服务、协调等事宜。地方各级政府相关部门要加强对循环经济发展的组织领导和统筹协调。制定本地区的循环经济发展规划和引领行动，明确目标任务。制定和完善本地区促进循环经济发展的配套政策，建立本地区的工作协调机制，做好部门分工，加强相关统计和评价工作，逐级落实工作责任。

建立煤炭企业煤基循环经济生态工业园区、煤炭能源城市、煤炭大型基地(区域)发展循环经济工作联席会议制度，领导相关层面开展煤基循环经济工作，研究制定相关层面煤基循环经济工作发展战略和总体部署，指导和协调煤基循环经济工作中清洁生产、资源再利用、节能减排、节水复用等领域工作及煤基循环经济相关层面试点单位、示范项目的组织实施工作。联席会议下设办公室，其主要职责是具体研究制定相关层面煤基循环经济发展的实施方案及推进计划。定期组织部门联席会议，商讨解决相关层面煤基循环经济发展中遇到的新情况和新问题。按照国家发展循环经济宏观政策和法律法规要求，督促协调企业园区内部或各地、各部门规范有序地推进煤基循环经济工作(表 6-1)。

表 6-1　煤基循环经济工作各层面主管部门任务表

序号	具体工作任务
1	制定出各相关层面基于煤基循环经济发展的整体规划
2	积极争取上级煤基循环经济重大项目资金支持，确保发展煤基循环经济财政资金的落实
3	加强对煤基循环经济项目、企业技术改造项目的指导和监督
4	做好煤矿矿区、煤基生态工业园区、煤炭能源城市及大型煤炭基地(区域)等煤基循环经济资源化工程的组织、实施和监督。落实再生资源回收、综合利用及网络体系的建设，并做好各层面污水分质处理回用、城区废旧物资和垃圾分类回收系统
5	加强对煤炭资源、共伴生矿产资源开采及开发量的指导和监督。组织开展清洁生产、煤基循环经济关键链接技术研究开发和推广利用
6	严格执行环境影响评价制度，加强对废弃物资源化及安全处置系统建设的监督
7	适时改革，建立有利于煤基循环经济发展的价格政策体系
8	认真落实国家发展循环经济的财政、税收、金融优惠政策
9	积极制定和完善煤基循环经济指标统计体系和标准体系

要把发展煤基循环经济作为编制经济与社会发展规划及相关专项规划以及煤炭能源区域、煤炭能源城市和煤炭企业发展规划的重要指导原则和重要内容，融入工业化、城市化、现代化、信息化进程和经济结构调整、产业优化升级的过程中。尽早完成促进煤基循环经济发展的专项规划编制工作(表 6-2)。

表 6-2　煤基循环经济发展专项规划编制表

序号	规划项目
1	组织完成相关层面煤基产业结构调整、延伸产业链、优化布局专项规划
2	组织完成相关层面推进煤基循环经济科技发展和技术创新专项规划
3	组织完成相关层面煤炭资源回采及统筹矿产资源开发专项规划

表 6-2(续)

序号	规划项目
4	组织完成相关层面清洁生产、资源节约、循环利用、废弃物综合利用和节能降耗、治污减排等专项规划
5	组织完成相关层面环保产业发展专项规划、重点区域生态修复建设专项规划
6	组织完成相关层面基础设施建筑节能专项规划
7	组织完成相关层面废水分质净化利用，建设节水型企业、城市、区域和社会的专项规划
8	组织提出符合各相关层面实际的发展煤基循环经济产业及关联产业统计指标体系

3. 煤炭行业、企业健全发展循环经济工作相关组织机构

国家、行业、企业要加强煤炭中长期发展规划和煤基循环经济产业中长期发展规划的研究，保障煤炭工业和传统煤炭企业高质量可持续发展，保障国家经济社会发展和能源安全，建立必要的相关组织机构和平台。

一是应建立全国煤炭行业煤基循环经济研究院、省(市、区)煤基循环经济研究分机构和煤炭企业煤基循环经济管理机构，按各层级职能任务，负责煤基循环经济相关理论指导和煤基循环经济高质量可持续发展战略定位；负责优选采用煤基循环经济新技术、技术路线和优化规划设计；负责组织专业人员开展深入系统的相关调查研究，包括煤炭及关联电力、建材、钢铁、化工及现代煤化工产业的发展状况和发展趋势，并建立大数据库和云平台；负责政策、技术指导和咨询服务，包括提供煤基循环经济产业链相关的政策咨询、绿色规划、资源管理、能源利用、节能减排、环境治理等咨询服务；负责构建煤基循环经济产学研用深度融合机制，组织学术交流、主题论坛和关键技术联合攻关等；负责不定期举办各层次各类培训：对企业决策层重点培训企业发展战略、循环经济可持续发展理论及相关政策、先进技术，侧重了解全国及行业循环经济发展动态、成功经验，提高战略思维、发展意识及创新理念；对企业管理层重点培训企业现代管理、煤基循环经济绿色发展理论、相关关键技术装备及信息化、智能化相关基础知识，提高技术水平和管理水平；对企业操作层重点培训煤基循环经济清洁生产理论、现场“五精”管理、“6S”管理、相关先进技术装备及机械化、自动化、智能化相关基础知识，提升技能水平和管理能力综合素质；负责及时总结，推介交流、表彰煤基循环经济发展模式、先进典型、经验成果，充分认定其价值，有力推动后进企业向先进企业看齐。

二是应建立行业煤炭能源互联网、物联网，积极顺应、紧密对接和深入融入国家能源互联网、全球能源互联网，并下设省(市、区)分机构，重点研究能源互联网相关战略政策、规划布局、发展业态和取得成效。主动做好煤炭能源融入国家和全球能源互联网的规划布局、设计及建设，更有力有效推动煤基循环经济高质量可持续绿色发展。

4. 政府同行业组织开展各相关层面发展煤基循环经济试点示范工作

要建立相关层面职能部门组成的煤基循环经济试点示范工作组织结构，协调解决推进煤基循环经济试点示范工作中的重大问题，组织、指导和推动煤基循环经济试点示范工作。同时，要组成煤基循环经济试点示范工作专家组，为试点示范工作提供技术指导和政策咨询指导。要将大型煤炭基地中煤基循环经济起步早、基础实、成效好的煤炭企业作为重点，主要探索以煤炭能源为中心的煤基循环经济发展模式，选树一批全国省(市、区)煤炭行业煤基循环经济的标杆项目和典型企业、园区。要按煤基循环经济示范模式规划建设、改造提升循环经济产业生态工业园区，形成一批煤基循环经济产业生态工业园区示范典型。要深入探

索煤炭能源城市、大型煤炭基地(区域)发展煤基循环经济的创新思路,形成若干以煤炭能源为中心发展煤基循环经济的示范城市、示范基地(区域)。

(二)法规保障

要进一步健全和完善循环经济的法律法规制度,增强法律规章约束力。要按照国家、行业和地方政府制定的一系列的有关清洁生产、环境保护及发展循环经济的法律法规开展工作,重点贯彻落实好中华人民共和国相关法律:《循环经济促进法》《清洁生产促进法》《环境保护法》《固体废物污染环境防治法》《节约能源法》《可再生能源法》《矿产资源法》《煤炭法》《水法》《水污染防治法》《土地管理法》《循环发展引领行动》《城市生活垃圾管理办法》《城市建筑垃圾管理规定》《城市垃圾管理办法》等。同时省一级政府要组织健全三个层面地方法律法规:一是宏观层面的地域性的落实循环经济促进法条例;二是中观层面的产业间资源合理循环的条例;三是微观层面的企业的资源利用与污染治理的具体规定。只有这三个层面相互配合,才能建立健全一个完善的促进循环经济发展的法律体系。尤其通过完善《循环经济促进法》配套法规规章,制定循环经济促进条例或实施办法,形成循环经济激励约束机制,开发相关技术等措施,推进煤基循环经济的发展;通过法规对煤基循环经济加以引导和规范,坚决杜绝短期行为和急功近利的现象出现,有利于煤基循环经济体系的形成和发展;通过对行业和企业、政府和个人的行为进行强制性法规约束,明确各方的法律责任,规范生产者生产行为,完善产业标准及废弃物处理标准,使循环经济行动得到保障,对违反循环经济的行为得到惩罚,做到有法可依。

(三)政策保障

国家和地方政府应加强政策引领,加大对传统煤炭企业发展煤基循环经济的减税降费和“放管服”改革等系列配套政策支持力度,充分调动企业发挥主体作用和激发企业的积极性、主动性、创造性,增强企业创业创新内生活力,凸显新动能、新业态、新技术、新产品、新模式。煤基循环经济的建立和运行需要政府推动、技术支撑、政策支持、公众参与、市场机制等,且必须在政策制定和实施中得到贯彻和体现。要创造宽松的政策环境,形成发展煤基循环经济的有效激励和约束机制,通过综合政策措施保障产业发展中既减少资源消耗和浪费,又减轻自然环境承载,促进传统煤炭企业既有约束力又有动力发展煤基循环经济;要贯彻落实国家《绿色产业指导目录》,重点围绕推进绿色开采清洁生产,提高资源回收率、煤炭洗选加工率、煤炭洁净高效转化率、煤炭能源降碳减排率、废弃物资源化综合利用率、生产节能降耗率、废弃物排放下降率、生态环境修复率等及相关产业链条延伸方面制定系统配套的专项扶持政策,有力有效保障煤基循环经济体系建设和产业健康发展;要研究制定有利于发展煤基循环经济的投资政策、产业政策、技术政策、财税政策、消费政策和能力建设、科技研发、外部环境、投融资机制等方面的配套政策。

1. 财政预算与政府奖补政策

各相关层面财政及有关部门要积极安排资金,支持煤基循环经济发展的技术推广、试点示范和宣传培训、先进奖补等工作,给发展煤基循环经济、治理环境污染的传统煤炭企业以财政奖补扶持和税收金融优惠。如根据区域和项目特点因地制宜出台奖励扶持政策,再如采取物价补贴、项目亏损补贴、应用先进节能技术设备补贴、利用废弃物资源生产产品补贴、财政贴息、税前还贷和政府优先采购等,还如鼓励促进节能、节水、节材产品、综合利用建材和节能建材推广等,对节能型企业进行适当补助、资助和奖励,对绿色产品的推广应用进行适当补贴，用好矿区环境治理和生态修复专用基金，按照“取之于煤，用之于矿”，谁治理，谁收取的原则，对生态环境恢复提供资金支持。择优培育、甄选、推介和奖励煤基循环经济试点示范标杆企业。

2. 税费价格政策

加强税收调节，全面实施资源税收从价计征改革，促进资源节约集约利用。落实资源综合利用产品及劳务增值税政策，落实资源综合利用和环境保护、节能节水专用设备企业所得税优惠政策；落实燃煤发电机组脱硫、脱硝、除尘电价政策，完善鼓励煤矸石（煤泥）发电的价格政策；加大矿产资源综合利用项目税收优惠政策的扶持力度，并延长优惠政策年限；制定充分利用废弃物资的经济政策，在税收和投资等环节对废弃物回收利用采取经济激励措施，鼓励企业转变经济增长方式，增强自主创新能力，促进节能减排，循环利用资源，兴办循环利用资源和资源再生产业，合理设计调整增值税和资源税税率；对煤基循环经济研发项目的试验、推广税收减免或者即征即返，对采用先进环保技术、工业与设备的企业减负增值税、所得税和土地使用税和加速折旧；煤炭增值税率在 2009 年 4 月由 16％下调至 13％的基础上，进一步适度降低。促使按照煤基循环经济规则要求延伸生产、经营的企业，用足用活税收优惠政策，能够比依然按照传统方式生产和经营的煤炭企业获得更高的利益。

进一步深化价格改革，完善促进煤基循环经济发展的价格和收费政策。完善自然资源价格形成机制，完善水价、电价、地价和矿产资源价格为主要内容的市场机制，更好地发挥市场配置资源的决定性作用。积极调整资源性产品与最终产品的比价关系，理顺自然资源价格，逐步建立能够反映资源性产品供求关系的价格机制。

系列减税降费政策，必定减轻传统煤炭企业税费负担，加快煤炭行业及传统煤炭企业转型升级步伐，为传统煤炭企业多元化、绿色低碳循环高质量可持续发展注入强劲动力。

3. 财政金融政策

经济是肌体，金融是血脉。创新财政资金支持方式，利用现有资金渠道对循环经济予以支持，提高资金利用效率和使用效率。强化财政资金与社会融资的联动，引入 PPP（Public-Private-Partnership）模式和第三方服务方式引导社会资本投入循环经济。创新融资方式，积极提供包括银行信贷、外国政府转贷款、债券承销、保理、融资租赁等多重融资方式。落实绿色信贷指引，促进银行业金融机构，大力发展绿色信贷。积极落实绿色债券指引，健全绿色评级体系，支持保险资金，支持资源循环利用项目建设，鼓励社会资本，成立各类绿色产业基金。为鼓励煤炭绿色转型及煤基循环经济的发展，对相关层面产业结构调整和转型升级，对相关循环经济专业基地，在符合产业政策和项目相关管理程序的情况下，在投资政策、项目选择和产业布局上，把发展煤基循环经济产业链项目和煤炭清洁能源优势产业作为政府优先投资的重点领域，加大对煤基循环经济发展项目的资金支持，加大对科技创新、技术改造、节能减排、洁净煤高效利用技术研发的投入，加大对矿区环境保护、污染防治项目的投入。各级政府在确定年度重大项目时，要单列煤基循环经济项目，对发展煤基循环经济的重大项目和技术开发、产业化示范项目，国家政府要给予直接投资或资金补助、贷款贴息等方面的支持。同时在融资方面：① 建议给予煤炭企业筹措煤基循环经济产业发展专项基金的政策，增设煤基循环经济项目开发建设基金，用于煤炭安全高效绿色智能化开采、煤炭清洁高效循环化加工、煤炭洁净高效集约化利用，以及共伴生矿产资源化（煤矸石、煤层气、油页岩等）开发综合利用等项目建设。② 建议完善矿山环境治理，恢复保证金制度。煤炭企业按政策规定足额提取矿山环境治理恢复保证金，由企业自提自用，自主按政策规定用于矿山生态环境的恢复治理，支持资源循环利用产业，用于矸石山资源化利用治理、废水分质处理循环利用、瓦斯抽采发电综合利用、烟尘达标排放、噪音消减治理和采煤沉陷治理、生态修复等，并建立资源循环利用技术发展基金或专用资金渠道；对洁净煤技术的示范工程和商业化推广应用予以资金支持，同时加大对后备资源匮乏、生产技术落后、安全投入不足的困难企业发展煤基循环经济延伸产业链的资金支持倾斜力度。③ 建议由国家出资完成煤田普查、详查、精查或将勘查费用转增国家资本金。④ 建议对符合产业政策规划的煤炭开发与综合利用项目给予资本金补助，适当提高预算内基建投资专项补助资金比例，引导企业和社会资金投入，并制定政策引导鼓励企业筹集资金发展煤基循环经济，同时动员社会力量广泛参与，引导社会资金投向煤基循环经济项目。⑤ 建议对煤基循环经济重大项目和技术开发产业化示范项目，给予直接投资资金补助，贷款贴息等支持。银行自主设立支持煤炭清洁高效利用专项优惠贷款（再贷款）促进煤炭绿色低碳循环发展。⑥ 建议省（市、区）财政设立促进煤基循环经济发展专项基金，用于支持煤基循环经济试点示范，及资源综合利用新产品、新技术推广等。合理降低煤基循环经济产业链项目资本金比例，适当税收优惠、适当政府专项债资金支持和加快折旧等。

争取国际合作资金，鼓励企业利用清洁发展机制（CMO），在获取先进减排技术的同时，拓宽融资渠道，获得更多投资。利用生态环境保护成为国际合作热点的有利时机，扩大宣传，开展形式多样的国际交流与合作，开拓国际援助渠道，争取利用国际资金和技术援助及优惠贷款，支持煤基循环经济发展。

4. 实施政府绿色采购

编制煤基循环经济产品目录和政府绿色采购目录，将节电、节煤、节油、节水资源综合利用等产品列入政府采购目录。研究制定和完善政府绿色采购和引导社会绿色消费的政策措施。积极利用政府采购等手段优先采购绿色产品，简化包装，减少一次性产品的使用；鼓励绿色消费，以实现政府和部门对发展煤基循环经济的引导作用，引导企业和公众正确处置废弃物和各类垃圾，引导消费者摒弃不利于环境保护、不利于可持续发展的消费方式和行为，从而拉动社会对煤基循环经济型企业的消费信心。

5. 给予煤炭资源配置保障

煤炭产业是国家基础性产业，在国民经济发展中起着重要作用。煤炭资源利用的如何直接影响和制约国民经济的健康发展。因此在煤炭企业开展煤基循环经济过程中，必须先要保障煤炭资源的可靠程度，建立科学的煤炭储量管理体系，同时也需要国家采取措施，创造条件，支持传统煤炭企业充分发挥行业技术和管理优势，通过煤炭资源整合，提高其资源保障程度，为煤基循环经济的稳定、健康发展奠定扎实基础。

6. 给予煤炭绿色精准开采扶持

要把提高煤炭资源回收率、保护生态环境作为煤炭产业和传统煤炭企业政策扶持的核心标准，督导制定煤炭绿色开采企业标准体系，促进先进技术和设备的研发，利用先进技术和适用技术对传统煤矿产业升级改造，提升整体技术水平。科学规范清洁绿色、精准开采，最大限度推进高产高效，最大限度减少资源损失和浪费。传统煤炭企业因煤而立，因煤而兴，随着矿井延伸，不仅生产成本增大，而且对矿井深部勘探费用成倍增加，企业无力负担。建议豁免资源补偿费，用作生产矿井深部补勘和新矿区勘探资金。进一步调低增值税税率，恢复对煤炭企业财政退税政策，实行固定资产进项税抵扣。建议国家在动态管理、立足发展的原则下对矿井生产能力定期进行核定，按照矿井各系统具备的实际产出能力进行核定，不宜停留或局限于矿井原设计和批准能力进行核定。

7. 贯彻落实《中国节能技术大纲》，给予煤机产业技术升级支持

国家和地方制定产业振兴规划实施方案，引进先进技术和实施自主创新重大项目时，向煤基循环经济型企业、煤炭产业生态工业园区、煤炭能源城市、大型煤炭基地予以倾斜，并在重大关键技术和成套设备的引进和研发方面给予支持，加大对节能技术改造项目和节能新技术推广应用的支持力度。

8. 加大节能、资源综合利用政策的执行力度

国家为了鼓励节能、节水、节地、节材，开展资源综合利用、环境保护和实施清洁生产，先后出台了节能减排、循环经济、环境治理、沉陷治理、瓦斯发电、推行国际清洁机制（CDM）等许多优惠和鼓励政策，这些政策受到资源综合利用企业的普遍欢迎和一致拥护，也得到了地方政府的重视。但是，这些好的政策在实际贯彻落实中，往往得不到有效执行，有时还受到阻碍，挫伤了综合利用企业的积极性。建议国家和地方政府建立相应的政策执行监督机制，采取有效措施，使出台的各项鼓励政策和优惠政策落到实处。

9. 支持坑口煤电、煤电化一体化发展

实现煤炭转型发展是中国能源转型发展的立足点和首要任务，未来二三十年内煤电仍是提供电力、电量的主体。煤矿企业在发展煤基循环经济的过程中，其产业链形成的关键环节是推进煤炭和电力协同发展。但办电审批难和要求煤炭企业实现清洁生产的机制形成矛盾，且碳减排成为制约煤电发展的一个重要因素。因此，煤炭企业所办的电厂并网时存在行业壁垒和垄断，严重制约着煤炭行业煤电一体化循环经济产业链的发展。2016 年，国家发改委专门下发了《关于发展煤电联营的指导意见》，需要继续加大力度，加快推进煤电一体化。建议政府协调好煤炭与煤电、煤电与气电、煤电与可再生能源（风能、水能、太阳能、海洋能等）发电、煤电与新能源（核能）发电的关系，充分发挥市场机制优化资源配置的作用，强力支持煤电产业战略发展，建设新型坑口大机组清洁燃煤电厂，尤其是新型煤矸石、煤泥低热值燃料综合利用电厂，促使煤炭和低热值燃料就地转化为电能清洁能源。同时，传统煤炭企业要立足提高煤炭能源转化效率、降低煤电碳排放强度，因地制宜选择成熟技术，发展坑口绿色煤电化一体化路线，发展传统煤化工或现代煤化工产业，实现煤炭能源价值的梯级利用和能量转化。在项目审批、建设资金和发电并网或建立区域网、局域网直供电等一系列环节中给予重点支持。

10. 推行煤基循环经济项目一门式审批

国家进一步鼓励传统煤炭企业发展煤基循环经济，在调整产业结构，延伸产业链，尤其对符合煤基循环经济重大项目的立项给予特殊支持。对规划中已经批准的建设项目应以规划批复为重点，对单个项目应简化审批手续，实行项目审批备案制，简化审批程序，提高审批效率。同时对矿业类项目在环评、土地使用上给予支持。应将煤炭延伸产业链及发展煤电力、煤化工、煤冶炼、煤建材等行业的项目纳入国家或行业规划的重点支持项目中，打破行业堡垒，在项目核准上给予政策上的倾斜，以鼓励建设新的接续产业，形成高标准煤基循环经济产业生态工业园区。

（四）制度保障

1. 形成政府有奖推动、市场有效驱动、企业有利行动的机制

构建以政策扶持、市场支持、环境维持为主的制度创新和盈利模式，保障传统煤炭企业发展煤基循环经济有利可图。形成促进煤基循环经济发展的自生动力和自发机制，达到事半功倍的效果，促进传统煤炭企业主动创新发展煤基循环经济。

2. 建立健全自然资源有偿使用制度与生态环境补偿机制

按照“资源有偿使用”的原则，严格征收各类资源有偿使用费，完善资源的开发利用、节约和保护机制。按照“污染者付费”的原则，严格实行排污总量收费，促进企业治理污染。按照“谁开发、谁保护、谁破坏、谁补偿、谁恢复、谁受益”，由省级环保部门研究建立对开发建设损害生态服务功能和生态价值的单位和个人征收生态补偿费机制，通过财政转移支付支持补偿自然环保区、水源涵养功能等重要生态功能区因生产生态产品、保护生态环境而导致的财政损失。

3. 完善促进煤基循环经济发展的奖惩制度

完善监察考核制度，推进煤基循环经济发展。对煤基循环经济发展先进单位和个人予以奖励，对违背循环经济发展原则的行为予以惩罚，奖罚分明。如：对煤炭企业生产经营过程中使用的无污染或减少污染的机器设备实行加速折旧。实行以资源量为基础的矿产资源补偿费征收办法，对环境污染较大的传统煤炭企业的社会行为加大处罚力度，实行银行绿色信贷。

4. 强化相关制度和指标体系建设

推行生产者责任延伸制度，完善生产责任延伸制度相关法律、法规，落实《生产者责任延伸制度推行方案》。深化循环经济评价制度，建立以主要资源产出率、主要废弃物循环利用率为核心的循环经济评价指标体系，定期发布循环经济发展水平评价指标。建立完善循环经济发展指数综合性评价方法，并适时发布。强化循环经济标准制度，推动循环经济产业链生产方式、技术管理标准化，并择优开展循环经济标准化试点示范工作。建立规范的循环经济认证制度和检验检测技术支持体系。推进绿色信用管理，建立企业循环经济信用评价制度等。

5. 强化行政监督管理

加强对决策活动的跟踪监督，按照“谁决策、谁负责”的原则，建立健全决策责任追究制度，实现决策权和决策责任相统一。加强对各级领导干部执行生态环境资源及循环经济法律规章情况的监察监督，督促各有关部门在审批建设项目时，认真执行审批程序，严格把关。

6. 激发企业循环经济发展新动能

要通过国家科技计划（专项、基金等）统筹支持符合条件的循环经济共性关键技术研发，加快减量化、再利用与再制造、废物资源化利用，产业共生与链接等领域的关键技术、工艺和设备的研发制造，支持资源循环利用企业与科研院所、高等院校组建产学研技术创新联盟，发布国家鼓励的循环经济技术、工艺和设备名录，健全循环经济技术、装备的遴选及推广机制，建立应用推广的信息平台，全力推动融入国家循环发展引领行动及十项重大专项行动。鼓励、推广、使用和消费绿色产品，支持资源循环产业、企业走出去发展。

7. 推行押金返还制度

押金返还制度是政府、企业利用市场机制的制度之一。所谓押金返还制度，是指对可能污染环境的产品收取押金，当这些产品回到指定地点或处理时再返还押金。这一制度能促

使污染产品的生产者和消费者共同承担起保护环境的责任,并分担环境税或环境收费,从而达到回收处理或安全存放废品的目的。从发展趋势看,这一手段的应用将越来越广泛。对可以收取押金的产品,例如煤矸石、矿井水、废气排放等,均可采用这一措施,从源头减少废弃物的产生。

8. 加强统计能力建设,试点建立煤基循环经济统计核算制度

逐步建立重要资源消耗情况的统计监测机制。对循环经济统计工作给予指导和相应支持,明确责任,保障工作经费,推动区域、行业、园区、企业建立资源消耗、污染排放等的动态台账,提高精细化管理水平,提高统计的准确性和及时性。建立和完善煤基循环经济统计评价指标体系,积极探索资源环境价值评估方法,建立以物质流账户为主的煤基循环经济评价指标体系,并纳入干部绩效考核体系,在煤基循环经济试点企业、生产工业园区和煤炭能源城市进行试点,并逐步完善。改变自然资源估价不足、环境资源零价消费的问题。研究制定一套能够反映发展煤基循环经济水平的考核标准。这一新的考核指标应包括公众环境质量评价、绿化树林覆盖增长率及传统煤炭企业清洁生产水平、空气环境质量变化、饮用水质量变化、环保投资增长率、群众性环境诉求事件发生数量等指标,还应包括地方政府对中央各项环保法律法规落实情况的新的绩效考核体系,以扭转不惜以牺牲资源和环境为代价换取GDP增长的传统粗放发展方式,使经济发展走上健康、良性循环的轨道,并在适当的时候,成立煤基循环经济评估中心进行评估。

9. 加大依法监督管理力度

加大依法监督管理的力度,将煤基循环经济建设工作纳入法治化轨道。依法加强对矿产资源集约利用、节能、节水、资源再利用、废弃物资源化利用的监督管理工作,引导传统煤炭企业及关联产业、企业树立经济与资源、环境协调发展的意识,建立健全资源节约管理制度。各级环境保护部门要将发展煤基循环经济与环境保护工作紧密结合,严格执行环境影响评价和“三同时”制度,逐步实行排污许可证制度,严格控制污染物排放总量;加强对传统煤炭企业废弃物排放和处置的监督管理,降低排放强度;鼓励有条件的传统煤炭企业在自愿的基础上,开展环境管理体系认证。条件具备时进入立法程序,依法规范传统煤炭企业和职工群众参与煤基循环经济的行为。

10. 督导企业落实主体责任,加强传统煤炭企业内部制度建设

推动企业按照循环型生产方式组织企业生产,提高利用效率,减少废弃物排放。支持企业积极开展循环经济评价对标工作,落实生产者责任延伸制度,建立全生命周期管理制度,自觉履行企业社会责任。督促制定和完善煤基循环经济相关配套制度是传统煤炭企业及关联产业、企业制度体系的重要组成部分和基本内容,是科学规范、严细管理的本质体现,是清洁高效、绿色低碳循环可持续发展的根本保障。所以必须加强企业内部制度建设,包括煤基循环经济产业链及关联产业的产品清洁生产制度、安全生产制度、精细化管理制度、技术创新制度、废弃物(包括废水、废气、废渣、废热)回收资源化综合利用制度、煤基循环经济上下游产业链(信息互通、物质流交换、能量流交换、公用设施)管理制度、各类人员(管理人员、技术人员、作业人员)、专业培训制度、岗位人员责任制及“6S”标准化制度、绩效考核奖罚制度等制度建设。通过企业内部煤基循环经济相关制度建设,强化煤基循环经济意识,树立煤基循环经济理念,推进煤基循环经济技术进步,提升煤基循环经济管理水平、经营质效,保持煤基循环经济产业链科学规范、安全高效运行。

（五）科技保障

传统煤炭企业发展煤基循环经济，面临着诸多技术瓶颈制约：相关科技研发能力不足，缺少核心技术；科技创新投入不足，缺少企业资金支持；引进和开发先进综合利用技术成本高，缺少生产新技术扶持政策等，需要给予科技支撑必要保障。

1. 加强技术创新和推广

科技创新是传统煤炭企业发展煤基循环经济，构建绿色煤基循环经济体系的永恒动力。要加强科技资源整合，优化科技力量布局和资源配置，创建煤基循环经济共性和关键技术研发中心，加强同科研院所、大专院校务实合作，推进和完善产学研用深度融合的技术创新体系和成熟技术的支撑体系。创办科技园，集聚国家级、行业级、省级专业技术研究机构和研发团队、主要研究方向为：煤炭清洁高效利用，属地相关太阳能、风能、水能、地热能、生物质能、氢能以及储能、节能等技术研发，提升综合能源科技创新、科技成果转化和园区、基地企业技术项目孵化。要加倍增加科研开发和技术创新投入，重点组织开展煤炭能源开发利用重大基础理论的研究，攻克制约煤炭绿色低碳循环、高效清洁利用的关键技术与装备。尤其，攻克变化石能源高碳排放为近零排放，甚至零排放的关键核心技术，减轻化石能源对环境造成的污染压力。要重点组织开展零损害、零伤亡、零排放的智能化无人采矿"绿色开采"及煤基循环经济产业链关联产业智能化关键技术研发。要重点支持煤基循环经济技术的研究开发，建立和完善发展煤基循环经济的技术创新机制，科技主管部门要把煤基循环经济技术研究开发项目列入重点技术创新计划和科技攻关计划，加大重大关键技术和研究开发力度，推动技术创新；强化共性和关键技术的推广应用，加速科技成果转化，努力突破制约煤基循环经济发展的技术瓶颈。传统煤炭企业要建立和完善煤基循环经济七大支撑体系技术：① 特殊煤层绿色开采，提高资源回收率技术；② 煤炭洁净高效燃烧技术；③ 煤炭洁净高效绿色转化技术；④ 煤系共伴生资源综合开发利用技术；⑤ 清洁生产、环保处理及污染治理技术；⑥ 废弃物资源化再利用技术；⑦ 降低资源能源消耗技术。构建科学完善的以资源节约最大化和环境无害化为核心的煤基技术支撑体系，走科技兴煤、科技强企之路。

2. 发布煤基循环经济技术导向目录

循环经济工作相关部门要制定发布发展煤基循环经济技术、工艺和设备导向目录，并不断加以补充和完善，引导传统煤炭企业和社会推广应用先进适用的煤基循环经济新技术、新工艺和新设备、新材料。要制定并定期发布节能、节水、资源综合利用和环保产业等产品（设备）政府采购目录，凡列入采购目录的产品或设备，同等条件下优先采购。

3. 坚持科技引领提升创新能力

科学有序推进落实《中国制造 2025》提出的目标：要在一些生产关键工序实现智能化，关键岗位有机器人替代，生产过程实现智能控制，在重点领域建设智能工厂。加大机械化、自动化、信息化、智能化四化融合建设力度，大力推广应用先进技术、工艺和装备，加快科研成果转化生产力的时效，将科学技术和科技创新作为发展煤基循环经济的重要支撑。

（六）人才保障

1. 加强人才队伍建设

发展煤基循环经济延伸相关产业链条，推进高质量可持续发展，必须将人才队伍建设列入重要的基础、动力和战略，全力打造一支素质过硬及知识型、技能型、创新型职工队伍，规划和落实每个员工的学业生涯和职业生涯，充分体现每个员工的人生价值、人才价值。

2. 加大人才培养力度

指导和帮助传统煤炭企业及煤基循环经济关联企业充分发挥企业主体作用,构建科学完善的人才培养体系和创新人才成长的激励机制。积极主动创造条件,鼓励企业同大专院校建立人才培养战略合作创新体制和机制,共同创建教育集团。煤炭矿业类大学和煤炭关联产业类大学、高中等职业技术院校、煤炭远程教育培训网等设置和开办煤基循环经济及关联产业的专业及课程,加大对煤基循环经济专业高中等技术、技能、管理、信息人才的教育培养力度,为煤基循环经济产业输送和储备高素质专业人才。同时,一方面煤基循环经济企业及关联产业的企业,建立煤基循环经济专业人才培养的实训基地,同大专院校形成利益关联共同体,科学有效共同推进传统煤炭企业煤基循环经济高质量可持续发展。另外,校企密切合作,发挥理论教育和实践培训优势,双向培养高素质的高技术、高技能人才团队。另一方面还需建设一批以国家级、省级技术中心为主体的绿色技术科研基地,努力培养造就一批煤炭能源循环经济产业链上各类高端科技领军人才和高水平科研创新团队。通过产学研用深度融合,充分发挥比较优势及优势互补,建立煤基循环经济全产业链专业人才新型教育培养体系,即从完善清洁生产、废弃物资源化、生态产业链等绿色循环技术体系,到形成从科研—投入—开发—应用—增值—回收—再投入—再增值的良性绿色循环经济体系,再到形成一套完整的煤炭能源开发及煤基循环经济技术研究、推广和普及的网络体系等煤基循环经济全产业链各类专业人才培养体系,为煤基循环经济高质量可持续发展提供可靠的人才保障。

(七)资源保障

矿产资源属于国家所有,属于非可再生资源,其储量是有限的。地质矿产主管部门主管矿产资源勘查、开采的监督管理工作。矿产资源是社会生产发展的重要基础,尤其是资源型城市及资源型企业生存、发展和可持续发展的根本保证。煤炭资源属于一次性能源,是国民经济社会发展和国家能源安全的主体支撑和重要保障。煤炭企业发展煤基循环经济必须要有可靠的煤炭资源保障。

1. 加大煤炭资源勘探力度

煤炭资源省(区)地质矿产主管部门依照法规对本行政区域煤炭资源勘查加大力度,通过普查、详查、精查,为本区域煤炭资源开发建设储备大量可靠的接续资源量。

2. 组织编制煤炭资源开发建设规划

政府主管部门认真组织编制煤炭资源开发建设的五年规划和中长期规划,并组织实施。主导一块煤田原则一个开发生产主体。制定和完善煤炭资源开发建设的管理制度和可行措施,依照法规加强对煤炭资源开发、开采的监督,包括煤炭企业已开采的煤炭资源和已探明待开发建设储备的煤炭资源。定期组织核产核能,管控年度开采总量计划执行,监督开发规划落实。

3. 有序保障煤炭资源接续配置

政府主管部门科学制定和完善煤炭资源配置管理制度安排,有序推进煤炭资源接续配置,保障产能可持续和煤基循环经济产业可持续。煤炭资源配置坚持煤炭资源有偿使用,从严从紧,按市场化出让矿业权配置资源,重点解决部分老国有煤矿面临资源枯竭风险、产能接续紧张和煤炭能源需求强劲与后备接续煤炭资源短缺的突出矛盾,坚持枯竭矿山就近接替、零星资源优化配置、前期参与风险探矿权的优先配置的原则,重点保障已构建煤基循环经济产业生态工业园区的煤炭企业煤炭资源配置,并保障循环经济产业生态工业园区引入的关联产业、优势企业所需的相关矿产资源配置。

4. 指导和支持煤炭资源绿色开采、洁净转化

政府主管部门指导和支持煤炭企业科学制定煤基循环经济发展战略规划和精准确定发展模式，构建完善的煤基循环经济产业链及绿色低碳循环发展体系和企业主体创新体系。顺应能源革命和煤炭供给侧结构性改革，绿色开采、清洁生产、洁净转化，立足煤、延伸煤、超越煤，推进煤炭资源清洁高效利用，提高煤炭资源效能水平，全面促进煤炭资源集约节约高效利用。

（八）宣传保障

1. 营造社会氛围，动员广泛参与

加强宣传引导，把循环发展作为可持续发展教育的重要内容，纳入国民教育体系和党政领导干部培训计划，引导全社会树立节约集约循环利用的资源观，营造促进循环发展的舆论氛围，引导社会各界积极参与，着力提升公民生态环境素养及涉及生态环境的知识素养、伦理素养和行为素养等。强化我国循环经济发展成效的宣传，继续建设一批循环经济教育示范基地，加强循环经济理论、政策、技术、模式的交流。加强国际交流与合作、加快循环经济先进技术的引进、吸收和再创新。加强组织各层次各类学习交流和现场观摩，定期组织主题论坛等。

在社会经济活动的各个领域和环节，浪费资源能源、污染环境、水电气跑冒滴漏损失率高的现象仍然存在。因此，必须进一步增强全社会的循环经济意识，大力倡导建立健康文明的循环社会，形成从源头上的减量化、过程中的再循环、末端的再利用。传统煤炭资源型企业必须从根本上解决高投入、高消耗、高开采、低利用、低效率、高排放、高污染、高代价的粗放发展方式，最终实现生产—流通—消费、需求—供给—回收的可持续循环发展。一方面，政府要负起建设资源节约型循环社会的责任；另一方面，企业要承担起发展循环经济的社会责任，同时要大力提倡和鼓励员工参与，不断提高全体员工的资源环境忧患意识和节约意识，增强为经济社会发展循环经济的责任感，为创建资源节约型企业和环境友好型企业，大力发展煤基循环经济，创造良好的社会氛围。要加大法律法规、方针政策的宣传力度，营造节约光荣、浪费可耻的社会风尚。同时扩展到及时总结、宣传、推广典型经验，促进工作整体水平的提高。教育、文化、劳动等部门，要积极利用书刊、广电、网络等媒体开展宣传教育工作，在中小学开展命题作文、知识竞赛活动，把节约、环保知识纳入中小学教育、职业教育、技术培训体系。要充分发挥工青妇等群众团体作用，广泛开展资源节约宣传和实践活动。各新闻媒体要在宣传教育中发挥重要作用，重点做好法律法规、知识观念、方针政策、先进典型的宣贯，积极引导全民的节约使用、循环利用、文明消费、绿色消费的消费方式和生活方式，对浪费资源、破坏资源的行为，要坚决公开曝光。要建立参与政策建议、监督环境执法，创造政府与民众在环境问题上的沟通机制和交流渠道，定期公布政府的环境法规及最新修订的信息，为群众参与监督执法及表达对环境问题的见解、建议创造条件。

2. 鼓励建立促进煤基循环经济发展的非政府组织机构

煤基循环经济的发展除需要政府、企业、公众共同参与外，一个很重要的推动力量是相关社会团体的推动作用。可借鉴发达地区及先进国家发展循环经济的经验，在成立促进煤基循环经济发展的非政府组织机构的同时，鼓励相关层面原有绿色组织积极投入到发展煤基循环经济环境保护中去，为煤基循环经济的发展献计献策。为促进传统煤炭企业发展煤

基循环经济，可考虑建立煤基循环经济发展的社会监督机构，对传统煤炭企业的原料来源、生产过程、销售后果实行监督。严格执行循环经济相关的法律法规，形成整体社会发展循环经济的良好氛围。

（九）信息保障

完善信息公开制度，强化信息公开，拓宽公开渠道，扩大公开范围，细化公开内容，实时发布信息，促进公众理性认识，科学参与。尤其对关系经济社会发展和对涉及群众切身利益的重大循环经济项目，及时主动公开，做好舆情引导。建设专业化、互动式的煤基循环经济信息平台是实施煤基循环经济的一项重要内容，应积极建立和发展非营利性的社会中介组织和科研单位、大专院校参与煤基循环经济政策研究，建立健全科学评价体系，开展技术开发与推广、信息咨询、宣传培训等服务，协助政府开展社会宣传，组织群众和志愿者参与废弃物分类、废旧物资回收等社会公益活动。

二、企业主体：构建完整的创新体系，全面推进创新发展

创新是引领发展的第一动力，是建设现代化经济体系的战略支撑。企业是经济体系的基本细胞，创新必然成就企业。中国传统煤炭企业煤基循环经济高质量可持续发展必须充分发挥好企业主体作用，坚持走创新发展之路。要结合煤炭行业实际、产业特点和发展战略，坚持以能源生产和消费革命为导向，以推进煤炭供给侧结构性改革为主线，以煤炭的安全高效智能化绿色开采和清洁高效集约化低碳利用为主攻方向，立足产业转型升级，着力推进煤基循环经济。在由要素驱动、投资驱动转向创新驱动的过程中，要不断地全面推进创新发展，构建科学完整的企业主体创新体系。要以理念创新为先导、以制度创新为保障、以环境创新为前提、以规划创新为引领、以产业创新为方向、以产品创新为根本、以科技创新为出路、以人才创新为支撑、以管理创新为基础、以质效创新为目的、以市场创新为导向、以文化创新为灵魂，不断提升企业的创新动力和创新能力。企业主体创新体系见图 6-2。

（一）理念创新

理念创新是推进企业全面创新发展的先导。要认真贯彻落实崇尚创新、注重协调、倡导绿色、厚植开放、推进共享的新发展理念和节约资源、保护环境的基本国策。要与时俱进站位在国家能源安全和“双碳”战略目标的新起点、新高度，以煤炭绿色低碳转型和煤基循环经济高质量发展为主题，全力提升煤炭产业基础能力和煤基循环经济产业现代化水平，构建科学完善的现代化煤炭经济体系，为国家经济社会高质量发展和国家现代化建设目标实现提供安全可靠的能源保障。要根治传统的、固守的、粗放的发展理念，牢固树立可持续发展、高质量可持续发展、绿色低碳发展理念及清洁生产理念、“3R”循环经济理念、低碳经济理念、绿色经济理念以及科技兴煤、科技强煤理念，有力有效推动清洁化、循环化、低碳化、绿色化；牢固树立节约、集约循环利用的资源观，以资源高效利用和循环利用为核心，坚定发展煤基循环经济理念。要注重对企业董事会决策层和 CEO 管理层的工商管理及企业发展战略、企业核心竞争力、循环经济相关产业新技术及现代化管理等重要内容的专门教育培训，并注重同相关高等院校、相关研究机构的前沿高端领军科技研发和专家咨询团队合作，建立循环经济工作联系机制和煤基循环经济产业技术研发联盟，促进理念提升、理念创新和煤炭能源产业转型、技术升级。要结合企业实际主动创建：绿色开采型、清洁生产型、循环经济型、低碳运行型、资源节约型、质量效益型、技术创新型、安全高效型、数字矿山型、智能控制型、管理

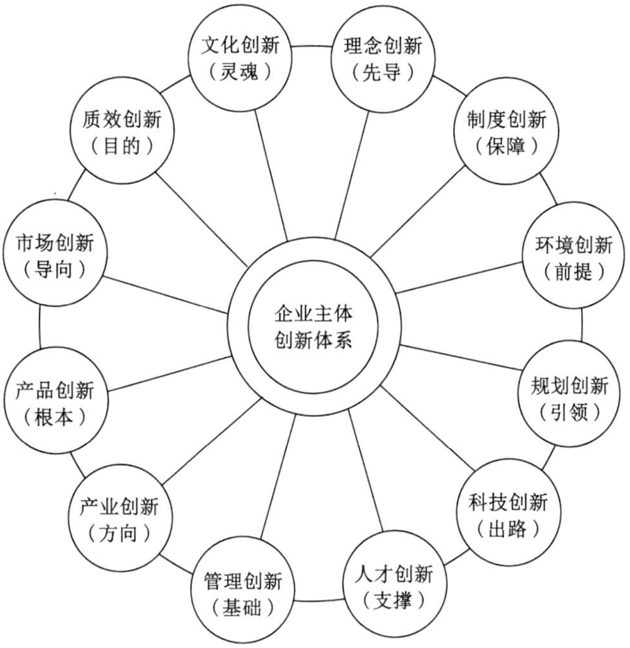

图 6-2 企业主体创新体系图

精细型、开放拓展型、生态矿区型、环境友好型等现代新型企业，实现从传统煤炭企业向现代化能源企业的根本转变。通过理念提升，指导传统煤炭企业由粗放低效型生产向集约高效型开发转变，由煤炭单一直线式生产模式向煤基循环经济型模式转变，科学有效推进煤基循环经济高质量可持续发展，全力推进煤炭能源及煤基循环经济深入融入国家双循环战略格局中。

（二）制度创新

制度创新是推进企业创新发展的保障，制度创新也是生产关系的创新。制度创新包括企业管理体制、经营机制的创新及企业内部制度体系建设的创新。需要注重研究国家和地方相关政策、法规，结合行业和企业特点，制定和完善与煤基循环经济产业相关配套制度，包括煤基循环经济产业链及关联产业、企业、园区的清洁生产制度、安全生产制度、精细化管理制度、技术研发制度、节能减排制度、资源能源高效利用制度、再生原材料及再生产品推广使用制度、废弃物（包括废物、废水、废气、废热等）资源化综合利用制度、工程项目建设管理制度、煤基循环经济产业链上下游（包括信息互通、物质流交换、能量流交换、公用设施等）管控制度、环境保护制度、专业人员（包括技术人员新技术、管理人员现代管理、操作人员新技能）培训制度、各工种岗位责任制及“6S”标准化作业制度、绩效评价及绩效考核奖惩制度等，并执行生产者责任延伸制度、循环经济评价制度、循环经济标准和认证制度、绿色信用管理制度等，创造和完善循环发展制度环境。通过制度创新，保障传统煤炭企业煤基循环经济产业链有序有效运行。

（三）环境创新

环境创新是推进企业创新发展的前提。环境创新包括对企业、园区和矿区内部范围内的生产环境(包括井下采掘工作面、机房硐室、运输巷道线路和地面生产加工车间等)、生态环境、生活环境、人文环境、文明环境、人才环境、市场环境等,和对外部市场环境、社会环境等方面的改善和创新。要遵循环境保护及“扬弃代价”的规律,坚持环境保护优先于经济发展的原则,发展以“环境至上、生态优先”为前提,增强企业节能减排的能力,担负起企业维护生态的社会使命,培育和践行全员立足岗位节约资源、保护环境的良好风尚。要重点制定和落实黄河流域煤炭资源开发与生态环境保护总体规划和矿区规划,实现煤炭资源开发建设、开采生产、煤基循环经济产业延伸与区域生态环境保护同步设计、同步实施,建设绿色矿山、提升矿区生态功能、实现区域煤炭资源开发与经济社会、生态环境协调发展。要全方位、全过程推进清洁生产、循环利用、综合利用、梯级利用、高效利用,强化从源头控制污染物排放和废弃物资源化综合利用,提高资源循环利用、综合利用的效率和价值,促进全产业链、全供应链、全价值链的全生命周期绿色低碳循环发展。要注重充分利用清洁发展机制(CDM),开展同发达国家项目级合作,提升节能减排技术水平。要通过营造良好环境,促使煤基循环经济型企业或工业园区实现:清洁高效生产百分之百、废弃物资源化综合利用百分之百、终端排放达标百分之百,并做好矿山、园区、矿区的绿化、净化、亮化,硬化、美化,达到植树种草绿化中的美化、环境卫生净化中的美化、生产生活区亮化中的美化、场地道路硬化中的美化、主题雕塑群艺术的美化标准。要科学有序推进老矿区转型发展,建立政府主导、企业主体、社会参与的矿区采煤沿陷区的综合治理体系,一方面加大推进矿区生态保护、生态修复、生态治理、生态重建的力度,另一方面加大培育发展新产业、新产品、新业态的力度,推进老矿区、老煤矿转型可持续发展。坚持走出一条产业经济建设与生态环境建设同步推进,产业竞争力与环境竞争力一起提升的绿色崛起高质量可持续发展之路,总体形成完善的产业链、价值链和生态链的和谐统一,推进生态文明矿山建设高水平发展。

(四)规划创新

规划创新引领企业科学发展、创新发展。规划创新充分体现中长期绿色规划和发展战略,切实贯彻落实《循环发展引领行动》,科学制定煤炭产业及传统煤炭企业煤基循环经济高质量可持续发展的“十四五”“十五五”甚至更长时期的绿色发展规划,统领全局,并坚持“一张蓝图”绘到底。要科学制定高水平的绿色发展规划,需要通过专门机构专家指导,进行可行性研究、科学论证;需要通过内外部环境分析、优劣势分析、矩阵模型分析等;需要依据政策法规、产业布局和功能定位等,做出正确的企业发展战略定位,并在规划中对构建科学完善的煤基循环经济体系及节能减排、综合利用、低碳运行、标准化体系和技术创新体系,进行科学规范设置,保障规划实施。

(五)产业创新

产业创新是推进企业创新发展的方向。产业创新体现传统煤炭企业顺应能源生产与消费革命和煤炭供给侧结构性改革发展大趋势,以新技术、新产业、新业态、新模式为核心,加快新旧动能转换,持续推动传统产业改造升级,提高发展质量和效率,壮大煤基生产产业和煤炭清洁能源产业,缓解资源环境约束,走清洁高效、循环利用、绿色发展之路。要继续加大推进煤炭产业转型技术升级力度,以持续淘汰落后产能,释放先进产能,建设和改造一大批智能化煤矿,继续深化煤炭产品结构调整,实施煤炭产品定制化生产供应,构建配套完善的生产链、产业链、供应链为发展方向,在提高煤炭生产集中度的基础上提高煤基产业集中度,提升煤基产业链和煤基绿色产业体系构建水平,完善煤基产业上下游高效协同发展机制,培育煤基产业新的经济增长极，深入推进传统煤炭产业发展方式由数量、速度型向质量效益型的根本转变。煤基循环经济产业延伸不仅能推进传统煤炭产业新旧动能转化，还能培育新的经济增长点、增长极，为实现煤炭产业基础高级化、煤基产业链现代化提供可靠支撑，因此，需要统筹推进煤炭产业结构调整和优化升级，推进煤基循环经济产业链协同发展。要对照《绿色产业指导目录》，遵循减量化、再利用、资源化的原则，推进产业转型升级，加快传统煤炭产业与现代信息技术融合发展，科学发展煤基循环经济产业，并有效应用新技术，不断开发或引进关联产业延伸建链、补链、延链、扩链，并不断完善产业链相关的生产链、资金链、供应链、物流链、安全环保链、信息链、区块链、主体链、价值链以及人才链、创新链、对接链、转化链和固链、稳链、优链、强链等，构建科学完备、清洁高效、绿色低碳的煤基循环经济全产业链体系。积极探索和创新发展富有特色、不同模式的一体化、耦合式、多元化、全链条发展模式。注重培育专、精、特、新产业和企业。同时，要注重发展高附加值的高技术产业和第三产业，壮大企业实力，提升企业核心竞争力。要结合煤炭产业和传统煤炭企业实际，主动融入国家“循环发展引领行动十大重大专项行动”，重点争取融入资源循环利用产业示范基地建设行动、工业资源综合利用产业基地建设行动、再生产品再制造产品推广行动、资源循环利用技术创新行动、园区循环化改造行动、工农复合型循环经济示范区建设行动、互联网+资源循环行动、循环经济创新试验区建设行动、循环经济典型经验模式推广行动。

（六）产品创新

产品创新是推进企业创新发展的根本。产品是企业经营的终端，是企业的品牌竞争力和生命力。煤炭不仅是中国的主体能源，而且是高碳能源和重要的碳基工业原料，煤炭产业及煤炭企业要顺应世界能源绿色低碳发展趋势和国家能源生产和消费革命的趋势，顺应国家能源供给侧结构性改革，建构“清洁低碳、安全高效”能源体系和加快实施煤炭“清洁化”和“减量化”煤炭消费转型升级策略，加快绿色低碳循环发展，推进煤炭能源深加工与石化能源、可再生能源、新能源等产业的融合发展。煤炭产品创新、煤炭深加工产业是实现煤炭清洁高效转化和实现产业转型升级的主要途径之一。煤炭深加工是以煤炭为主要原料，生产多种清洁燃料和基础化工原料的煤炭加工转化产业，产品具体包括煤制油、煤制天然气、低阶煤分质利用、煤制化学品以及煤基材料、煤基多种产品联产等领域。科技创新和绿色低碳是煤基产业发展的两大动力。要重点针对现有煤基化工产业链短板，延伸高端精细煤化工及特殊性能煤基新材料研发，深入推进煤炭由化石能源向高端化工材料和碳基新材料领域突破，构建由煤炭—煤化工—煤基新材料—终高端工业品完整的产业链、供应链、对接链、转化链，实现煤炭由燃烧排放二氧化碳向固碳、碳循环方向转变。对共伴生矿资源延伸研发，延伸加工终高端产品。产品创新要实施产品品牌创新和品牌战略，一方面延伸煤基循环经济产业链条全面提升煤基循环经济产业链相关产业的科技含金量，全面推进煤炭安全高效绿色智能开采、煤炭清洁高效加工、煤炭洁净高效利用及高碳能源低碳利用，推进煤层气（瓦斯）科学抽采及开发利用，发展精深加工，扩大产品品种，提升产品质量品质，提高产品科技含量，提高产品的附加值，提高产品的性价比，提升品牌竞争力，尤其注重创造专、精、优、特、新的终端产品和高端产品。另一方面，同关联的煤炭产业下游电力、化工、有色冶金、建材等行业、企业的能源提效、降碳减排产业技术升级紧密对接，建立战略合作伙伴关系，依靠新技术、新工艺开发供给清洁高效的煤炭能源和原料，提升高端产品。积极探索和注重创新不同模式的一体化、耦合式、多元化、全链条发展模式，提升终端产品质量品质、产品品牌的知名度和美誉度，全力推进煤基产品品牌、强煤工程融入国家品牌强国战略工程中。

（七）科技创新

科技创新是推进企业创新发展的根本出路，是第一生产力创新，是企业长久的生命线。构建高质量的煤基循环经济产业体系，需要强大的科技实力。要增强科技创新驱动力，以煤炭安全高效智能化绿色开采和清洁高效集约化低碳利用为主攻方向，重点推进煤炭智能化绿色开采成套技术、矿井重大自然灾害智能化监测防控技术、煤炭集约化低碳利用成套技术、煤气化及煤基新材料技术、碳基新材料技术、二氧化碳大规模捕集资源化利用技术、煤基能源产业智能化成套装备核心技术等领域开展重大基础理论研究和关键核心技术攻关，提高煤炭智能化绿色开采、煤基产业集约化低碳利用的科技原始创新能力和核心技术成套装备的研发水平。着力研发深地煤炭（特厚、急倾斜、薄层等）特殊复杂煤层智能化开采技术、煤炭地下汽化技术、矿井（系统化、自动化、信息化、智能化）瓶颈式技术、煤炭（减量化、清洁化、低碳化、高效化）高利用技术、洁净煤技术（包括煤炭加工技术、燃烧技术、降碳脱碳固碳技术、煤基转化技术、碳基新材料技术和污染治理技术等）、能源资源循环再利用技术、废弃物资源化综合利用技术、低阶煤和煤矸石分级分质高质化综合利用技术、储能及能效技术以及核心技术装备研发等。要进一步推动政府主导、企业主体的煤炭科技创新体系的构建与完善和煤炭科技创新能力的提升与发挥。构建企业主体自主创新与科研院所、高等院校产学研用深度融合的产业技术创新联盟以及跨界融合研发平台，攻克制约煤基循环经济产业链从开端生产到终端产品的重大关键核心技术、工艺和设备的研发制造。要构建科研院所、高等院校与企业产学研用联盟深度融合合作模式，充分依托“国家能源充填采煤技术重点实验室”“煤炭智能化无人开采技术研发中心”“煤基能源清洁高效利用国家重点实验室”“大型煤气化及煤基材料国家工程研究中心”等国家级、省部级、行业级以及企业技术中心等研发平台。创新煤炭安全高效开采和煤炭洁净 高效利用国家重点实验室适度开放及联合竞争的运行机制，凝聚国内外优秀学者、专家共同研究、联合攻关，促进高技术高水平成果转化产业，并打造煤炭资源安全高效开采与洁净高效利用领域科学研究活动基地和专业人才培养基地，集聚打造一批高素质人才队伍和高水平研发创新团队。要不断完善科技研发投入机制、科技创新成果转化机制、科技功臣专利技术股权及科研成果转化奖励机制等；提高科技研发投入比重，支持高水平煤炭高效转化、煤基新材料科技创新平台建设；实施高等院校、科研院所研发团队主导科技创新成果转化制度；构建煤炭能源、煤基材料新型标准体系，推动煤基循环经济重大示范工程建设，推进煤基循环经济产业链、供应链和科研成果对接链、转化链的高效融合，整体推动煤基循环经济产业优化升级。要坚持以资源能源节约和高效利用为抓手，实施资源能源循环利用技术创新行动，全方位、全过程推进生产方式的绿色低碳循环改造，坚持开发与应用相结合，自主创新与引进先进新技术相结合，以提高资源能源利用率和循环水平为核心。要通过推动科技创新发展，一方面重点推进资源能源从高消耗、低利用、低效率、低效能、高排放、高污染，向低消耗、高利用、高效率、高效能、低排放、低污染（甚至是零排放、零污染等）转变，大力提高资源能源的高效循环利用率，科学治理排放污染，有效保护自然生态环境，实现从以资源能源和生态环境为代价的传统粗放式经济增长，向以节约资源能源、保护生态环境、人与自然和谐相处的经济效益、环境效益、社会效益有机统一的绿色经济增长转型；另一方面要加快煤矿机械、仪器智能制造和重点推进传统煤炭企业由机械化向信息化、智能化转变，由劳动密集型向“两化融合”及人才技术密集型转变，大力推广应用先进的新技术、新工艺、新装备、新材料，注重利用高新技术和先进适用技术改造升级传统产业，增加科技含量，推进产品更新换代；再一方面，在煤炭产业及煤炭企业经济转型和技术升级中，数字驱动煤炭经济发展，有序推进煤炭数字化技术与数字化转型、智能化改造与人工智能化装备和构建煤炭工业云，充分利用信息化、数字化、智能化新技术和互联网、物联网、大数据、云计算等技术平台，建立绿色技术推广应用平台，并深化探索与5G智能技术融合，积极推进节能环保、清洁生产、洁净能源等重点领域的技术试点示范工程，促进先进新技术装备的应用推广，创新驱动煤炭能源产业全面提升高质量发展水平。

（八）人才创新

人才创新是推进企业创新发展的支撑，是第一资源创新，是头号战略工程。要树立人人皆可成才的理念，强化企业人才队伍体系建设，由传统的劳动力逐步转变为人力资源—人力资本—高素质人才资源—高素质人才资本，培养和锻造企业各层次各类高素质领军人才团队，包括企业高层次决策层人才团队、高层次职业经理人管理层人才团队、高层次技术研发人才团队、高层次技能大师人才团队、高层次企业文化人才团队等。尤其要注重紧跟新技术革命，培养智能化、区块链、5G新技术应用等新型特殊人才团队；要在人才创新上实施“双引双培”战略工程，一方面将企业作为培养高素质实用型人才的大学校，围绕企业产业转型、技术升级的技术瓶颈加强企校联合攻关，创新企校合作模式，建立企校技术研发，人才培养战略联盟合作，创建企业院士工作站，设立首席技术专家科研室和首席技能大师创新工作室，实施技术（技能）经理人进驻企业开发，转化技术成果，继续大力开展“五小”智慧创新和专利技术推广应用行动，充分利用在岗师傅带徒、大师技术创新工作室带动、项目设备技术代培等多种形式，强化培训培养高技能素质人才队伍；另一方面依靠行业普通高校和高职技术院校，依靠合作科研院所、合作企业的技术研发项目带动，围绕构建和打造煤炭资源安全高效开采与洁净利用领域科学研究基地、产学研用新技术开发应用基地和专业人才培养基地平台，培养高技术专业人才团队，优化专业人才队伍结构，可实施企业领军人才进院校上讲堂联合培养实用型人才战略工程，可依据企业产业转型、技术升级及产业链发展需要，选拔技术骨干技能尖子开办行业“大国工匠班”、行业技能大师班、高级技师班等，创新企业高技术人才、高技能人才培养模式，适应技术变革产业优化的新趋势，还可采取选送企业专业骨干到行业院校强化培养复合型人才，并重视引进急缺人才；再一方面实施变招工为招生和帮助全体员工制定实现职业生涯中的学业生涯等方式，根据本企业生产系统和煤基循环经济产业现有装备水平，撰编适合本企业的各工种岗位安全技术丛书和手册，并根据技术升级、装备换代及时修订完善，有的放矢做好培训，全面提升企业职工队伍整体文化水平和技术素质。要支持资源枯竭矿区、煤矿充分发挥专业技术、管理人才优势，组建专业化的现代煤炭生产服务型成建制队伍，参与重要产煤省（区）或“一带一路”沿线国家地区的大型现代化煤矿建设和生产运营，实现由生产型向生产服务型的转变。总之，强化传统煤炭企业各类高素质人才队伍培养，全力融入国家“双高”培养体系，推进煤炭产业及煤炭企业技术变革、产业优化、动能转换。

（九）管理创新

管理创新是推进企业创新发展的基础。企业在产业升级、技术升级的同时实施管理升级。要学习借鉴国内外、省内外先进管理方式和成功经验，采取“走出去学习、请进来传授”的方式，引入现代化管理模式，更替传统管理模式，创新煤基循环经济全产业链管理、智能化管理、安全生产运营风险预控管理等；要注重将企业现代管理同信息技术、企业文化等融合，构建科学完善的现代企业管理制度安排体系和管理运行规则；要注重在管理体制、组织结构、人力资源配量等方面的管理信息化创新。要充分发挥行业协会、行业政研会和企业集团在发现、培育、总结、提炼、推介先进管理模式和现代管理方式的独特优势，采取现场观摩交流、组织管理专家讲座传授、召开经验交流会、印发先进典型材料、编辑现代先进管理方式专集等形式推介，促进行业现代管理水平整体上台阶。通过依法、科学、规范、标准、精细、目标化管理创新，提升企业整体现代化管理水平。

（十）质效创新

质效创新是推进企业创新发展的目的。提高质量、效率、效益是企业发展的永恒主题。高质量可持续发展的标志就是不断提高资源、能源、劳动、技术、资本等要素的投入产出效率及经济效益和生态效益、社会效益。质量赢得市场，效益夯实基础，诚信铸就品牌。要以煤炭供给侧结构性改革为主线，坚守质效第一、质效优先、质效至上的理念和原则，推动质量变革、效率变革、动力变革；要千方百计通过创新提升煤基循环经济的产业质效、产品质效、工程质效、管理质效、营销质效、环境质效、社会质效以及员工岗位质效等。实现节能降耗、增效降废和提质减损，促进发展方式实现由数量速度型向质量效益型转变，实现煤基资源价值最佳化和环境效益的最优化；要强化各类标准化体系建设和绩效评价考核，不断提升质效创新水平。最终实现经济质效、环境质效和社会质效有机统一、和谐发展的终极目的。

（十一）市场创新

市场创新是推进企业创新发展的导向。推进资源优化配量、产业优化升级和产品优化提质是市场创新的主要任务。要遵循市场化供求规律和扬弃代价规律，运用价格政策经济杠杆、企业社会使命，自逼企业推动节约资源、保护环境，最大限度发挥好资源能源和生态环境效益；要严格贯彻“谁开发、谁负责、谁污染、谁治理、谁破坏、谁恢复、谁受益、谁付费”的原则；要顺应公平、公开、公正的市场环境，在市场创新上，重点推进煤炭转型发展，推动煤炭清洁高效开发利用，推动打造新型绿色洁净能源、原料供应商，着力开发符合市场用户需求的高品质的品牌产品，并注重培育市场和包装上市融资，赢得更大发展空间；要构建“互联网＋”煤基产业、产品现代营销模式，创新商品煤燃料和原料上下游双方交易模式，培育发展煤炭产品、煤基产品市场新业态，建立产运需长协机制和完善市场交易体系，推行定制化生产，个性化服务，为用户生产开发供给清洁煤炭及燃料、原料产品，有效解决用户对清洁煤炭燃料、原料产品质量和利用效率需求；要主动构建同煤炭燃料、煤基原料下游产业、企业的中长期合同及供需战略合作体系和市场信用体系，规范引进关联产业、企业，延伸循环经济产业链，或以绿色开发、清洁利用、成套装备、智能技术及一体化、多元化产业链或全产业链等方式，走出去复制开发成熟的煤基循环经济产业及关联产业、产品的精细加工；要继续举办好“中国国际煤炭大会”“中国国际煤炭采矿技术交流及设备展览会”“中国国际煤炭清洁高效利用展览会”“中国煤炭企业国际化研讨会”“年度世界煤炭协会技术委员会会议”等，充分发挥品牌优势，搭建国际交流合作平台。统筹国内国际两个市场、两种资源、两个发展空间，遵循多元合作、互利共赢的原则，鼓励有竞争实力的优势企业和煤炭先进开采技术、煤基产业成熟技术、煤机成套装备技术走出去。深度参与和积极融入国家“一带一路”建设战略和全球能源互联网建设战略中的矿山建设、技术服务、运营管理和市场开发，彰显中国先进采矿业、中国智能煤机装备业和中国成熟煤基产业的中国制造、中国智造、中国质量、中国品牌，推进国际化合作，培育一批具有较强国际竞争力的煤炭、煤基、煤机跨国企业，增强企业综合实力和国际竞争影响力。通过市场创新，提升传统煤炭企业的市场竞争力。

（十二）文化创新

文化创新是推进企业创新发展和企业创新体系的灵魂。经营企业的最高境界是经营文化。坚持以人为本、以文化人，把文化理念、目标愿景同管理科学、管理艺术、管理文化高度融合为一体的企业独特文化体系是企业的核心竞争力。文化创新，以文化兴企，以文化强企，一方面要善于总结提炼本企业已形成的优秀传统文化精华，另一方面要注重学习借鉴和创新构建适合本企业的新文化内容，总体构成企业先进文化体系。包括重点建塑和完善企业精神文化、企业标识文化、产品商标品牌文化、员工成才文化、员工文明行为文化、五精（精细、精准、精确、精益、精美）管理文化、“6S”（整理、整顿、规范、清洁、安全、素养）管理文化、节能减排提质增效环境保护文化、清洁低碳绿色循环经济文化等。要通过宣传贯彻、教育培训、拓展训练，形成全员内化于心，外化于行；要及时培育、总结推介示范标杆、先进典型和成功经验，充分发挥好引领推动作用。通过文化创新充分调动全体员工为企业煤基循环经济高质量可持续发展乐于奉献的自觉性、主动性、积极性和创造性，充分体现传统煤炭企业发展煤基循环经济的价值观和社会责任心、使命感，为国家经济、社会高质量可持续发展做出更大贡献。

下　篇
煤炭企业循环经济高质量发展模式

第七章　中国煤炭企业煤基循环经济高质量发展战略及发展模式选择

一、相关理论指导选择发展战略

传统煤炭企业煤基循环经济高质量可持续发展战略及发展模式的选择，在以循环经济理论、生态经济理论、清洁生产理论、绿色经济理论、低碳经济理论同可持续发展理论、高质量发展理论一脉相承的理论指导的基础上，还要以企业发展战略理论、企业核心竞争力理论等为指导。

（一）企业发展战略理论

1. 战略、企业战略、企业发展战略的定义

(1) 战略的定义。

战略一词，原为军事术语，顾名思义就是作战的谋略。《中国大百科全书》中定义：战略是指导战争全面的方略。英语中"战略"一词为 strategy，在《简明不列颠百科全书》中定义：在战争中利用军事手段达到战争目的的科学和艺术。随着人类社会实践的发展，战略一词后来被人们广泛地用于军事之外的领域，人们又逐渐赋予战略一词新的含义。因此，将战略思想运用于企业发展及经营管理之中，就产生了企业战略这一概念。被誉为"竞争战略之父"的美国学者迈克尔·波特(Micheal Porter)在《什么是战略》一文中指出，"战略"包含三层含义：一是创造一种独特、有利的定位；二是在竞争中做出取舍，其实质就是选择不做哪些事情；三是在企业的各项运营活动之间建立一种配称。美国学者奎因(Quinn)认为，战略是一种模式或计划(pattern or plan)，它将组织主要的目的、方针和系列活动整合成一个整体。战略就是目的途径和手段的集合，即追求的目标、行动方案和实现目标的方法和工具。1962年美国著名管理学家钱德勒(Chandler)《战略与结构：工业企业史考证》一书的出版，首开企业战略研究之先河。

(2) 企业战略的定义。

企业战略是战略在企业这一特定领域的具体应用。企业战略是指企业为了实现长期的生存和发展，在综合分析内部条件和外部环境的基础上做出的一系列带有全局性和长远性的谋划。企业战略依据影响区域和职能可划分为三个层次：公司战略、业务单位战略和职能战略。

企业战略是企业各种战略的统称，其中既包括竞争战略，也包括营销战略、发展战略、品牌战略、融资战略、技术开发战略、人才开发战略、资源开发战略等。

企业战略是指企业根据环境变化，依据本身资源和实力选择适合的经营领域和产品，形成自己的核心竞争力，并通过差异化在竞争中取胜。

企业战略可以帮助企业指引长远发展方向，明确发展目标，指明发展点，并确定企业需

要的发展能力。战略的真正目的就是要解决企业的发展问题，实现企业快速、健康、持续发展。

企业战略类型包括发展性战略、稳定性战略、收缩性战略、并购战略、成本领先战略、差异化战略和集中化战略。

(3) 企业发展战略的定义。

企业发展战略是对企业各种战略的统称，就是关于企业如何发展的理论体系。发展战略就是一定时期内对企业发展方向、发展速度与发展质量、发展点及发展能力的重大选择、规划和策略。

企业发展战略包括一体化战略、多元化战略、密集型成长战略。一体化战略包括纵向一体化战略和横向一体化战略。多元化战略包括同心(相关)多元化和离心(不相关)多元化。同心多元化是以企业现有业务为基础、为核心增添相关的新业务或进入相关产业的战略。当企业在产业内具有较强的竞争优势，而当该产业的成长性或者吸引力逐渐下降时，适宜采取同心多元化战略。

2. 企业战略管理理论学派

对于企业战略的内涵，学术界不同学者赋予企业战略以不同的含义，因此企业战略研究也形成了四大主要理论流派。

(1) 环境战略学派。

环境战略学派以安索夫(Ansoff)为代表。安索夫出版于 1965 年的《企业战略》、1976 年的《从战略计划到战略管理》和 1979 年的《战略管理理论》是公认的战略管理开山之作。安索夫认为，总体战略考虑的是企业应该选择进入哪种类型的经营业务；经营战略所考虑的则是一旦选定某种类型的经营任务，企业或战略经营单位应该如何在这一领域里进行竞争。安索夫的环境战略论的基本结构是由环境、战略、组织三支柱要素构成，只有这三要素协调一致的战略才会实现企业经营目标，反之则会降低经营目标的实现率。该理论认为，环境变化与组织适应是战略管理领域关注的基本问题。

(2) 目标战略学派。

目标战略学派以德鲁克(Drucker)、钱德勒(Chandler)和安德鲁斯(Andrews)为代表。德鲁克的著作《管理的实践》、钱德勒 1962 年的《战略与结构》、安德鲁斯 1971 年的《经营战略论》等表明战略是有目标、意志或目的以及为达到这些目的而制定的方针、计划所构成的一种模式，目标管理迫使主管人员去考虑计划的效果而不仅仅是计划的活动或工作，经营战略所研究的问题是决定企业的长期目的和目标，并通过经营活动和分配资源来实现。安德鲁斯的战略定义从本质上讲，是要通过一种模式，把企业的目的、方针、政策和经营活动有机地结合起来，是企业形成自己的特殊战略属性结合竞争优势，将不确定的环境具体化，以便较容易地着手解决这些问题。

(3) 竞争战略学派。

竞争战略学派以迈克尔・波特为代表。迈克尔・波特以 1980 年的《竞争战路》、1985 年的《竞争优势》、1990 年的《国家竞争优势》三部曲而声誉如日中天。他认为，企业战略的核心是获取竞争优势，而影响竞争优势的因素有两个：一是企业所处产业的盈利能力，即产业的吸引力；二是企业在产业中的相对竞争地位。竞争战略学派的基本观点为企业经营战略的关键是确定企业的竞争优势，因此企业为确定其竞争优势一般采取三种基本竞争战略类型:成本领先战略、差异化战略和集中化战略。迈克尔·波特所提出的行业竞争结构分析理论在当期20年里受到企业战略管理学界的普遍认同,并且成为进行外部环境分析和激发战略选择最为重要和广泛使用的模型。

(4) 核心能力战略学派。

核心能力战略学派以普拉哈拉德(Prahalad)、哈默(Hamel)为代表。普拉哈拉德、哈默二人于1990年在《哈佛商业评论》上发表的《公司的核心竞争力》,1994年出版的《竞争未来》以及1995年马凯兹(Markides)的《多元化、归核化与经济绩效》博士论文等构成战略管理的最新理论。核心能力是指企业长期积累而成的一种独特能力,可实现高于竞争对手的价值,具有进入多种市场的潜力,难以复制模仿,是长期利润的源泉。当然有些人把战略联盟、学习型组织等也作为战略管理理论的新发展。

3. 企业战略管理的特点

战略的实质是帮助企业建立和维持持久的竞争优势,这就要求战略具有灵活性和机动性。尽管战略学者和经理们对企业战略的内涵有不同的认识,但是对于企业战略的特征,基本上理解都比较相似,概括起来,企业战略具有如下特征。

(1) 企业战略具有总体性。

企业战略是企业发展的蓝图,制约着企业经营管理的一切具体活动。

(2) 企业战略具有长远性。

企业战略考虑的是企业未来相当长一段时间内的总体问题。

(3) 企业战略具有指导性。

企业战略规定了企业一定时期内基本的发展目标,以及实现这一目标的基本途径,指导和激励着企业全体职员努力工作。

(4) 企业战略具有现实性。

企业战略是建立在现有的主观因素和客观条件基础上的,一切从现有起点出发,

(5) 企业战略具有竞争性。

企业之间的竞争不仅体现在产品、市场竞争上,也体现在发展战略的竞争上。企业战略同军事战略一样,目的也是为了克敌制胜,赢得发展的先机。

(6) 企业战略具有风险性。

企业战略是对未来发展的规划,然而环境总是处于不确定的、变化莫测的趋势中,任何企业战略都伴随有风险。

(7) 企业战略具有创新性。

企业战略的创新性源于企业内外部环境的发展变化,因循守旧的企业战略是无法适应时代发展的。

(8) 企业战略具有稳定性。

企业战略一经制定后,在较长时期内要保持稳定(不排除局部调整),以利于企业各级单位、部门努力贯彻执行。

(9) 企业战略必须与企业管理模式相适应。

企业战略不应脱离现实可行的管理模式,管理模式也必须不断调整以适应企业战略的需要。

(10) 企业战略与战术、策略、方法、手段相适合。

一个好的企业战略如果缺乏实施的力量和技巧,也不会取得好的效果。

4. 企业发展战略管理过程

企业发展战略是企业战略管理的重要内容,是指企业在制定和实施战略中做出的一系列决策和进行的一系列活动。它由战略分析、战略选择及评价和战略实施及控制三个主要部分组成。战略分析实质是战略人员利用战略分析了解组织的战略地位,战略选择涉及对行为可能过程的模拟、评价和选择,战略实施是指如何使战略发挥作用。在进行战略分析之前,首先要确定或审视企业的使命。企业使命反映企业的目的、特征和性质。明确企业使命,就是对本企业是干什么的、应该是怎么样的进行思考和解答。认识企业使命的关键,在于如何深入分析构成企业外部环境和内部条件的各种因素,详尽了解它们对企业的要求、期望和约束,从中找出企业目前的以及理想的特征。

(1) 战略分析。

企业战略分析是战略管理的基础,是指对企业的战略环境进行分析、评价,并预测这些环境未来发展的趋势,以及这些趋势可能对企业造成的影响及影响方向。企业环境分析包括企业外部环境分析和企业内部环境分析两部分。外部环境分析的结果应当认识到环境变化、趋势、机会和威胁。企业的内部环境即是企业本身所具备的条件,也就是企业所具备的素质。在新的竞争格局中,资源、能力和核心竞争力组成了企业的内部环境,它们可能会比外部环境中的条件对企业的业绩产生更重要的影响。企业内部条件分析的目的是为了发现企业所具备的优势或弱点,以便在制定和实施战略时能扬长避短、发挥优势,有效地利用企业自身的各种资源,发挥出企业的核心竞争力。

企业外部环境主要有三个部分:一是宏观环境,包括政治因素、人口因素、经济因素、法律政策、技术因素、社会因素、全球环境因素等;二是企业所处行业环境,包括新进入者的威胁、供应商、买方、替代品,以及当前竞争对手之间竞争的激烈程度等;三是竞争环境。根据学者刘书庆的研究,企业外部环境见图 7-1。

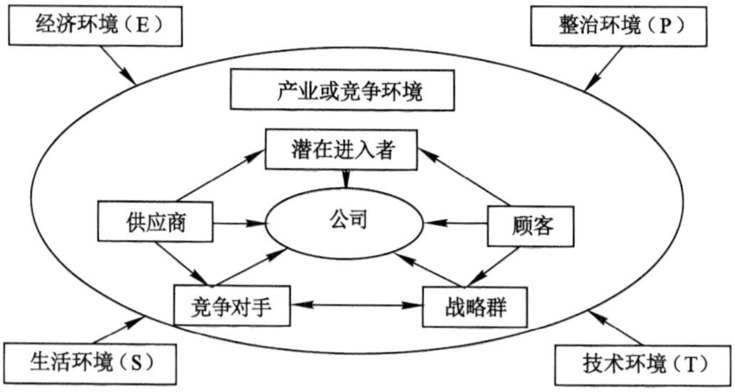

图 7-1 企业外部环境构成图示

企业内部资源条件分析,主要从资源评估分析和比较分析进行。资源评估主要分析:① 现有资源的拥有量及可能获得的资源数量;② 现有资源的利用情况;③ 企业根据环境变化要求及时进行资源重组和开发的能力;④ 现有资源分配的合理性、适应性,获得必要资源的可能性和人力资源的满足程度。比较分析主要有:① 历史分析,即将组织的资源状况与以前几年相比从而找到资源的重大的变化，常用财务比率、素质结构变化、组织活动变化以及不同活动所需资源的比例分析方法。② 行业比较，即将组织的资源状况与竞争者进行比较分析以确定组织的相对地位。企业内部资源条件分析步骤见图 7-2。

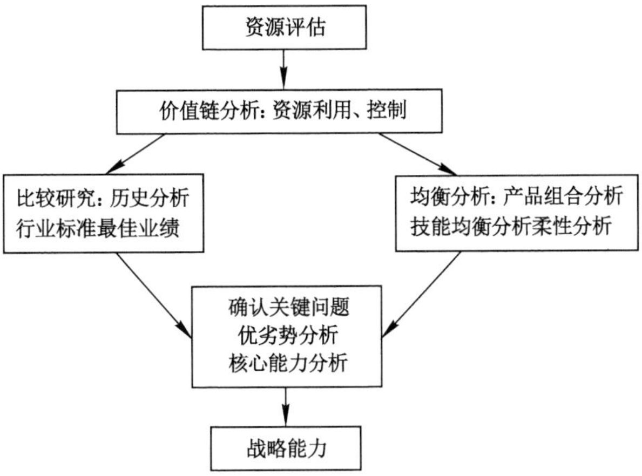

图 7-2　企业内部资源条件分析图示

（2）战略选择及评价。

企业战略选择是战略管理的核心。战略选择及评价过程实质就是战略决策过程，即对战略进行探索、制定以及选择。企业为了实现某个特定战略目标，可能会制定出多种战略方案，但鉴于企业的资源、能力以及考虑到效用最大化原则，就需要对多种方案进行鉴别和评价，以选择出适合企业自身的方案。

（3）战略实施及控制。

企业战略实施包括企业战略结构调整、企业资源战略配置、企业年度计划、企业目标管理、企业绩效管理等，企业战略实施是将企业战略规划的宏伟蓝图变成现实的过程。企业战略控制主要是随着企业战略环境的变化、企业战略规划的实施进度与成效对企业战略规划和实施方法、资源进行调整与修正。控制系统的任务既包括对战略实施各阶段效果的追踪和评价，还包括对非预计环境的意识和相应的反应性行动，以及必要的战略变革。企业战略控制是战略规划顺利实施的保证。

整个企业战略管理过程见图 7-3。

5. 企业战略管理的层次

企业战略管理层次大致可分为企业总体战略、经营单位战略和职能部门战略。

（1）企业总体战略。

企业总体战略又称为公司战略，是企业的战略总纲，是企业最高管理层指导和控制企业的一切行为的最高行动纲领。公司层战略的主要任务是明确企业的愿景、企业的价值观和企业的责任使命，确定企业的业务组合，即决定企业活动所涉及的业务范围种类，合理安排各类业务活动在企业业务总量中的比重和作用，各类业务之间的关系，以及这些业务在战略期内的发展方向。

企业总体战略一般包括以下三种类型：

一是发展战略。发展战略是一种使企业在现有的战略基础水平上向更高一级的目标

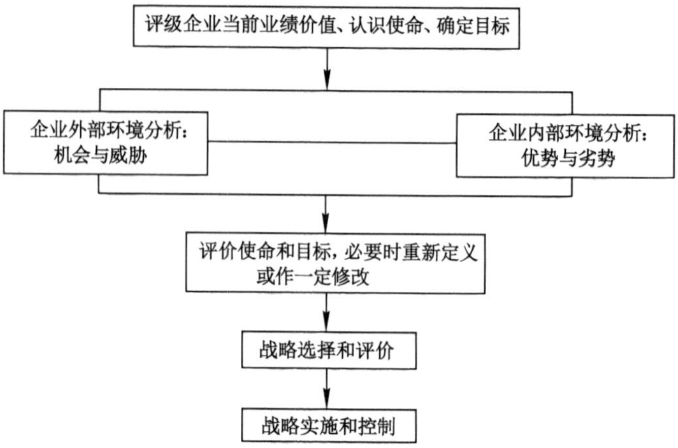

图 7-3 企业发展战略过程图示

发展的战略，它以发展作为自己的核心内容，引导企业不断地开发新产品、开拓新市场，采用新的生产方式和管理方式，以便扩大企业的产销规模，提高竞争地位，增强企业的竞争实力。

二是稳定战略。稳定战略是指在企业的内外部环境的约束下，企业准备在战略规划期使企业的资源分配和经营状况基本保持在目前状态和水平上的战略。

三是防御战略。防御战略是指在经营严重滑坡时，为将来恢复和发展，在当前一定时期内缩小经营规模或压缩经营事业，取消某些产品生产的一种战略。防御战略一般可以起到以退为进、以迂为直，以使企业更加健康成长的效果。

三种战略也可组合使用，不同方案组合，可形成不同的战略方案，形成复合战略。具体地讲，公司战略方案有很多，常用的有专业化战略、一体化战略和多元化战略。

（2）经营单位战略。

企业经营单位战略又称为竞争战略，是指一整套相互协调的使命和行动，旨在为客户提供价值，并通过对某一特定产品市场的核心竞争力的利用获得某种竞争优势，经营单位战略的重点是要改进一个战略单位在所从事的行业中，或某一特定的细分市场中所提供的产品和服务的竞争地位。它把公司战略中规定的方向和意图具体化，成为更为明确的针对各项事业目标的策略。包括业务组合、资产运营、融资策略、产品策略、品牌策略、增长策略、竞争策略和区域扩展等，经营单位战略可以从成本领先、差异化、集中成本领先、集中差异化以及成本领先和差异化的混合战略中选择。

（3）职能部门战略。

企业职能部门战略是为实现企业总体战略和经营单位战略，对组织内部财务指标、业务流程、客户满意度和学习成长等各项关键的职能活动做出的统筹安排。企业职能部门战略的重点是提高企业资源的利用率，使企业资源的利用效率最大化。职能部门战略一般可分为营销战略、人事战略、财务战略、生产战略、研究与开发战略、公关战略。企业职能部门战略是企业战略一个重要组成部分。

企业战略管理层次以企业战略规划体系结构见图 7-4。

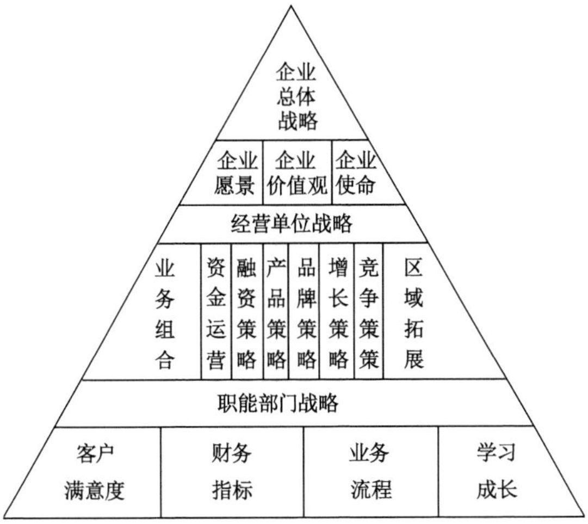

图 7-4　企业战略规划体系结构图示

6. 企业战略管理研究方法

（1）SWOT 模型。

SWOT 分析模型是由旧金山大学管理学教授安德鲁斯于 1971 年在《公司战略概念》中提出来的，是一种能够较客观而准确地分析和研究一个单位现实情况的方法。SWOT，即优势（strength）、劣势（weakness）、机会（opportunity）、威胁（threat）。从整体上看，SWOT 可以分为两部分：第一部分为 SW，主要用来分析内部条件；第二部分为 OT，主要用来分析外部条件。SWOT 分析模型的基本目的是根据企业各项业务经营面临的优势、劣势、机会和威胁等四个要素来选择公司战略。其理论基础是最大限度地利用业务优势和环境机会，同时使业务劣势和环境威胁的作用降至最低。

优势，是组织机构的内部因素，具体包括：有利的竞争态势、充足的财政来源、良好的企业形象、技术力量、规模经济、产品质量、市场份额、成本优势、广告攻势等。

劣势，也是组织机构的内部因素，具体包括：设备老化、管理混乱、缺少关键技术、研究开发落后、资金短缺，经营不善、产品积压、竞争力差等。

机会，是组织机构的外部因素，具体包括：新产品、新市场、新需求、外国市场壁垒解除、竞争对手失误等。

威胁，也是组织机构的外部因素，具体包括：新的竞争对手、替代产品增多、市场紧缩、行业政策变化、经济衰退、客户偏好改变、突发事件等。

SWOT 矩阵是制订战略的匹配阶段的分析工具。这个矩阵是在内部、外部关键成功因素确定的基础上，根据判断结果将内部优势与劣势、外部机会与威胁分别列出，由内部与外部的两种状态以及相互匹配关系，形成了下列四种不同的组合，见表 7-1。

在不同组合中，应将 SWOT 的四个方面有机、灵活运用起来，用来解决实际问题，针对不同的情况，提出相应的解决方法和预防方法。

（2）内外战略要素评价矩阵。

内外战略要素评价矩阵适用于对公司内外部环境进行综合分析和战略评价，分别为外部战略要素评价矩阵（EFE）和内部战略要素评价矩阵（IFE）。

表 7-1 SWOT 矩阵

	优势—S 1,2,3,…	劣势—W 1,2,3,…
机会—O 1 2 3	组合一:SO 发挥优势 利用机会 组合方法:1,2,3,…	组合二:WO 利用机会 克服弱势 组合方法:1,2,3,…
威胁—T 1 2 3	组合三:ST 利用优势 回避威胁 组合方法:1,2,3,…	组合四:WT 减少弱势 回避威胁 组合方法:1,2,3,…

① EFE 矩阵分析步骤。

a. 对企业的外部环境进行分析,总结出影响企业和其所在产业的各种机会与威胁。

b. 将这些机会和威胁,按照它们对企业影响程度的大小,赋予每个因素以权重。权重数值在 1.0(最重要)和 0.0(不重要)之间,确定权重的依据是该因素对公司当前战略位置的影响大小。权重越高,即该因素对公司的影响越重要。机会往往比威胁得到更高的权重,但威胁特别严重时也可得到高权重。确定恰当权重的方法可以通过集体讨论而达成。不论有多少因素,所有因素的权重之和必须等于 1。

c. 按照企业现行战略对各关键因素的相关程度给各关键因素进行评分。评分的依据是公司当前对该因素的应对方式。每一次评分都是判断公司当前处理一个外部因素的优劣,反映了企业现行战略的有效性。评分范围为 1—4 分,“4”代表反应很好,“3”代表反应超过平均水平,“2”代表反应为平均水平,而“1”则代表反应很差。

d. 用每个因素的权重乘以它的评分,即得到每个因素的加权分数。将所有因素的加权分数相加,得到企业的总加权分数,总加权分反映公司响应外部环境中当前与未来因素的优劣。

无论 EFE 矩阵所包含的关键机会与威胁数量多少,一个企业所能得到的总加权分数最高为 4.0,最低为 1.0,平均总加权分数为 2.5。总加权分数为 4.0 反映企业在整个产业中对现有机会与威胁做出了最出色的反应,而总加权分数为 1.0 则说明公司的战略不能利用外部机会或回避外部威胁。

② IFE 矩阵分析步骤。

a. 列出内部环境中的关键因素。总结出企业自身具备的优势和劣势。

b. 给每个因素以权重,其数值范围由 1.0(最重要)到 0.0(不重要)。无论关键因素是内部优势还是劣势,对企业有较大影响的因素就应当得到较高的权重,所有权重之和等于 1。

c. 为各因素评分。评分的依据是公司当前对该因素的应对方式,每一次评分都是判断公司当前处理一个内部因素的优劣,反映了企业现行战略的有效性。评分范围为 1—4 分,“4”代表反映很好,“3”代表反映超过平均水平,“2”代表反映为平均水平,而“1”则代表反映很差。评分以公司为基础,而权重则以产业为基准。

d. 用每个因素的权重乘以它的评分,即得到每个因素的加权分数。将所有因素的加权分数相加，得到企业的总加权分数，总加权分可以反映该公司响应内部环境中当前与未来因素的优劣。

无论 IFE 矩阵包含多少因素，总加权分数的范围都是以最低 1.0 到最高 4.0，平均分为 2.5。若总加权分数低于 2.5 的企业表明其内部环境处于弱势，若分数大大高于 2.5 的企业表明其拥有较强的内部实力。如果一个内部因素既是优势又是劣势，在 IFE 矩阵中应出现两次，赋予权重和打分。

（二）企业核心竞争力理论

1. 企业核心竞争力定义

企业的核心竞争力就是企业的决策力，包括把握全局、审时度势的判断力，大胆突破、敢于竞争的创新力，博采众长、开拓进取的文化力，保证质量、诚实守信的亲和力。核心竞争力是群体或团队中根深蒂固的、互相弥补的一系列技能、知识和文化的组合。借助该能力，能够按世界一流水平实施一到多项核心流程。

企业核心竞争力就是企业长期形成的蕴含于企业内质中的企业独具的、支撑企业过去、现在和未来竞争优势，并使企业在竞争环境中能够长时间取得主动的核心能力。

企业核心竞争力是一个企业（人才、国家或者参与竞争的个体）能够长期获得竞争优势的能力，是企业所特有的、能够经得起时间考验的、具有延展性并且是竞争对手难以模仿的技术或能力。

企业核心竞争力构建：企业的规范管理、资源竞争分析、竞争对手分析、市场竞争分析、无差异竞争、差异化竞争、标杆竞争、人力资源竞争、技术创新竞争。

企业核心竞争力构成：具备创新的技术、具备创新能力的人才和优秀的企业文化。

2. 核心竞争力主要观点

1990 年，美国战略学家普拉哈拉德和哈默在《哈佛商业评论》上发表了《公司的核心竞争力》（*The core competence of the corporation*）一文。随后，核心竞争力（core competence）理论在欧美迅速成为战略管理研究的主流，是当今战略理论中最有价值的成果之一。

关于核心竞争力的概念，普拉哈拉德和哈默认为，核心竞争力是组织中的积累性学识，特别是关于如何协调不同生产技能和有机结合多种技术流派的学识。美国麦肯锡咨询公司认为，核心竞争力是某组织内部一系列互补的技能和知识的组合，它具有使一项或多项关键业务达到行业一流水平的能力。我国大部分学者认为，企业核心能力是指企业在某一领域通过长期的专心努力而建立的开发独特产品，发展独特技术和发明独特管理手段的能力，是能够为企业带来长期竞争优势的能力与资源的组合。从直观意义上讲，核心能力就是所有能力中最核心、最根本的部分。核心竞争力理论认为，企业是一个能力系统或能力的特殊集合，企业竞争优势的差异是由于企业能力不同造成的。企业各种能力中的核心部分，可以通过整合和外向辐射等，作用于企业的其他各种能力，影响着其他能力的发挥和整体能力效果。

核心竞争力战略理论认为，不均衡是市场的常态，由于历史、资源禀赋、战略实施能力等方面的不同，企业之间始终存在很大的差别，只有那些使自己的核心优势与产业变化所要求的优势最为接近的企业，才能获得超额利润。企业经营战略的关键在于培养和发展能使企业在未来市场中居于有利地位的核心竞争力，在制订战略的过程中，企业应首先考查现有资源和核心竞争力，以及在适当的市场机会中这些资源和竞争力的价值，然后确定与未来可能存在的商业机会所要求的资源和竞争力相比的差距，然后进行如何弥补差距的战略决策。

核心能力作为企业竞争优势的源泉，是企业长期的、独特的为顾客提供价值的能力。核心能力理论的主要观点有：

（1）与企业外部条件相比，内部条件对于企业的市场竞争优势具有决定性作用。

（2）企业某一资源的战略运用取决于其他企业独特及与从外部获得的资源综合、协调和配量的方法。

（3）管理者的认识和组织的学习能力是战略变化的动力。

（4）企业之间的相互合作与竞争是相互依赖的过程。企业核心能力包括核心技术能力、制度能力，即价值保障能力、价值提升能力、创新能力、控制与协调能力。

3. 核心竞争力的识别

企业识别和建立核心竞争力，具体可以有两种工具：第一种由四种标准组成，分别是有价值的能力、稀有能力、难于模仿的能力和不可替代的能力，这些标准被用来判别哪些资源和能力是核心竞争力；第二种是价值链分析。

（1）第一种工具。

对于第一种工具，实际操作方法如下：首先，是识别企业拥有的资源本身对于消费者来说是否具有可被实现的价值，即资源本身具有的价值属性的讨论，这是核心竞争力存在的基础。其次，在具有价值属性资源的基础上，对由这些资源组合而成的企业能力进行分析比较，对资源价值增值贡献最大，相对竞争对手具有独特竞争优势并能够支持各种产品和服务的能力即为企业核心竞争力。

（2）第二种工具。

1985 年迈克尔·波特在《竞争优势》中提出了企业价值链理论。所谓价值链，是企业从事设计、生产、营销、交货以及对产品起辅助作用的各种价值活动的集合。刘书庆认为，价值链是一种将企业向顾客提供产品的活动过程分为一些相互关联的价值活动，以判定企业的竞争优势，并寻求一些方法来创造和维护其竞争优势。价值链分析的步骤主要有：

① 识别价值活动，明确关键因素。

② 确定活动类型，直接为顾客创造价值的活动。

③ 根据企业具体情况，将有关价值活动进一步细分，并按对竞争优势贡献的大小不同将它们组合归类。

④ 确定企业的价值链。

⑤ 分析企业竞争优势（来源于价值活动本身、价值链内部联系、价值链纵向联系）。

⑥ 有效性分析，分析竞争优势与市场机会是否协调一致。

⑦ 资源控制程度分析，即价值体系控制、供应商控制等。

⑧ 财务分析，包括成本效率分析、财务比率分析、社会成本分析。

（三）企业发展战略与企业核心竞争力的关系

企业发展战略就是设计用来开发企业核心竞争力获取竞争优势的一系列综合的、协调的约定和行动。而企业核心竞争力是通过核心能力体现保障和实现企业发展战略目标的途径和支撑。二者相辅相成，缺一不可，是一个有机的整体体系。

二、对企业自身发展现状客观分析选择战略发展

传统煤炭企业对自身发展历史沿革、现组织机构、人力资源及人才结构(文化程度、年龄、性别、职别、技能素质等)、产权结构、产业结构、产品结构、资产状况、资源状况、产能状况、经营状况、安全状况、销售状况、装备状况、生产力技术水平、研发能力、投资项目、管理水平、历史包袱以及品牌建设、企业核心文化等进行科学、准确的客观分析,并准备找出发展中存在的主要矛盾和问题。

三、对企业内部条件及环境和外部环境综合分析评价选择发展战略

(一)对企业内部条件及环境的优势与劣势综合分析战略评价

依据传统企业发展现状客观分析,对企业内部条件及环境所具备的优势和存在的劣势逐项进行准确评价。如资源状况及占有量优劣势、产业及结构优劣势、产品品质优劣势、生产力水平优劣势、生产能力优劣势、人才队伍优劣势、成本支出优劣势、专项和核心技术优劣势、创新能力优劣势、装备水平优劣势、管理机制和能力优劣势、融资渠道及融资环境优劣势、资产经营和财务状况优劣势、股权权重优劣势、项目投资优劣势、市场区位及营销网络优劣势、品牌竞争优劣势和企业文化优劣势等。对传统煤炭企业优势与劣势关键要素进行比较综合分析,将影响企业核心竞争力和战略选择的优势与劣势关键要素梳理,通过IFE矩阵战略评价企业在发挥优势和避免劣势方面的能力,为企业选择和制定发展战略提供基础依据。

具体操作方法:按照企业内部战略要素评价矩阵(IFE),首先由传统煤炭企业内部条件及环境分析提炼出优势与劣势的关键要素;其次赋予每个关键要素以权重。每个数值在0.00(不重要)至1.00(最重要)之间,且所有要素的权重之和为1。每个关键要素权重的数值,是根据公司经营常数和经验以及每个关键要素对公司发展影响程度来确定的;然后对每个关键要素进行评分,评分的依据是公司对该关键要素的应对措施是否有效。分数区间为1—4分,分数越高,则表示公司应对该关键要素的措施越有效。“4”代表反映很好,“3”代表反映超过平均水平,“2”代表反映为平均水平,而“1”则代表反映很差。分值最多可带一位小数。评分方法是选择10位公司优秀中高层管理者组成团队和选择10位行业研究机构专业资深学者专家组成团队分别打分,然后每个关键要素分别取平均值;最终将每个关键要素的评分与其权重进行加权汇总,再将公司团队和学者专家团队得分汇总,再加权平均。平均加权分数为2.5,最高为4.0,最低为1.0。

以2008年窑街煤电集团有限公司制定企业发展战略时,对内部条件及环境关键要素(IFE)矩阵评价为例,见表7-2。

表7-2数据显示,加权分数为2.845,超过平均水平,说明公司在发挥优势和回避劣势时有一定成效,但只是略微超出平均水平一点,又说明公司在这方面做得还不够。尤其是公司的内部治理薄弱,自主创新能力不强,其对应措施成效也不明显,说明内部治理需要加强改善,改革创新需要加大力度。另外,公司煤炭—发电—冶金产业一体化取得了一定的成果,是适应循环经济发展要求的具体实践,是新的经济增长点,应坚持充分发挥,依据企业核心竞争力理论,企业内部条件及环境对企业竞争优势发挥显得更为重要。

表 7-2 公司内部条件及环境关键要素评价(IFE)矩阵表

公司内部条件及环境关键要素		权重系数	评分	加权分数
优势	1. 构建煤炭—发电—冶金产业链,实施煤电冶一体化	0.11	3.3	0.363
	2. 煤炭销售市场网络稳固	0.10	3.0	0.30
	3. 机械化程度较高,生产效率及安全性增强	0.09	2.9	0.261
	4. 区域垄断优势,发展空间大	0.10	3.0	0.30
	5. 企业文化底蕴厚重	0.08	2.8	0.224
劣势	1. 公司改制成效不大,内部治理薄弱	0.13	3.0	0.39
	2. 人才匮乏,社会负担沉重	0.10	2.9	0.29
	3. 资源禀赋差,且资源量逐年减少或接近枯竭,生产规模小,产品附加值低	0.12	2.5	0.30
	4. 资金紧张,融资渠道单一,负债率较高,经营微利或亏损	0.09	2.5	0.225
	5. 品牌意识不强,自主创新能力不够,核心竞争力较弱	0.08	2.4	0.192
合计		1.0		2.845

(二)对企业外部环境的机会与威胁综合分析战略评价

对传统企业外部环境重点从企业所处的国内外宏观环境和行业内外环境两个方面的机会与威胁逐项进行比较和深入分析评价。

国际宏观环境包括:国际经济环境及经济增降趋势和资源供需态势、国外相关产业发展环境和技术发展水平等环境。

国内宏观环境包括:国家经济社会发展环境、国家相关政策法规、体制机制和技术进步、科技创新水平等环境。

行业内部环境包括:煤炭行业运行基本情况和基本特点(如煤炭行业发展中长期规划景气指数、生产状况、经营规模、产品价值、营业收入、产值利税、盈亏状况、进出口状况、项目投资状况、政策性支出以及装备水平、技术能力等)。煤炭产业或竞争环境(如潜在进入者、替代品及主要竞争者、供应商、购买者、消费者及相关利益方等);煤炭行业、产业、企业循环经济及关联产业循环经济发展现状及存在的问题等。

行业外部环境包括:煤炭产业上下游行业、产业、企业景气指数、规划布局、运行质量和发展水平等。

对传统煤炭企业外部环境逐项进行综合分析。将影响企业生存和发展的机会和威胁关键要素梳理,通过 IFE 矩阵战略评价企业在抓住机会和应对威胁方面的能力比较分析,为企业选择和制定发展战略提供基础依据。

具体操作方法:按照企业外部战略要素评价矩阵(EFE),首先由传统煤炭企业外部环境分析提炼出机会与威胁的关键要素;其次赋予每个要素以权重。每个数值在 0.00(不重要)到 1.00(最重要)之间,且所有要素的权重之和为 1。每个关键要素权重的数值,是根据公司经营常规和经验以及每个关键要素对公司发展影响程度来确定的;然后对每个关键要素进行评分,评分的依据是公司对该关键要素的应对措施是否有效。分数区间为 1—4 分,分数越高,则表示公司应对该关键要素的措施越有效。“4”代表反映很好,“3”代表反映超过平均水平,“2”代表反映为平均水平,而“1”则代表反映很差。分值最多可带一位小数。评分方法是选择10位公司优秀中高层管理者组成团队和选择10位行业研究机构专业资深学者专家组成团队分别打分，然后每个关键要素分别取平均值；最终将每个关键要素的评分与其权重进行加权汇总，再将公司团队和学者专家团队得分汇总，再加权平均，平均加权分数为2.5，最高为4.0，最低为1.0。

以2008年窑街煤电集团有限公司制定企业发展战略对外部环境关键要素（EFE）矩阵评价为例，具体见表7-3。

表7-3 公司外部环境关键要素评价（EFE）矩阵表

公司外部环境关键要素		权重系数	评分	加权分数
机会	1. 市场化程度提高，有利于公司先进技术、现代管理和资金的引进	0.08	3.0	0.24
	2. 以煤为主的一次性能源结构不会发生根本转变	0.09	3.1	0.279
	3. 煤炭产业重组，更有利于大型煤炭企业的发展	0.11	3.2	0.352
	4. 省政府政策扶持为公司带来宽松的发展环境	0.10	3.2	0.32
	5. 循环经济发展为公司带来了新的发展方向，延伸化工（油母页岩炼油化工）和建材产业，构建煤、电、化、冶、材、运产业链	0.13	3.8	0.494
威胁	1. 国内行业大型企业越来越强，市场占有率提升	0.08	2.2	0.176
	2. 省内大型国企排名靠后，“劣势企业”面临“洗牌”	0.11	2.0	0.22
	3. 金融危机影响，煤炭需求和价格下滑	0.10	2.5	0.25
	4. 发展循环经济要求高，公司面临挑战	0.12	2.6	0.312
	5. 可再生能源开发技术提升，传统能源面临威胁	0.08	2.4	0.192
合计		1.0		2.835

表7-3数据显示，加权分数为2.835，表明公司对外部环境把握较好，超过平均水平，但离最高目标4.0却相差很远，还有很大的提升空间。其中，循环经济带来的机会权重最高，得分也是最高，说明延伸循环经济产业链可增加附加值，增加应对危机和抗风险的能力，对公司来讲非常重要。而循环经济带来的威胁权重也较高，但得分却相对不太高，这说明公司在发展循环经济时，还需要加大力度解决重点问题。公司应主动把握发展机会，充分发挥优势避免威胁，加大发展煤基循环经济的力度，提升煤基循环经济的发展质量。

通过对窑街煤电集团有限公司内部条件及环境和外部环境综合分析战略评价得出公司的优势与劣势、机会与威胁，由此依据制定公司的总体发展战略。

四、对企业发展战略定位与选择

通过对企业发展现状和所处的内外部环境综合分析战略评价得出，企业的优势与劣势、机会与威胁，确定企业的总体发展战略。

（1）企业发展目标确定。包括通过加大产业、产品、产权、人才等结构调整转型升级力度；通过加大理念、制度、环境、规划、产业、产品、科技、人才、管理、质效、市场、文化等创新力度，确定企业中长期任务目标，包括产业规模、产品质量、成本控制、安全保障、项目投资、上缴利税等。

(2) 企业发展战略定位。以市场为导向,以比较优势为动力,以自身不足为潜力,对煤炭基础产业发展战略定位,对煤矿新型工业化和信息化融合发展战略定位,对煤基循环经济发展战略定位,明确企业基本发展思路和应坚持的基本原则。

(3) 企业发展战略选择及评价。通过引入企业发展战略管理矩阵(SWOT)分析法,得出适合企业发展的几种发展战略可选方案,并通过定性分析和定量战略规划矩阵(quantitative strategic planning matrix,QSPM)定量分析,确定最终选择的发展战略方案及发展模式。

(一) 企业发展战略管理矩阵(SWOT)模型再分析

1. SWOT 矩阵

SWOT 分析的基本功能是进行战略匹配,即按照利用外部机会,回避外部威胁,发挥内部优势,克服内部劣势的原则,匹配出可以选择的战略方案。对于可选的战略方案是否被选择或是否可以实施,则需要根据实际情况进行评判。不同组织对同一组可选战略组合的选择肯定是不同的。具体组合如下:

(1) SO 组合,即发挥优势,利用机会。每个企业都希望自身既有内部优势,也有外部机会,所以这也是对企业最利好的战略选择。但每个企业情况不同,如果优势与机会并不匹配,那么企业就不能选择这一战略。在这一组合下,企业充分利用内部的优势与众多的外部机会,可以采取集中化、多样化以及纵向一体化等发展战略。

(2) WO 组合,即利用机会,克服劣势。在这一形势下,企业面临巨大的外部机会和自身内部劣势的限制,就需要尽可能地消除内部劣势,最大限度地把握外部机会。这一组合可以采取差别性、横向一体化等转型战略。

(3) ST 组合,即利用优势,回避威胁。在这一形势下,企业拥有一定的优势并面临着外部威胁,需要尽可能地利用自身优势,分散环境所带来的风险。这一组合可以采取多样化、成本控制等多样化战略。

(4) WT 组合,即克服劣势,回避威胁。这是最为不利的形势,企业面对着内部劣势与外部威胁,既要在可能的情况下力争消除自身劣势,又要回避威胁。这一组合可以采取收缩、放弃、集中化等保守性的防御战略,具体见图 7-5。

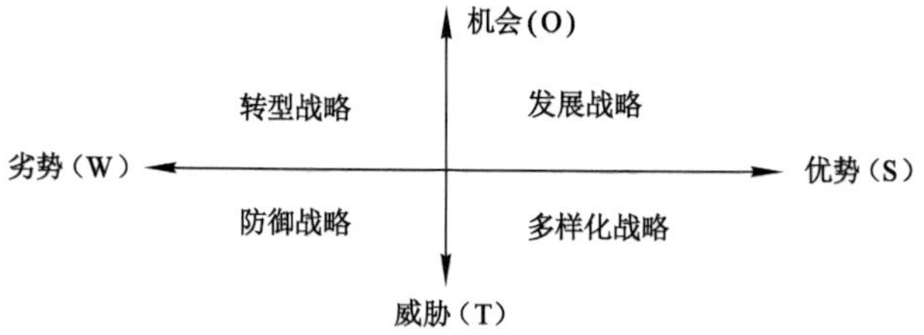

图 7-5 SWOT 战略选择图示

具体操作方法:将前期窑街煤电集团有限公司内部条件及环境分析中得到所处的优势与劣势和外部环境分析中所面临的机会与威胁列入 SWOT 矩阵中,通过相互之间的匹配,得出公司可供选择的发展战略,见表 7-4。

表 7-4　公司 SWOT 矩阵表

<table>
<tr><td rowspan="2">外部环境</td><td colspan="2">内部条件及环境</td></tr>
<tr><td>优势(S)</td><td>劣势(W)</td></tr>
<tr><td></td><td>1. 构建煤炭—发电—冶金产业链，实施煤电冶一体化。
2. 煤炭销售市场网络稳固。
3. 机械化程度较高，生产效率及安全性增强。
4. 区域垄断优势，发展空间大。
5. 企业文化底蕴厚重</td><td>1. 公司改制成效不大，内部治理薄弱。
2. 人才匮乏，社会负担沉重。
3. 资源禀赋差，且资源量逐年减少或接近枯竭，生产规模小，产品附加值低。
4. 资金紧张，融资渠道单一，负债率较高，经营微利或亏损。
5. 品牌意识不强，自主创新能力不强，核心竞争能力较弱</td></tr>
<tr><td>机会(O)
1. 市场化程度提高，利于公司先进技术、现代管理和资金的引进。
2. 以煤为主的一次能源结构不会发生根本转变。
3. 煤炭产业重组，更利于大型煤炭企业的发展。
4. 省政府政策扶持为公司带来宽松的发展环境。
5. 循环经济发展为公司带来了新的发展方向，延伸化工(油母页岩炼油化工)建材产业，构建煤—电—化—冶—材—运产业链</td><td>SO 战略
发挥优势　利用机会
煤炭产业集中战略：
发挥：S2、S3、S4、S5
利用：O2、O3、O4
纵向一体化循环经济战略：
发挥：S1、S2、S3、S4、S5
利用：O1、O2、O3、O4、O5</td><td>WO 战略
利用机会　克服劣势
横向一体化兼并战略：
利用：O1、O2、O3、O4
克服：W3、W4、W5</td></tr>
<tr><td>威胁(T)
1. 国内行业大型企业越来越强，市场占有率提升。
2. 省内大型国企排名靠后，“劣势企业”面临“洗牌”。
3. 金融危机影响，煤炭需求和价格下滑。
4. 发展循环经济要求高，公司面临挑战。
5. 可再生能源开发技术提升，传统能源面临威胁</td><td>ST 战略
利用优势　回避威胁
纵向一体化循环经济战略：
发挥：S1、S2、S3、S4、S5
回避：T1、T2、T4、T5
非煤产业多样化战略：
发挥：S1、S4、S5
回避：T3、T4、T5</td><td>WT 战略
减少劣势　回避威胁
核心竞争力提升战略：
回避：T1、T2、T3、T4、T5
克服：W1、W2、W3、W4、W5</td></tr>
</table>

2. 可选择发展战略方案

由表 7-4 可以看出，窑街煤电集团有限公司可以有以下几种发展战略选择方案。

（1）SO 战略。

① 煤炭产业集中战略。

集中战略的目的，就是将企业的所有资源集中起来服务于某一特定目标，以起到更好的效果。将目标集中于特定的部分市场，企业可以更好地调查研究与产品有关的技术、市场、顾客以及竞争对手等各方面的情况。

煤炭产业集中战略就是将企业的大部分资源集中起来优先发展煤炭产业的战略。具体地讲，就是要发挥公司在销售网络、机械化程度、区域垄断性、文化底蕴深等方面的优势，充分利用煤的一次性能源地位、煤炭产业重组、政府的宽松政策环境等机会，以大力发展窑煤集团的煤炭产业。

② 纵向一体化循环经济战略。

纵向一体化是企业在两个可能的方向上扩展现有经营业务的一种发展战略，包括前向一体化和后向一体化。前向一体化战略是企业自行对本公司产品做进一步深加工，或者资源进行综合利用，或公司建立自己的销售组织来销售本公司的产品或服务。后向一体化则是企业自己供应生产现有产品或服务所需要的全部或部分原材料或半成品。

纵向一体化循环经济战略，既包含了前向一体化，也包含了后向一体化。因为循环经济讲究在不对生态环境造成污染的条件下，合理利用企业资源，实现经济效益，增加新的经济增长点。窑街煤电集团公司需在充分发挥所有优势，并利用所有机会的条件下，延伸煤基循环经济产业链，构建煤—电—化—冶—材—运多元一体化发展模式，通过提升循环经济发展质量，提升产品附加值盈利水平，提升应对危机抵御市场风险能力，提升企业核心竞争力。

（2）WO 战略。

横向一体化指企业收购或兼并同类产品生产企业以扩大经营规模的成长战略。企业的横向一体化兼并战略，是指企业利用市场化程度提高、煤的一次性能源地位、煤炭产业重组、政府的宽松政策环境等机会，克服资源禀赋差、资源量少、生产规模小、资金紧张、品牌意识不强等劣势，通过兼并其他煤炭企业以达到发展壮大的战略。

（3）ST 战略。

① 纵向一体化循环经济战略。

ST 纵向一体化循环经济战略与 SO 纵向一体化循环经济战略不同，是指在充分发挥企业所有优势的前提下，回避国内行业大型企业越来越强、在省内大型国企排名靠后、“劣势企业”面临“洗牌”、发展循环经济要求高、可再生能源开发技术提升等威胁，以实现企业循环经济发展路线的战略。

② 非煤产业多样化战略。

多样化战略，是指企业同时经营两种以上基本经济用途不同的产品或服务的一种发展战略。非煤产业多样化战略，就是指在以煤为核心产业的基础上，充分发挥企业煤炭一发电一冶金产业链、区域垄断优势、企业文化底蕴厚重等优势，回避金融危机影响、发展循环经济要求高、可再生能源开发技术提升等威胁，以实现公司非煤产业的多样化发展的战略。它并没有考虑按照循环经济的要求去发展。

（4）WT 战略。

核心竞争力提升战略，就是公司需要克服所有劣势，并回避所有威胁，以实现提升公司核心竞争力的发展战略。

（二）企业发展战略选择及定性定量(QSPM)再评价

SWOT 分析只是提供了一种战略选择的总体思路，具体并不精确，因此，还需要进行一定的选择评价过程。

1. 选择依据和方法

发展战略的选择依据常用的有两种方法，一是定性评价，二是定量评价。

（1）定性评价。

定性评价通常从三个方面进行：适用性评价、可行性评价以及可接受性评价。适用性是用来评价所提出的战略对组织所处的环境的适应程度以及与组织资源的匹配性，还有它能否保持和加强组织的竞争地位。一般来讲，适用性就是看所选择的战略是否与公司的战略目标以及战略定位相匹配，是否与公司的内外部环境相关；可行性是指组织有能力实施该战略。简单地说，就是使得所制定的战略具有可操作性，没有好高骛远或者不切实际；可接受性与人们的期望密切相关，因此，它带有许多的主观性。也就是说，制定的战略方案最后需要得到公司大部分人的同意。

（2）定量评价。

定量评价通常是通过定量战略规划矩阵（QSPM）完成。QSPM 的分析原理为：将备选的各种战略分别评分，评分是根据各战略是否能使公司更充分利用外部机会和内部优势，尽量避免外部威胁和减少内部劣势四个方面，通过专家小组讨论的形式得出。得分的高低反映发展战略的最优程度。

2. 定性评价过程

（1）煤炭产业集中战略。

该战略发挥了四个优势，并利用了三个机会，全力发展公司的煤炭产业，与公司以煤炭产业作为主业的战略目标相匹配，适用性较强。

煤炭产业一直是公司的长处，具有较厚的发展基础，只要合理利用公司资源，协调发展，煤炭产业的提升就没有问题。而且煤炭产业的发展，可操作性强，因此是可行的。

由于公司决策层、管理层都认识到煤炭产业对公司的重要性，曾多次强调煤炭产业的深入发展，并将以煤炭产业为主作为公司发展依据，因此，它在公司的可接受性较强。

（2）纵向一体化循环经济战略。

这一战略综合了全部优势和全部机会，并回避了四个威胁，与公司的内外部环境相关度很高，且符合国家相关产业政策及煤炭企业未来发展方向，适用性很强。

公司目前已经初步实现了煤—电—冶一体化，迈出了循环经济的重要一步，也为公司发展循环经济和实现纵向一体化奠定了重要基础。只要再引进先进的循环经济发展新技术以及循环经济现代管理模式，进行提升完善延伸煤基循环经济产业链，构建煤—电—化—冶—材—运多元一体化耦合发展模式，可行性很高。

国内外循环经济发展模式成功案例较多，且大多数都充分发挥出了自身独特的核心竞争力优势，对传统煤炭企业发展循环经济的吸引力很强。

（3）横向一体化兼并战略。

该战略利用了四个机会，并回避了三个威胁，与公司内外环境相关性较高，更重要的是它解决了公司目前资源缺乏的问题，适用性较强。

公司是国有大型煤炭企业,在本地具有较大的影响力,在政府的主导下,整合周边的中小煤矿难度不大。但考虑到管理及资金问题,公司设想兼并外地煤矿,存在一定难度。因此,从总体来看,是可行的。

目前公司正在积极寻求新的煤炭资源,以解决公司后备资源不足的问题,因此,可接受。

(4) 非煤产业多样化战略。

该战略利用了三个机会,并回避了三个威胁,适用性较强。

从公司目前所拥有的产业看,发展非煤产业并不是难事,而且公司已经围绕煤炭主业发展起来几项规模较小的非煤产业。但非煤产业过多会影响公司主业的发展,分散财力和精力,使公司本来就不强的内部管理跟不上步伐,造成一系列的负担。因此,可行性不强。

单从非煤产业的发展来看,公司决策层也较为重视,但毕竟财力不足、精力有限,待在资金充足的情况下,公司可通过可行性调研会考虑接受。

(5) 核心竞争力提升战略。

该战略考虑了公司面临的所有威胁以及存在的所有问题,与公司相关性很高。从公司战略目标来看,这一战略适用性很强。

虽然公司很难改变外部环境带来的威胁,但其他企业也同样面临这些问题,同时企业的劣势主要体现在企业主体内部治理上,因此,只要引入现代管理及先进经验,是可行的。

提升核心竞争力对企业的发展来说尤为重要,公司目前存在的内部治理问题也使管理团队深刻意识到这一点,因此,可接受性强。

由定性分析可以看出,以上五个战略方案都具有一定的适用性、可行性和可接受性。其中只有非煤产业多样化战略可行性受到资金等问题的影响,但仅凭这一点,也很难说明这一战略不能采取。因此,以下再对这五个战略方案做定量分析。

3. 定量评价过程

QSPM 定量分析中,总体得分的高低反映发展战略的最优程度。也就是说,QSPM 定量分析的功能就是评选出最优的战略方案和备选方案。建立定量战略规划矩阵的步骤见表 7-5。

表 7-5 公司定量战略规划(QSPM)矩阵表

关键要素		权重	煤炭产业集中战略		纵向一体化循环经济战略		横向一体化兼并战略		非煤产业多样化战略		核心竞争力提升战略	
			AS	TAS	AS	TAS	AS	TAS	AS	TAS	AS	TAS
内部优势	S1	0.11	1.0	0.11	3.8	0.418	3.6	0.396	3.0	0.33	2.6	0.286
	S2	0.10	3.5	0.35	3.4	0.34	2.0	0.20	1.0	0.10	2.8	0.28
	S3	0.09	3.8	0.342	3.4	0.306	2.4	0.216	1.0	0.09	2.4	0.216
	S4	0.10	3.3	0.33	3.5	0.35	2.0	0.20	2.5	0.25	3.0	0.30
	S5	0.08	3.0	0.24	3.2	0.256	1.8	0.144	3.4	0.272	2.8	0.224

表 7-5(续)

关键要素		权重	煤炭产业集中战略		纵向一体化循环经济战略		横向一体化兼并战略		非煤产业多样化战略		核心竞争力提升战略	
			AS	TAS	AS	TAS	AS	TAS	AS	TAS	AS	TAS
内部劣势	W1	0.13	2.8	0.364	1.8	0.234	1.0	0.13	2.4	0.312	3.8	0.494
	W2	0.10	3.0	0.30	3.0	0.30	1.0	0.10	3.0	0.30	3.8	0.38
	W3	0.12	3.6	0.432	3.4	0.408	3.8	0.456	3.0	0.36	3.6	0.432
	W4	0.09	3.4	0.306	3.2	0.288	2.0	0.18	2.6	0.234	3.0	0.27
	W5	0.08	2.8	0.224	3.6	0.288	2.0	0.16	2.4	0.192	3.0	0.24
外部机会	O1	0.08	1.0	0.08	3.4	0.272	2.8	0.224	2.6	0.208	2.8	0.224
	O2	0.09	3.7	0.333	3.5	0.315	3.6	0.324	2.4	0.216	2.9	0.261
	O3	0.11	3.0	0.33	3.0	0.33	3.4	0.374	2.0	0.22	3.0	0.33
	O4	0.10	3.4	0.34	3.8	0.38	3.2	0.32	3.0	0.30	3.0	0.30
	O5	0.13	1.0	0.13	3.8	0.418	1.0	0.13	2.6	0.338	2.9	0.377
外部威胁	T1	0.08	2.4	0.192	3.0	0.24	2.0	0.16	1.0	0.08	3.0	0.24
	T2	0.11	2.6	0.286	2.8	0.308	3.0	0.33	1.0	0.11	3.2	0.352
	T3	0.10	2.4	0.24	1.0	0.10	2.0	0.20	2.4	0.24	3.0	0.30
	T4	0.12	1.0	0.12	3.8	0.456	2.8	0.336	2.8	0.336	3.1	0.372
	T5	0.08	2.6	0.208	2.8	0.224	2.0	0.16	3.0	0.24	2.9	0.232
合计				5.147		5.813		4.344		4.398		5.824

(1) 列表,将 IFE 和 EFE 矩阵中的所有外部机会和威胁,以及内部优势和劣势关键因素列入 QSPM 矩阵,每个因素权重不变。

(2) 将可选择的战略方案列入 QSPM 矩阵首行,以方便打分。

(3) 确定战略方案对应于每个要素的吸引力得分值(attractiveness scores,AS),AS 反映了该要素对于给定战略方案在同类方案中的吸引力大小。具体做法为:一次对各外部和内部关键要素进行考察打分,吸引力分值用 1、2、3、4 来表示,1 表示没有吸引力;2 表示有一些吸引力;3 表示有相当吸引力;4 表示很有吸引力。本书中 AS 得分值采用专家打分法,选择 10 位公司中层以上优秀管理者组成团队或选择 10 位行业研究机构专业资深学者专家组成团队,分别对相应要素打分,然后取 10 位的平均值,所得分数就为本书的相应要素吸引力分值。

(4) 计算吸引力总分 TAS(total attractiveness scores),TAS 具体算法为权重乘以吸引力分数。吸引力总分越高,竞争战略的吸引力就越大。

(5) 计算吸引力总分 TAS,由吸引力总分相加而得。TAS 总分越高,表明该战略在各可选战略方案中越有吸引力。各战略吸引力总分和之差表明了各发展战略相对于其他发展战略的可取性。

(6) 定量评价结论。通过分析得到各备选方案吸引力总分和从高到低排列为:核心竞争力提升战略 5.824,纵向一体化循环经济战略 5.813,煤炭产业集中战略 5.147,非煤产业多样化战略 4.398,横向一体化兼并战略 4.344。

(三) 企业发展战略及发展模式确定

窑街煤电集团发展战略的确定,需要结合定性评价和定量评价两个方面进行。首先,从定性评价可以看出,这五个可选方案都具有一定的可选性,但也可看出其中的主次。其中核心竞争力提升战略和纵向一体化循环经济战略无论是从适用性、可行性还是从可接受性都较高;煤炭产业集中战略次之;其余两个战略较弱。其次,从定量评价可以看出,核心竞争力提升战略得分和纵向一体化循环经济战略得分都很高,且他们相差不大(仅 0.011);而煤炭产业集中战略在其后,差距较小;其余两个战略较弱,且差距太大。因此,最终确定公司的发展战略为:以发展煤基循环经济纵向一体化和提升核心竞争力相结合,并以煤炭产业为主业带动循环经济良好发展。从公司的战略目标以及战略定位来看,这一目标与之相符。另外,在公司基础实力提升以后,才可以考虑兼并战略和多样化战略,否则只会成为公司的拖累。

企业发展战略及发展模式确定后,还必须对实施中若遇到经济下行或经济危机带来的煤基循环经济产业链及关键产业各产品滞销、价格下跌、资产负债率偏高、财务负担重、银行抽贷、缩贷、断贷等对企业正常经营造成难以为继的特殊困境时要提前制定应对危机及抗风险的应对预案和措施,以保障企业渡过难关,平稳健康发展。

五、企业发展战略及发展模式实施

(1) 提升企业核心竞争力。依据《公司法》《公司章程》优化企业内部治理结构,充分发挥企业主体作用,构建精干高效的人才体系、技术创新体系、循环经济体系和现代市场营销体系等,建塑新时期的企业文化体系。

(2) 按照确定的企业发展战略和发展模式,制定企业煤基循环经济发展总体规划,从企业内部单项资源直线式小循环开始,纵向延伸煤基循环经济产业链并延链、强链、固链,纵向扩展资源综合利用循环经济产业链,并补链、完链、稳链,构建企业内部煤基循环经济产业生态工业园区循环体系,并向关联产业延伸链接,融入区域循环经济体系。

(3) 制定实施企业战略发展的具体保障措施,结合企业实际和所处的内外部环境,在政府主导保障体系下,从组织保障、法律保障、政策保障、制度保障、资源保障、技术保障、人才保障、信息保障、宣传保障等方面制定具体落实措施,以最终实现传统煤炭企业煤基循环经济高质量可持续发展。

窑街煤电集团有限公司 2008 年被列为甘肃省首批循环经济试点企业,2010 年 9 月被列入首批矿产资源综合利用项目国家级示范基地和单位,2014 年 6 月"煤炭资源综合利用循环经济发展——窑街模式"列为甘肃省十大循环经济发展模式之一。通过确定企业发展战略,从 2008—2019 年实施:"发展煤基循环经济纵向一体化和提升核心竞争力相结合的发展战略",企业由"劣势"企业转变为优势企业,由省属一般大型国有企业转变为大型骨干国有企业,由产业、产品单一转变为多元产业、多种产品,由亏损大户转变为盈利大户,实现了企业的可持续发展并逐步迈向高质量可持续发展。

六、传统煤炭企业煤基循环经济高质量发展战略及发展模式择优选择和组织实施步骤

综上所述，传统煤炭企业煤基循环经济高质量发展战略及发展模式应按以下步骤择优选择和组织实施(图 7-6)。

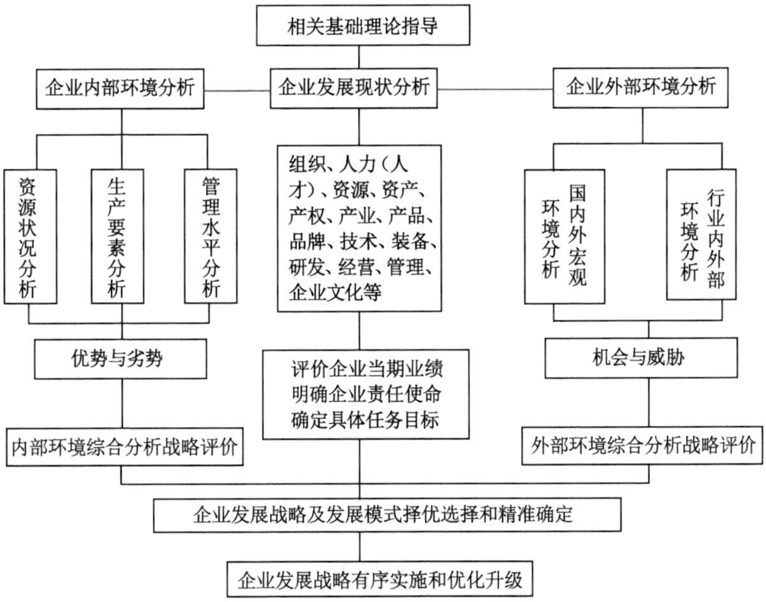

图 7-6 传统煤炭企业煤基循环经济高质量发展战略及发展模式择优选择和组织实施步骤

第八章　全国煤炭行业循环经济发展模式

全国煤炭行业循环经济发展模式，建立在20世纪80年代实施的煤炭资源综合利用项目基础之上，是传统煤炭企业循环经济的初期。如萍乡、永荣、广旺、鸡西等煤矸石综合利用电厂、抚顺油页岩炼油项目等，是煤炭行业最早开发的资源综合利用项目。

“十一五”至“十三五”期间，全国大力发展循环经济，为传统煤炭企业发展循环经济创造了发展机遇。煤炭资源的天然特性和煤炭能源产业的特点决定了发展煤基循环经济具有先天独特的优势，并涌现出一批循环经济试点企业和示范典型，在国家两批178家试点单位中建成西山、抚顺、淮南、新汶等一批循环经济示范矿区，探索出了企业、企业间或生态工业园区等层面的循环经济发展模式。

要有序有效推进传统煤炭企业大力发展煤基循环经济，深化构建科学完善的煤基循环经济产业体系，需要示范指导和典型引路，为此，特从全国煤炭行业十个主要产煤省区和百强企业中的中央煤炭能源企业、省属煤炭能源企业、地方非国有煤炭能源企业三个层次及传统煤炭企业、现代煤炭企业、地方新型煤炭企业、大型煤炭基地四种类型中，择优梳理，甄选推介具有煤基循环经济特征明显、经验典型、成效突出且具有示范借鉴及代表性的13个模式，以期总体推进煤炭行业、煤炭企业煤基循环经济可持续发展及高质量可持续发展。

一、中国传统煤炭企业循环经济发展模式

（一）塔山模式（大同煤矿）——煤炭转型升级、集约高效、耦合共生循环经济完整产业链工业园区发展模式

1. 模式特征

园区以煤炭转型升级、集约高效循环为方向，以循环经济产业生态工业园区为载体，通过产业链接延伸拉长，吃干榨净煤炭及副产品、废弃物资源。园区延伸建成煤—电—热、煤—化工、煤—建材三条完整产业链及耦合共生、多元一体、绿色低碳的煤基循环经济产业生态工业园区体系，并形成资源—产品—废弃物—再生资源反馈式循环方式。园区内各个生产单位首尾相连，环环相扣，上一个生产单位的废料正好是下一个生产单位的原料，逐层减量利用，园区内废弃物百分之百资源化利用，以最小的资源消耗和环境成本代价获取最大的经济效益、环境效益和社会效益。构建成煤炭转型升级、集约高效、耦合共生循环经济完整产业链工业园区发展模式。

2. 典型经验

园区形成集约高效、耦合共生的循环经济体系。

（1）始终坚持“减量化、再利用、资源化”的循环经济原则。在煤炭绿色高效开采、清洁高效利用上下功夫，在推动产业转型升级、集约高效循环上做文章。自2003年年初启动至2009年全面建成完整产业链的“塔山循环经济产业生态工业园区”，并进一步升级，形成多

条产业链耦合共生的发展模式。真正实现了黑色煤炭绿色开采，有限资源无限利用的模式。

(2) 园区按照传统产业新型化、新型产业规模化，以塔山矿两座千万吨级矿井为龙头，涵盖包括煤炭生产、洗选加工、坑口电厂、热电联供、煤化工、煤矸石建材、污水分质净化循环、煤系高岭土深加工、光伏发电、现代服务业等多个产业，凸现了高科技、综合性、循环化的集聚效应以及先进生产力的集约优势。

(3) 园区对环境效益制定出资源产出、资源消耗、资源综合利用、废弃物排放等 30 项指标体系。园区内"挖煤不见煤、烧煤不冒烟、发电不用电"。园区主干道路灯照明采用风能和太阳能互补路灯。

(4) 园区内推行生产产业化、效率高效化、服务社会化，达到生产高产高效、人力精干高效。创造出技术管理一流，资源节约和综合利用一流，生态环境保护一流。

(5) 园区充分彰显：项目集聚中心、高新技术研发中心、产业链延伸中心、产品增值和利润增长中心的聚合作用和效应。

(6) 园区抛弃了过去 60 年传统单一粗放型的经济增长方式，实现了经济效益、社会效益和环境效益的和谐统一。园区模式成为开发资源和保护环境及建立资源节约型和环境友好型现代企业的典范。

3. 借鉴意义

高理念指导，高标准规划，高水平建设，形成集约化、高效化、规模化，成功探索实践传统煤炭企业"老树发新枝、大树结新果"，从根本上扭转了前 60 年"一煤独大"及大量消耗、大量废弃、大量排放、大量污染的传统单一粗放的经济增长方式，园区发展模式"代表了中国煤炭工业、能源工业、资源型企业的发展之路和未来发展方向"。为资源型煤炭企业的可持续发展及高质量可持续发展成功探索走出一条新路，通过建设新型工业园区运营，为从根本上改变资源型煤炭企业的发展模式树立了样板。

4. 企业概况

大同煤炭开挖可追溯至大约北朝时期的煤层露头煤挖采。1907 年创立保晋公司，1929 年开办晋北矿务局，1932 年成立大同煤业公司。

大同煤矿集团有限责任公司前身是成立于 1949 年 8 月 30 日的大同矿务局，于 2018 年 1 月入选第一批中国工业遗产保护名录。2000 年 7 月改制为大同煤矿集团有限责任公司，2003 年 12 月重组成立新的大同煤矿有限责任公司，2005 年 12 月实施债转股成为七家股东共同出资的大同煤矿集团有限责任公司。2020 年 10 月 30 日经省委、省政府批准，由原同煤集团晋煤集团和晋能集团等联合重组成立晋能控股集团有限公司，形成煤炭、电力、装备制造、煤化工、金融、新能源、节能环保和文旅、物流、冶金多元产业体系的特大型综合能源企业集团，是国家规划的亿吨级大型煤炭基地。自 2009 年先后规划建成塔山、东金潘、朔州、白家沟四个以煤电为引擎的循环经济产业生态工业园区和一个以煤机装备制造与维修为重点的机电装备制造园区，构建了煤—电—建、煤—电—热、煤—电—铝、煤—化工四条优势产业链。着力打造千万吨级安全高产高效矿井群、深度融合的煤电一体化和高科技高效益高品位的循环经济产业生态工业园区"三大核心能力"，实现集约、多元、绿色低碳循环可持续发展。2021 年位列中国煤炭企业 50 强第 3 位、煤炭产量 50 强第 2 位、中国企业 500 强第 54 位、中国能源企业(集团)500 强第 10 位、《财富》世界 500 强第 163 位，先后荣获"中国工业大奖""全国'五一'劳动奖状""国家企业管理最高奖'金马奖'""中国煤炭采选大王""全国职工思想政治工作优秀企业”“国家科技进步奖14项”等荣誉。

塔山煤矿有限公司成立于2004年7月，由大同煤业股份有限公司、大唐国际发电股份有限公司、大同煤矿集团有限公司三方股东共同投资组建。塔山矿井和配套选煤厂是塔山循环经济工业园区的龙头项目，是全球最大的单井口井工矿井，是国家“十一五”期间建设的第一个现代化千万吨级高产高效矿井，设计年产1 500万吨。建成了大同煤矿集团发展史上第一个年产千万吨综采队，并创造了“八个之最”和“十五项纪录”，是代表着21世纪中国煤炭工业先进水平的大型现代化煤矿。2009年率先建成塔山循环经济产业生态工业园区，是煤炭行业首个产业链条最为完整的循环经济园区，涵盖煤炭、电力、化工、建材、光伏、水处理多个产业，循环经济园区工程获“中国工业大奖”，为首批国家级绿色矿山。连续多年被评为“国家特级安全高效矿井”“全国煤炭工业特级安全高效矿井”“全国煤炭系统文明煤矿”“全国企业文化优秀单位”。2009—2021年连续多次荣获“山西省省属企业文明单位标兵”称号。

5. 循环经济产业链主要项目

塔山循环经济产业生态工业园区建成“两矿、四化、五电、八厂、一条铁路”等20个项目，形成三条完整产业链耦合共生的煤基循环经济产业体系。主要项目有：

(1) 年产1 500万吨煤炭，配套1 500万吨洗选煤厂。

(2) 煤泥烘干生产线清洁热源工程项目。

(3) 年产5万吨高岭岩煅烧厂及高岭岩深加工厂。

(4) 装机容量2×60万千瓦坑口电厂。

(5) 装机容量4×5万千瓦资源综合利用电厂。

(6) 年产300万吨水泥厂。

(7) 新型建材厂。

(8) 铁路专用线全长20.65千米。

6. 培育相关关键(核心)技术

(1) 综采放顶煤开采技术(产、运能力达到3 000吨/小时，18米厚煤层一次放顶开采，回采率超过75%)。

(2) 重介浅槽分选块煤、重介旋流器分选末煤、煤泥分选机回收煤泥联合洗选工艺成套技术。

(3) 煤泥烘干生产线清洁热源技术。

(4) 电厂高压循环流化床环保锅炉技术。

(5) 超临界低热值煤发电技术(高效脱硫率超过98%，达近零排放)。

7. 主要成效

(1) 循环经济产业生态工业园区以实现煤炭资源的安全高效绿色开采为龙头，采煤不见煤，实现煤炭能源的分质分级清洁高效利用100%，实现伴生矿资源开发综合利用，实现废弃物资源化循环利用，实现园区COD污染物整体零排放，园区总体实现高效化、规模化、多元化经营。

(2) 循环经济产业生态工业园区的营业收入、税后收益率、投资利润率、投资利税率等均好于建设项目基准要求。

(3) 循环经济产业生态工业园区为节约资源和保护环境，构建资源节约型、环境友好型矿区，建立了典范。循环经济产业生态工业园区发展整体改变了煤矿的形象，提升了煤炭企业的品质。

（二）兖矿模式——变革转型、动能转换，大项目—大产业链—大产业工业园区—大产业基地绿色低碳循环高质量发展模式

1. 模式特征

聚焦优化煤、延伸煤、超越煤，强化煤炭原料功能，弱化煤炭燃料功能，延伸产业链条，提高产品附加值，将传统的资源—产品—废弃物排放开放型物质流动，转变为“资源—产品—废弃物—再生资源”闭环型物质流动，以减量化、再利用、再循环，推进高碳型产业低碳化、传统产业新型化、新兴产业高效化。构筑绿色开采、精细煤化工、清洁电力、洁净煤炭相关产业及煤、电、油、化联产一体化、多元化、高端化、终端化格局，形成变革转型、动能转换的大项目—大产业链—大产业工业园区—大产业基地的绿色低碳循环高质量发展模式。

2. 典型经验

（1）坚持把握能源革命和科技发展新趋势，抢抓供给侧结构性改革新机遇，以科技创新加速动能转换，集中优势资源要素，全力培育主导产业转型升级。以煤炭生产实现大型化、现代化、集约化；以煤炭转化实现高端化、精细化、集群化；以煤炭燃烧实现高效化、洁净化、低碳化，以资源开发实现多元化、特色化、国际化，以产融发展实现一体化、协同化、规模化；以新兴产业实现智能化、信息化、融合化，以此为路径支撑，加速产业链、创新链、价值链和安全环保链融合发展。

（2）坚持生态优先，致力绿色、低碳、循环发展，遵循“减量化、再利用、资源化”的循环经济原则，转变对资源型传统煤炭企业比较优势的认识，转变对煤炭能源由普通燃料变为重要化工原料的认识。变高碳能源低碳化、有烟煤炭无烟化、高硫煤炭低硫化、黑色煤炭绿色化，优化煤、延伸煤、超越煤。坚持以建立开放式技术研发体系，增强企业自主创新能力；以煤炭高产高效和深加工洁净转化为方向，培育具有自主知识产权的核心技术；以技术创新推动结构调整和产业升级，实现资源跨行业循环利用；以完善“减量化、再利用、再循环”循环经济体系，集中力量搞好资源综合利用。尤以关键核心技术研发创新产业化为突破口，以煤炭绿色高效开采、深加工、洁净高效利用和资源综合利用为方向，拉长产业链，完善工业园，推进集群化，成功走出一条传统煤炭资源型企业依靠自主创新、优化调整产业结构、有效转变经济增长方式及空间优化、资源节约、环境友好、生态保护的绿色产业振兴之路，促进了企业煤基循环经济高质量可持续发展。

在技术创新上，坚持发挥企业创新主体作用，建立产、学、研、用深度融合技术创新机制和技术创新研发体系，形成了融技术研发、科技管理、成果转化为一体，开放式、跨地域、跨学科的技术创新平台，以技术高新化、产品高端化为方向，发挥了高新技术研发基地、高新技术产业孵化基地、高新技术人才培养基地的重要作用，重点培育出现代矿井采矿技术、现代煤炭转化技术、新型洁净煤燃烧技术和现代装备制造技术等一批具有自主知识产权的关键核心技术。

在绿色开采上，坚持资源有限、不可再生、充分利用，推动煤炭产业安全开采、高效开采、清洁开采、绿色开采、经济开采，智能开采实现企业效益和社会效益的有机结合。

在产业布局上，坚持创造智慧动能、引领能源变革、生产洁净产品，通过建链、补链、延链、强链，实现煤—电—油—化联产、上下游一体化循环发展。

在资源转化上，坚持资源再生、循环无限，纵向延长生产链条，从源头实现煤炭全入洗、煤泥全浮选、废弃物全利用，并从生产产品延伸到废旧产品的回收处理和再生，实现资源消耗的减量化、再利用和资源再生化。

在生态保护上，坚持政府主导、企业主体、合作开发，建设生态修复综合治理示范园区，实现煤炭资源开发和矿区生态文明建设协同发展。

3. 借鉴意义

对同类大型煤炭企业高标准、高水平、高质量发展循环经济具有借鉴价值。一是正确把握循环经济内涵的根本。用绿色低碳循环发展解决资源约束和环境污染的实现途径，正确处理“物质代谢”与“共生”的关系，实现集约方式增长。二是选择好循环经济的突破点。将发展循环经济的重点放在资源绿色高效开采、煤化工深加工高效利用和工业“三废”综合利用方面，着重构建煤基循环经济产业生态工业园区，提高资源回收率和利用率，实现经济效益、环境效益和社会效益的和谐发展。三是切实注重煤基循环经济产业及关联产业相关科技研发转化的支撑。突破影响传统煤炭企业发展煤基循环经济受制科技先导、技术支撑的瓶颈，着重对共性和关键技术进行攻关或引进吸收，着力加大对产业升级、产品深加工领域具有标志性的先进适用技术研发和引进的高投入，延伸产业链条。四是建立完整配套的循环经济制度保障体系。达到制度分层次，形成长效机制；建立完善监督机制，保障循环经济健康发展。

4. 企业概况

兖矿集团有限公司成立于 1966 年，是山东省首家国有资产授权经营企业和山东省国有重点煤炭企业，2020 年 7 月经省委、省政府批准，联合重组兖矿集团、山东能源集团，组建成立特大型能源企业集团——山东能源集团有限公司。拥有兖矿能源、新矿集团、枣矿集团等 20 多个二级企业、境内外 9 家上市公司，形成山东本部、陕蒙、贵州、新疆和澳大利亚、加拿大“六大基地”发展格局。集团是以矿业开采、煤电铝一体、煤油化联产及高端煤化工、新能源、新材料、高端装备制造、金融投资、现代物流贸易为主导产业，是中国开放程度最高的国际化新型综合能源企业，中国唯一一家拥有境内外四地上市平台的煤炭企业，所属济三煤矿、兴隆庄煤矿、东滩煤矿被命名为国家级绿色矿山试点单位，建有国家级技术中心、水煤浆气化国家工程中心、煤液化及煤化工国家重点实验室、院士工作站和三位院士为首的科学技术委员会。集团与中科院、清华大学等多家科研院所、高端科技研发团队建立战略合作关系。累计投入科研经费 118 亿元，累计承担“863”“973”等国家重点计划课题 20 多项，获得国家科技进步奖 20 项，其中特等奖 1 项、一等奖 3 项，获得省部级以上科技奖励 24 项，取得发明专利 33 项，实现主导产业技术由引进消化吸收向创新引领的根本性跨越。2021 年兖矿集团位列中国煤炭企业 50 强第 1 位、煤炭产量 50 强第 3 位、中国能源企业(集团)500 强第 5 位、中国企业 500 强第 23 位、《财富》中国 500 强上市公司第 93 位、《财富》世界 500 强企业第 69 位。先后荣获“中国工业大奖”“全国优秀企业‘金马奖’”“中国最具影响力企业”“中国环境友好煤炭示范矿区”“中国节能减排十大功勋企业”“全国质量检验稳定合格产品”“全国产品合格质量诚信示范企业”“全国煤炭清洁高效利用示范企业”“国务院国资委国有重点企业管理标杆创建行动标杆企业”和“公司治理示范企业”等荣誉。

5. 循环经济产业链主要项目

构建循环经济工业园区，产业链不断延伸、完善、优化、提升和创新，见图 8-1。

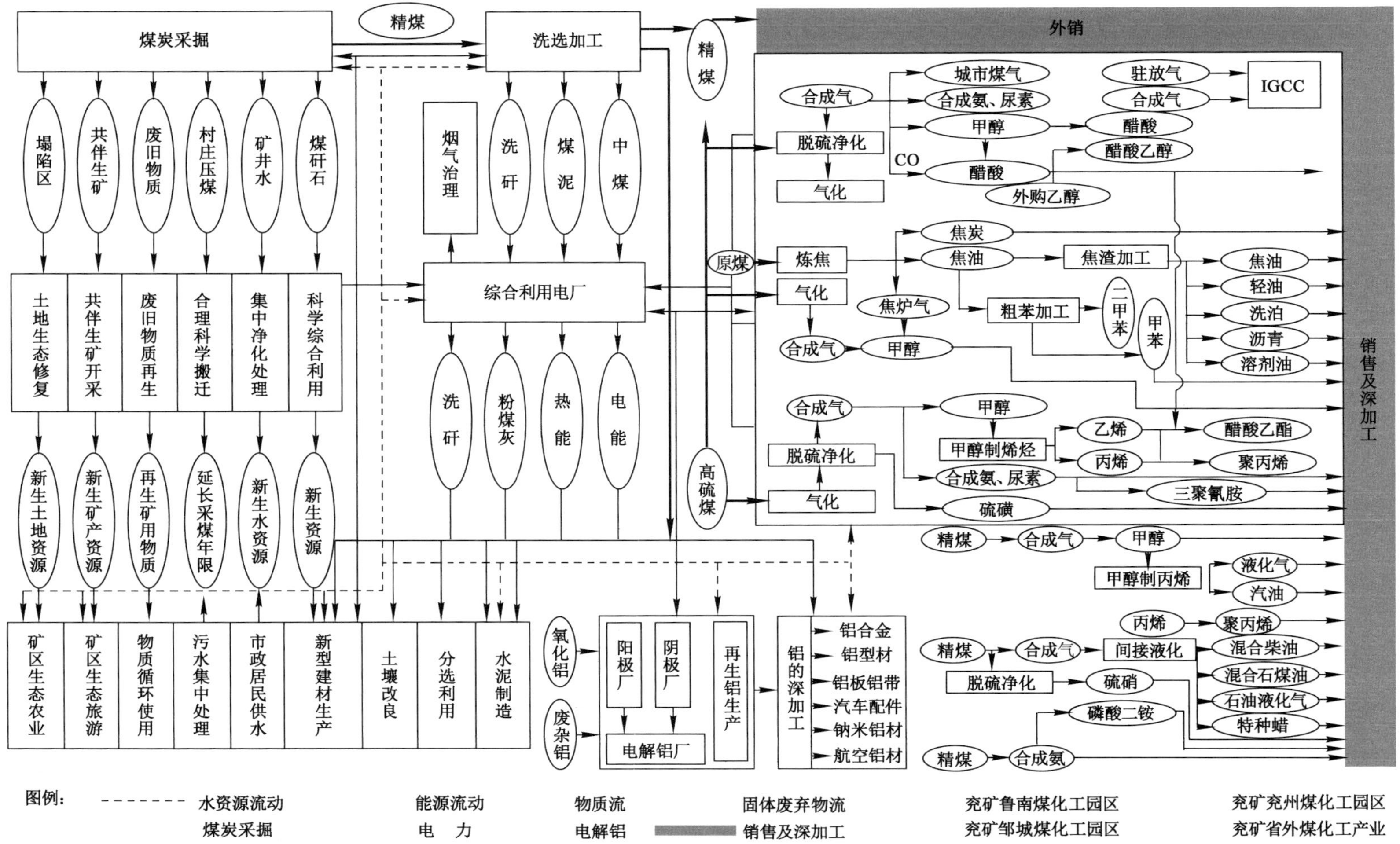

图 8-1 兖矿集团循环经济工业园区图

(1) 延伸煤化工产业链及“高端精细群”项目，构建循环经济产业生态工业园区。

① 以煤电化及多联产为主线的鲁南化工园区及4万吨高端聚甲醛项目。

② 10万吨高温费托合成示范项目。

③ 以煤炭焦化及下游产品加工为主线的兖州化工园区。

④ 以坑口高硫煤洁净利用为主线的邹城化工园区，建成鲁南高硫煤高效清洁转化示范基地(形成100万吨油品，国内首套百万吨级自主知识产权煤间接液化制油国家示范项目，聚甲醛及高端改性产品绿色关键工艺系统集成项目，入选国家工信部绿色制造系统集成资金支持项目)。

⑤ 陕蒙现代精细化工示范基地(形成900万吨甲醇、醋酸及下游产品)。

⑥ 榆林甲醇厂(一期二期)、荣信化工厂(一期二期)(聚甲氧基二甲醚、乙二醇等高附加值产品)。

⑦ 兖矿煤气化制氢及氢能源使用示范区。

⑧ 电解铝及新型工业铝型材项目。

⑨ 高端费托合成蜡开发与工业应用项目。

(2) 延伸煤基能源清洁高效综合利用项目。

① 综合利用煤矸石、煤泥、热电联供节能项目基地(建成年利用煤矸石、煤泥低热值燃料320万吨综合利用电厂9座，总装机容量1 000兆瓦，年发电能力45亿千瓦时；拥有循环流化床锅炉21台，年发电47亿千瓦时，供热150万蒸吨，形成电热生产、电热配售、电热服务并向发展的三位一体新型业态布局)。

② 煤矸石烧结砖项目。

③ 煤炭地下气化及2×600兆瓦级超超临界参数机组发电项目(打造国内同类型最高端的清洁高效示范电厂)。

(3) 延伸高效洁净煤项目(构建洁净煤研发生产、炉具制造、营销服务、金融支持一体化的高效洁净煤全产业链条，为兖矿转型升级一号蓝天工程，探索煤炭清洁高效利用全新路径)。

① 3 000吨煤大型高效水煤浆气化项目。

② 百万吨级煤间接液化工业示范项目。

③ 100万吨高效改性洁净型煤项目。

④ 50万吨复合添加剂项目。

⑤ 10万台民用环保解耦炉具项目。

⑥ 40 t/h煤粉工业锅炉低 NO_x 高效燃烧技术研究与示范项目。

(4) 延伸环保治理项目

三废达标排放、环保治理项目125个(实施固体废弃物综合利用工程、废气综合治理利用工程、废水资源化利用工程、生态恢复治理工程，兴隆庄煤矿、济三煤矿被评为“国家级旅游示范点”)。

6. 培育相关关键(核心)技术

(1) 突破四项核心技术。

① 建井开采关键核心技术，保持世界一流水平。

a. 深厚表土层立井施工和一次性内壁套筑施工核心技术(刷新两次世界纪录)。

b. 缓倾斜特厚煤层高产高效综采放顶煤核心技术及成套装备技术；两柱掩护式综采放顶煤液压支架技术（世界第一套）。

c. 采矿自动化、信息化、智能化"三化"融合智慧矿山技术（实现自动无人值守采煤作业、自动集中控制掘进作业、数字化运输和灾害防治综合预警的安全生产技术体系）。

d. 重复性、复杂性、危险性工作领域和工序使用智能机器人代替无人值守岗位、无人操作工作面技术。

e. 煤层一次采全高核心技术、厚薄煤层搭配开采技术、充填开采工艺技术、三下压煤开采技术、边角煤综采技术。

f. 西部特厚硬煤层超大采高智能化综放开采成套技术与装备（获 2020 年中国煤炭工业协会科学技术奖特等奖）。

g. 煤矿机电成套装备制造关键技术。

h. 8.2 米超大采高综采装备技术（世界首套配套形成年产 1 500 万吨综采工作面）。

i. 高可靠性、大采高、高工作阻力液压支架系列产品技术。

j. 薄煤层高产高效装备技术。

k. ABM20S 掘锚联合机组高效掘进技术。

l. 煤矿深部开采突水动力灾害预测与防治关键技术（获 2017 年国家科技进步奖二等奖）。

m. 深厚富水软岩大直径立井及毗邻硐室冻结法开凿关键技术（获 2018 年中国煤炭工业协会科学技术奖一等奖）。

② 煤炭气化关键核心技术，打破西方垄断。

水煤浆气化（大型化多喷嘴对置式新型水煤浆气化炉）、粉煤加压气化、煤气化发电与甲醇联产（IGCC）、煤基多联产集成四项关键核心技术。（其中日处理 3 000 吨煤大型高效水煤浆气化过程关键技术创新及应用，荣获"2016 年国家科技进步"二等奖，日处理 4 000 吨超大型高效水煤浆气化技术开发及示范项目列入国家重点研发计划。）

③ 煤炭液化关键核心技术，填补国内发展空白。

a. 煤间接液化制油核心技术，铁基催化剂、低温费托合成和高温费托合成"三大"关键技术。

b. 百万吨级煤间接液化关键及系统集成技术开发与工业示范（获 2017 年中国煤炭工业协会科学技术奖特等奖）。

c. 高端费托合成蜡关键技术（获 2021 年中国煤炭工业协会科学技术奖一等奖）。

d. 煤制氢能及提纯、存储和运输技术。

④ 洁净煤关键核心技术，开辟污染治理新途径。

煤炭前端洁净加工及提质改性，中端燃烧过程控制及环保节能炉具开发，后端污染物超低排放治理"三端"七项关键技术（引进国家千人计划博士团队，研发洁净型煤生产应用，与中科院院士团队研发民用环保节能炉具）。

(2) 煤提质降硫降碳技术。

① 高效复合添加剂固硫技术（固硫效果达 60%—95%，燃烧后二氧化硫排放低于 0.4%）。

② 干法型煤制备技术（型煤强度达到 600 N/个，超过型煤制备国家标准）。

③ 烟气干法净化技术(确保中小型锅炉燃煤达标排放)。

(3) 燃煤炉具新技术。

① 民用炉具清洁高效燃烧技术(实现烟煤无烟化)。

② 小区域集中供暖炉具清洁高效燃烧技术(达到工业锅炉排放标准)。

③ 循环流化床工业锅炉超低排放技术(达到电厂超低排放标准)。

④ 煤粉工业锅炉超低排放技术(锅炉内氢氧化物原始排放浓度控制在100毫克/标准立方米以下)(低氮煤粉工业锅炉技术与中科院工程热物理研究所研究新型煤粉工业锅炉列入2018国家重点研发计划)。

⑤ 40 t/h煤粉工业锅炉低 NO_x 高效燃烧技术(获2021年中国煤炭工业协会科学技术奖一等奖)。

(4) 煤炭洗选加工关键技术。

煤炭分级分质洗选技术(实现振动筛分级、选碎机破碎、跳汰机粗选、重介旋流器精选、煤泥浮选、煤泥水闭路循环生产工艺)。

(5) 煤电关键技术。

① 基于流态重构的节能环保超低排放型煤泥循环流化床锅炉燃烧技术(与清华大学原创团队研发新型循环流化床工业锅炉)。

② 煤炭地下气化及2×600兆瓦级超超临界参数机组发电技术。

(6) 中国专利奖。

一种连续操作的气液固三相浆态床工业反应器获中国专利银奖(20届)。

7. 主要成效

坚持绿色、低碳、循环发展,推进企业建设全球一流企业集团和绿色能源服务商。

坚持发挥国家级技术中心、工程中心和重点实验室平台优势,构建企业为主体的产学研用深度融合机制和符合市场经济规律的科研成果产业化创投机制,取得循环经济产业链及相关产业一系列关键核心技术突破。

坚持依靠关键核心技术研发,推进煤炭洁净高效转化,并实现资源跨行业高效循环利用,输出和复制循环经济发展新模式及新理念、新技术、新装备和新管理,煤矿建井、开采,煤炭加工、利用技术保持行业领先水平。

① 煤炭气化关键核心技术研发成功,并转化应用推动资源跨行业循环利用,实现向发达国家输出煤化工大型成套技术;

② 煤炭间接液化制油核心技术研制成功,具有自主知识产权;

③ 洁净型煤三端七项关键技术节能5%—30%,热效率达到75%,烟尘排放浓度降至5%,二氧化碳排放降低60%—95%,氢氧化物排放降低35%—40%,一氧化碳排放小于0.2%,脱硫效率达到95%。上火速度达到5 ℃/分钟以上,持续燃烧时间大于10小时,燃料成本为煤改气的1/2,煤改电的1/3。

(三) 开滦模式——百年传统资源型煤炭企业转型升级、绿色低碳循环可持续高质量发展模式

1. 模式特征

以煤炭资源安全高效绿色开采和洗选清洁加工为前端,由"一煤独大"到煤基能源化工产业多点开花,全部构建和延伸煤基循环经济产业链,上游项目的产品作为原料传导至下游

项目，终端产生的副产品和废弃物进入循环系统再利用和再生产，构建循环经济产业生态工业园区耦合共生的产业体系和资源循环利用体系。成功走出一条百年传统资源型煤炭企业转型升级为现代煤基化工企业的独具开滦特色的绿色、低碳、循环、可持续高质量发展之路。

2. 典型经验

坚持可持续发展的新理念，按照"开放融入、调整转型、科学发展、做大做强"的企业发展方针和建设行业示范、国内领先、世界先进的示范型能源化工企业目标要求，确定以煤为基、多元发展的企业发展战略，着力转变发展方式，深入推进结构调整、产业转型、技术升级。从2008年开始对企业发展战略做出重大调整，积极探索煤基化工走大型化、基地化、园区化、低碳化、循环发展的路径，逐步实现产业格局多元化、发展规模集约化、煤基化工产品高端化、资源整合全球化、融资渠道多路化。具体做法：一是坚持将绿色、低碳、循环发展理念在转型升级中贯穿于煤基化工循环经济产业的整个设计、建设、生产、循环过程中；二是按照园区化、基地化、上下游产业一体化，公辅设施工程整体配套的思路，着力打造产业集聚、用地集约、布局优化、功能配套的、绿色低碳的煤基化工循环经济产业生态工业园区，原料和资源均来自园区内部或周边企业，公辅设施直接输送，最大限度降低成本和污染；三是立足焦化副产品的深加工、余热能源和水资源循环利用、梯级利用，推动不同项目的产业链延伸和耦合，形成循环利用产业链各类资源共享；四是以科技创新为驱动力，转型升级产业项目全部高标准选择先进的生产工艺、技术及装备，并不断尝试煤基化工领域的新工艺、新技术、新装备和新项目；五是科学有序推进煤基化工产业向新能源、新材料、精细化工、节能环保、高端产品等领域技术的全面发展，并在推进能源梯级利用、深度延伸产业链中，注重培养煤基化工产业领域高端人才；六是致力打造资源利用率高、废弃物排放少，企业和社会资源循环共享的绿色矿山、绿色工厂、绿色园区、绿色企业。总体从根本上扭转传统的单一采煤卖煤格局，通过转型升级形成煤炭开采—现代煤化工—现代化工综合发展格局，企业整体实现经济增长、产业结构和经营模式三大转型升级，建成主业突出、结构合理、治理科学、质效领先的现代化和国际化大型能源企业集团。

3. 借鉴意义

坚持绿色低碳循环发展新理念，转变发展新方式，实施结构调整，推进产业转型技术升级，充分开发煤炭资源天然的碳基工业原料价值，精深加工，发展煤基化工循环经济产业，构建煤基化工循环经济产业体系，不仅大大提升煤炭及煤基产品的品质和价值，而且实现了企业经济效益和区域环境效益双赢。对于以煤炭资源生产经营的传统老煤炭企业转型升级，走绿色、低碳、循环、可持续发展和高质量发展之路具有很好的借鉴意义。

4. 企业概况

开滦（集团）有限责任公司是中国最早的大型煤炭企业，始建于1878年（1878年创办开平矿务局、1912年设立开滦矿务局），至今已有144年发展历史，被盛誉为"中国煤炭工业源头"和"中国近代工业摇篮"。北京"中华世纪坛"青铜甬道上镌刻着开滦（集团）设立的"中国北方近代工业遗址大型博览园"和"开滦博物馆"，记载着曾创造过多个中国近代工业史上第一和中国煤炭工业的先河之最："中国最早使用机器开采的大型煤矿""中国近代最早实行股份制经营的煤矿""中国最早铺设使用准轨铁路的煤矿""中国最早制造使用蒸汽动力机车、蒸汽动力绞车、蒸汽动力水泵的煤矿"，建设了"中国近代第一座水泥厂、最大的火力发电厂、最大的煤矿机械厂"，安装使用了"中国近代第一台电力绞车"，开凿了"中国近代第一条运输煤炭运河”，建造了“中国近代企业第一个煤炭码头”，驶出了“中国企业最早的自营海运船队”等等。新中国成立后，建成“中国第一座水力化采煤矿井、中国煤矿第一个降尘达标局”，自行勘察设计施工建设了“中国第一座现代化大型煤矿、中国煤矿第一个正规循环作业的矿井”“中国煤矿业最早使用综合机械化采煤的煤矿”“中国煤矿最早实现产量翻番的煤炭企业”等等。曾受毛泽东同志高度赞扬开滦工人阶级“特别能战斗”，曾受周恩来同志两次表扬“开滦为国家经济建设出了力、救了急、立了功”。曾是全国工业战线“学大庆、赶开滦”的一面先锋旗帜。开滦（集团）前后跨越三个世纪，始终发挥着引领中国煤炭工业发展的独特作用。

开滦（集团）的前身是开滦矿务局，先后隶属国家燃烧工业部、煤炭工业部，1998 年由河北省管理，1999 年底改制为开滦（集团）有限责任公司。逐步发展为集煤炭产业、煤化工产业、煤电热产业、现代服务业、新兴产业等“五大板块”多元产业发展格局，占据五大区域，建有七大战略基地，跨地区、跨行业、跨所有制、跨国的特大型现代能源企业，为河北省煤炭、煤化工、现代物流领军企业。设有国家级实验室、国家级企业技术中心、院士专家工作站、博士后工作站等科研平台。入选“2008 年度影响世界的中国力量品牌 500 强”，位列第 291 位。2020 年“开滦股份”入选中国品牌 500 强第 378 位。2021 年位列中国煤炭企业 50 强第 12 位，煤炭产量 50 强第 21 位，中国能源企业（集团）500 强第 46 位，中国企业 500 强第 249 位，世界煤炭高质量 5A 品牌世界 500 强第 415 位。被评为“中国百家优质产品企业”“全国用户满意服务企业”“现代物流领军企业”“中国优秀诚信企业”“全国煤炭行业 AAA 级信用企业”。荣获“全国五一劳动奖状”“中国工业大奖提名奖”“全国职工职业道德建设标兵单位”“全国先进基层党组织”“全国煤炭系统思想政治工作先进单位”“全国企业文化示范基地”“全国煤炭系统互联网＋时代安全文化建设标杆企业”“全国煤矿文化艺术工作先进单位”“全国首批国家级矿山公园”“中国煤炭工业两化融合示范企业”等荣誉。多座煤矿被评为“全国煤炭工业双十佳煤矿”，多个选煤厂被评为“全国煤炭工业十佳选煤厂”。获得“特别能战斗精神新中国 60 年最具影响力十大企业精神”“新中国 60 年企业精神培育十大摇篮组织”“特别能战斗精神新中国 70 年中国企业精神奖”“全国内部审计先进集团”“中国安全生产第三届安全科技进步奖”“国家级管理创新成果二等奖”“中华品牌商标博览会金奖”等殊荣。

5. 循环经济产业链主要项目

（1）六大化工产业园区。

① 唐山中润煤化工产业园区（煤转化成几十种产品，其中一部分通过管道输往上下游产业链）。

② 唐山中浩化工产业园区（承接中润煤基化工产品，生产聚甲醛己二酸化工品原料，延伸聚甲醛纤维产品生产线项目）。

③ 唐山京唐港开发区煤化工产业园区（煤焦化产业 200 万吨/年焦化一期工程及配套 20 万吨/年焦炉煤气制甲醇一期工程项目，集中深加工粗苯和煤焦油项目）。

④ 迁安中化煤化工产业园区（焦炭主供钢铁厂、焦炉煤气用作炼钢高炉的加热介质）。

⑤ 承德中滦煤化工产业园区（焦炭主供钢铁厂、焦炉煤气用作炼钢高炉的加热介质）。

⑥ 唐山考伯斯开滦炭素化工产业园区。

⑦ 化工产业园区原料管道输送装量项目。

（2）煤基焦化循环经济三条产业链条。

① 焦化粗苯—精苯—乙二酸—尼龙 66 产业链。

② 煤焦油—初级加工—精深加工产业链(生产碳材料、染料、医药中间体向精细化工和合成材料领域延伸)。

③ 焦炉煤气—甲醇—聚甲醛(甲醇燃烧)产业链(甲醇经氧化、浓缩、聚合)—聚甲醛—聚甲醛纤维(颗粒)—包芯绳索、高品质服装面料(拉链齿轮托轮)。

把握"园区化布局、产业链延伸"是构建煤基循环经济发展模式的关键,建成规模最大、产业链最长、循环经济水平国内领先,并进入新能源、新材料、精细化工领域。煤基化工产业园区形成:煤炭产能 4 000 万吨、精煤 700 万吨、煤基化工产品产能总规模 860 万吨(其中:焦炭 660 万吨、甲醇 20 万吨、硫铵 8 万吨、焦炉煤气 38 万吨、煤焦油 20 万吨、煤焦油初加工 60 万吨、粗苯精制 20 万吨、聚甲醛 4 万吨、乙二酸 15 万吨、乙醇汽油 10 万吨、锅炉用甲醇燃料 5 万吨等)。

(3) 综合利用项目。

① 矿井水处理厂、污水治理厂 24 座,矿井水利用率 100%。

② 矿井瓦斯抽采利用项目,利用率 100%。

③ 煤矸石综合利用项目,利用率 100%。

④ 炼焦产品及产生的余热、氮气、弛放气、水、废渣 6 个闭合循环利用系统。

6. 培育相关关键(核心)技术

(1) 煤矿灾害防治技术。

① 西北生态脆弱区煤与煤系气资源勘查开发技术(2017 年中国煤炭工业协会科学技术奖一等奖)。

② 深井高应力软岩巷道围岩锚、注、卸综合控制技术(2017 年中国煤炭工业协会科学技术奖二等奖)。

③ 过小煤矿破坏区开采关键技术及软岩底板围岩控制技术(2019 中国煤炭工业协会科学技术奖二等奖)。

④ 煤自燃固有特性分析及火灾预测技术(2019 中国煤炭工业协会科学技术奖二等奖)。

⑤ 基于物联网的矿山供电防误识别智能技术(2019 中国煤炭工业协会科学技术奖二等奖)。

⑥ 煤矿智能防灾技术(2019 年中国煤炭工业协会科学技术奖三等奖)。

(2) 煤炭洗选技术。

精煤高回收技术。

(3) 煤基化工技术。

① 焦化粗苯延伸加工成套技术。

② 煤焦油精深加工粗细化工合成材料成套技术。

③ 焦炉煤气—甲醇—聚甲醛成套技术。

④ 聚甲醛精深加工包芯绳索、高品质服装面料成套技术。

⑤ 煤基化工产品管道输送技术。

7. 主要成效

(1) 结构调整,减量增效。

仅“十三五”时期累计退出煤炭产能 2 016 万吨，唐山区域原有 11 座煤矿减少至 6 座，退出低效产能。

(2) 转型升级，延伸产业。

仅 2021 年煤基化工产能总规模 860 万吨，实现营业收入 202 亿元。煤炭由传统燃料向精深加工转化，由黑变白，煤炭已被延伸加工成近 70 种煤基化工产品，且所有煤基化工副产品被吃干榨净。

(3) 综合利用，节能减排。

矿井煤矸石、矿井水、抽采瓦斯百分之百全部综合利用，煤基化工产生的热、气、水、渣闭合全部循环利用，变废为宝、化害为利。仅京唐港产业园区和迁安产业园区的 5 套干熄焦装置每年可回收能源折合标煤约 20 万吨，利用余热可产生蒸汽 300 万吨或发电 6.25 亿千瓦时，每年可减排二氧化碳 62.5 万吨、二氧化硫 3 750 吨，实现经济效益和环保效益双赢。

（四）淮南模式——开发与保护并举、开源与节流共建循环经济产业绿色发展模式

1. 模式特征

以“零排放、零污染、零废弃”为目标，以煤炭清洁高效利用、节能减排、瓦斯综合利用、“三废一沉”治理、煤矸石综合利用发电、资源枯竭矿区环境修复项目为依托，构建开发与保护并举、开源与节流并重的循环经济产业绿色发展模式。

2. 典型经验

始终坚持“减量化、再利用、资源化”循环经济原则，以建设“资源节约型、环境友好型”新型能源企业为目标，加大投入，强化管理，着力构建煤、电、气能源循环经济产业链、服务链、价值链，探索出一条资源高效利用的新途径，以往煤矿的废弃物——瓦斯、煤矸石、矿井水等转身成为可综合利用的宝贵资源，成为企业发展新的经济增长点，其中矿井瓦斯民用化、发电化，矿井水分质处理循环再利用，煤矸石、煤泥综合利用发电，粉煤灰、炉渣、岩矸生产建材等均走在全国煤炭行业前列。确保企业健康可持续发展、高质量发展。

3. 借鉴意义

坚持从源头实施矿区经济建设、节能减排和环境保护，以开发与保护、开源与节流为核心，成功走出了一条符合传统煤炭矿区实际的循环经济产业绿色发展之路，对传统煤炭矿区大力发展循环经济产业，提升企业可持续发展能力具有示范作用。

4. 企业概况

淮南煤炭开采已有百年历史，1903 年开矿，1930 年成立淮南煤矿局，1937 年组建淮南矿路股份有限公司。

淮南矿业集团有限责任公司始建于 1949 年，1998 年 5 月由原淮南矿务局改制为国有独资公司，原为煤炭工业部所属国有重点煤炭企业之一，1998 年 7 月移交安徽省管理。2000 年 11 月成立由淮南矿业控股的国有上市公司淮河能源控股集团有限责任公司，为国家亿吨级煤炭基地和大型煤电基地，2008 年 12 月建成国家第一个亿吨级煤电生产基地。以煤炭、电力、天然气、综合能源服务、物流贸易、机械、化工、建材、金融、技术服务等多元产业发展，形成煤电气一体化现代特大型综合能源服务集团。2021 年位列中国煤炭企业 50 强第 15 位、煤炭产量 50 强第 10 位、中国能源企业(集团)500 强第 69 位、中国企业 500 强第 372 位、(财富)中国 500 强第 499 位。建有“煤矿生态保护国家工程实验室”“深部煤炭开采与环境保护国家重点实验室”“煤矿瓦斯治理国家工程研究中心”“煤炭开采国家工程技术研

究室”。2005 年入选首批国家循环经济试点单位，2015 年被列为第二批国家循环经济试点示范单位。企业连续多年荣获“全国煤炭工业节能减排先进企业”“全国煤矿瓦斯治理先进单位”“安徽省循环经济示范单位、节能减排先进企业”“人才工作先进单位高新技术企业”“中国环境友好奖”“中华环境友好煤炭企业”“中国专利金奖”“国家创新型企业试点单位”等奖项。

5. 循环经济产业链主要项目

(1) 顾桥循环经济工业园区。

(2) 煤炭(瓦斯、矸石)—热电—建材—生态复垦循环经济产业链。

(3) 煤层瓦斯安全高效抽采工程应用项目。

(4) 矿井瓦斯综合利用民用项目。

(5) 矿井水分质净化处理循环利用项目。

(6) 新型建材项目(粉煤灰制空心砌块，粉煤灰制加气混凝土砌块)。

(7) 采煤塌陷地综合治理及复垦项目。

(8) 新庄孜高效循环农业示范区。

6. 培育相关关键(核心)技术

(1) 采矿关键技术。

① 矿井、采区优化设计技术(依据断层带、构造带和煤层变化带等自然界线优化设置井田及采区边界，依据煤层自然禀赋及煤层厚薄、倾角大小、断层落差、瓦斯含量、“三下”压煤等科学合理选择采煤方法)。

② 富含水厚松散层、薄基岩煤层开采安全控灾关键技术(获 2021 年中国煤炭工业协会科学技术奖一等奖)。

③ 薄煤层、中厚煤层、厚煤层高产高效回采系统成套技术。

④ 沿空留巷 Y 形通风无煤柱开采技术。

(2) 瓦斯抽采综合利用核心技术。

① 煤层瓦斯安全高效抽采关键技术体系及工程应用(获 2016 年国家科技进步奖二等奖)。

② 瓦斯安全民用技术。

③ 改造工业燃煤锅炉为燃气锅炉技术。

④ 低浓度瓦斯发电技术。

(3) 低热值燃料综合利用关键技术。

煤泥、洗矸循环流化床燃烧发电技术。

7. 主要成效

集团依托落户企业的四个国家级研发平台，在煤炭资源安全高效开采、低浓度瓦斯利用、沉陷区治理等领域开展科研攻关，形成了一批具有自主知识产权、工程化程度高、成熟匹配的科研成果，向全国煤炭行业和企业推广应用。

(1) 提高了老矿区煤炭资源回收率(潘谢矿区工作面回采率高居 92%以上，其中薄煤层 96%以上，中厚煤层 94%以上，厚煤层 88%以上；采区回采率达到 83%以上，矿井回收率达到 70%以上，均居全国较高水平)。

(2) 提高了矿井瓦斯综合利用率(抽采瓦斯浓度 30%以上利用率为 100%，达到国内先进水平，瓦斯分质利用：民用、发电、燃气锅炉）。

(3) 提高了煤矸石、煤泥、粉煤灰、炉渣综合利用率（应用循环流化床燃烧发电技术和新型建材工艺，利用率达到100%）。

(4) 提高了矿井水利用率（分质净化利用率达到85%以上）。

(5) 提高了采煤塌陷地综合治理率（塌陷深度在小于1.5米的稳定沉陷区全部复垦为耕地，转交当地农民继续耕种；积水塌陷区宜水则水，建成良性循环的经济生态系统；资源枯竭矿区综合治理与开发，建成大通矿遗址生态公园、淮南市最佳山水林居环境区域、潘一矿山生态公园、张集矿湿地生态景观、新庄孜矿经济林、苗圃生产基地等，治理利用率达到80%以上）。

(6) 建成顾桥循环经济工业园区、大通国家矿山公园以及修复利用塌陷区建成新庄孜高效循环农业示范区等一批循环经济项目。

成功实现了将经济结构、生态结构和技术结构有机结合，实现了经济效益、生态效益、社会效益的有机统一，实现了传统煤炭企业高质量可持续发展。

（五）潞安模式——立足煤、延伸煤、超越煤，高效化、高端化、高质量煤基绿色低碳循环经济发展模式

1. 模式特征

集团以绿色高效综合开采煤炭和与煤共生、伴生矿资源，以绿色高效综合利用多种资源及废弃物，以绿色高效循环构建多产业链为发展循环经济主线，重点以煤炭为基础，拉长加粗煤—电—化、煤—焦—化、煤—油—化三条煤基能源化工循环经济主产业链，全面建成煤电、煤油、焦化、电化四大循环经济产业生态工业园区，发展煤、电、油、化、硅五大产业，矿区内煤—油—电—焦化—建材等各产业间实现有效组合和链接，并全面建成工业硅—聚氯乙烯—高纯度多晶硅—太阳能电池硅产业链条。通过构建资源—产品—再生资源的流程，最大限度实现资源、能源、排放物、废弃物的合理高效利用、循环利用、梯级利用，形成了以循环经济为统领，立足煤、延伸煤、超越煤，高效化、高端化、高质量煤基绿色低碳循环经济发展模式，实现煤炭资源价值最大化和环境效益最优化的高质量可持续发展。

2. 典型经验

集团以能源革命和循环经济可持续发展统领全局，从2001年开始，始终把发展循环经济作为资源型企业可持续发展最佳途径和重中之重。紧紧围绕煤炭资源型企业高端转型和高质量发展，立足煤、延伸煤、超越煤，从根本上摆脱传统煤炭企业以大量消耗资源，牺牲环境为代价的传统粗放发展模式，实现了经济增长和环境友好的根本性转变。

(1) 全力推进两条腿走路。一方面建设数字化矿井，提高装备水平，巩固提升潞安集约高效优势，实现了老矿井减人提效、新矿井集约高效；另一方面实施跨疆域发展战略，为百年潞安储备资源基础。

(2) 全力打造“产、学、研、用”一体化融合的高端科技创新平台，构建涵盖基础研究、技术中试、工业示范和技术集成与商业化一体创新链。以国家煤基合成工程技术研究中心为总平台，与中科院上海高研院、陕西煤化所、大连化学物理研究所、天津大学等联合建设“一中心、九平台、五基地”高端开放创新体系，实现创新链与产业链无缝对接。并同11个国内的20余家先进公司开展科研、人才、资本、管理和市场等深度合作，全力打造中国高端化工产业的引领者，传统煤化工产业转型的示范者，煤化工创新技术研发应用的开拓者和新时代

煤化工现代化管理运用的探索者。

（3）全力实施能源革命、低碳发展的"双替代"战略。开发推广可规模化替代石油，又优于石油的煤基高清洁能源，推动能源供给多元化；开发与石油基差异化，可替代进口的煤基高端精细化学品，实现煤基能源利用高端化。

（4）全力培育战略新兴产业，抢占产业转型和价值链的最高端，树立跨界融合的理念，着力培育生物健康、光伏发电与半导体深紫外 LED 等新兴产业，构建高端化工、生物化工、生物乙醇联产人造蛋白、生物肥料一体化新型生态产业体系。

（5）全面推进科技创新、人才创新、金融创新，推进企业实现由资源驱动型向创新驱动型、综合效益型转变，取得经营绩效最好、发展速度最快、发展后劲最强、职工得到实惠最多的综合好成绩。

3. 借鉴意义

集团坚持能源革命、循环经济、低碳发展，坚持以煤炭为基础，通过大力发展煤基循环经济，立足煤、延伸煤、超越煤，做足煤的文章。并致力于构建新型化工—生物产业生态体系，实现高效化、高端化、高质量循环经济可持续发展目标。对于同类传统煤炭企业借鉴成功模式，加快产业转型升级，加快发展煤基循环经济具有重要意义。

4. 企业概况

潞安化工集团有限公司前身是 1959 年 1 月 1 日成立的潞安矿务局，于 2000 年 8 月改制成立特大型煤炭企业。曾以"艰苦奋斗、勤俭办矿"的石圪节精神和全国公交战线"五面红旗"而闻名全国。1987 年被命名为第一个中国煤炭工业现代化矿区，成为对标国际一流企业标准的跨地区、跨行业的特大型现代化企业。形成潞安本部、武夏、忻州、临汾、晋中、潞安新疆六大矿区，构建具有竞争力的煤炭、焦炭产业，新型高端现代煤化工产业、碳基材料产业、电力、硅产业、新能源产业及光伏电池组件、生物化工及生物健康产业和高端装备制造、工程总包等现代产业体系。建有两个"国家级技术中心"和企业研究院、一个博士后工作站。构建了以"国家煤基合成工程技术研究中心"为总平台的"一中心、九平台、五基地"高端开放创新体系，见图 8-2，为全国循环经济试点企业、全国煤炭系统首家全国企业文化示范基地。所属上市公司——潞安环保能源股份公司是全国煤炭系统第一个国家高新技术企业。企业技术工艺、装备水平、效率效益和循环经济发展始终名列全行业前茅。2021 年位列中国煤炭企业 50 强第 11 位、煤炭产量 50 强第 7 位、中国能源企业（集团）500 强第 21 位、中国企业 500 强第 121 位、《财富》中国 500 强上市公司第 280 位，连续 8 年位居世界 500 强，全球能源企业 500 强、《财富》世界 500 强榜单第 422 位。两次荣获"全国五一劳动奖状"和"国家级企业技术进步奖"，两次被中国企业联合会和中国企业家协会评为"全国十大最具影响力企业"之一，三次荣获"全国企业管理最高奖"，被誉为"一局三金马、中华第一家"；荣获国家科技进步二等奖，全国唯一连续 18 年蝉联"安康杯"竞赛优胜杯企业、山西省唯一的"国家技能人才培育突出贡献奖"；山西省"五一劳动奖状"，"改革开放 40 年"中国改革发展杰出贡献企业。

5. 循环经济产业链主要项目

（1）国家级基地。

① 国家级煤基合成油百万吨级产业化示范基地。

② 国家级中国喷吹煤生产基地。

（2）能源化工产业生态工业园区。

图 8-2　潞安集团(一中心、九平台、五基地)

① 屯留煤—油产业工业园区。

② 高河煤—电产业工业园区。

③ 潞城焦—化产业工业园区。

④ 东古电—化产业工业园区。

工业园区配套建有洗煤厂、污水分质净化处理站、新型建材厂等。

园区使废矸、废灰、废渣、废水、废气、废热等全部充分利用。园区形成资源共享和副产品互换的产业共生组合,并建成土地修复绿色生态基地,达到相互间资源最优化配置,生态最美环境。

(3) 现代煤化工产业项目。

① 煤基合成Ⅲ+润滑油基础油(35 万吨/年)装置(全球第一套)。

② 煤制乙醇项目。

③ 钴基费托合成技术高端改造项目(低端传统煤化工高端改造)。

(4) 硅产业链项目。

① 高纯度多晶硅(5 000 吨/年)项目。

② 太阳能 2 吉瓦单晶硅 PERC 电池项目。

③ 半导体深紫外 LED 外延芯片量产化(一期 3 000 万颗)生产线项目。

(5) 生物化工与生物健康产业链项目

① 油用牡丹科研、育苗、种植和深加工保健医药等全产业链生物健康产业基地(全国最大推进生物化工与煤化工耦合发展)。

② CO_2资源化利用+生物乙醇联产人造蛋白示范基地。

6. 培育相关关键(核心)技术

(1) 现代采矿技术。

① 潞安煤矿绿色开采模式和技术(同中国矿业大学合作研究)。

a. 矿区水资源保护与利用技术。

b. 矿区煤矸石处理与综合利用技术。

c. 矿区塌陷区治理模式与技术。

② 综采放顶煤技术及潞安采煤法(引领世界厚煤层放顶煤开采技术)。

③ 大采高自动化综放技术(国内首个自动化综放工作面,首个自动化综掘工作面)。

④ 煤矿柔模复合材料支护安全高回收开采成套技术与装备(获 2018 年国家科技进步奖二等奖)。

⑤ 复杂地质条件储层煤层气高效开发关键技术及其应用(获 2020 年国家科技进步奖二等奖)。

(2) 现代煤化工技术。

① 钴基、铁基两种催化剂煤制油核心技术(世界上唯一掌握该核心技术)。

② 氢气提纯、贮存技术及氢燃料电池关键技术。

③ 煤基合成高端精细化学品 2.0 版核心技术。

④ 煤基合成Ⅲ＋润滑油基础油装置核心技术(全球第一套 35 万吨/年)。

⑤ 异构脱蜡技术。

⑥ 烯烃分离技术及一步法制烯烃技术。

⑦ 高碳醇技术。

⑧ 氧化偶联制乙烯技术。

⑨ 甲醛基乙二醇合成技术。

⑩ 钴基费托合成及高端改造传统煤化工技术。

⑪ 甲烷与二氧化碳重整合成气技术。

⑫ 蒽醌法制过氧化氢技术。

(3) 喷吹煤技术。

① 潞安贫煤、贫瘦煤高炉喷吹核心技术(同中钢集团鞍山热能研究院合作首创,潞安牌喷吹煤各项技术参数成为制定国标的基准,2007 年荣获国家科技进步二等奖)。

② 超细煤粉燃烧技术。

(4) 生物化工与生物健康技术。

① 油用牡丹深加工关键技术(生物化工与煤化工耦合技术)。

② CO_2资源利用＋生物燃料乙醇联产人造蛋白关键技术。

③ 生物肥、有机肥同无机肥优势嫁接及水溶肥、滴灌肥、油用牡丹专用肥技术。

④ 煤矸石复合微生物新型肥料技术及煤矸石高值利用技术(同北京林业大学、潞安职业技术学院合作开发)。

(5) 新能源技术。

① PERC 单晶高效电池技术(全行业领先,单晶高效电池平均充电转换效率达到 21.7%)。

② 半导体深紫外 LED 芯片关键技术(同中国科学院半导体研究院联合研究)。

③ 微博热解电石新技术。

(6) 高端装备制造技术。

① 高低压电气新技术。

② 智能永磁同步电机及控制器新技术。

③ 茂金属 PAO 技术。

(7) 污染控制与生态修复技术。

煤矸石山自燃污染控制与生态修复关键技术及应用(获 2019 年国家科技进步奖二等奖)。

7. 主要成效

(1) 煤炭产业。

集团建成中国最大的喷吹煤基地、优质环保动力煤基地和先进产能聚集基地,具有自主知识产权的贫煤、贫瘦煤喷吹技术,荣获国家科技进步二等奖。

(2) 新型高端现代煤化工产业。

集团坚持走差异化、高端化、规模化、国际化的煤化工之路,致力构建新型化工—生物化工产业生态体系,做强做大、做优做特新型高端现代煤化工产业,成为全国第一个同时使用钴基、铁基两种催化剂进行煤基合成油的企业,率先实现了由煤基合成油 1.0 版向煤基合成精细化学品 2.0 版的转型升级。先后开发 5 大类、54 种产品、270 个规格型号的煤基合成高端精细化学品。应用推广一批包括高端特种蜡、无芳环保溶剂油、高档润滑油、全合成润滑油基础油、特种燃料、特殊化学品等,并替代进口,建成油品总产能 600 万吨,可生产 200 多种高附加值化学品的高端精细化工产业基地,高端精细化工的产业集群效应逐渐显现,实现煤炭资源价值最大化和环境效益最优化。

(3) 生物化工与生物健康产业。

建成全国最大的油用牡丹集科研、育苗、种植和深加工一体化产业基地,并推进生物化工与煤化工耦合发展。

(4) 新能源产业。

率先建成太阳能 2 吉瓦单晶高效电池 PERC 项目和全球首条半导体深紫外 LED 芯片量产化一期 3 000 万颗生产线。

(5) 高端装备制造产业。

建成华北地区一流的高低压电器产品生产线及检测中心和智能永磁同步电极及控制器项目,打造潞安 ABB 产业园区。

企业成为全行业“立足煤、延伸煤、超越煤”,高效化、高端化、高质量煤基绿色低碳循环经济可持续发展的现代能源化工领军企业。

(六) 新矿模式(山东能源)——以煤炭产业为基础、清洁转化为方向、综合利用为核心的多产业拓展型循环经济绿色发展模式

1. 模式特征

集团通过实施清洁生产、高效洗选、清洁转化、综合利用、生态修复五大工程,延伸产业链及相关产业协同发展,促进资源有效流动和充分利用,形成煤炭及共伴生资源生产及其深加工产业链条,实现资源不浪费、环境零污染。构建以煤炭产业为基础、清洁转化为方向、综合利用为核心的矿山企业多产业拓展型循环经济绿色发展模式。

2. 典型经验

集团把优化结构、转型升级、绿色发展作为培育增长新动能的重中之重。坚持依煤不唯煤,以绿色、循环、低碳、清洁、高效为方向,依托省内老区转型、省内新区提升、内蒙古基地崛起、新疆基地突破的战略定位,推进产业耦合一体化发展,实施以充填开采为核心的清洁生产工程,以低碳循环为目标的综合利用工程,以立体开发为依托的生态恢复工程,走出了一条资源型企业资源转化、企业转型、创新驱动、绿色发展之路。

（1）坚持资源不浪费，环境零污染，推进煤炭资源绿色开采，形成“井下充填开采＋井上一体开发”的绿色煤炭发展新模式。

（2）坚持立足大精煤，完善大系统，深化煤炭资源高效洗选，精煤精选，粗煤细作，打造优质高效洗选煤生产线。

（3）坚持延伸产业链，打造增长极。纵向延伸：完善煤炭采掘及加工产业，实施煤炭资源清洁转化。以煤炭深加工、煤伴生资源、煤矸石等废弃资源深度开发为切入点，形成以煤—电—化—气为一体化的闭式产业链。横向扩展：发展资源综合利用产业，实施生态环境综合治理。利用煤矸石、瓦斯、煤泥发展电力产业；利用煤矸石、粉煤灰、炉渣发展建材产业；利用复垦土地，发展高效农业、养殖业；利用矿井余热、煤矿乏风余热提高节能减排；利用矿井水和综合利用电力发展造纸产业；利用特有资源发展特色旅游。通过矿山废弃物的综合利用，提升资源综合利用深度和广度，实现产业间废弃物与主导产业之间的半闭合链接。

（4）坚持“优化非煤”产业。注重在更广的领域和更大的空间进行关联企业资源链接和整合，发展机械加工、物流贸易、盐化工产业。建成矿山设备再制造基地，充分利用设备资源提升节能降耗水平。

（5）坚持创建以“采动不破坏，沉陷不荒废，失地不失业”为特色的生态文明示范矿区，建设高效农业、高效养殖和观光旅游等矿区新型产业。

3. 借鉴意义

集团坚持以优化结构，转型发展，培育增长新动能，坚持“供给侧”和“需求侧”两端发力，推进煤基产业耦合一体化发展，对于资源枯竭型大型煤炭企业产业转型，创新驱动，实现矿区绿色低碳循环可持续发展具有借鉴意义。

4. 企业概况

山东能源集团有限公司成立于2010年2月，由山东省的新矿、枣矿、淄矿、肥矿、临矿、龙矿六家大型国有煤炭企业重组而成，为山东省国有独资公司。2020年7月，经省委、省政府批准，联合重组山东能源集团、兖矿集团，组建成立特大型能源企业集团——山东能源集团有限公司。该公司是以传统能源与新型能源为基础性主导产业，在发展煤、电、油、气等产业的基础上，进军风能、核能、太阳能、生物质能等新型能源领域，大力发展能源装备制造业，培育发展与指导产业相融合的金融、房屋租赁、地产、医疗、养老等现代服务业，创新发展煤化工等产业的特大型能源企业集团。2021年位列中国煤炭企业50强第1位、煤炭产量50强第3位、中国能源企业（集团）500强第5位、中国企业500强第23位、《财富》世界500强榜单第69位。

新汶矿业集团有限责任公司建于1956年，为山东能源集团的子公司。该公司是以煤炭、电力、煤化工、装备制造、新兴产业、物流贸易、现代服务业为主导产业的大型企业，发展地域涉及9个省（区）四大煤炭基地，与多个国家建立了经贸合作关系。是国家首批矿产资源综合利用示范基地，最早为煤炭行业进行循环经济研究及实践的企业。国家第一批“循环经济试点企业”，9个煤矿被命名为“国家级绿色矿山试点单位”。建有“充填开采国家工程实验室”“国家级企业技术中心”。博士后科研工作站、泰山学者岗位和院士工作站、山东省重点扶持技术中心企业。先后荣获“全国五一劳动奖状”“全国企业文化优秀奖”“国家西部大开发突出贡献奖”“全国资源综合利用先进单位”“全国煤炭行业节能减排先进企业”“全国工人先锋号”“中国煤炭工业优秀企业管理奖”“全国煤炭行业企业文化建设示范基地”山东省“管理创新优秀企业奖”和“节能突出贡献企业”等荣誉称号。

5. 循环经济产业链主要项目

(1) 煤—电—化—建材产业链项目(图 8-3)。

① 矸石充填开采成套工艺项目。

② 煤矸石发电、集中供暖、制砖产业链项目。

③ 低浓度瓦斯发电项目。

④ 矿井水分质处理循环利用项目。

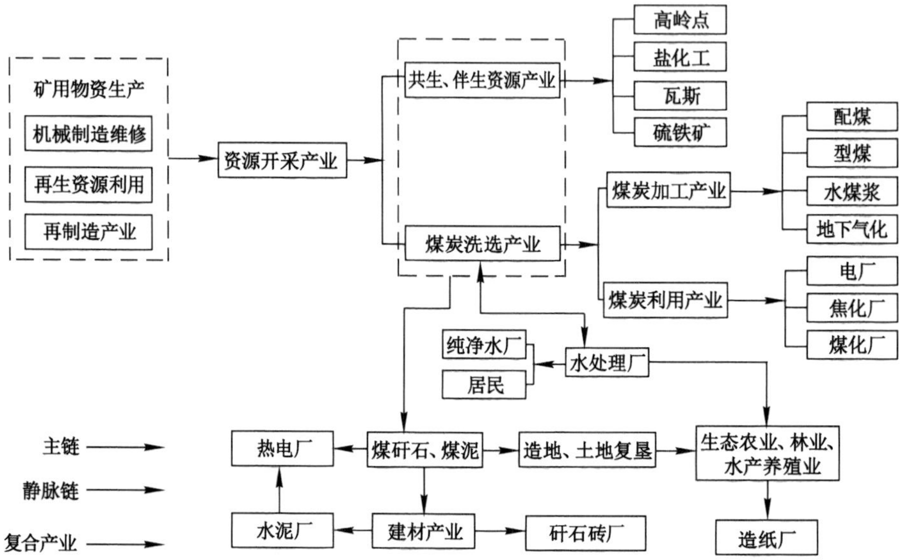

图 8-3 新矿集团循环经济产业链图

(2) 煤化工产业链项目。

① 新疆基地伊犁北部矿区煤制天然气(一期 20 亿标准立方米/年,总规模 100 亿立方米/年)新天煤化项目(为全球最大单体煤制气工程,成功接入西气东输管网)及副产品加工项目[形成:煤焦油—加氢—柴(汽)油、粗酚—提纯—精酚、硫黄+液氨—合成硫铵、气化、电厂灰渣—水泥建材等循环产业链]。

② 内蒙古基地“煤电化”一体配套项目(130 万吨/年捣固焦项目、1.2 亿标准立方米/年焦炉煤气制液化天然气(LNG)项目、2×350 兆瓦超临界间接空冷抽凝式汽轮发电机组及 2×1 210 吨/小时循环流化床锅炉项目)。

③ 煤矸石、煤泥热电厂项目(装机容量 670 兆瓦、年发电量 40.2 亿千瓦时)。

④ 地下煤层气化工程项目(列入国家“863”计划和试验基地)。

⑤ 水煤浆工程项目(总规模百万吨级)。

⑥ 煤炭焦化工程项目[年产 400 万吨焦炭、100 万吨甲醇、配套 15 万吨煤焦油、加工 10 万吨粗苯精制、50 万吨甲醇深加工(醋酸)]。

6. 培育相关关键(核心)技术

(1) 矸石充填置换煤炭绿色开采集成技术。

集团形成以“建筑物下、河流下、路桥下”安全开采和提高煤炭回收率为目的的“五充一选”成套技术工艺，即原生矸石综采充填技术、地面矸石似膏体自流充填技术、煤矸石低压风动力充填技术、煤矸石泵送充填技术、原生矸石普采充填技术(研究与应用成果获国家科技进步奖，并列入国土资源部矿山资源节约与综合利用第一批先进技术目录)。

(2) 煤炭洗选关键技术。

① 精煤洗选提质加工成套技术及粉精煤直接回收工艺(脱泥有压两产品重介旋流器＋煤泥螺旋分选机、浅槽重介排矸＋脱泥两端有压两产品重介旋流器分选、无压三产品重介旋流器＋煤泥浮选)。

② 中煤、煤泥、高硫煤提质变性洁净高效利用技术。

③ 炼焦煤 TCS 粗煤泥干扰沉降分选工艺改造及智能粗煤泥分选系统技术。

④ 选煤厂远程集中控制和自动化技术(同中国矿业大学、济南设计院研发)。

(3) 综合利用关键技术。

① 超低浓度瓦斯发电技术(建成国内首座超低浓度瓦斯发电站，实现地面永久抽放。组建省级瓦斯实验中心，为国内近百家大中型煤矿进行瓦斯体检)。

② 一种利用旋转风生成器生成旋转风的方法(获中国专利奖优秀奖〈22 届〉)。

③ 煤矸石发电低碳成套技术。

④ 全硬塑矸石制砖机核心技术及成套设备(列为国家重大装备国产化项目和国家级新型产品，在全国率先建成第一条煤矸石全硬塑挤出砖生产线，大规模煤矸石等固体废物综合利用)。

⑤ 矿井水超磁处理技术及处理系统(自主研发超磁净化水处理技术，先后建设 10 座井上矿井水处理站、8 座井下矿井水处理站，处理后的矿井水用于电力、建材、煤炭洗选、造纸、矿区绿化等)。

⑥ 碎煤加压气化废水处理技术[列为国家高技术研究发展(863)计划]。

⑦ 余热利用成套技术。对汽轮机及集中供热系统进行改造，提高热电厂热能利用率；采用水源热泵、余热锅炉等提取矿井水余热，实现冬季供暖和夏季制冷；矿井乏风余热利用技术以矿井回风作为热源，利用喷淋换热装置，吸收乏风气体中的热能，将升温后的水再利用，为水源热泵提取热量，同时喷淋换热设备吸收大量的煤粉灰；制砖厂利用低温余热锅炉供汽，充分回收焙烧窑尾端产生的余热(全国煤炭行业第一家水源热泵技术和第一家矿井乏风余热利用企业)。

⑧ 节能环保型高效煤粉锅炉技术(与国家煤炭科学研究总院共同研发)。

(4) 煤化工成套技术。

① 地下煤层气化技术。

② 精煤制水煤浆技术。

(5) 矿山设备再制造技术。

集团应用纳米电刷镀、高速电弧喷涂技术和激光表面熔覆技术，对矿山设备进行再制造(废旧矿山设备再利用率超过 70%)。

(6) 绿色建筑技术。

集团全面推广应用具有抗震、保温、隔热性能的绿色节能 CL 建筑体系(材料达到国家最新颁布的节能 65%的标准,可使建筑墙体面积减少,提高土地使用率)。

(7) 矿井灾害防治技术。

集团煤矿深部开采突水动力灾害预测与防治关键技术(获 2017 年国家科技进步奖二等奖)。

7. 主要成效

采用充填开采置换煤量,成为国内最大的煤矿充填开采基地,老矿区矿井开采年限延长 10 年以上;实施精煤精洗、粗煤细作、精煤提质,精煤回收率提高 3%左右;延伸煤—电—化—气产业一体化和综合利用煤基循环经济产业链,实现了煤炭资源清洁转化;废弃物低碳循环综合利用,年煤矸石综合利用率达到 123%、矿井水综合利用率达 95%以上(年工业用水复用 4 500 多万吨)、化学需氧量排放量逐年下降;实现节能量 8.6 万吨标准煤;矿区生态环境修复,造福一方。

(七) 西山模式(山西焦煤)——以煤为基 绿色发展——打造循环经济发展“山焦西山模式”

1. 模式特征

集团坚持立足煤炭,延伸煤基产业链,以建设循环经济产业生态工业园区为中心,构建原煤安全高效开采、优质洗精煤外销、中煤等洗煤副产品发电、固体废弃物(煤矸石、粉煤灰、脱硫石膏等)综合利用、冷凝热回收利用、矿井瓦斯抽采利用和矿井水回收复用的循环经济产业框架,即以煤为基、绿色发展——循环经济发展的西山模式。

2. 典型经验

集团秉承绿色发展理念,遵循“减量化、再利用、资源化”的原则,最大限度地提高煤炭资源利用效率,积极寻求工业固废的综合利用方式,逐步实施了一系列矿产资源综合利用项目,推动建设和不断完善以古交循环经济产业生态工业园区为中心构建煤—电—材、煤—焦—化煤基循环经济产业链,开创古交循环经济产业生态工业园区煤炭资源开发与生态环境保护和谐发展的新模式。

(1) 推进标杆矿井建设。建设装备优、用人少、效率高、效益好、安全有保障的标杆矿井。在煤与瓦斯突出矿井率先实现智能化采煤。

(2) 推动提高煤炭资源洗选回收率。发展高精度细选加工,实现煤炭提质分级利用。推广应用重介选煤、浅槽排矸、快开压滤多项技术改造和 TDS 智能干选系统改造,提高洁净煤加工水平。

(3) 推进煤炭就地转化。洗中煤、洗煤副产品就地转化电能,变输煤为输电;焦煤转化为焦化产品;提高煤电热电联产、焦化联产利用率。

(4) 推动绿色矿山建设。矸石资源产业化,建立地面洗选—矸石破碎—集控运输—井下采充回填作业一体化系统,在煤与瓦斯突出矿井率先建成矸石充填开采工作面及矸石返井充填开采,实现矸石井下处理、地面无矸石外排的生态开采示范矿井;矿井瓦斯资源产业化,形成固定抽采泵站、井下移动泵、地面钻孔瓦斯立体抽采发电格局;矿井水资源产业化,所属矿井全部配套建成矿井水处理厂和进行多轮次提标改造工程,经处理后的水资源全部复用,用于井下喷淋、选煤厂闭路循环补水、设备冷却及电厂辅机冷却补水、地面清洁、和植树种草绿化等;发电、焦炉热能资源产业化,发电热能为供热源,保障矿区、城市供暖;固体废弃物资源产业化，粉煤灰、脱硫石膏、炉渣、洗矸石等制复合水泥、砂石骨料、干混砂浆、加气混凝土板材(切块)、粉煤灰陶粒、建筑石膏粉、家具板材等。

(5) 推进人才队伍建设。通过煤基循环经济产业生态工业园区构建及延伸煤基产业链，培养新技术人才和现代管理人才团队。

西山模式成功走出一条科技含量高、资源消耗低、环境污染少、经济效益好、人力资源优势充分发挥的高质量可持续发展之路。

3. 借鉴意义

集团坚持以煤炭为基础，成功构建资源节约型、环境友好型的煤、电、焦化、建材循环经济产业体系，实现传统煤炭产业转型升级绿色循环发展。尤其，矸石井下采充回填、地面无矸石外排的“生态开采示范矿井”为类似条件矿井开采提供了重要的前沿技术探索和实践范例，具有广阔的应用前景。该发展模式对同类传统煤炭企业走煤基循环经济可持续发展之路具有指导和借鉴意义。

4. 企业概况

山西焦煤集团有限责任公司成立于 2001 年 10 月，是我国煤炭行业第一家以资产为纽带重组设立的煤炭特大型企业，是国家规划的大型煤炭基地骨干企业，是中国目前规模最大、煤种最全、煤质优良的炼焦煤生产加工企业和最大的炼焦煤市场供应商。山西焦煤是国家确定的晋中基地炼焦煤资源开发主体，以炼焦煤、焦化为主业，兼营电力、现代煤化工、装备制造、建筑安装、民爆化工、金融投资、现代物流、进出口贸易等多元产业;该公司拥有三个 A 股上市公司，是中国焦煤品牌集群的发起者和主席单位，全国首批“双百行动”综合改革试点单位，建成国家级企业技术中心。公司高度重视发展循环经济，按照循环经济规划实施方案有序开展各项工作，截至 2019 年，公司因地制宜地推进了以古交循环经济产业生态工业园区为代表的六大园区建设。2021 年位列中国煤炭企业 50 强第 5 位、煤炭产量 50 强第 6 位、中国能源企业(集团)500 强第 22 位、中国企业 500 强第 124 位、(财富)中国 500 强榜单第 275 位、《财富》世界 500 强榜单第 431 位。山西焦煤正加速推进资源重组、组织重构、文化重塑、企业重振，着力聚焦主业、深化改革、全面变革、创新发展，致力于打造具有全球竞争力的世界一流炼焦煤和焦化企业，先后荣获“中国工业大奖”“全国五一劳动奖状”“全国企业文化优秀成果二等奖”“全国守合同、重信用企业”“全国内部审计先进集体”“中国煤炭工业科技创新先进企业”等奖项。

西山煤电(集团)有限责任公司是山西焦煤集团核心子公司，始建于 1956 年 1 月成立的西山矿务局。该公司是全国最大的炼焦煤生产基地，焦煤资源品种齐全，煤质优良，拥有全国最大的燃用中煤坑口电厂，于 2005 年获批国家首批循环经济试点单位。在其推动建设的古交循环经济产业生态工业园区构建成原煤安全高效开采、优质洗精煤外销、中煤等洗煤副产品发电、冷凝热回收利用、矿井瓦斯抽采利用和矿井水回收复用，粉煤灰、脱硫石膏及煤矸石等废弃物综合利用的循环经济产业框架。先后荣获“全国五一劳动奖状”“国家职业卫生示范企业”“全国安康杯竞赛优胜企业”“全国思想政治工作优秀企业”“全国模范职工之家”“煤炭工业科技进步先进企业”“特级安全高效矿井”“联合国清洁煤技术示范企业”等荣誉称号。

5. 循环经济产业链主要项目(图 8-4—图 8-8)

图 8-4　西山煤电(集团)古交循环经济工业园区

图 8-5　西山煤电(集团)“智慧矿山”智能化工作面地面分控中心

图 8-6　山西焦煤集团西山华通水泥厂项目

图 8-7　西山煤电(集团)瓦斯地面抽采项目

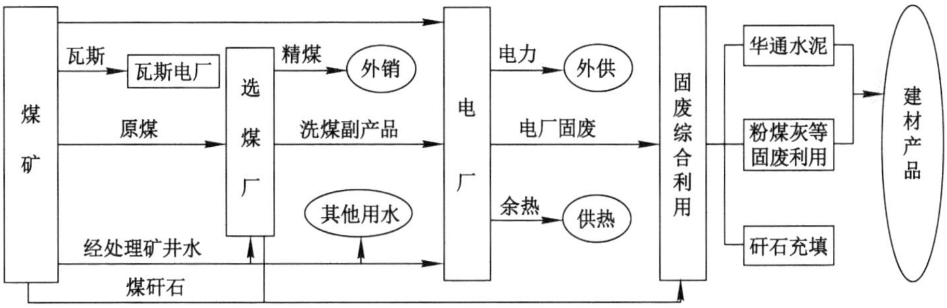

图 8-8　西山煤电(集团)循环经济产业链图

(1) 古交、兴县、汾阳、安泽四个循环经济产业工业园区煤—电—材、煤—焦—化产业链。

煤炭产业:高产高效矿井项目,古交循环经济工业园区已建成六座矿井,产能 1 860 万吨/年,建成马兰、屯兰两座标杆矿井,并各建成自动化、智能化综采工作面,在全国煤与瓦斯突出矿井中,率先实现智能化采煤;借助"云物大智移"和 5G 技术,促进机械化、自动化、信息化、智能化"四化融合"的智慧矿山建设;配套五座选煤厂项目,入洗能力 1 830 万吨/年;矿井煤矸石充填开采项目,年矸石充填量 50 万吨。

电力产业:古交电厂二期扩建完成装机规模 318.95 万千瓦(火电 312 万千瓦、瓦斯发电 3.92 万千瓦、余热发电 3 万千瓦,光伏发电 0.03 万千瓦)。

焦化产业:古交循环经济工业园区一期 2×60 万吨焦化项目(汾阳五菱焦化项目,焦炭产能 92 万吨,配套化产回收系统,延伸 10 万吨焦炉煤气制甲醇项目;二期形成 3 000 万吨煤—焦—化循环经济一体化项目;晋兴循环经济工业园区、古交煤—电—新型材料循环经济工业园区、煤层气抽采综合利用示范项目等多项重点工程骨干项目有序推进。与首钢公司合资经营 420 万吨京唐焦化项目)。

建材产业:5 000 吨/日高掺量粉煤灰熟料及复合水泥项目,年消化电厂粉煤灰 70 万吨,脱硫石膏10万吨。

粉煤灰提质加工综合利用项目，年产细灰135万吨、超细灰65万吨，及年处置固体废弃物200万吨，生产加气混凝土切块、加气混凝土板材、粉煤灰陶粒、建筑石膏粉。

剥离矿山废石生产砂石骨料和干混砂浆项目，年处理矿山废石100万吨、粉煤灰4.5万吨、脱硫石膏4.2万吨。

(2) 瓦斯资源利用。

古交园区高浓度瓦斯发电、低浓度瓦斯和乏风氧化项目，瓦斯发电总装机容量3.9万千瓦，年发电量2.5亿千瓦·时(2019年瓦斯地面抽采集中利用3 628万立方米)。

(3) 矿井水资源利用。

古交循环经济工业园区六座矿井水处理厂及多轮次提标改造项目，年处理910万立方米达到地表水三类标准的水资源全部复用。

古交市生活污水处理厂和深度污水处理厂项目。

6. 培育相关关键(核心)技术

(1) 煤与瓦斯突出矿井智能化采煤技术。

(2) 煤与瓦斯突出矿井超千米切顶卸压自动成基无煤柱开采核心技术和自动成巷技术[与中国矿业大学(北京)研究]。

(3) 煤与瓦斯突出矿井矸石充填开采及矸石返井充填开采技术。

(4) 煤与瓦斯突出矿井瓦斯立体抽采(固定抽采泵站、井下移动泵抽采、地面钻孔抽采)技术。

(5) 煤层气(瓦斯)综合利用(高浓度瓦斯发电、低浓度瓦斯及乏风氧化利用、高浓度煤层气压缩)技术(全国率先引入"清洁发展机制CDM")。

(6) 综合洗选煤(重介选煤、浅槽排矸、快开压滤)技术、千万吨级智能化选煤技术。

(7) 综合发电(低热值煤发电、瓦斯发电、余热发电、光伏发电)技术。

(8) 粉煤灰提质加工(粉煤灰加气混凝土板材、粉煤灰陶粒、建筑石膏粉、家居材料)技术。

(9) 高掺量粉煤灰复合水泥技术。

(10) 煤矸石路基材料技术(与山西大学合作研发，并制定煤矸石机制砂生产技术指南地方标准)。

7. 主要成效

开创了古交循环经济产业生态工业园区煤炭资源开发与生态环境保护和谐发展的新模式并取得显著成效。

(1) 园区年矸石井下充填量50万吨，减少相关费用600万元，同时可享受置换产能政策，抵扣资源税510万元。

(2) 园区年回收矿井水910万立方米，经分质净化处理可达地表水三类标准全部复用，用于井上下生产系统和矿区绿化。

(3) 园区年消耗电厂粉煤灰70万吨、脱硫石膏10万吨，生产高掺量粉煤灰复合水泥。

(4) 园区年消化矿山废石100万吨、粉煤灰4.5万吨、脱硫石膏4.2万吨，用于生产砂石骨料和干混砂浆原料。

(5) 利用园区内洗煤副产品和劣质煤330万吨，发电141亿千瓦·时。

(6) 园区年供低热值电厂热能 2 569 万吉焦，供热面积 7 600 万平方米，满足太原市 1/3 的集中供热。

煤基循环经济煤—电—材，煤—焦—化链式产业集群累积效应显现，不断提升煤炭清洁高效利用水平，不断提升传统产业转型升级质量，不断提升企业集约化实力和核心竞争力。大力发展循环经济，培育出优势产业、优质产品，上市融资、企业发展模式等多个品牌，实现了经济效益、社会效益和环境效益的和谐统一。

(八) 平煤神马模式——传统煤焦化工产业一体高端化、全产业链体系循环经济高质量转型发展模式

1. 模式特征

通过构建清洁生产—煤基产业链—废弃物无害化处理—改善矿区环境的循环经济体系和大力发展煤焦化工循环经济产业工业园区，形成完整的资源高效循环和能源梯级利用体系及环保、节能、循环、绿色工业生态体系，实现废水、废气、废热、废灰、废渣零排放，创新出传统煤焦化工产业一体高端化、全产业链体系循环经济高质量转型发展模式。

2. 典型经验

认真贯彻新发展理念，以改革创新为动力，以调整结构、产业升级为主线，对接整合煤焦、尼龙、盐化、新能源、新材料产业优势，逐步构建起以煤焦、尼龙化工、新能源新材料为核心产业，多元支撑、协同发展的产业新体系，打造出多条国内一流的特色产业链。充分发挥产业整合优势和协同效应，主要依托和发挥资源优势，立足煤、延伸煤、超越煤，实施煤焦联合、煤盐联合、煤气化联合、煤电联合，不断延伸和完善煤基化工产业链，组建能源化工产业群、企业群，实施由传统产业向传统产业提升与战略新兴产业发展并重转变，实现"五化"和"五个转变"：① 产业链特色化。由单一产品竞争向全产业链竞争转变。② 产品精细化。由传统动力燃料向原料化利用转变。③ 技术高端化。由规模增长向质量效益增长转变。④ 发展园区化。由要素分散向要素集约集聚转变。⑤ 合作多元化。由园区经济向混合制经济转变。

以企业创新为主体，加强与国内知名科研院所和高等院校的技术合作，与 40 多家世界 500 强企业及跨国集团建立了战略合作关系。做好高端技术的引进、消化、吸收和再创新工作。坚持高端引领、高位切入，用新技术、新设备、新工艺改造提升传统产业，延伸提升煤基焦化产业链，打造传统产业升级版。

3. 借鉴意义

传统煤炭企业煤焦化工产业延伸一体化、高端化、特色化发展，做大规模与调优结构并重，提升传统产业与培育新兴产业并重，成功实践与创新，走出一条传统煤炭企业、传统煤焦产业立足煤、延伸煤、超越煤及煤基化工联合循环经济可持续发展之路，对同类传统煤焦企业寻求可持续发展路径具有借鉴意义。

4. 企业概况

中国平煤神马能源化工集团有限责任公司是以能源化工为主的国有特大型企业。平煤集团建于 1955 年，是全国最大的焦炭生产基地，是国内品种最全的炼焦煤和动力煤生产基地。神马集团建于 1981 年，是亚洲最大的尼龙化工生产基地，糖精钠、超高功率石墨电极、碳化硅精细微粉产能全国第一，尼龙 66 盐、工程塑料产能亚洲第一，帘子布和工业丝规模均居世界第一，电石、工业盐、烧碱、PVC 等盐化产品产量全国领先。2008 年 12 月 5 日，平煤

集团和神马集团重组成立中国平煤神马集团，与40多家世界500强企业建立战略合作关系，拥有三家上市公司，跨区域、跨行业、跨所有制和跨国经营。建有煤炭、焦炭采选、尼龙化工、煤焦化工、煤盐化工、四大核心产业和煤电、新能源新材料一体化产业群和现代物流、高新技术、建工建材、机械制造、工程劳务等辅助产业群协同发展，形成了以规模化、大型化、集约化、精细化为主要特征的高端煤化工产业格局，是全国首批循环经济试点企业，成功走出一条传统产业不传统的特色发展路。2021年，集团位列中国煤炭企业50强第9位、煤炭产量50强第18位、中国能源企业(集团)500强第31位、中国企业500强第155位。该公司先后荣获“全国企业管理优秀奖(金马奖)”“全国质量管理先进企业”“国家科技进步二等奖”等荣誉，下属开封碳素公司荣获“国家级绿色工厂”荣誉称号，一矿荣获“全国文明单位”荣誉称号。

5. 循环经济产业链主要项目

(1) 煤焦化工循环经济产业生态工业园区。

① 朝川焦化产业园区。

② 京宝焦化为核心的西部煤焦化工产业园区。

③ 首山焦化为核心的硅基新材料产业园区。

(2) 开封精细化工产业园项目。

① 原煤—粗煤气—煤焦油—煤沥青—针状焦—超高功率石墨电极产业链。

② 煤—粗煤气—氢气、苯、液氨—尼龙66盐—帘子布、气囊丝产业链。

③ 原煤—粗煤气—氢气—硅粉—硅烷—(单)多晶硅产业链。

④ 完善煤气产品链、粗苯产品链、焦品产品链、碳素产品链。

(3) 平顶山叶县盐化工产业园年产80万吨聚碳酸酯(PC)项目。

完善从煤炭—焦化—粗苯—苯酚—双酚A，岩盐—精制盐—氯碱—光气—PC制造全产业链条。

6. 培育相关关键(核心)技术

① 煤基硅烷规模化生产核心技术(国内唯一，高品质硅烷纯度高于国际标准)。

② 7.63米捣固焦炉装置及技术(世界首座最先进炉型)。

③ 煤系针状焦技术。

④ 炉煤气甲烷化装置及关键技术。

⑤ 超高功率石墨电极生产装置及技术(国内最大直径600—700毫米)。

⑥ 尼龙化工成套生产线装备及核心技术(国际领先)。

⑦ PC制造技术。

⑧ 矿山超大功率提升机全系列变频智能控制技术与装备(获2017年国家科技进步奖二等奖)。

⑨ 煤矸石山自燃污染控制与生态修复关键技术及应用(获2019国家科技进步奖二等奖)。

7. 主要成效

生产出氢气、LNG、硅烷等资源优势和竞争优势突出的特色产品，打造出头尾完整的煤基尼龙、煤基碳素、煤基新能源和煤基高频电子等独具特色的焦化产业链，使资源在产业链中耦合共生、聚变增值，打造了全球最完整的煤基尼龙化工产业链，构建了国内独一无二的煤基碳素产业链，建成了国内唯一掌握规模化生产核心技术的煤基硅烷产业链。实现了由单一产品竞争向全产业链竞争转变，形成了以煤为本、以焦促化、焦化并举的煤基产业发展格局。通过延伸产品链条生产32种经济附加值更高的精细化工产品，煤炭综合产值提升2.4倍，从原煤到精煤增值21.5%，精煤到炼焦增值10.9%，焦化产品深加工增值239.6%，其中从煤到针状焦价值提升19倍，到超高功率石墨电极提升55倍，到帘子布和糖精可提升75倍。

（九）徐矿模式——打造衰老矿区生态修复治理样本高质量发展模式

近年来，徐矿集团认真贯彻落实习近平总书记"两山"理念和新发展理念，以高度的政治自觉和使命担当，把做好采煤塌陷地治理和生态环境修复作为国有企业的重要责任和实现高质量发展的重要契机，扛牢抓实使命担当，认真履行社会责任，积极推进采煤塌陷区治理和生态修复实践，把采煤迹地变为"绿水青山""金山银山"，为推进美丽乡村和生态文明建设作出了积极贡献，也为国内外衰老矿区采煤沉陷区的生态治理、修复、开发、利用提供了徐矿高质量发展模式。

1. 模式特征

坚持生态优先、绿色发展，运用系统思维统筹矿井开采与复垦治理、地表沉陷与生态修复、开发利用与环境保护，构建"政府主导、企业配合、协同推进"的合作机制，协同推进衰老矿区生态修复治理，打造循环绿色可持续产业体系，建设资源节约型、环境友好型企业。以采煤塌陷地治理为抓手，综合运用多种技术，实现土壤重构、地貌重塑、景观再造，变采煤迹地为宜居新区；坚持结合区域规划，因地制宜，宜耕则耕、宜养则养、宜景则景、宜工则工，促进产业发展与环境整治相融合，勇当"两山"理论的践行者、探索者、示范者。

2. 典型经验

（1）践行"两山"理念，解决了认识不清、观念陈旧的问题。徐州是江苏省煤炭基地，煤炭开采历史逾百年。徐矿集团在徐州地区历史上共有16对矿井，井田面积297平方公里，开采影响范围涉及4个区（县）19个乡镇（办事处）150多个行政村（居委会），累计形成采煤塌陷地24.9万亩。在传统观念中，这些采煤塌陷地是荒草丛生、坑塘遍野的"城市伤疤"，是难以背负的环境包袱。徐矿集团主动转变观念，统筹考虑经济、社会和环境效益，坚持满眼都是资源的理念，推进采煤塌陷地综合治理、源头治理和系统治理，累计投入资金45.6亿元，治理采煤塌陷地22.4万亩，协同推进徐州由"一城煤灰半城土"变成"一城青山半城湖"，配合地方政府建成了潘安湖、九里湖、安国湖国家湿地公园，创出了衰老矿区采煤塌陷地治理生态修复样本。2017年12月12日，习近平总书记到徐矿集团的诞生地——徐州市贾汪区调研，先后视察了潘安湖国家湿地公园、马庄村美丽乡村建设。其中潘安湖原为徐矿集团权台矿和旗山矿采煤塌陷区域，是全国首个煤矿塌陷区生态修复的湿地公园，被评为国家4A级旅游景区；马庄村位于原权台矿井田范围内，先后于20世纪70年代、90年代分两批搬迁安置，现已成为新农村建设和乡村振兴的靓丽名片。

（2）推动"企地"协同，解决了生态破坏、环境失治的问题。徐矿集团坚持融入地方、服务地方、发展地方、贡献地方，没有对矿井一关了之、对生态一走了之，而是主动担负起修复生态的社会责任，统筹产业发展、生态修复和新农村建设，推进生态全面修复、资源全面盘活、治理全面创新，走出了一条生态修复、生活美好的新路。坚持绿色发展，协同推进生态修复。协同属地政府开展采煤塌陷地治理、土地复垦、村庄搬迁，建成了4A级风景区潘安湖国家湿地公园、九里湖风景区、安国湿地公园，集中搬迁建设的马庄村、湖里村、西仲村，成为地方新农村建设的靓丽名片，把采煤塌陷地变成了绿水青山，实现了资源再生、生态再造。坚持融合发展，协同盘活存量资源。抢抓徐州建设淮海经济区中心城市机遇，利用存量资源，发展现代物流、大数据、机械制造等产业，着力把旧的关闭矿区变成新的产业聚集区。坚持创新发展，协同推进治理革新。强化“绿色闭坑”系列关键技术研究，搭建五大合作平台，整合各方力量促进企业高质量发展。

(3) 布局“六大基地”，解决了资源枯竭、发展失源的问题。资源枯竭，企业失去生存基础、发展无以为继，最终只能矿关人走。徐矿集团跳出江苏看徐矿，实施“一体两翼”发展战略，到富煤省区、沿“一带一路”开拓发展空间，解决了产业在哪里接续、阵地往哪里转移问题，参与省际、国际能源合作，到西部富煤省区和“一带一路”沿线国家布局，找到了一条资源枯竭型企业脱困重生、持续发展的新路。推进能源战场由东向西转，建设了“蒙电送苏”“陕电送苏”“晋焦入苏”、新疆煤电化、“一带一路”能源服务和省内清洁能源六个能源基地；推进煤炭产能由劣向优转，响应国家去产能政策，主动关闭徐州本部 6 对矿井，积极整合外部资源，布局大基地、建设大煤矿、发展大机组、谋划大化工；推动产业由散向聚转，聚焦优势，做自己能够干、应该干、干得好的事，清理退出僵尸企业，圆满完成 55 户集体企业改革，全面优化产业布局，提升了产业集中度。

3. 借鉴意义

(1) 坚持综合治理、源头治理和系统治理。衰老矿区生态修复治理必须要强化系统思维，统筹考虑经济、社会和环境效益，拿出一揽子解决方案和配套政策，推进综合治理、源头治理和系统治理，实现综合效益最大化。

(2) 坚持满眼都是资源的理念。资源枯竭的矿山并不是没有利用价值，不能把采煤迹地一弃了之，而是要强化资源观，当作宝贵资源来保护、治理、利用，让资源活起来，真正成为创效财富。

(3) 坚持强化协作、合作共赢。生态修复的过程，必然是政府、企业、群众互动的过程，企业不能把生态修复工作唱成独角戏。必须要强化与地方政府的协作，结合地方发展规划，融入经济社会发展，维护地方群众利益，协同各方力量，实现合作共赢。

4. 企业概况

徐州煤炭开采最早可追溯至北宋元丰年，有记载已有 140 年历史，1882 年创建徐州利国矿务总局。

徐州矿务集团有限公司始建于 1958 年。是江苏省人民政府直属的国有特大型能源企业，中国民族工业的启蒙，煤炭工业改革的先锋，具有纯正的红色基因。1970 年以前，隶属于原国家煤炭部，后为保障江苏能源供应划归江苏省政府管理；1998 年 5 月经省政府批准由原徐州矿务局改制为国有独资公司，是江苏省政府授权的国有资产投资主体，产业以煤炭、电力、煤化工为主导，以工程建设、煤矿装备、物流贸易为延伸，分布在新疆、陕西、甘肃、山西、内蒙古等国内多个富煤省区和孟加拉等“一带一路”沿线国家。2021 年集团位列中国煤炭企业 50 强第 19 位、煤炭产量 50 强第 26 位，中国能源企业(集团)500 强第 105 位，中国企业 500 强第 462 位；位列煤炭企业全球综合竞争力 30 强、能源企业全球竞争力 500 强。该企业先后荣获“全国五一劳动奖状”“全国精神文明建设先进单位”“全国创建学习型组织标兵单位”“中国优秀企业文化奖”“全国煤矿安全质量标准化公司”“中国康居典范最佳人居环境经典楼盘奖”“信用江苏诚信单位”“资信 AAA 等级企业”“国有重点企业管理标杆创建行动标杆企业”等多项殊荣。

5. 循环经济主要项目

（1）张双楼煤矿年回收复用矿井水 120 万吨，用于绿化浇灌、洗煤用水；煤矸石用于筑路、建材产品、地面回填，年消耗煤矸石 56 万吨。

（2）徐矿综合利用发电公司、垞城电力公司、阿克苏热电公司超低排放改造项目，累计投入资金 2.3 亿元对脱硫、脱硝、除尘系统进行了改造，实现排放烟尘≤10 毫克/立方米，SO_2≤35 毫克/立方米，NO_x≤50 毫克/立方米的火电超低排放要求，通过了环保验收。

（3）徐矿综合利用发电公司年掺烧污泥能力占徐州市总量的 80%以上，并积极拓展消纳苏南污泥产出量，解决了城市固废处理的难题。

（4）徐矿综合利用发电公司、华美热电公司年产生粉煤灰 53 万吨，全部用作水泥、新型墙体建材的原材料。

（5）长青能化公司煤制甲醇项目，年产生粉煤灰 5 万吨，全部用作水泥、建材的原材料。

6. 培育相关关键（核心）技术

（1）复杂煤层开采技术。

① 大倾角综采、不稳定顶板条件下综采、顶水综合开采、三软煤层综放开采和旋转 90°综采等成套开采核心技术（国内领先水平）。

② 矿井支护、防治水、软岩掘进、瓦斯治理等成套关键技术（国内行业前例）。

③ 衰老矿区松散含水层下残煤资源回收上限关键技术与应用（获 2021 年中国煤炭工业协会科学技术奖一等奖）。

④ 厚表土立井井壁环境因素耦合作用破裂机理及综合治理技术研究与应用（获 2021 年中国煤炭工业协会科学技术奖一等奖）。

⑤（孟加拉国巴拉普库利亚矿）强富水含水层下特厚煤层安全高效开采关键技术（获 2020 年中国煤炭工业协会科学技术奖特等奖）。

⑥ 千米深井实体煤巷道掘进冲击机理及防治技术。

⑦ 废弃矿井地下水污染风险评价与技术控制。

⑧ 冲击倾向性煤层顶板动态大数据精准管理技术。

⑨ 近距离上覆复杂遗煤区域综合防灭火技术。

（2）衰老矿区生态修复治理技术。

① 徐州矿区“绿色闭坑”系列关键技术（率先提出并系统阐明了矿井“绿色闭坑”的科学内涵及理论技术体系，研发并形成了安全保障、资源利用、环境保护以及企业可持续发展 4 个研究领域、6 个系列 21 项有关矿井“绿色闭坑”的关键技术，经中国煤炭工业协会组织专家鉴定后认为，课题研究成果在建设美丽徐州、打造绿水青山方面取得了诸多有益经验，具有重要的推广应用价值。鉴定委员会一致认为，成果整体达到了国际领先水平）。

② 徐州矿区采煤塌陷区生态治理技术（项目利用煤矸石复垦还田和塌陷区生态治理技术对采煤塌陷地生态治理系统工程进行研究和应用，尤其对因煤层分层开采未稳沉塌陷地复垦治理及生态恢复，增加有效耕地面积，恢复局部生态环境，实现矿地互惠共赢，为类似的采煤塌陷地生态治理提供了借鉴）。

（3）综合利用技术。

① 低热质燃料发电脱硫、脱硝、除尘超低排放改造技术。

② 低热质燃料掺烧污泥热电联产技术。

③ 粉煤灰复合水泥技术。

(4) 煤制甲醇技术。

7. 主要成效

(1) 推动采煤塌陷地治理，助力土地保护成效显著。通过充填(预)复垦、综合整治、挖深垫浅、疏水减损等措施，因地制宜，尽可能恢复土地原有地貌和功能。对已塌陷的土地，利用煤矸石、粉煤灰等深埋充填复垦治理成农田；对高潜水位的中度塌陷区，采取"挖深垫浅法"，通过挖鱼池筑台田，形成上粮下渔生产格局；在一定的沉陷区域内，利用疏水减损工程保证沉陷的土地正常耕种。沛县沙河林场二分场果园，通过实施三期疏水减损工程建设，直接减少果农和企业损失 2 000 多万元；对采煤沉陷轻微的土地按照高标准农田进行综合整治，大大提高了耕地质量。

(2) 推进生态环境修复，助力生态文明建设成效显著。徐矿积极探索"绿色闭坑"系列关键技术，实现了全集团 28 座煤矿(含异地矿井)的安全、科学与绿色关闭。坚持政府主导，企业协同配合，将塌陷地治理与生态修复相结合，分类改造利用，打造生态修复示范区。对塌陷深度大于 1.5 米、大面积积水的塌陷区，采取生态治理措施，区位优势明显的，开发成景观园林或湿地公园；没有区位优势的，或成水源涵养区，或进行水面养殖，或建光伏发电等。综合运用多种技术高标准修复采煤塌陷地，配合地方政府成功建成潘安湖、九里湖、安国湿地等一批国家级湿地风景区，潘安湖国家湿地公园年接待游客 600 万人次，带动地方综合旅游收入达 160 亿元，安国湿地公园项目被列入南水北调东线治污节点工程，有效解决了当地 40 万亩农田灌溉问题。

(3) 推动环保节能发展，助力绿色可持续发展成效显著。徐州本部矿井关闭后，在老矿区留下大量老旧土地、铁路、电网等，徐矿集团坚持开放共赢，通过主动融入地方规划去布局、盘活。在关闭矿井原址上建成了多座资源综合利用热电联产电厂，其中华美热电公司替代徐州市区 100 多台小锅炉，有效保证了居民供暖和工业用气；徐矿综合利用发电公司启用污泥掺烧工程，每天处理焚烧污泥达 200 吨，接近徐州市日污泥产生量的 80%，积极助力徐州"无废"城市建设。

(十) 窑街模式(甘肃能化)——煤炭资源综合利用循环经济多元产业融合一体化发展模式

1. 模式特征

以煤炭资源和煤系共伴生资源的绿色高效开采和矿山废弃物资源化综合利用为方向目标，不断优化延伸煤基产业链，构建煤炭资源综合利用及煤—电—化—冶—材—运多元产业融合一体化的循环经济发展模式。

2. 典型经验

始终坚持减量化、再利用、资源化"3R"循环经济原则，确立"以煤为基、择优突破、循环发展、生态宜居"基本发展思路和以资源绿色高效开发、综合利用和低碳循环发展为目标，充分发挥区域资源优势，通过特色优势项目建设，不断优化延伸产业链，做优做特循环经济产业，有效推进绿色矿山建设。企业自 2001 年 8 月建成劣质煤热电厂，形成煤—电—热初级产业链，以被列为"国家级矿产资源综合利用示范基地""资源综合利用双百工程骨干企业"

“国家级循环经济示范省区”“甘肃省首批循环经济试点示范企业”为发展契机。一方面通过延伸资源加工深度，延伸资源产品链，有效实现资源增值；另一方面不断提高资源的综合利用效率，减少非产品产出，降低企业生产和环境成本，从单项资源循环发展为多项资源循环，打造较为完整的循环经济产业链，并不断延链、补链、完链、强链，逐步形成了以“煤—电—化—冶—材—运”为一体的煤电冶、油页岩炼化、煤矸石等矿产废弃物综合利用、新型建材和物流运输等多元融合循环经济产业链，达到了资源节约高效利用，废弃物资源化全部循环再利用。实现经济效益、社会效益和环境效益的有机统一和谐发展，走出一条独具特色的传统煤炭资源型企业循环经济可持续发展之路。

3. 借鉴意义

坚持走循环经济发展之路以煤炭加工转化、煤系共伴生资源高效综合利用和矿山生态环境综合治理为核心的多元产业融合循环经济发展模式收到成效。对于以煤炭资源为主的衰退期老矿区及处于同类内部条件及外部环境的传统煤炭企业可持续发展具有一定的借鉴意义。

4. 企业概况

甘肃能源化工投资集团有限公司成立于2017年7月，是整合靖远煤业集团、窑街煤电集团、省煤炭资源开发投资公司及兰州煤矿设计院等组建成立的大型国有能源化工投资集团。产业主要涉及煤炭、电力、化工、基建施工、装备制造、勘察设计、商贸物流、投资融资、现代服务等领域。2021年位列中国煤炭企业50强第41位、煤炭产量50强第28位。中国能源企业(集团)500强第201位。

窑街煤炭开挖可追溯至明代洪武年间挖采煤层露头煤用于烧制陶瓷。1943年8月创办永登煤矿局。

窑街煤电集团有限公司的前身是成立于1958年8月29日的窑街矿务局，原为煤炭工业部所属国有重点煤炭企业之一，1998年8月下放甘肃省管理，国家批准债转股后，于2001年9月由甘肃省人民政府、中国信达资产管理股份有限公司、中国华融资产管理公司共同出资重组为股份制大型煤炭能源企业，2008年7月16日经国家工商总局核准，变更为窑街煤电集团有限公司。现为甘肃能源化工投资集团骨干企业，已形成集煤炭开采、循环经济、“非煤经济”三大产业综合发展格局和煤炭、电力、化工、冶炼、建材、物流6个支柱板块，曾先后被评为全国煤炭工业一级企业、国内贸易部“中华老字号”企业。为“国家级矿产资源综合利用项目示范基地”、“资源综合利用‘双百工程’骨干企业”、甘肃省“国家级循环经济示范省区”循环经济发展十大模式之一，所属四对矿井皆为国家级“绿色矿山”试点单位。企业先后荣获“全国节能先进企业”“全国安全生产先进单位”“全国煤炭工业优秀企业”“全国思想政治工作优秀企业”“甘肃省思想政治工作先进单位”“省级文明单位标兵”“重合同、守信用单位”“A级纳税信用单位”“省科技发明奖”等荣誉。

5. 循环经济产业链主要项目

(1) 原煤洗选加工项目及分质分级、清净高效利用项目。

生产加工动力煤、配焦煤、化工煤(年洗选能力500万吨)。

(2) 劣质煤(坑口)热电厂项目。

煤炭开采产出的劣质煤、煤矸石、水仓沉淀煤泥，原煤洗选产生的中煤、煤泥、煤矸、油页岩、半焦等低热值燃料运入劣质煤(坑口)热电厂发电，配套应用循环流化床锅炉及脱硫、脱硝、除尘工艺技术(煤矸石半焦配比达到74%)。

(3) 碳化硅、铁合金冶炼项目。

就地利用硅石、石英砂资源和劣质煤(坑口)热电厂富余电直供冶炼铁合金、碳化硅产品。

(4) 油页岩炼制页岩油项目。

开采煤层解放层伴生矿油页岩炼制页岩油和延伸加工生产环保型黏土、矿物基材料、白炭黑及铁红、钴蓝、铋黄等颜料、矿物生物碳等。

(5) 低浓度瓦斯和炼化尾气掺混发电项目。

井下、地面钻孔立体抽采的矿井瓦斯(低浓度)和炼化尾气掺混进入燃气发电机组发电。

(6) 新型建材项目。

热电厂产生的粉煤灰、炉渣及工业废渣,油页岩炼油厂低品位末页岩、半焦,矿井产出的极低热值煤矸石、堆积的煤矸石及烧变岩等分质生产复合水泥、压制免烧砖、生产轻质发泡陶瓷保温材料等。

(7) 矿井污水分质净化处理循环利用项目。

抽排的矿井水、工业废水、生活污水进入污水处理站,分质净化处理循环利用,用于洗煤厂补水、热电厂冷却水补水、井下系统除尘、复垦绿化景观用水、公寓楼冲厕用水或直接用于黄土灌浆等。

(8) 热气能供暖项目。

热电厂产生的热气,炼油厂、冶炼厂热炉尾气余热集中供矿区生产及生活区取暖。

通过循环经济产业链项目建设,形成煤炭洗选清洁加工、分质分级转化、洁净高效利用、煤系共伴生矿资源开发综合利用,矿山废弃物资源化循环再利用和矿山生态环境综合治理的煤基循环经济煤炭—电力—化工—冶炼—建材—物流多元一体化融合发展体系(图8-9)。

6. 培育相关关键(核心)技术

坚持企业自主创新同科研院所、高等院校产学研用融合、技术攻关,培育了相关关键技术。

(1) 采矿关键技术。

① 煤与瓦斯(二氧化碳)突出矿井急倾斜特厚煤层综采放顶煤绿色安全高效开采技术(同西安科技大学合作研究)。

② 煤与瓦斯(二氧化碳)突出矿井急倾斜特厚煤层反斜切采煤法减缓地面沉陷技术[同中国矿业大学(北京)合作研究]。

③ 煤与瓦斯(二氧化碳)突出矿井大采高综放工作面加压静压联合注水松动、防尘技术。

④ 煤与瓦斯(二氧化碳)突出矿井防治强冲击矿压、矿震与系统网络信息化及SOS微震监测系统技术(同中国矿业大学合作研究)。

⑤ 煤与瓦斯(二氧化碳)突出矿井复杂地质赋存条件下综采旋转开采技术。

(2) 煤与CO_2突出灾害防治、瓦斯与CO_2抽采关键技术。

① 窑街矿区煤与CO_2突出灾害防治关键技术(获2011年中国煤炭工业协会科学技术奖一等奖)。

② 高突矿井瓦斯与CO_2及伴生油气主体抽采综合治理技术。

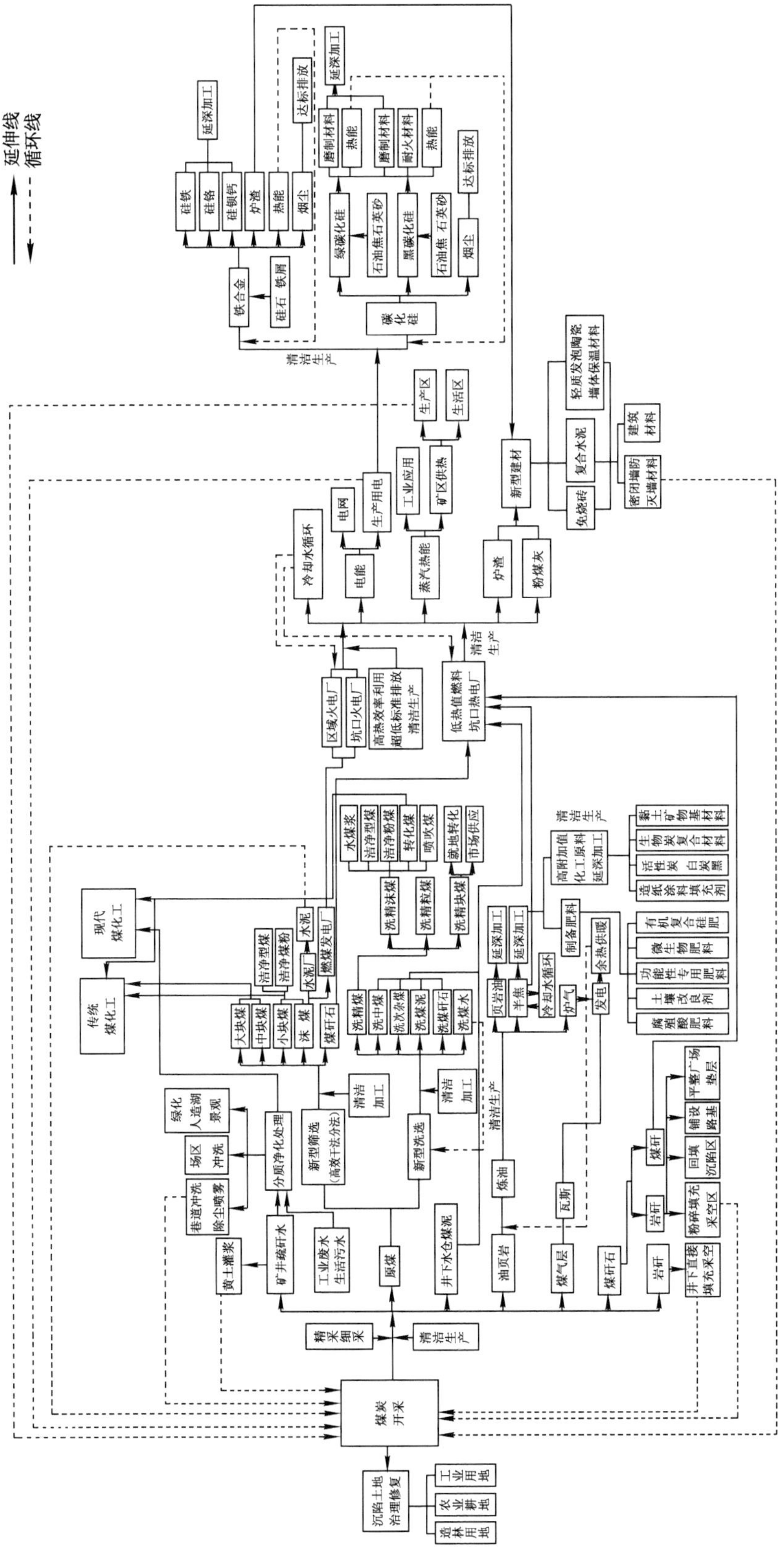

图8-9 窑街煤电集团有限公司循环经济产业链框架图

③ 高突矿井 CO_2 赋存机理与区域性防突关键技术(同中国矿业大学合作研究)。

④ 高突矿井开采解放层油页岩大采高综采工作面安全清洁无煤柱高效回采及沿空留巷、Y 形通风、瓦斯与 CO_2 抽采综合技术(同中国矿业大学合作研究)。

(3) 油页岩炼油及高值利用关键技术。

① 窑街方炉(SJ-Ⅳ型)油母页岩低温干馏炼制页岩油工艺及技术。

② 窑煤国富炉(YM-GF 型)油母页岩末页岩低温干馏炼制页岩油工艺及技术(同中科院与国电富通公司合作研究)。

③ 油母页岩半焦高值利用及加工生产矿物铁红颜料、矿物生物碳工艺及技术(同中科院兰州化物所、兰州有色冶金设计研究院有限公司合作研究)。

④ 低浓度瓦斯与油页岩炼化尾气掺混发电技术。

(4) 冶炼节能减排技术。

铁合金冶炼节能减排技术。

(5) 新型建材技术。

煤矿废弃固体物生产新型 A_1 级轻质发泡陶瓷保温材料工艺及技术。

7. 主要成效

(1) 实现煤炭能源和煤系共伴生资源绿色开采、安全生产、清洁生产、分质分级、高质加工、洁净利用、高效利用,实现矿山废弃物资源化综合利用,循环再利用,构建了较为完整的煤基循环经济产业体系,所有资源“吃干榨净、变废为宝、化害为利”,达到经济效益同社会效益、环境效益的和谐统一。

(2) 实现节能减排目标。万元产值能耗由“十一五”初 2.32 吨标煤/万元下降到 1.16 吨标煤/万元;年节约用水 220 万立方米以上。

(3) 煤炭循环经济增加产值 7 亿多元,增加上缴利税 0.4 亿元,人力资本减少 33%。

(4) 产学研用融合,培育和研究十多项煤基循环经济产业相关关键技术。

(5) 企业实现:由原煤燃料转变为洁净燃料、洁净原料和材料,由单一产业、产品转变为多元产业、多种产品,由亏损大户转变为盈利大户,由“劣势”企业转变为优势企业。

二、中国现代煤炭企业煤基循环经济发展模式

黄陵模式(陕煤化)——黑色煤炭绿色开发、高碳产业低碳运行、新型矿区煤基循环经济高质量发展模式

1. 模式特征

充分挖掘煤炭资源的潜在价值,以煤炭产品为龙头带动煤基产业结构调整,实施资源就地转化。通过构建新型矿区煤基循环经济生态工业园区,延伸煤—电、煤—焦化工、煤—建材产业链,增加产品附加值。园区各生产单位首尾相接、环环相扣,上一个生产单位产出的副产品及废料正好是下一个生产单位的原料,逐层减量,循环利用,实现了固体废弃物的吃干榨净及“零排放”,不仅有效地实现了变废为宝、化害为利,而且有效解决了环境污染问题,创造出黑色煤炭绿色开发、高碳产业低碳运行、新型矿区煤基循环经济高质量发展模式,实现大型现代化能源企业高质量可持续发展。

2. 典型经验

紧紧抓住能源革命来临、新经济方兴未艾的历史机遇和国家大型煤炭基地建设、陕北能

源化工基地建设的重大机遇，不断优化产业结构，促进转型升级。充分发挥资源禀赋、技术创新、管理创新和循环经济四大优势，以大项目、大园区建设为主题，围绕煤、配套煤、发展煤、延伸煤，坚持不懈地走煤基循环经济发展之路，实现了煤炭资源有效价值延伸及“吃干榨净”。

（1）实施和实现煤炭安全高效清洁绿色开采，开创了国产综采成套装备智能化无人开采技术的先河，并始终保持在行业领先地位，成为全国现代煤炭产业发展史上的典型代表。

（2）开发建设黄陵矿区煤电联产、煤化工和资源综合利用煤基循环经济产业生态工业园区，延伸产业链条，清洁利用、循环转化，建成西部最大的煤矸石电厂项目和焦炉煤气制甲醇及甲醇驰放气制合成氨项目、西部最大的粉煤灰加气砌块砖项目、西部最大的粉煤灰水泥项目、全国首台套汽轮机带动压缩生产液态氨系统，实现固体废弃物、废水、废气三个“零排放”。

（3）大力推行精细化管理，形成独具特色的黄陵矿业岗位精细化管理模式和“5＋5”岗位管理文化品牌。

（4）坚持共建生态文明，共享发展成果（发展现代农业及生态果蔬产业），实现企业与员工、企业与地方、企业与青山绿水的和谐共融，经济效益、社会效益和环境效益的有机统一。

（5）精益求精、追求卓越，打造“六个一流”标杆：全国一流“五精管理”矿、全国一流现代化高效示范矿井、全国一流煤矸石发电示范电厂、全国一流煤化工示范基地、全国一流煤基循环经济产业生态工业示范园区、全国一流企业文化示范企业，不断增强企业核心竞争力，始终保持良好发展态势。

3. 借鉴意义

抢抓机遇、创新超越、转型升级、发挥优势、争创一流，开发煤炭资源的潜在价值，开创“黑色煤炭绿色开发、高碳产业低碳运行”的新型矿区煤基循环经济高质量发展模式和典范，对同类现代煤炭新型矿区寻求高质量可持续发展之路提供了有益借鉴。

4. 企业概况

陕西煤业化工集团有限责任公司成立于2004年，是陕西省从落实西部大开发战略，充分发挥煤炭资源优势和行业整体优势，培育壮大以煤炭开采、煤炭转化为主的能源化工支柱产业出发，按照现代企业制度，在省内十个重点煤炭企业和三个大型煤化工企业重组成立的特大型能源化工企业集团。通过调整产业结构和依靠科技进步，实现了产业升级，通过大力发展循环经济，延长了产业链条，形成了以煤炭开发利用为基础，以煤化工和燃煤发电为主导的三大主业和以钢铁冶炼、装备制造、水泥生产、建筑施工、铁路投资、金融、科技、现代物流等相关多元互补，协调发展的产业格局，实现了每两年翻一番的高质高速发展，经济规模和实现利税跃上新台阶。建有“国家级企业技术中心”“国家能源煤炭分质清洁转化重点实验室”，在国内创造性地提出和实践了煤炭分质清洁高效转化利用的科学理念，开发了低价煤分质清洁高效转化利用的关键工业化技术以及甲醇制低碳烯烃（DMTO）等核心技术。2021年位列中国煤炭企业50强第4位、煤炭产量50强第5位、中国能源企业（集团）500强第11位、中国企业500强第67位、《财富》中国500强上市公司第92位、《财富》世界500强第209位。自2015年首次进入世界500强，排名稳中有升，展现出良好的成长性，成为陕西省增速最快的国有大型企业之一，有着中国西部“能源航母”之称，连续多年蝉联“中国企业效益200佳”殊荣。

黄陵矿业集团有限责任公司始建于1989年9月，是陕煤化集团所属大型现代化核心企业，以做精做优煤炭产业，做大做强电力产业，做实做活多元产业，打造煤电联产绿色发展示范园区为目标，建成集煤炭、电力、煤化工、建材、铁路、生态农业等产业多元互补，循环利用，黑色煤炭绿色开发、高碳产业低碳运行的大型现代化能源化工企业。建成陕西首户以煤炭为基础的多产业链的循环经济产业园区，被称为中国煤炭工业提质增效、转型升级的一个缩影和典范。先后被确定为国家级绿色矿山试点单位、陕西省循环经济示范基地、全国循环经济示范基地、国家级“两化”融合贯标试点单位、全国首批“机械化换人、自动化减人”示范企业等，先后荣获“中国工业大奖”“全国文明单位”“全国五一劳动奖状”“全国资源综合利用十佳企业”“联合国清洁煤技术示范和推广企业”“全国企业文化示范基地”“全国企业文化建设50强”“全国五精管理示范基地”“全国煤炭系统企业文化示范基地”“全国煤炭行业标杆煤矿”“中国消费者协会质量信誉双满意单位”“中国煤炭冶金系统企业信用信誉AAA级企业”“陕西省文明单位”等荣誉。

5. 循环经济产业链主要项目

(1) 黄陵矿区煤电及资源综合利用循环经济产业生态工业园区，形成煤炭(煤矸石)—电力(热能)—建材产业链。

煤炭产业：

① 四对智能化矿井(年生产能力2 000万吨)。

② 现代化洗煤厂项目(年入洗能力2 000万吨)。

③ 煤与油型气共生矿区安全智能开采示范项目。

④ 矿井疏干水深度处理，综合利用项目(年处理能力7 200立方米)。

⑤ 浴池水、生活污水分质净化处理综合利用项目。

电力产业：

⑥ 2×300兆瓦煤矸石发电项目(西部最大，总装机容量730兆瓦)。

⑦ 2×660兆瓦燃煤发电项目。

建材产业：

⑧ 1亿块粉煤灰蒸压砖和10万立方米加气混凝土砌块项目。

⑨ 100万吨水泥项目。

(2) 黄陵矿区煤化工循环经济产业生态工业园区，构建煤炭开采、洗选加工、煤化工、发电、建材、物流运输六大产业板块延伸产业链条。形成煤焦—化产—甲醇—合成氨产业链。

① 4×98万吨焦化项目。

② 30万吨焦炉煤气制甲醇项目及10万吨甲醇驰放气制合成氨项目。

③ 100万吨甲醇、煤焦油、粗苯、电石等化产项目。

运输产业：

④ 50公里铁路专用线项目。

6. 培育相关关键(核心)技术

(1) 采矿技术。

① 国产综采成套装备智能化无人开采薄、中、厚煤层技术。

② 大采高智能化开采技术。

③ 掘进智能化技术及“110”工法。

④ 辅助系统自动化、智能化技术。

⑤ 矿井智能化生产系统技术。

⑥ 煤与油型气共生矿区安全智能开采关键技术与工程示范（获 2020 年国家科技进步二等奖）。

（2）煤化工技术。

① 低价煤分质清洁高效转化利用工业化关键技术及甲醇制低碳烯烃（DMTO）核心技术。

② 汽轮机带动压缩生产液态氨工艺技术。

③ 焦炉煤气制甲醇及驰放气制合成氨成套技术。

7. 主要成效

（1）由单一煤炭（原煤、混煤）产品形成精煤、焦炭、焦油、柴油、甲醇、粗苯、合成氨、电能（热能）、新型建材砖（粉煤灰加气砌块）、复合水泥等多元产业、产品结构。

（2）实现固体废弃物零排放，综合利用达 100%。

（3）实现矿井疏干水、生产废水、生活污水零排放，日节水 4 000 余吨。

（4）实现焦炉废气及甲醇驰放废气零排放，循环利用生产甲醇、合成氨。

三、中国地方非国有煤炭企业煤基循环经济发展模式

伊泰模式——煤炭液化、洁净转化、非煤多元化高质量发展模式

1. 模式特征

全力推进煤炭产业结构升级，以煤炭为基础，实施煤炭深加工转化及清洁利用，延伸煤基循环经济产业链和非煤循环经济产业链，构建煤炭液化、洁净转化、非煤多元化高质量发展模式。

2. 典型经验

（1）顺应国家能源革命和供给侧结构性改革趋势，实施多产业多元化发展战略。抢占煤基产业和新兴产业制高点，探索绿色低碳循环发展之路，全方位提升大型高产现代化矿井建设及技术装备水平。

（2）推进煤炭深加工，实现煤炭清洁高效利用。2000 年开始介入煤炭液化产业研发，2012 年起先后开展了以鄂尔多斯大路 200 万吨/年煤液化为代表的四个商业化示范项目的建设工作。不仅创造了可观的经济效益，而且实现了同社会效益、环境效益的协调统一。

（3）开发新兴清洁能源产业，利用太阳能可再生能源，建设太阳能聚光光伏发电示范电站。

（4）开发新兴制药产业，构建 GMP 认证制药基地。

3. 借鉴意义

对地方非国有煤炭企业解放思想、创新理念、调整结构、转型升级、提升质效，依靠科技走绿色、低碳、循环发展之路，实现企业高质量可持续发展具有指导和借鉴意义。

4. 企业概况

内蒙古伊泰集团有限公司成立于 1999 年 10 月，是以煤炭生产、经营为主业，以煤制油和铁路运输延伸为产业，以生物制药、太阳能光伏发电、膨润土生产加工、非金属材料加工、房地产开发等非煤产业开发为互补的地方大型清洁能源企业，是动力煤“4＋1”大型煤炭企

业和煤炭行业协会协调机制成员单位，是大型煤炭基地骨干企业。已形成煤炭产量 6 000 万吨/年以上、煤化工产能 140 万吨/年以上规模。2021 年位列中国煤炭企业 50 强第 16 位、煤炭产量 50 强第 16 位、中国能源企业（集团）500 强第 77 位、全国民企 500 强位列第 188 位、中国企业 500 强位列第 227 位、《财富》中国 500 强上市公司第 254 位。“伊泰精煤”被国家质量监督检查检疫总局认定为“国家免检产品”，是煤炭类产品中全国用户满意产品。该公司荣获“全国文明单位”“全国就业与社会保障先进民营企业”“全国模范劳动关系和谐企业”“全国民族团结进步模范集体”“全国首批通过两化融合管理体系评定的企业”“第四届中国工业大奖表彰奖”“内蒙古自治区优秀民营企业”“自治区首届主席质量奖”“自治区标兵文明单位”“全国煤炭行业现场管理最佳企业”“全国煤炭工业优秀企业金石奖”“国家技术创新示范企业”等殊荣。

5. 循环经济产业链主要项目

（1）煤炭化工产业项目。

① 年产 48 万吨煤基合成油加工项目（全国煤炭间接液化自主技术产业第一项目及国内第一条煤基合成油示范生产线）。

② 鄂尔多斯杭锦旗 120 万吨/年煤液化项目。

③ 鄂尔多斯大路 200 万吨/年煤液化项目。

④ 新疆伊犁 100 万吨/年煤液化项目。

⑤ 新疆甘泉堡 200 万吨/年煤液化项目。

⑥ 50 万亩碳汇林工程（减少二氧化碳排放，治理地区荒漠化）。

（2）太阳能聚光光伏发电产业项目。

205 千瓦太阳能聚光光伏发电示范电站（全国第一个 205 千瓦聚光光伏科研示范电站）。

（3）新型生物制药产业。

4 万亩多种中药材有机种植示范基地（GAP 标准）。

两个 GMP 认证生物制药基地（生产 9 种剂型，200 多个品种药品）。

6. 培育相关关键（核心）技术

（1）采矿技术。

① 大型高产现代化矿井建设及开采技术。

② 房式开采条件下呆滞煤柱安全回收技术。

（2）煤化工技术。

① 煤炭间接液化及煤基合成油核心技术（同中科院陕西煤化所合作，通过国家 863 项目验收）。

② 大型流化床煤炭干燥系统技术。

③ 煤 4 000 吨粉煤汽化炉技术。

④ 大型化费托合成反应器技术。

⑤ 集成节水及“水夹点”技术。

⑥ 合成废水厌氧处理技术。

⑦ 高浓盐水处理及膜浓缩单元＋蒸发预处理单元＋蒸发结晶单元工艺技术。

（3）光伏发电技术。

太阳能数倍聚光光伏发电关键技术。

(4) 非金属材料技术。

膨润土防水毯(GCL)加工技术。

7. 主要成效

以鄂尔多斯大路200万吨/年煤液化项目为例，每年共消耗折标准煤718万吨，耗水合计828.9万吨，需外购电3.452亿千瓦时，吨油耗水量为3.77吨，吨油综合消耗标准煤3.443吨，能源转化率为44.33%。煤炭干燥等废水回收处理循环复用零排放。煤气化废渣等固体废物(216万吨/年)综合利用，产生的沼气(甲烷浓度50%—55%)用于固废焚烧系统。不仅实现了煤炭深加工转化及清洁利用，而且对废弃物(废水、废气、废固体物)综合利用，变废为宝、化害为利。

以50万亩碳汇林工程为例：减少煤液化二氧化碳排放，治理鄂尔多斯地区荒漠化，造福当地经济发展和人居环境，为生态文明建设作出贡献。

四、中国大型煤炭基地煤基循环经济发展模式

宁东模式(神华宁煤)——科技含量高、附加值高、产业链长的煤炭深加工及煤制油、煤化工基地循环经济产业高质量发展模式

1. 模式特征

按照产业关联度强、生产集约度高、资源节约、环境友好的原则，在国家大型煤炭基地全面建设以千万吨级现代化矿井群为核心的国家亿吨级煤炭基地，以煤制油、煤制烯烃产业为龙头的世界级现代煤化工基地，国家煤矿坑口电厂西电东输基地，国家级碳基材料研发基地，西北最大的无烟煤洗选加工基地。以煤基循环经济产业生态工业园区示范工程打造科技含量高、附加值高、产业链长的煤炭、煤化工、煤炭深加工及综合利用支柱产业体系和发展模式，实现大型煤炭基地经济效益、社会效益和环境效益的协调统一和现代化高质量可持续发展。

2. 典型经验

(1) 以高质量绿色低碳循环经济产业链和生态工业园区科学构建为载体，创新理念，绿色固化，优化配置，统筹设计，高标准建设，精细化管控，走出一条科技含量高、资源消耗低、环境污染小、经济效益好的高质量可持续发展之路。

(2) 以400万吨/年煤炭间接液化、煤制油化工“一号工程”项目为龙头，开发现代煤化工系列高端产品，配套建设煤矸石热电厂和新型建材厂，将基地内产生的煤矸石、废水、废气、废热、废灰、废渣等资源化综合利用，转化为电能、热能和新型建筑材料。

(3) 以拥有的“香砟子煤”优质主焦煤和太西无烟煤得天独厚的资源优势和活性炭工业既有基础，延伸煤炭深加工。重点开发超低灰精煤、活性炭等碳基材料、煤焦化产品，实现太西无烟煤由燃料产品到主要化工原料和炼焦原料的转化，提升无烟煤品质价值，并对洗煤厂、煤矸石电厂、活性炭厂、矸石砖厂、凝石水泥厂进行优化配置、循环链接、综合利用。

(4) 以加快经济发展方式转变、产业升级和模式创新为动力，做大煤炭、做足电力、做强煤化工、做精碳基材料、做优铁路运输，加快建成国家级煤、电、化、路特大型综合能源基地，创建世界一流煤炭能源企业，静心打造世界煤化工“硅谷”。

3. 借鉴意义

国家亿吨级大型煤炭基地对增强国家能源自主保障和能源体系抵御风险的能力、推动煤炭深加工转化及清洁高效利用、提升国产化技术装备制造水平和油品质量升级、探索绿色低碳循环发展方式等具有重大的战略意义。发展模式对国家亿吨级大型煤炭基地科学开发，构建产业关联度强、生产集约度高、资源节约、环境友好及科技含量高、附加值高、产业链长的支柱产业体系和发展模式，实现大型煤炭基地绿色、低碳、循环的高质量可持续发展有重要借鉴意义。

4. 企业概况

神华集团有限责任公司始于 1995 年 10 月，是经国务院批准，按照《公司法》组建的国有独资公司，为中央直管国有主要骨干企业。于 2017 年 8 月 28 日与中国国电集团重组为国家能源投资集团有限责任公司。神华集团有限责任公司是我国唯一集煤炭生产、销售，电力、热力生产、供应，煤制油、煤化工，科技环保，金融，相关铁路、港口、航运等运输服务为主营业务的产运销一条龙、综合型特大型能源企业集团。该公司是全国规模最大、现代化程度最高的煤炭企业，是全球最大的煤炭供应商。所辖神东矿区分别于 2010 年、2013 年成为世界首个两亿吨级、三亿吨级井工产煤基地；布尔台煤矿是世界上产能最大的井工矿；准格尔矿区是全国最大露天生产基地，是中国唯一使用吊斗铲工艺的大型现代化煤矿；有朔黄、神朔、包神、大准、黄万等 5 条自营铁路；有黄骅港、天津煤炭码头等自营港口；有电力总装机容量达到 4 500 万千瓦，风电实现国内首家盈利；世界上第一个百万吨级煤制油示范工程——神华直接液化项目成功实现工业化运营；首套使用具有神华自主知识产权费托合成催化剂的煤间接液化装置于 2009 年 12 月开车成功；世界首套、全球最大的包头煤制烯烃示范工程全流程投料于 2010 年 8 月 8 日试车一次成功，奠定了我国在世界煤基烯烃工业化产业中的国际领先地位。2021 年位列中国煤炭企业 50 强第 2 位、煤炭产量 50 强第 1 位、中国能源企业(集团)500 强第 6 位、中国企业 500 强第 30 位，《财富》中国 500 强上市公司第 36 位、《财富》世界 500 强第 85 位。该公司先后荣获“全国‘五一’劳动奖状”“中国企业社会责任特别大奖”“西部大开发突出贡献集体”“中国上市公司市值管理百佳”“全国质量守信企业”“国家级企业管理现代化创新成果一等奖”“全国安康杯竞赛先进集体”“人民社会责任企业奖”“中国企业诚信大奖”等多项荣誉。

神华宁夏煤业集团有限公司成立于 2002 年 12 月 28 日，是国家能源集团神华集团的控股子公司，也是宁夏回族自治区优势骨干企业，于 2006 年 1 月通过增资扩股方式组建。以煤炭开采、洗选、煤炭深加工、煤制油化工、能源工程建设及综合利用、发电、机械制造与维修及房地产等为经营范围，主营业务为煤炭开采、洗选和煤化工。神华宁夏煤业集团是国家级重点开发区——宁东能源化工基地建设的主力军，承担着国家亿吨煤炭基地和世界级现代煤化工基地建设重任。“宁东特大型整装煤田高效开发利用及深加工关键技术”获国家科学技术进步二等奖。累计获得授权专利 335 项，其中发明专利 46 项，实用新型专利 289 项，完成科技攻关项目 150 项，承担国家重大科技专项 5 项。2016 年，集团建成全球单套规模最大的煤制油工程示范项目，为国家第二批循环经济示范企业。该公司先后荣获“全国五一劳动奖状”“全国文明单位”“中国矿业十佳企业”“全国煤炭优秀企业”“西部开发优秀创业奖”“全国化学工业优质工程奖”“国家技能人才培养突出贡献奖”“中央企业思想政治工作先进单位”“全国民族进步企业模范单位”“全国企业文化先进单位”等多项荣誉。

5. 循环经济产业链主要项目

（1）宁东能源化工基地循环经济示范园区（年可转化煤炭 3 400 万吨）。

① 400 万吨/年煤间接液化成套技术创新开发及煤制油、煤化工产业化示范项目（全球单套投资规模最大、装置最大，拥有中国自主知识产权。承担着国家 37 项重大技术、装备及材料的国产化任务。煤炭间接液化 1 000 万吨）。已形成 405 万吨合成油品。

② 按照多联产煤基化工循环经济发展规划建设。

a. 煤基甲醇项目（85 万吨）。已形成 350 万吨甲醇。

b. 煤基二甲醚项目（120 万吨）。

c. 煤基烯烃项目（252 万吨）。已形成 200 万吨聚烯烃。

d. 聚甲醛项目（6 万吨）。已形成 6 万吨聚甲醛。

e. 已形成 100 万吨其他化工品产能规模。

③ 宁东煤矸石电厂项目。

④ 灵州煤矸石电厂项目。

⑤ 粉煤灰加气块厂项目。

⑥ 矸石砖厂项目。

（2）太西煤基循环经济示范园区。

① 洗煤厂项目。

② 煤矸石电厂项目。

③ 活性炭厂项目。

④ 煤矸石砖厂项目。

⑤ 凝石水泥厂项目。

6. 培育相关关键（核心）技术

（1）宁东特大型整装煤田高效开发利用及深加工关键技术（2014 年获国家科技进步二等奖）。

（2）煤制油品/烯烃大型现代煤化工成套技术开发及应用（获 2017 年国家科技进步奖一等奖）。

（3）煤矿柔模复合材料支护安全高回收开采成套技术与装备（获 2018 年国家科技进步奖二等奖）。

（4）一种旋流干煤粉气化炉技术（获中国专利金奖〈19 届〉）。

（5）400 万吨/年煤间接液化成套技术创新开发及产业化[获 2020 年国家科技进步奖特等奖（内蒙古伊泰集团有限公司、潞安矿业（集团）有限责任公司也为主要完成单位），打破国外对煤制油化工核心技术的长期垄断]。

（6）百万吨级中温浆态床费托合成技术及油品加工成套技术。

（7）10 万标准立方米/小时空分制氧成套技术。

（8）2 200 吨干粉煤加压气化炉技术。

（9）超低灰精煤技术。

（10）活性炭及碳基材料技术。

（11）一种加工性能改善的交联聚乙烯组合物技术（获中国专利银奖〈22 届〉）。

7. 主要成效

(1) 研制生产出超低灰精煤、活性炭及碳基材料，提升煤炭产品附加值。

(2) 现代煤化工生产出系列化工产品(液化石油气、汽油、柴油、煤油、氨、氮、液态氮、混醇、硫黄、硫酸铵、聚烯烃、苯类、甲基叔、丁基醚、石脑油、溶剂油等)。

(3) 形成煤化工开发、咨询、服务、转让能力。

(4) 构建高端精细煤化工产品研发，检验检测能力。

附　表

附表 1　2017 年世界前 20 名煤炭企业产量排名

名次	企业名称	所在国	煤炭产量/亿吨	同比增减/%	备注
1	印度煤炭公司	印度	5.60	3.60	
2	神华集团有限责任公司	中国	4.41	2.10	
3	博地能源	美国	1.92	2.5	销售量
4	中国中煤能源集团有限公司	中国	1.64	12.40	
5	山东能源集团有限公司	中国	1.41	8.30	
6	陕西煤业化工集团有限责任公司	中国	1.40	11.20	
7	兖矿集团有限公司	中国	1.35	18.40	
8	大同煤矿集团有限责任公司	中国	1.27	7.80	
9	西伯利亚公司	俄罗斯	1.08	2.30	
10	嘉能可	瑞士	1.06	1.00	
11	阿奇煤炭	美国	0.98	27.80	销售量
12	山西焦煤集团有限责任公司	中国	0.96	5.00	
13	布米资源	印度尼西亚	0.90	2.50	
14	阳泉煤业(集团)有限责任公司	中国	0.82	30.20	
15	冀中能源股份有限公司	中国	0.79	−1.00	
16	国家电力投资集团有限公司	中国	0.75	16.20	
17	山西潞安矿业(集团)有限责任公司	中国	0.74	8.40	
18	山西晋能集团有限公司	中国	0.73	3.20	
19	中国华能集团有限公司	中国	0.71	14.40	
20	必和必拓	澳大利亚	0.69	−4.90	

附表 2　2021 年中国煤炭企业煤炭产量千万吨以上企业排名表　　单位:万吨

排名	企业名称	原煤产量/万吨	备注
1	国家能源投资集团有限责任公司	57 066	1 亿吨以上企业(共 6 家)
2	晋能控股集团有限公司	38 396	
3	山东能源集团有限公司	25 519	
4	中国中煤能源集团有限公司	24 679	
5	陕西煤业化工集团有限责任公司	21 012	
6	山西焦煤集团有限责任公司	15 564	

附表 2(续)

排名	企业名称	原煤产量/万吨	备注
7	山西潞安化工集团有限公司	9 812	5 000 万吨—1 亿吨企业(共 9 家)
8	中国华能集团有限公司(煤炭板块)	8 664	
9	国家电投集团内蒙古能源有限公司	7 428	
10	淮河能源控股集团有限责任公司	7 426	
11	河南能源集团有限公司	6 823	
12	冀中能源集团有限责任公司	5 881	
13	辽宁省能源产业控股集团有限责任公司	5 609	
14	华电煤业集团有限公司	5 358	
15	华阳新材料科技集团有限公司	5 282	
16	内蒙古伊泰集团有限公司	4 933	1 000 万吨—5 000 万吨企业(共 22 家)
17	黑龙江龙煤矿业控股集团有限责任公司	3 779	
18	中国平煤神马控股集团有限公司	3 313	
19	内蒙古汇能煤电有限公司	3 075	
20	贵州盘江煤电集团有限责任公司	2 788	
21	开滦(集团)有限责任公司	2 682	
22	淮北矿业(集团)有限责任公司	2 594	
23	安徽省皖北煤电集团有限责任公司	2 317	
24	陕西榆林能源集团有限公司	2 168	
25	内蒙古伊东资源集团股份有限公司	1 985	
26	徐州矿务集团有限公司	1 860	
27	山西沂州神达能源集团有限公司	1 691	
28	甘肃能源化工投资集团有限公司	1 482	
29	北京昊华能源股份有限公司	1 372	
30	满世投资集团有限公司	1 325	
31	山西兰花煤炭实业集团有限公司	1 214	
32	陕西延长石油矿业有限责任公司	1 181	
33	鄂尔多斯市乌兰发展集团有限公司	1 173	
34	四川省煤炭产业集团有限责任公司	1 148	
35	广汇能源股份有限公司	1 029	
36	内蒙古神东天隆集团有限公司	1 028	
37	云南小龙潭矿务局有限责任公司	1 002	

附表 3　2021 年中国企业 500 强 21 家煤炭企业上榜

序号	2021 年排名	2020 年排名	企业名称	营业收入/百万元
1	23	24	山东能源集团有限公司	77 411 900
2	30	32	国家能源投资集团有限责任公司	69 079 494
3	54	44	晋能控股集团有限公司	48 111 841
4	67	66	陕西煤业化工集团有限责任公司	39 539 854
5	90	126	中国中煤能源集团有限公司	30 100 349
6	121	143	潞安化工集团有限责任公司	21 959 023
7	124	112	山西焦煤集团有限责任公司	21 531 205
8	143	133	华阳新材料科技集团有限公司	18 682 697
9	155	136	中国平煤神马能源化工集团有限责任公司	17 066 921
10	186	175	云南省能源投资集团有限公司	13 999 577
11	224	139	河南能源集团有限公司	11 031 388
12	249	248	开滦(集团)有限责任公司	9 649 389
13	259	301	北京能源集团有限责任公司	8 798 832
14	271	277	陕西投资集团有限公司	8 407 668
15	317	339	四川少能源投资集团有限责任公司	7 420 699
16	324	315	淮北矿业(集团)有限责任公司	7 208 606
17	353	447	福建省能源石化集团有限责任公司	6 472 824
18	372	465	淮河能源控股集团有限责任公司	5 959 275
19	437	458	贵州盘江煤电集团有限责任公司	5 001 796
20	455	—	彬县煤炭有限责任公司	4 785 908
21	462	472	徐州矿务集团有限公司	4 748 054

附表 4　2021 年《财富》中国 500 强 19 家煤炭行业上市公司上榜

序号	2021 年排名	2020 年排名	公司名称	收入/百万元
1	36	48	中国神华能源股份有限公司	335 216
2	50	80	中国中煤能源股份有限公司	231 127.30
3	92	117	陕西煤业股份有限公司	152 266.40
4	93	52	兖矿能源集团股份有限公司	151 990.80
5	211	219	淮北矿业控股股份有限公司	65 038.20
6	254	311	内蒙古伊泰煤炭股份有限公司	50 675.60
7	262	299	山煤国际能源集团股份有限公司	48 053.60
8	275	313	山西焦煤能源集团股份有限公司	45 285.30
9	280	388	山西潞安环保能源开发股份有限公司	45 147.40
10	325	333	山西华阳集团新能股份有限公司	38 006.70
11	358	—	河南神火煤电股份有限公司	34 451.57
12	383	460	冀中能源股份有限公司	31 424.20

附表 4(续)

序号	2021 年排名	2020 年排名	公司名称	收入/百万元
13	401	427	平顶山天安煤业股份有限公司	29 698.80
14	408	383	郑州煤矿机械集团股份有限公司	29 293.53
15	425	430	永泰能源股份有限公司	27 080.50
16	463	472	内蒙古电投能源股份有限公司	24 649.10
17	480	463	天地科技股份有限公司	23 570.74
18	485	—	宝丰能源集团股份有限公司	23 299.94
19	498	—	淮河能源(集团)股份有限公司	22 776.75

附表 5　2021 年《财富》世界 500 强 7 家中国煤炭企业上榜

2021 年排名	2020 年排名	公司名称(中英文)	营业收入/百万美元	总部所在城市
69	70	山东能源集团有限公司 (SHNDONG ENERGY GROUP)	120 012.3	济南
85	101	国家能源投资集团有限责任公司 (CHINA ENERGY INVESTMENT)	107 094.5	北京
163	138	晋能控股集团有限公司 (JINNENG HOLDING GROUP)	74 588.2	大同
209	220	陕西煤业化工集团有限责任公司 (SHAANXT COAL & CHEMICAL INDUSTRY)	61 299.0	西安
297	451	中国中煤能源集团有限公司 (CHINA NATIONAL COAL GROUP)	46 664.8	北京
422	—	潞安化工集团有限公司 (LU AN CHEMICAL GROUP)	34 043.3	长治
431	403	山西焦煤集团有限责任公司 (SHANXI COKING COAL GROUP)	33 380.0	太原

附表 6　2021 年中国煤炭企业 50 强及主要产业上榜

排名	企业名称	地区	主要产品或服务	营业收入/万元
1	山东能源集团有限公司	山东	煤炭、电力、化工、装备制造、新能源、新材料、现代物流贸易	77 411 900
2	国家能源投资集团有限责任公司	北京	煤炭、电力、交通运输、煤化工、科技环保、金融	69 079 494
3	晋能控股集团有限公司	山西	煤炭、电力、装备制造	48 111 841
4	陕西煤业化工集团有限责任公司	陕西	煤炭、钢铁、煤化工、电力、装备制造、水泥、现代物流、金融	39 539 854
5	中国中煤能源集团有限公司	北京	煤炭、煤化工、电力、煤矿建设、装备制造、工程技术服务	30 100 349

附表 6(续)

排名	企业名称	地区	主要产品或服务	营业收入/万元
6	潞安化工集团有限公司	山西	煤炭、化工	21 959 023
7	山西焦煤集团有限责任公司	山西	煤焦煤、焦化、民煤化工、现代物流	21 531 205
8	华阳新材料科技集团有限公司	山西	煤炭、新材料、绿色节能建筑、石墨烯、新能源、大数据物联网	18 682 697
9	中国平煤神马能控股集团有限公司	河南	煤炭、焦炭、化工、尼龙、装备制造、工程劳务	17 064 844
10	冀中能源集团有限责任公司	河北	煤炭、装备制造、电力、化工、医药、物流	14 815 673
11	河南能源集团有限公司	河南	煤炭、甲醇、氧化铝	11 031 388
12	开滦(集团)有限责任公司	河北	煤炭、现代物流、煤化工	9 649 389
13	淮北矿业(集团)有限责任公司	安徽	煤炭、煤化工、盐化工、电力、物流贸易、建筑安装	7 208 606
14	淮河能源控股集团有限责任公司	安徽	煤炭、电力、天然气、综合健康服务、物流贸易、金融	5 959 276
15	浙江省能源集团有限公司	浙江	煤炭、技术服务	5 729 746
16	内蒙古伊泰集团有限公司	内蒙古	煤炭、煤化工	5 209 843
17	贵州盘江煤电集团有限责任公司	贵州	煤炭、煤焦化、电力、瓦斯利用、商贸物流	5 001 796
18	彬县煤炭有限责任公司	陕西	煤炭、煤化工、贸易、物流、电力、酒店、金融	4 785 908
19	徐州矿务集团有限公司	江苏	煤炭、电力、煤化工、矿业工程、装备制造、能源服务外包	4 748 054
20	华电煤业集团有限公司	北京	煤炭、电力、物流	3 977 653
21	安徽省皖北煤电集团有限责任公司	安徽	煤炭、煤化工、物流贸易、电力	3 936 300
22	辽宁省能源产业控股集团有限责任公司	辽宁	煤炭、焦炭、电力、热力、页岩油	3 680 935
23	中国煤炭科工集团有限公司	北京	智能制造、设计建设、安全技术装备、示范工程、清洁能源	3 566 524
24	国家电投集团内蒙古能源有限公司	内蒙古	煤炭、电力、物流、港口经营、热力、电解铝、技术服务	3 562 149
25	河南神火集团有限公司	河南	煤炭、电解铝、炭素、电力、房地产、建筑安装、装备制造	3 558 638
26	陕西榆林能源集团有限公司	陕西	煤炭、电力、热力、酒店、房地产	3 422 617
27	内蒙古汇能煤电集团有限公司	内蒙古	煤炭、电力、化工	3 264 429
28	黑龙江龙煤矿业控股集团有限责任公司	黑龙江	煤炭、电力、煤化工、物流贸易、装备制造、铁路运输、建筑建造	
29	中国庆华能源集团有限公司	北京	煤炭、焦炭、天然气、甲醇、油品	3 052 431

附表 6(续)

排名	企业名称	地区	主要产品或服务	营业收入/万元
30	中国煤炭地质总局	北京	地质勘查、矿产开发、地理信息、地质环境及生态建设、地质工程	2 932 384
31	郑州煤矿机械集团股份有限公司	河南	装备制造、煤炭智能化开采系统、汽车零部件	2 929 353
32	济宁能源发展集团有限公司	山东	煤炭、物流贸易、电力、热力、装备制造、蒸汽、教育培训、房地产	2 909 317
33	陕西延长石油矿业有限责任公司	陕西	煤炭、电力、煤化工	2 905 391
34	广汇能源股份有限公司	新疆	煤炭、天然气、甲醇、石油	2 456 495
35	中国华能集团有限公司(煤炭板块)	北京	煤炭、投资、工程建设	2 298 872
36	云南省煤炭产业集团有限公司	云南	煤炭、矿山规划设计、清洁能源	1 885 663
37	内蒙古伊东资源集团股份有限公司	内蒙古	煤炭、甲醇、电石、硝酸铵、PVC、树脂、烧碘、房地产	1 878 761
38	中煤矿山建设集团有限责任公司	安徽	矿建工程、基础设施工程、非煤矿山建筑工程、房建工程、房地产	1 778 036
39	四川省煤炭产业集团有限责任公司	四川	煤炭、煤矿设计、电力、矿石冶炼、房地产、建筑安装	1 617 364
40	山西兰花煤炭实业集团有限公司	山西	煤炭、尿素	1 570 087
41	湖南省煤业集团有限公司	湖南	煤炭、建筑施工、装备制造、LED、芯片、新能源	1 522 178
42	甘肃能源化工投资集团有限公司	甘肃	煤炭、电力、热力、化肥、房地产、矿井建设、商贸物流	1 443 924
43	满世投资集团有限公司	内蒙古	煤炭、新能源、房地产、生态旅游、物流商贸、投资	1 290 556
44	内蒙古神东天隆集团股份有限公司	内蒙古	煤炭、矿井建设、机电安装、土建工程	1 247 389
45	鄂尔多斯市乌兰发展集团有限公司	内蒙古	煤炭、装备制造、现代农牧业、建筑安装、房地产	1 106 725
46	吉林省能源投资集团有限责任公司	吉林	煤炭、装备制造、现代农牧业、工程服务、地质勘察及环保	950 864
47	山西忻州神达能源集团有限公司	山西	煤炭	922 036
48	北京昊华能源股份有限公司	北京	煤炭	936 895
49	山东鲁泰控股集团有限公司	山西	煤炭、烧碱、树脂、电力、水泥、电商物流、托管服务	572 553
50	延安车村煤业(集团)有限责任公司	陕西	煤炭、电力、煤化工	530 887

附表7　2018年世界主要产煤国家储量及储产比表　　单位：百万吨

国家	无烟煤烟煤	亚烟煤褐煤	总计	占总量比例/%	储产比/%
中国	130 851	7 968	138 819	13.16	38
美国	220 167	30 052	250 219	3.27	365
俄罗斯	69 634	90 730	160 364	15.20	364
德国	3	36 100	36 103	3.42	214
波兰	20 542	5 937	26 479	2.51	216
澳大利亚	70 927	76 508	147 435	13.98	304
印度	96 468	4 895	101 363	9.61	132
印度尼西亚	26 122	10 878	37 000	3.51	67
哈萨克斯坦	25 605		25 605	2.43	217
乌克兰	32 039	2 336	34 375	3.26	1 013
世界总计	734 903	319 879	1 054 782	100	132

附表8　2021年原煤产量5 000万吨以上省(区)　　单位：万吨

名次	省(区)	产量
1	山西省	119 316.20
2	内蒙古自治区	103 896.10
3	陕西省	69 993.80
4	新疆维吾尔自治区	31 991.90
5	贵州省	13 120.00
6	安徽省	11 274.10
7	河南省	9 335.50
8	山东省	9 312.00
9	宁夏回族自治区	8 632.90
10	黑龙江省	5 974.90
11	云南省	5 796.00
合计		388 643.40

附表9　全国14个大型煤炭基地及主要矿区名单

神东基地：神东、万利、准格尔、包头、乌海、府谷矿区
陕北基地：榆神、榆横矿区
黄陇基地：彬长(含永陇)、黄陵、旬耀、铜川、蒲白、澄合、韩城、华亭矿区
晋北基地：大同、平朔、朔南、轩岗、河保偏、岚县矿区
晋中基地：西山、东山、汾西、霍州、离柳、乡宁、霍东、石隰矿区
晋东基地：晋城、潞安、阳泉、武夏矿区
蒙东(东北)基地：五九、准哈诺尔、查干淖儿、吉日嘎郎、哈日高毕、宝日希勒、伊敏、大雁、霍林河、平庄、白音华、胜利、阜新、铁法、沈阳、抚顺、鸡西、七台河、双鸭山、鹤岗矿区等

附表 9(续)

两淮基地:淮南、淮北矿区
鲁西基地:兖州、济宁、新汶、枣滕、龙口、淄博、肥城、巨野、黄河北矿区
河南基地:鹤壁、焦作、义马、郑州、平顶山、永夏矿区
冀中基地:峰峰、邯郸、邢台、开滦、平原
云南基地:盘州市、普兴、水域、六枝、织纳、黔北、庆云、老厂、小龙潭、昭通、镇雄、恩洪、跨竹、筠连、古叙矿区
宁东基地:石嘴山、石炭笋、红墩子、灵武、鸳鸯湖、横城、韦州、马家滩、积家井、萌城矿区
新疆基地:准东(五彩湾、大井、西黑山和将军庙)伊犁、吐哈、库拜

参考文献

[1] RINDOVA V P,FOMBRUN C J. Constructing competitive advantage:the role of firm-constituent interactions[J]. Strategic Management Journal,1999,20(8):691-710.

[2] R. 杜安·爱尔兰,罗伯特 E. 霍斯基森,迈克尔 A. 希特. 战略管理:竞争与全球化(概念)[M]. 赵宏霞,张利强,等译. 北京:机械工业出版社,2014.

[3] WEIL K E. PORTER,Competitive advantage,creating and sustaining superior performance [J]. Revista De Administração De Empresas,1985,25(2):82-84.

[4] THOMAS L,WHEELEN J,DAVID HUNGER. Strategic Management and Business Policy [M]. London:Prentice Hall College Div,1999.

[5] 安德鲁·坎贝尔,凯瑟琳·萨默斯·卢斯. 核心能力战略[M]. 严勇,等译. 大连:东北财经大学出版社,2003.

[6] 本刊编辑部. 我国煤炭工业实现十大历史性转变[J]. 中国能源,2018,40(8):1.

[7] 陈继祥. 战略管理[M]. 北京:旅游教育出版社,2008.

[8] 陈柳钦. 低碳经济:一种新的经济发展模式[J]. 实事求是,2010(2):31-34.

[9] 陈晓红. 战略型资本运营[M]. 长沙:湖南人民出版社,2003.

[10] 丁青. 企业核心能力综合评价的研究[J]. 武汉理工大学学报(信息与管理工程版),2002,24(5):70-73.

[11] 杜尚哲,加雷特. 战略联盟[M]. 李东红,译. 北京:中国人民大学出版社,2006.

[12] 多鲁洪·哈地尔. 循环经济理论发展初探[J]. 实事求是,2007(6):34-36.

[13] 冯之浚,郭强,张伟. 循环经济干部读本[M]. 北京:中共党史出版社,2005.

[14] 冯之浚. 循环经济导论[M]. 北京:人民出版社,2004.

[15] 葛世荣. 无人化采矿不再遥远. 科普时报,2019-07-12(1).

[16] 国家发展改革委,国家能源局. 国家发展改革委 国家能源局 关于印发煤炭工业发展“十三五”规划的通知[J]. 煤化工,2017,45(1):1-2.

[17] 国家发展改革委. 循环发展引领行动. 发改环资〔2017〕751 号,发展改革委网站,2017-05-04.

[18] 国家能源局. 能源安全新战略实施 5 周年煤炭发展成就综述[J]. 煤炭信息周刊,2019(26):30-31.

[19] 国家能源局印发《煤炭清洁高效利用行动计划(2015—2020 年)》[J]. 能源研究与利用,2015(3):8.

[20] 国务院印发《循环经济发展战略及近期行动计划》[J]. 中国资源综合利用,2013,31(2):1.

[21] 和金生. 企业战略管理:第 2 版[M]. 天津:天津大学出版社,1998.

[22] 亨利·明茨伯格，布鲁斯·阿尔斯特兰德，约瑟夫·兰佩尔. 战略历程[M]. 2 版. 魏江，译. 北京：机械工业出版社，2006.
[23] 亨利·明茨伯格. 战略历程：纵览战略管理学派[M]. 刘瑞红，等译. 北京：机械工业出版社，2002.
[24] 黄毅，白海金，马占平. 中国煤炭工业 60 年：1949-2009[M]. 北京：经济日报出版社，2009.
[25] 姜智敏. 中国煤炭工业协会编. 2009 中国煤炭企业 100 强分析报告[M]. 徐州：中国矿业大学出版社，2009.
[26] 金润圭，刘冬林. 关于企业竞争力管理的思考[J]. 生产力研究，2003(6)：226-227.
[27] 金占明. 战略管理：超竞争环境下的选择[M]. 北京：清华大学出版社，1999.
[28]《经济研究》杂志编辑部，《农业经济问题》杂志编辑部. 论生态平衡[M]. 北京：中国社会科学出版社，1983.
[29] 冷雪. 大力推进煤炭供给侧结构性改革全面推进煤炭绿色低碳消费[N]. 山西日报，2016-06-07(2).
[30] 黎群，张文松，吕海军. 战略管理 [M]. 北京：清华大学出版社，2006.
[31] 李玉珍，曾凤章. 集团企业发展的 SWOT 分析及战略选择[J]. 现代商贸工业，2007，19(7)：77-78.
[32] 李周. 中国生态经济理论与实践的进展[J]. 江西社会科学，2008，28(6)：7-12.
[33] 梁嘉琨. 煤炭未来出路是清洁高效和开采低碳利用[N]. 中国煤炭报，2018-03-08(2).
[34] 刘峰. 煤炭清洁开采高效利用的现实路径[N]. 神华能源报，2018-04-20(4).
[35] 刘冀生. 企业战略管理[M]. 2 版. 北京：清华大学出版社，2003.
[36] 刘庆元. 企业战略管理[M]. 2 版. 北京：中央广播电视大学出版社，2006.
[37] 刘思华. 可持续发展经济学[M]. 武汉：湖北人民出版社，1997.
[38] 刘振亚. 构建全球能源互联网开辟世界环境治理新路[J]. 中国煤炭报(世界能源)，2019-03-19.
[39] 鲁明中，张象枢. 中国绿色经济研究[M]. 郑州：河南人民出版社，2005.
[40]马克思，恩格斯. 共产党宣言[M]. 北京：中央编译出版社，2005.
[41] 煤矿安全生产工作取得历史性成就——改革开放 40 年我国煤矿安全生产领域改革发展综述[N]. 中国煤炭报，2018-12-13(3).
[42] “煤炭清洁高效利用核心技术和工业示范”入选改革开放 40 年中科院重大科技成果[N]. 中国煤炭报，2018-12-13(3).
[43]《煤炭信息》. 中国煤炭工业协会发布《2017 煤炭行业发展年度报告》[J]. 煤矿开采，2018，23(2)：29.
[44] 孟卫东. 战略管理：创建持续竞争优势[M]. 2 版. 北京：科学出版社，2014.
[45] 佩西. 未来的一百页：罗马俱乐部总裁的报告[M]. 北京：中国展望出版社，1984.
[46] 濮洪九，姜智敏. 煤炭：70 年发展的强劲动力[N]. 中国能源报，2019-09-23(6).
[47] 全国干部培训教材编审指导委员会组织. 建设现代化经济体系[M]. 北京：人民出版社，2019.
[48] 全国干部培训教材编审指导委员会组织. 推进生态文明 建设美丽中国[M]. 北京：人民

出版社,2019.
[49] 斯蒂芬·P.罗宾斯,玛丽·库尔特.管理学[M].孙健敏,等译.北京:中国人民大学出版社,2004.
[05] 苏振锋."低碳经济、生态经济、循环经济和绿色经济的联系与区别"等三则[J].中国集体经济,2010(7):21-24.
[51] 孙太清.可持续发展理论之探讨[J].经济问题,2004(1):9-11.
[52] 陶凤鸣.2007 中国煤炭企业 100 强分析报告[M].北京:经济科学出版社,2008.
[53] 王方华.企业战略管理[M].2 版.上海:复旦大学出版社,2015.
[54] 王广德.中国煤炭工业协会编.中国煤炭工业统计资料汇编:1949-2009[M].北京:煤炭工业出版社,2011.
[55] 王虹桥.新形势下煤炭企业如何走好创新路[N].河南能源报,2019-04-16(4).
[56] 王雷.工业企业发展循环经济的模式与实践[J].科技创业月刊,2006,19(8):20-21.
[57] 王松霈.走向 21 世纪的生态经济管理[M].北京:中国社会科学出版社,2015.
[58] 王显政.坚持依靠科技创新 推动行业转型升级 促进煤炭工业健康协调可持续发展[J].中国煤炭工业,2017(10):4-9.
[59] 王显政.煤炭行业要着力推动七个转变,建设七个体系,为国民经济高质量发展牢能源基础[N].中国煤炭报,2019-10-08.
[60] 威廉·恩道尔.粮食危机:运用粮食武器获取世界霸权[M].赵刚,等译.北京:知识产权出版社,2008.
[61] 威廉·恩道尔.石油战争:石油政治决定世界新秩序[M].赵刚,旷野,等译.北京:知识产权出版社,2008.
[62] 魏杰,汪浩.高质量发展的六大特质[N].北京日报,2018-07-13.
[63] 吴吟,吴璘.40 年煤炭工业历史性事件[N].中国煤炭报,2018-12-11(3).
[64] 武义青.制造业绿色改造升级还要再加几把劲儿[EB/OL].[2019-07-02].人民政协网.
[65] 新中国成立 70 周年经济社会发展成就系列报告之能源篇[J].煤炭信息周刊,2019(27):27-28.
[66] 许涤新.生态经济学[M].杭州:浙江人民出版社,1987.
[67] 亚历克斯·米勒.战略管理[M].何瑛,等译.北京:经济管理出版社,2004.
[68] 阎增武.社会发展的尺度与代价[J].南京社会科学,1999(2):8-13.
[69] 杨锡怀,王江.企业战略管理:理论与案例[M].4 版.北京:高等教育出版社,2016.
[70] 杨小东.SWOT 理论及实战分析[J].井冈山医专学报,2004,11(6):121-122.
[71] 张立宽.我国煤炭工业实现十大历史性转变——专访中国能源研究会副理事长吴吟[N].电力决策与舆情参考,2018-12-14(47).
[72] 张翔,朱建荣.煤炭清洁加工利用:40 年"洗白记"[N].中国煤炭报,2018-12-20(3).
[73] 张晓玲.可持续发展理论:概念演变、维度与展望[J].中国科学院院刊,2018,33(1):10-19.
[74] 中共中央宣传部.习近平新时代中国特色社会主义思想三十讲[M].北京:学习出版社,2018.

[75] 中国煤炭工业改革发展年度报告(2016 年度)[J]. 中国煤炭工业,2017(3):4-7.
[76] 中华人民共和国循环经济促进法[M]. 北京:法律出版社,2008.
[77] 周三多,邹统钎. 战略管理思想史[M]. 2 版. 上海:复旦大学出版社,2003.

后 记

笔者本为矿区子弟，生于矿工家庭，按10年一代矿工而论，属新中国第三代矿工。

人的一生中，若能成为一名军人，必将炼就出不怕艰难万险、坚毅果敢的顽强意志；若能当一名矿工，定能磨炼出不怕苦脏累险的朴实品格；若能当一名知青，必将练就出朴实自力的能力；若能……。人生职业生涯的经历也必将奠定其人生基础，显现其人生轨迹。笔者的职业生涯是从煤矿采煤工开始的，在46年煤炭职业生涯中，始终伴随着中国传统煤炭企业的发展与进步，由一名采煤工一步一步走向企业高层管理岗位，对煤炭、煤业、煤矿、煤企、煤炭人感受、感悟、感情深厚，是不言而喻的。

人生成长中不同的经历会感悟体会不一样的人生，会产生不一样的梦想。人生要有梦想，并为梦想而追逐。而随着知识的积累、阅历的丰富，其人生梦想的坐标目标也随之调正。笔者本为"文革"时期初中生，是改革开放创造了几次报考大学接受高等教育的机会，亦可撰写高等学历毕业论文。同时，因在煤矿多个岗位的经历和对煤炭行业及传统煤炭企业的认知，也胆大萌生了一个梦想："想写一本书""出一本和煤炭企业相关的书"。以此为笔者终结煤炭职业生涯划上句号。

期间：1998—2000年，在读甘肃省委党校"战略管理与应用哲学"专业在职研究生中，在导师范鹏教授和王继荣教授的指导下，完成了《可持续发展与代价》一文，探讨煤矿可持续发展与代价的问题。2003—2008年，在读南京师范大学/美国加州大学"工商管理（MBA、DBA）"专业中，在导师李晏墅教授、博导的指导下，完成了《传统煤炭企业靖远煤业集团公司内部治理与发展战略研究》一文和《中国传统煤炭企业循环经济发展研究》一文，探讨传统煤炭企业公司治理、发展战略、循环经济发展的问题。2006—2009年，在读西安理工大学"工商管理硕士"专业中，在导师党兴华教授、博导，陈敬东教授、硕导的指导下，完成了《传统煤炭企业窑街煤电集团公司发展战略研究》一文，探讨传统煤炭企业可持续发展战略及核心竞争力的问题。原设想将这四篇论文汇集成章，但期间由于前后遇到"亚洲金融危机""煤炭黄金十年"以及全球经济危机、国家实施煤炭供给侧结构性改革等几个特殊阶段，需要重点对所关注的相关问题和提出的论点、论据及论证进行进一步验证，最终煤炭行业和先进企业的改革发展给出答案，尤其在笔者所在企业窑街煤电集团公司的十多年发展实践中得以印证。因此，笔者2019年退休后，时逢新中国成立70周年，集中时间和精力，在几个问题探讨的基础上，进一步深入探讨完善，终将其汇集成册，定名为《煤炭循环经济—中国煤炭企业煤基循环经济高质量发展研究》，今付梓出版，算是笔者作为煤炭人对一生所从事和热爱的煤炭事业探讨研究的一份汇报，算是笔者对学业生涯和多位导师教授的一份汇报，算是笔者对煤炭职业生涯和学以致用划上的一个句号，也算是笔者圆了"出一本书"的梦想。

由于笔者水平有限，成书难免存在不足之处，敬请指正。此书若对传统煤炭企业可持续发展、高质量发展有一点参考价值，足矣！

美玉须精雕细琢而成器，优钢经千锤百炼而成品，好书需汇集思想智慧而成籍。“煤炭循环经济高质量发展研究”是一项系统工程，也是一项战略研究。随着时代发展、社会进步、科技创新、能源革命、动能转换和创新驱动这一领域的研究和实践，也将促进学术理论研究推陈出新，也必将推动煤炭行业和煤炭企业承前启后，实践创新，在绿色、低碳、循环高质量发展上行进得更远，攀登得更高。

笔者幸逢中华盛世这个伟大的时代，幸运得到各方关怀鼓励并荣获多项殊荣，从内心由衷地感恩伟大的中华新时代，感恩各级组织的教育和培养，感恩靖远煤业集团和窑街煤电集团两户企业给予的学习机会和研究平台，感恩兰州大学、西安科技大学、甘肃省委党校、南京师范大学、西安理工大学和各位导师的知识传授和智慧启迪，感恩工友、同仁们给予的诸多支持和帮助！

笔者在编撰中荣幸得到中国煤炭工业协会领导梁嘉琨先生为之特作《序》、王虹桥先生特给予关心鼓励和多方帮助；并得到中国煤炭工业协会统计与信息部陈养才先生、政策研究室郭中华先生提供的历史数据和专业指导，得到中国煤炭加工利用协会张绍强先生、谭杰女士提供的重要资料，得到中国煤炭工业协会培训中心李增全先生、王艳霞女士、于勃南先生的协调帮助；得到导师：甘肃省委党校范鹏教授、王继荣教授、南京师范大学李晏墅教授、西安理工大学党兴华教授、陈敬东教授的亲授和为之作《序》；得到煤炭行业循环经济发展模式典型企业：山西焦煤集团及西山煤电（集团）、徐州矿务集团等支持和配合；得到省政协科教卫体委员会管钰年先生和摆国锋、韩锋、冯天峰、王翔宇等同事的帮助；得到原靖远矿务局领导张怀江、何生旺和赵正宽多年指导和鼓励，得到甘肃能源化工投资集团公司谢晓峰、窑街煤电集团公司张炳忠、许继宗、袁崇亮、陈其明、朱新节和赵明庆、孙建新、冯暄、严金平、岳才宏等同志的鼎力支持和帮助，特别是赵明庆帮助打字校对和田劼、王红尧帮助电脑画图；感谢中国矿业大学出版社总经理李士峰、编辑章毅、徐玮的指导和帮助。值此一并表示衷心感谢！同时也感恩家人的理解、支持和帮助。

笔者谨识：

2023 年 1 月于甘肃兰州